城市规划设计研究系列丛书

城市交通思辩

江苏省城市规划设计研究院 编著　曹国华　王树盛 执行主编

Thoughts and Debates on Urban Transportation

东南大学出版社

图书在版编目（CIP）数据

城市交通思辩 / 江苏省城市规划设计研究院 编著；曹国华，王树盛 执行主编. — 南京：东南大学出版社，2018.8
（城市规划设计研究系列丛书）
ISBN 978-7-5641-7893-2

Ⅰ.①城… Ⅱ.①江… ②曹… ③王… Ⅲ.①城市交通系列—中国—文集 Ⅳ.①U491.2-53

中国版本图书馆CIP数据核字（2018）第171873号

内容提要

本书基于《江苏城市规划》杂志中的"江苏城市综合交通专栏"文章提炼、整理而成，是江苏省城市交通规划研究中心（江苏省城市规划设计研究院）近十年来集体智慧的结晶。通过对学界和社会关注的热点、焦点问题的梳理，本书比较系统地概括为4个部分：协调交通与用地、绿色交通先行、交通治理、规划设计技术，内容涉及城市空间组织与交通组织的关系、绿色交通的内涵与发展、交通拥堵的理解与对策、精细化交通设计的方法与技术、大数据与交通模型应用等方面。本书在内容和行文风格上体现了"思辩"的特点，希望与广大规划设计同仁以及关注城市交通问题的社会各界人士共同探讨。

城市交通思辩

编　　著	江苏省城市规划设计研究院	执行主编	曹国华　王树盛
责任编辑	陈　跃（025）83795627		

出版发行	东南大学出版社	出 版 人	江建中
地　　址	南京市四牌楼2号	邮　　编	210096
销售电话	（025）83794121		
网　　址	http://www.seupress.com	电子邮箱	press@seupress.com

经　　销	全国各地新华书店	印　　刷	南京精艺印刷有限公司
开　　本	889mm×1194mm　1/12	印　　张	25
字　　数	545千		
版 印 次	2018年8月第1版　2018年8月第1次印刷		
书　　号	ISBN 978-7-5641-7893-2		
定　　价	270.00元		

《城市规划设计研究系列丛书》编委会

主　　　编：梅耀林
副 主 编：唐历敏
委　　　员：张奇云　袁锦富　黄富民　刘宇红　李正仑　曹国华　高世华

《城市交通思辩》编委

本册执行主编：曹国华　王树盛
本册编撰人员：刘秋晨　邓惠章　陆苏刚　张　宁
参加编写人员：汤　浩　余　娟　戎丽敏
顾　　　问：陈沧杰

序言 Preface

2008年8月，正值第29届夏季奥林匹克运动会在北京如火如荼地开展之时，经江苏省机构编制委员会办公室批准，江苏省城市交通规划研究中心（以下简称"中心"）挂牌成立，"主要承担城市综合交通规划、公共交通规划、交通管理规划、交通安全规划的编制工作，开展城市交通发展战略、规划、技术经济政策的研究和交流工作"。中心在成立之初也希望像北京奥运圣火一样传播知识的光亮，为全国城市交通规划、城市交通问题的解决方案提供江苏探索、江苏经验。为此，2010年4月，中心依托《江苏城市规划》杂志设立了"江苏城市综合交通专栏"，作为江苏城市综合交通规划、设计、管理等方面先进理念、方法、技术宣传的一个窗口。

今年是我国改革开放整整40周年，我们进入了中国特色社会主义新时代，社会主要矛盾已经转化为人民日益增长的美好生活需要和不平衡不充分的发展之间的矛盾。在这样一个年度里，我们深感有必要对中心过去10年的工作进行总结、对主要的学术观点进行提炼，期望通过这样的方式，比较系统地介绍近十年江苏省城市交通规划在理念、方法、技术方面的发展历程，为全国其他地区提供借鉴。

本书内容所取材的"江苏城市综合交通专栏"，主要是针对当时学界和社会关注的热点、焦点问题进行的学术探讨、思辩。通过梳理、提炼，本书比较系统地概括为4个部分：协调交通与用地、绿色交通先行、交通治理、规划设计技术。其中"协调交通与用地"针对交通与用地之间协调的关键展开讨论，包括城市空间组织与交通引导发展、职住平衡方式及交通、城市中心与交通枢纽综合开发、街区尺度与空间塑造等等；"绿色交通先行"主要包括了对绿色交通的认识、公交优先的做法、慢行交通的定位以及绿道、共享单车等热点问题的思考；"交通治理"针对交通治理的行业取向、拥堵面临的困局及拥堵治理的方法及策略、停车调控"以静制动"等展开论述；"规划设计技术"则聚焦于规划设计方法和技术层面，包括规划范式的探讨、绿色交通的规划评估方法、交通模型与大数据的应用等等。

本书主要记录了江苏省城市交通规划设计近10年来的部分热点问题，但在学术观点上更多地站在探讨、辩论的角度，在写作方式上更类似于散文。几经考量，将本书名称定为《城市交通思辩》。本书为江苏省城市交通规划研究中心10周年学术观点集，希望它能够为读者带来对城市交通认识的启发，那将会使我们感到非常欣慰。

江苏省城市交通规划研究中心
2018.7

目录 Contents

1 第一部分：协调交通与用地　/001

引言　/002

"以人为本"的城市空间与交通——从回顾历史说起　/003

再谈城市交通与空间的一体化组织——来自"单中心 VS 多中心"的思考　/007

交通与土地利用一体化规划之觞——一条微博引发的遐思　/010

"机动性 VS 可达性"的思与辩　/012

"时间预算"带给规划的启示　/015

都市圈背景下城市与交通规划的思考　/017

大都市交通与空间一体化组织漫谈——来自组团式"职住平衡"的思考　/019

关于城市中心多与寡的再讨论　/022

带型城市规划要求及其启发　/024

城市公交走廊规划与建设必要性的思考　/027

借鉴国外经验，统一认识铁路枢纽　/031

以区域视野认识交通枢纽　/033

铁路枢纽综合开发中交通、用地、产业一体化发展建议　/035

走向城市中心的铁路枢纽　/038

铁路客运枢纽综合开发热的冷思考　/042

淮安南站综合枢纽规划之要点细解　/044

TOD 是一种"化合物"　/046

香港地铁 TOD 开发模式的启示　/048

合适的才是最好的——有感于东欧慢行街区　/052

小尺度街区的"利"与"弊"　/054

再说"小街区"那点事　/057

如此退线为哪般　/061

街道规划设计中的"望、闻、问、切"　/065

2 第二部分：绿色交通先行　/067

引言　/068

提升规划认识，推动城市交通"深绿化"发展　/069

绿色交通中的"颜色搭配"　/071

职住平衡：理想还是现实　/073

体会城市中"以人为本"的交通——香港实地考察之启示　/075

绿色交通评价指标体系初探　/078

重视慢行，引导交通回归生态　/082

慢行交通也是一把金钥匙　/084

关于历史文化街区一种慢行交通规划方法的思考　/086

"公共自行车热"带来的思考　/091

共享单车与公共自行车，各自为政还是合作共赢　/093

从自行车的前世今生展望未来　/095

让绿道成为民生风景线　/098

走向公交都市——浅析韩国首尔之路　/100

有轨电车的复兴与思考　/103

单轨交通热背后的冷思考　/107

边缘化的市郊铁路不再边缘　/113

加强轨道交通与常规公交衔接，提升公交优先发展质量　/115

给港湾式公交车站打问号　/117

绿波控制方法的公交化应用　/120

落实保障措施，解公交优先之"忧"　/123

美国城市发展演变中的街道慢行（一）——历史与起源　/125

美国城市发展演变中的街道慢行（二）——欧基里德分区制带来的问题　/128

美国城市发展演变中的街道慢行（三）——与巴黎的对比　/130

小汽车出行与边际递减效应　/139

高铁枢纽为何难以"高效"　/141

国外交通枢纽CBD的交通发展模式解析　/144

PRT：一种新型的交通方式　/148

"大"立交的"微"思考　/151

我国出租车发展问题的探讨　/153

治堵，请以人民的名义！　/157

借鉴"治堵"经验，缓解交通困局　/159

从规划视角看"治堵"　/161

"治堵"，期待智能交通　/164

拥堵费：免费午餐终将成为过去式　/166

关于"交通拥堵收费"的思考　/169

交通拥堵的背后——莫斯科考察的感想　/171

对"有效速度"的看法　/175

关于路网密度低致因及对策的思考　/177

美国对城市停车问题的反思　/179

城市交通的自我救赎——两种停车观点摘述　/181

解读《江苏省城市停车设施规划导则（试行）》中的"调控理念"　/183

"停车调控"理念与落实——新版《江苏省城市规划管理技术规定》解读　/185

由城市建筑物停车配建指标说开去　/188

路内停车的进与退　/190

关于南京路内停车问题的思考　/193

3 第三部分：交通治理　/133

引言　/134

交通公平与规划责任　/135

小汽车使用的隐形消费谁来担　/137

城市交通供给侧改革——"自备车位"研究 /196
推进停车产业化需解决社会资本盈利难题 /199
停车费大涨能否缓堵 /201

4 第四部分：规划设计技术 /203

引言 /204
中小城市交通综合治理体系框架与关键技术方法研究 /205
转换规划范式，需探底黑箱 /209
关于城市交通规划3个细节的疑问 /212
交通需求预测模型的历史与展望 /215
规划的科学支撑与规划支撑模型 /218
新加坡陆路交通规划编制的经验借鉴 /220
城镇连绵发展地区公路功能层次体系的拓展和规划展望 /225
都市区高快路设施一体化规模测算方法研究 /228
古城保护优先的交通改善规划探讨——以"苏州古城12、13号街坊"为例 /233
关于建设项目交通影响评价的几个技术性疑问 /238
城市日常性慢行走廊交通系统设计要点 /241
"绿色"道路设计及实践 /246
热岛降温，道路先行 /249
浅谈多专业协同的精细化城市道路设计 /251
基于完整街道理念的路侧停车平面布局研究 /258
浅谈面向海绵城市的城市道路设计 /260
解密打造海绵城市的设施"透水性路面" /264
平面交叉口需要"瘦瘦身" /268
江苏省城市交通数据库建设经验总结 /270
关于大数据的一点思考 /272
行人仿真：微观规划设计的新帮手 /274
以人为本，推进落实交通稳静化 /276
英国城市交通安全之印象与启示 /278

参考文献 /281

后记 /285

第一部分
1 协调交通与用地

引言

　　交通与用地是城市这一枚"硬币"的两面，两者相互交叉影响，相互制约和促进，不可分割，交通与用地的协调也一直是城市规划、城市交通规划领域关注的问题。在这个话题中又有一些关键的问题，城市空间组织与城市综合交通之间存在作用与反作用，交通引导城市空间结构和用地布局，形成相互耦合的关系。再比如职住平衡，是在一定的地理空间上平衡，还是在一定的交通时耗约束内平衡？是平衡办公岗位，还是平衡日常服务类岗位？这些问题一旦深入去思考和追求根源，就发现并不像原来想象的那么简单。又比如城市中心数量与城市规模的关系、与城市交通体系的关系如何？公交走廊的建设与城市形态的关系如何处理？现有的公交都市带来了怎样的启示？城市铁路枢纽的交通功能与城市功能如何协调？对铁路枢纽的认识有哪些值得探讨的地方？……本部分内容针对一个个话题，通过追溯历史、查找问题、比较分析、推理论述等手段，总结思考和给出我们的见解。

"以人为本"的城市空间与交通——从回顾历史说起

1 "X"本位与城市运转方式

"以人为本"一直是城市与交通规划中的四字箴言，那么怎样才算"以人为本"？经常看到一些产品的广告语如"贴心服务"、"符合人体工程学"等等，这些产品得到认可，无一不是体现了对人的使用习惯的尊重。换句话说，"以人为本"就是一种以适应人的本能需要、满足人的使用习惯、提升人的使用体验为核心的理念。对应到城市规划中来，首先要弄清的问题则是：城市居民有哪些需求？这些需求又是如何被满足的？

城市居民的活动需求可以概括为3类，一是满足基本生活需要的日常活动，主要指工作；二是其他日常活动，如体育锻炼等；三是偶发性非日常活动，如探亲、看病等。要满足这些活动，现代城市给出了不同的解决方案，西方城市发展历史更是一面很好的镜子：（1）19世纪初，主要交通方式是步行、马车，城市主要围绕码头、铁路站等区域交通设施布局，虽然那时候住宅、工厂都拥挤和混在一起，但基本上所有活动需求都可以通过步行解决；（2）19世纪80年代有轨电车的到来使得居民可以远离工厂而居，形成了围绕有轨电车站点的街区，城市活动通过步行或者"步行+有轨电车"的方式解决（图1-1(a)）；（3）约在20世纪前10年间，汽车（包括客、货车）出现，货车将工业从市中心的铁路站、码头区域解放出来，客车则将居民从沿着有轨电车站点布局的公寓中解放出来，散布于各处（图1-1(b)）。可以看出，在"步行—>有轨电车—>个体机动车"的发展路径中，交通工具的革新决定了城市的空间

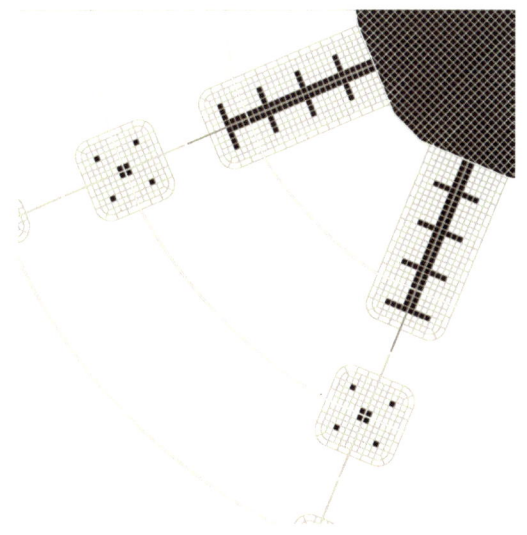

(a) 有轨电车导向的城市空间

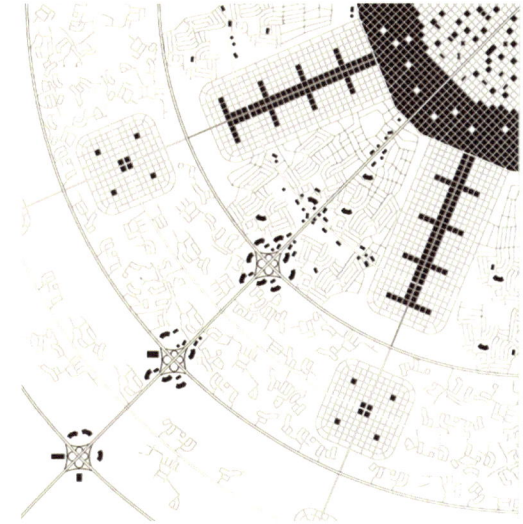

(b) 小汽车导向的城市空间

▲ 图1-1 不同类型导向的城市空间

组织模式，形成了步行本位、公共交通本位、小汽车本位3种不同的城市运转方式，只不过三者在效率、能耗、环保等方面存在巨大差异。如今，大多数城市的空间规模已经成倍增加，城市活动和城市交通的复杂程度也早非往日能比，但对于城市空间与交通的组织方面，我们仍然可以从历史留下的财产中寻求有效的解决方案。

2 宏观层面：城市空间组织的"人本位"

汽车的出现将不兼容的用地如住宅、工厂在空间上分离开来，这是利好的一面，但是汽车同样也将原来的以步行尺度作为基本单元的空间组织模式瓦解了。目前很多城市都已经或正在走向小汽车主导的模式——假定任何两点之间都可以通过有效的个体机动化方式来解决联系问题，但事实上这一点是难以实现的。在经历了交通拥堵、雾霾等种种教训之后，在资源、能源倒逼压力之下，开始反思当今、回顾过去，并重新考虑按照最经济、最集约和最本能、最原始的方式来组织城市：将城市活动分为长距离、短距离两类，公共交通、步行交通恰恰分别是满足这两类需求最经济、最集约的方式。

对应在城市宏观空间组织上，就是要重新回到"步行+公共交通"为导向的城市运转机制：

一是公共交通本位的回归。按照公共交通导向组织空间，满足长距离的活动需求。公共交通是一种集约化、线状的运输方式，要求空间要素也应该以带状集约方式来与其相适应，库里蒂巴、哥本哈根、斯德哥尔摩等就是很好的例子。这些以轴线模式组织的城市以最小的基础设施建设发挥了最大的交通运输能力。这一点优势可以通过简单的模拟来阐释：假定带状城市和组团状城市分别用图1-2、图1-3来表达，均有9个节点，节点之间的线段表示道路。将城市规模由9个节点扩展到25个节点和49个节点，比较带型城市与组团型城市在道路长度、平均出行距离、道路最大负荷以及平均道路负荷四方面的差别。如图1-4所示，在城市规模一定（节点数相同）时，带型城市的道路长度仅为组团型城市的2/3，也即交通设施建设最少。在出行距离上，带型城市要高于组团型城市60%以上，这意味着带型城市承担了更多的道路出行需求。如果用小汽车模式来组织城市交通的话，带型城市在道路负荷度上可高达组团城市的6倍，很容易拥堵。但是如果按公共交通来组织城市的话，优劣则发生逆转，带型城市可以用最少的交通设施来满足同样甚至更多量的交通需求。

二是步行本位的回归。针对短距离出行，按照步行尺度来组织空间，作为城市的最基本构成单元，满足锻炼、买菜、上学等日常短距离活动需求。按照人的体力，这个范围在5~10分钟之内比较合适，如图1-5所示。在此范围内采用小尺度街区的模式，充分保障单元中心到每个方向的步行可达性，这也

▲ 图1-2　9节点带型城市示意图

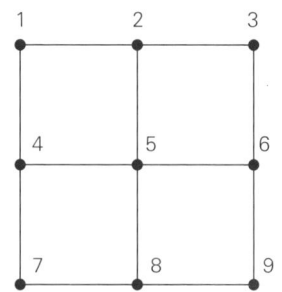

▲ 图1-3　9节点组团型城市示意图

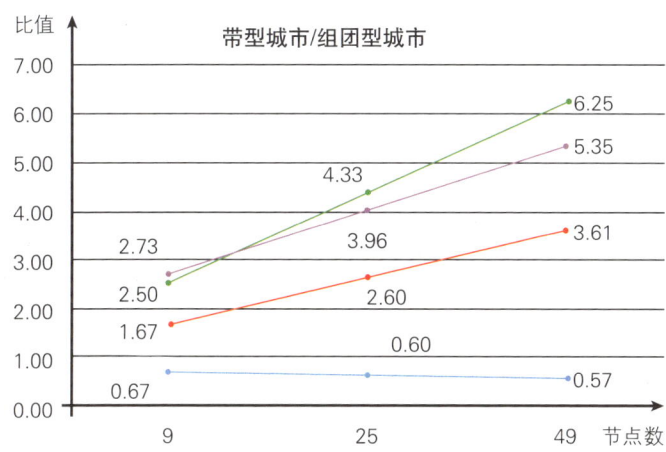

▲ 图1-4 带型城市与集中型城市交通运行状况比较

▲ 图1-6 景观效果导向的空间设计

▲ 图1-5 步行组织单元案例图

是小尺度街区存在的主要依据。

因此，要在空间的宏观组织上落实"以人为本"，就是按照最经济、最节约的方式来组织城市的运转：将城市空间分解为轴带，轴带分解为单元，形成"步行+公交"导向的城市空间。

3 微观层面：城市与交通空间设计的"人本位"

"以人为本"这个词不是一开始就存在的，而是对车辆导向模式彻底反思的结果，是与以车为本相对立的。微观层面的以人为本主要指"行人"对城市公共空间的友好感受。

第1类公共空间是广场、绿地等，这类公共空间不仅作为自然空间而存在，而且要按照人的使用习惯注重社会功能的塑造。一些广场过度强调景观、绿化效果，将焦点集中于美观的营造上，以增加视觉的冲击力，但其社会功能被忽视，可达性和可使用性低。如图1-6所示，广场上的路径设计并非照人的行走习惯，其视觉效果大于使用效果。

第2类公共空间是街道空间。街道是城市最主要的公共空间，如果步行单元是空间组织的细胞，那么街道则是城市的基因。"完整街道"的提倡主要是呼吁对街道空间的场所功能营造。笔者认为，"完整街道"应重视两个方面：一是要认清精细化设计的内涵，并不是按现行道路设计导则或规范进行简单的渠化，而是按照以人为本的理念重新对道路设计参数进行修订，如缩小交叉口转弯半径、减小车道宽度等；二是要认识到沿街建筑对街道场所感塑造的重要性。街道场所感的形成取决于沿街建筑界面的连续性、围合程度等方面。场所感的营造有助于减慢车辆速度，提升步行安全性。如图1-7所示，两条街道给人的感觉完全不同，在第2张图所示的街道中行驶，速度自然而然就会放慢。因此，街道不仅仅是通道，也是街道两侧建筑共同来形成的空间，街道的设计，不仅仅要关注各种交通的路权空间，街道界面、建筑退线、界面连续性的定义对于形成"完整街道"而言是举足轻重的。

简言之，城市中的居民存在各种各样的需求，这对于大多数城市而言具有类似性，但对于满足这些需求方面，不同的城市采取了不同的方式。这种方式或者价值导向就是"X本位"中的X。在越来越复杂的城市面前，如果不能鲜明地确定城市的运转机制，规划上就会显得有些无所适从。我们一直倡导的"以人为本"就是以"人"的需求为核心来设计城市的运转方式，既需要在宏观层面化整为零，以步行尺度为单元划分空间，以公交走廊为轴线串联单元，也需要关注到微观层面城市与交通空间的精细化设计带给步行者的感受，是按照最经济、最集约原则满足城市运转需要的理念，这也是城市可持续发展的必然途径。

（2016）

▲ 图1-7 街道空间对车速的影响示意图对比

▶ 再谈城市交通与空间的一体化组织
——来自"单中心 VS 多中心"的思考

国家发改委等25部门指导的"2014中国智慧城市创新大会"于2014年11月7日在广州举行，住房城乡建设部建筑节能与科技司副司长郭理桥指出要解决目前城市规划建设管理中盲目自大、忽视基础建设的问题。部分地方政府无视承载能力，能耗过大，千篇一律，贪大求洋。郭司长所提到的城市规划中追求"豪华配置"的现象并非偶然，很多中小城市模仿大城市、特大城市，"一主两副""两心三区"等类似说法也经常见之于中小城市的规划文本中。其实，对于城市选择多中心还是单中心的认识一直比较模糊，也的确难以统一界定，这样一来，选择单中心还是多中心乃至建设多少个城市中心就具有一定的随意性，尤其是在长官意志的影响下屡有中小城市规划有数个城市中心的现象发生。此外，很多城市以低碳生态、节能减排为由追求建设多中心，但是多中心真的就一定比单中心更节能吗？什么样的城市应该建设多中心，什么样的城市应该建设单中心？很多情况下这些问题都缺乏考究。

要从单中心还是多中心中作出选择，首先要弄清楚城市为什么需要多中心。一般认为，城市人口规模较小时单中心可以在交通、环境承载能力等方面满足要求。但随着城市功能和城市活动在城市中心的累积，城市中心的交通、环境达到承载能力的上限，城市中心也开始出现规模不经济效应现象，这时候需要将一部分活动从原来的中心中迁移出来在交通区位较好的地点集聚产生新的中心，实现对原中心功能的分担，南京等城市的多中心建设即是如此。可以看出，城市中心基础设施、环境容量的承载能力限制是促进城市由单中心向多中心转变的重要因素。有学者认为，城市多中心形成后出行距离也会降低，从而可以大大减少交通能耗和汽车尾气排放。但是这一点并未被实践证明，反而引起我们疑问的是，如果将像洛杉矶一样的均质化城市看作多中心城市的一个极端的话，多中心城市的出行距离应该要比单中心长，即使不能为这一论点提供充分的论据，至少可以认为多中心对减少出行距离并不一定存在正向促进作用。前世界银行总规划师Alain Bertaud曾对不同城市布局模式下的出行距离进行了仿真研究，他假定存在一个人口100万、建成区面积100平方公里的城市，对20种不同城市形态下的平均出行距离（各点至城市中心距离的平均ADC、任意两点之间距离的平均ADR）进行对比研究。其研究结果可以归结如图1-8所示，可以看出，出行距离与城市形态、城市中心结构有密切联系，但总体来说，单中心城市的出行距离较多中心城市的要小。图1-8中第1种模式为典型的单中心城市，在这一模式中ADC约3.0公里、ADR约5.71公里，而其他任一布局模式下的出行距离都要比第1种模式大，其中第12种模式可以认为是多中心模式的一个极端，ADC约5.09公里，ADR约6.75公里，两者均远远超过了第一种模式。因此可以认为，建设多中心的主要原因之一是单中心所产生、吸引的交通需求超过交通系统的承载能力，但多中心对单中心功能的分担和交通拥堵的缓解则是以城市平均出行距离的增加为代价的。

城市中心就如同城市的心脏，其数量、等级、层次的合理性直接决定着城市生活的质量、效率，在城市中心体系规划的过程中需要重视交通与空间的一体化组织：（1）城市中心与交通承载能力是否匹配是关注的重点，在中心的数量上也应以此为约束，既保障城市中心功能的发挥，又实现交通减量和节能减排，不能盲目贪多求洋。中小城市尤需谨记，多中心是以拉

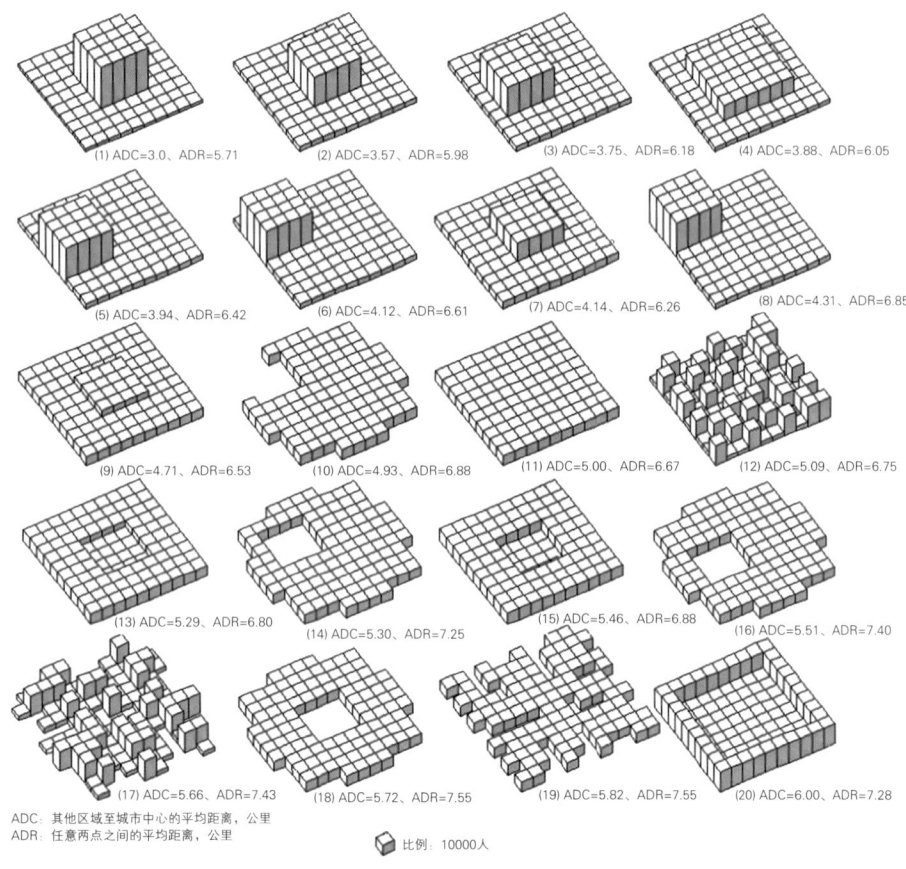

ADC：其他区域至城市中心的平均距离，公里
ADR：任意两点之间的平均距离，公里

▲ 图1-8　城市不同布局模式下出行距离的比较

长出行距离为代价的，在单中心承载能力足以应对的情况下，建设多中心以求节能减排，效果反而会适得其反。（2）对于有必要建设多中心的城市，要重视发挥公共交通对中心培育的超前引导作用。所有的运输方式都对城市活动起到分散和集中两种相反的作用，比如城市新建一条中心放射性的道路后部分城市活动将被分散至外围，但是这些活动也多集中在新建道路与其他道路形成的新的区位优势点上。新的城市中心的形成无疑更需要借助交通区位的优势来分担原有的城市功能和集聚形成新的城市功能。但需要注意的是，不同的运输方式对城市活动的干预能力和干预效果是有差异的，服务于小汽车的公路、道路等设施的建设所分散和集中的是车流，且集中能力在关键节点停车、通行能力的约束下是有限的，而轨道交通等公共交通与方式所分散和集中的则是人流，其对城市活动的集中能力远远超过小汽车方式。鉴于目前很多特大城市、大城市的旧中心多出现交通拥堵现象，加快培育新的中心成为改善城市生活的重要战略，但如果想更快地加速城市活动、人气在新中心的积累就需要重视对公共交通的超前配置。虽然公共交通在运营初期会面临一定的亏损，但如果在提供的服务上难以与小汽车竞争而让小汽车占得先机，很快新中心就会出现像旧中心一样拥堵的情况，对新中心的长远发展也是不利的，很多城市新中心建成没几年就面临巨大的交通压力与新中心建设初期公共交通投入不够不无关系。虽然超前发展公共交通的前期投资较大，但是相比于发生拥堵后再花力气推动公共交通发展，不仅遇到的阻力大，所花费的人力、物力以及各种隐形的社会成本恐怕也不会少。因此，对于新中心建设而言，公交在发展时机上的优先所产生的作用更深刻、意义更深远。日本多摩田园都市是东京最成

功的新城，新城开业20年入住率达95%（实际人口与规划人口之比值），其成功的关键在于新城开发与轨道交通一体化程度很高，新城开业初年就同步开通了轨道交通。而多摩新城（不同于多摩田园都市的另外一个新城）开业20年入住率则不足50%，其轨道交通在新城开业3年之后才开通。国内类似的经验如上海轨道交通1号线的建成使闵行新城从落后的农村迅速转变为上海发展最快的地区，北京八通线的开通使通州新城的发展十分成功。

"十八大"已经把大力推进生态文明建设作为一项重要任务，提出必须树立尊重自然、顺应自然、保护自然的生态文明理念，并融入经济建设、政治建设、文化建设、社会建设各方面和全过程，以期实现经济社会的永续发展。生态城市是生态文明建设的重要载体，合理的城市形态与结构则是生态城市建设的关键，城市中心结构的合理性更是关键之关键。而选择单中心还是多中心一方面受到交通环境承载能力的约束，另一方面也与城市地理特征、形态结构等因素有关，难以简单地以城市规模或其他因素来界定，对于这个问题只有通过对每个城市具体分析才能做出合适的回答，尤其是通过对城市的中心体系与交通体系的匹配性分析来决定选择什么样的城市中心结构，不仅可以提高规划科学性，也可以减少规划的盲目主观和旁观者对规划决策的质疑。

（2013）

▶ 交通与土地利用一体化规划之殇——一条微博引发的遐思

一条微博引起了业界的网络讨论，"5年来城市越发认识到综合交通的重要性，如周干峙院士在轨道高峰论坛所言：交通不是配套而是发展竞争力！交通规划生态已根本转变……"，这一观点其实是2012年6月周干峙院士在轨道高峰论坛上提出的，其含义是城市交通不是简单配套城市用地，而是城市核心竞争力之一。其实关于"交通不是简单配套或者说交通与土地利用一体化"的论断早已不是一个新鲜的话题，但在专家、学者一浪高过一浪的呼吁声中，实践的成效并不尽如人意，甚至可以说仍是一块难以治愈的伤疤。伤在哪里？

在对城市交通规划的定位上是有伤的。城市综合交通规划作为城市总体规划的下位规划，往往后于城市总体规划编制。受限于城市总体规划方案的法定性，城市综合交通规划往往仅局限于在城市总体规划明确的城市空间布局的基础上对交通系统进行优化，而对城市用地布局的反馈作用无法得到很好的发挥，城市综合交通规划对城市规划建设的指导作用也因此被弱化。在城市综合交通规划与城市总体规划同步编制好处的认识上，上至国家下到各省均已熟知并在相关规范、导则中予以了体现。2010年国家住房和城乡建设部印发了《城市综合交通规划编制办法》的通知，其中第五条明确提出"城市综合交通体系规划应当与城市总体规划同步编制，相互反馈与协调"；2011年《江苏省城市综合交通规划导则》修订版中也强调，"城市综合交通规划原则上应当与城市总体规划同步编制或修编，其主要内容应纳入城市总体规划"。但很明显，现在的问题不在于对交通与土地利用两者关系的认识谬误或误差问题，而是如果在无法给予城市交通规划合法的定位，缺少对城市交通规划与城市总体规划互动编制的强制要求和必要的审查机制，纯粹依靠地方和规划编制单位自觉的情况下，很难保障交通与土地利用一体化的思路在现今追求土地利用效益的价值取向中获得落实，交通规划屈从于具有法定地位的总体规划还是不可避免，交通配套用地的做法也就难以得到根本改变。

在对交通问题产生、发展的认知逻辑上，如果放大了谈，不免要提到人性的弱点之伤了。交通系统的根本问题不在于交通系统之内，在城市开发、扩张的时候，我们的焦点往往是土地如何利用，难免急功近利地考虑如何尽快将土地转化为效益、在什么地方建好城市的地标等等，而这一阶段交通拥堵、交通污染等问题往往还没有显现出来，更没有严重到影响城市生活的地步，对于这一"尚不重要的问题"自然就缺少重视和关心。但是随着城市开发的进行直到一系列交通问题逐渐显现并令我们感到头疼的时候，却发现已经错过了城市交通健康发展的最好时机。也就是说，交通问题的爆发与城市用地开发之间存在的时间差迷惑了我们。其实对于今天见识了太多城市类似经验与教训的我们，这一点根本就构不成迷惑。但事实却是我们明知道这一问题的破解之道，却在实践过程中又掉入"急功近利"的陷阱，简单地复制着"先城市用地开发，后处理交通问题"的逻辑，仍然把焦点放在土地利用直接效益带来的各种好处上，至于由于我们的忽视而埋下的城市内伤隐患还是等以后再说吧。想起来似乎有点可笑，这不正是现实版的掩耳盗铃吗？但是问题显然不会因为我们的暂时回避而消失，反而矛盾会逐渐积累并最终爆发，以至于我们手忙脚乱也难以应对。城市规划关注城市近期发展，更应关注城市的长远未来，否则就愧对"规划"一词了，这意味着我们必须为了长远的、更宏大的利益忍受暂时的失去，才能收获"苦尽甘来"。可在暂时的利益诱惑面前不断地重复自己不能接受的逻辑，这难道不是人性的弱点吗？

交通是城市发展的竞争力，周院士说得好，对于像笔者这样的城市交通规划技术人员而言，说得夸张一点，甚至并不亚于邓小平同志"科学技术是第一生产力"的论断。其实不仅仅是交通，转型时期整个城市都需要冷静地思考如何提升城市的竞争力。我们知道，城市是一个容器，也是一个磁体。在城市发展的大部分阶段，城市主要发挥着储藏、保管功能，并在各种功能的积累、完善中无形地增强自己的磁性。但是由于我们的城市在发展过程中吸收的东西太多、太快，往往难以有足够的时间和足够缜密的思考来对城市发展的秩序、质量以及城市交通、土地利用等各个组成部分的关系进行细致的考量，不免会埋下引发城市功能残疾的隐患，在城市发展到一定规模、一定阶段时，其被忽视和隐藏的问题就逐渐显现出来。这有点类似于中医关于人体阴阳失衡的理论——某种长期的不良习惯导致脏腑、经络、气血等相互关系失调并影响人体功能，而城市阴阳失衡的最直接表现就是交通拥堵、交通污染等一系列影响城市功能的城市病。我们最不愿意看到的是城市容器破裂、磁性衰减，城市经济活动他迁，留下污染过的土壤、河流和空气。对于追求城市生活质量的现代人而言，如果病态城市给我们的生活带来了困扰，其竞争力受到影响也就不足为奇了。按照中医理论，如果人体阴阳失衡的话，需要从调理气血循环入手来治疗，这同样可以借鉴到对城市病问题的处理上，我们必须抛弃头疼医头、脚疼医脚的急功近利式低端手法，从调理城市运行循环的战略角度来治理这些病症。作为城市物质空间的主体，交通与土地利用的关系就好比人体的经络与五脏六腑的关系一样，更应该是调理的重中之重。今天我们正越来越感受到交通拥堵、污染、噪音等顽疾的折磨之痛，我想反过来叙述周院士说的话也是有道理的——病态交通削弱城市发展竞争力。

对于交通与土地利用一体化规划的好处、方法、措施，国内外众多学者已经谈得够多，笔者不想再啰嗦。但笔者要强调的是目前国内的城市规划方法似乎在对交通与土地利用一体化编制的要求上并不能很好地适用，尤其是功能分区的做法。适度的功能分区并没有错，它可以减少不同功能区之间的相互干扰，创造良好的生活、生产环境。但问题是我们在处理功能分区的时候往往在各分区内部权衡、调配用地，即在每个分区中考虑系统性的问题，而轨道交通、快速公交等交通设施则是线状的，我们缺失的是将城市交通走廊区域作为一个"分区"进行用地的平衡、置配，即将交通走廊（或者交通走廊网络）与用地配置作为一个系统问题来统筹考虑。在这一点上，香港80%以上就业、70%以上的人口集中于轨道交通沿线区域无疑是我们最好的借鉴。笔者不是反对功能分区，只是倡导在功能分区中对用地的"面状"配置应该与交通走廊中对用地的"线状"配置结合起来，并建议在一般情况下前者服从于后者。在公交优先发展大力推进、城市经济社会发展转型的战略背景下，利用公共交通特别是轨道交通的大力发展给城市交通转型带来的契机，协调交通与土地利用的关系，建立公交导向发展的土地利用模式，是城乡空间集约化发展的必然要求，也是调理城市肌体阴阳的好时机。

（2012）

▶ "机动性 VS 可达性"的思与辩

"交通减量""交通引导"已然成为城市规划、城市交通规划的基本理念,这些理念均要求对城市交通发展目标进行综合性与协调性的考量。虽然这些理念也的确在各层各类的规划中得到了响应,但似乎在对交通规划方案的评估中最终落到实处的还是围绕机动化甚至是小汽车而进行的,核心解决措施还是指向了如何提高道路交通的速度、如何降低道路的交通饱和度、道路的宽度够不够、需要增加多少个停车位等眼下最关心的问题,其他诸如交通减量之类的目标则难以得到量化,其落实也就更是无从谈起。显然这不是对理念的理解存在问题,而是在规划评估导向与评估技术上没有跟进。

对规划方案的评估导向决定着最终规划决策的合理性。虽然我们提出的规划目标是多样的,但由于很多目标在现有的方法内难以测度和量化,最终本质上还是回归到基于交通量或者基于机动性的评价方法,而不是一种基于可达性的方法。可用一个简单的例子说明两者的差别,比如对于一项体育设施建筑的选址,如果从基于机动性的角度来考虑的话,我们往往会选择道路条件好、停车位充裕的区位,这样对小汽车的使用最为有利,但对于其他方式以及环境等方面的影响则忽略不计。但如果是基于可达性的角度,我们更多地出发点是如何使得居民更容易获得健身设施的服务,甚至可将该体育设施分散开来布局。可达性并不是一个陌生的概念,维基百科上的定义是"accessibility refers to the ease of reaching destinations"(作者意译:可达性表征了到达某一目的地的难易程度)。从这种解释上来讲,基于可达性的规划要比基于机动性的规划所提供的解决思路宽广得多,因为后者仅局限于在提高机动性的框架内来解决人或物的移动,前者则将解决思路拓展至用地布局、交通管理,甚至交通环境(如提升步行环境可提高步行可达性)。可以说,可行性不仅仅是一个交通规划的概念,也是一个城市规划的概念。例如一个人要先后到达超市、图书馆、邮局等一系列目的地,目的地的空间分布可以用图1-9(a)、(b)、(c)来表示。图(a)中,目的地布局分散,只能采用机动化的方式出行;图(b)中目的地比较集聚,很容易通过自行车方式完成一连串的出行;图(c)则表达了用地的垂直混合形式,各类目的地集中于几个邻近建筑物中,出行者很容易通过步行方式串联各个目的地。图(a)中机动性最高,但可达性却低;图(c)则完全不依赖机动性,但可达性却更高,更没有图(a)所面临的交通拥堵、交通污染问题。可见,可达性并不等同于机动性,提高可达性而非机动性才是城市交通规划的主要目标。同时也可以看出,用地布局是可达性的重要因素,要实现对可达性的提升,不仅仅要对道路网络密度、网络连通度等等纯交通指标进行考量,也需要对用地布局进行考量,这样才能从"就交通论交通"思维中跳出来,真正将"交通减量"目标落到实处。但是由于我们对用地与可达性的关系上缺乏衡量和约束,难以

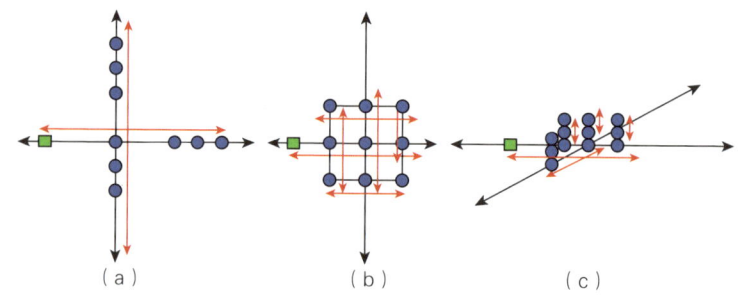

▲ 图1-9 用地布局与可达性关系模式图

对通过用地布局调整来优化可达性进行量化效果评估,在"看不见"的效果面前,往往又回到在交通系统本身完善交通的路子。

关于交通、土地利用、可达性关系论证的文章已经非常之多,其中的道理也早被熟知,但是要真正将这些道理落实于实践,需要的就不仅仅是理念,眼下更需要的是技术。笔者认为要改变现状基于机动性的评估技术,可在3个方面有所考虑:(1)建立中立的可达性评估体系。一种交通方式可达性提高的同时可能会降低其他方式的可达性,目前我们的评价体系仍然是偏向于小汽车的。例如当一条道路的服务水平不满足要求时往往选择对道路、交叉口进行拓展以满足机动化可达性要求,但是步行的可达性却降低了。如果不能进行全面的评估,所做出的方案自然会有失偏颇。这需要我们对方案、措施的评估保持中立的态度,不能只看到对某种方式、某类人群带来的好处,而看不到其产生的不利影响。(2)要重视用地对可达性影响的评价。评价交通可达性的宏观指标常常包括道路密度、路网连通度等等,而关于用地对可达性的影响却鲜有定量的评估指标。单凭定性和理念阐释的说服力已经在实践中显得底气不足,况且在理念一致的情况下如果没有定量的比较是难以区分优劣的。相关研究提出采用土地利用密度、混合度、地块尺度等指标衡量可达性,但是欠缺系统性、规范性和权威性,规划师采纳与不采纳随意性大,乃至忽略。因此,制定用地对可达性影响的指标标准是非常必要的。(3)革新模型技术。如前所述,可达性受到交通与用地的双重影响,基于可达性的交通规划必然是交通与土地利用一体的规划。需要注意,"一体"不同于"接口",是你中有我,我中有你,相互渗透的关系。在传统的交通规划四阶段模型技术中交通与用地是"接口"关系,用地规划中的人口、就业等因素作为既定因素输入交通分析系统,可达性对用地优化的配置作用得不到体现,更不能表达可达性对于交通与用地之间动态影响关系起到的桥梁纽带作用。可用一个简单的例子来解释这种关系,图1-10(a)中,A为就业区域,B、C为居住区,它们之间分别用道路相连,A、B、C区域中人口与就业岗位的数量是恒定的。当采用传统的四阶段法预测到道路A、B会出现拥堵时,首先想到的方法是预控足够的道路宽度或者开设公交线路等局限于机动化提升的对策,但是带来的后果往往是对道路条件的超前预控吸引了更多的转移交通量,交通的拥堵没有如愿得到合理控制,反而可能会更糟。在传统的用地与交通的"接口"关系模型中,用地是静态的,交通与用地的相互影响和动态互适应关系难以表达。而实际上交通可达性对人口、就业分布产生的动态置配作用会影响对交通系统的规划决策,如当A、B之间的道路服务水平相对于A、C之间道路差时,A、B、C中人口与就业分布会受到交通服务水平的影响而有所变动,部分人会做出搬迁的决定(如由B搬迁至C),在这种情况下或许A、B之间的道路可能不会发生拥堵。即使仍然发生了交通拥堵,在解决的对策上也可以突破提高机

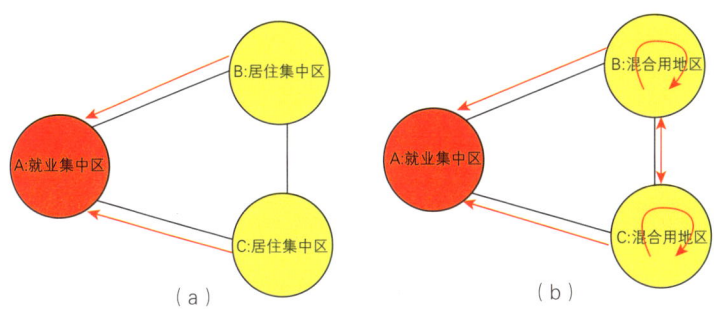

▲ 图1-10 用地混合与交通减量示意图

动性这一措施的约束，可通过改变用地布局、提高混合度来减少机动化出行的比例，如图1-10（b）所示。因此，要真正实现基于可达性的规划，就必须革新模型技术，采用交通与土地利用一体化分析技术，而不是仅仅将交通与用地视为接口关系，才能在更多元的问题解决途径中实现交通、用地的双向互动调整。

可达性既关乎交通，又关乎用地，是交通与用地两大要素的连接点。以往习惯于将两者分开来对可达性进行解读，交通规划往往被约束于既定的用地布局下通过提高机动性来提高可达性，用地规划则由于难以将可达性对用地布局的调整作用进行量化而"弃之不用"，就此导致了一直被诟病的交通规划与城市规划"两张皮"的现象。基于可达性的规划更公平、更合理，但如果缺少了必要的技术支撑和可测度的指标约束，那么再好的理念也往往难以落实。要突破现有规划偏向于机动性的桎梏，除了理念贯彻外，目前更紧要的是建立定量化的分析技术，使交通与用地真正互动起来。

（2013）

▶ "时间预算"带给规划的启示

微博上曾流传一段"通勤时间过长的恶果"的视频（http://cn.wsj.com），内容是关于通勤时间过长带来的危害，其主要结论是每天需要在通勤上花费90分钟以上的人生活幸福感会偏低，甚至会诱发背部疾病、抑郁、肥胖等生理和心理疾病。另外，根据北京大学社会调查研究中心与智联招聘联合发布的2012年度"中国职场人平衡指数调研报告"，北京市民上下班往返时间全国最长，平均为1.32小时，上海、天津分别以1.17小时、1.15小时位列第二、三位。通勤时间过长已经渐渐成为大城市、特大城市居民一种不得不忍受的痛。出行时间的控制一直是城市交通规划中一个重要的指标，如《城市道路交通规划设计规范》（GB 50220—95）中提出，对于超过200万人口的城市，95%的居民以公共交通出行的最大出行时耗不应超过60分钟，但是从现实看来，似乎这一点正在失控。根据2005年北京市第三次交通综合调查报告，高峰时间通勤单向平均出行时耗中地铁方式高达75分钟、常规公交方式高达66分钟。报告中没有给出一天中各种目的的出行总时耗，但如果按照采用地铁出行的人群往返出行时耗计算，通勤总时耗高达2小时30分钟，如果加上其他目的出行，恐怕要超过3小时，这还只是一个平均值，按照一般规律，超过平均值的应不在少数，北京公交通勤方式的出行者一天的出行时耗估计在3～4小时之间。

生态城市、和谐发展、公众参与的理念要求城市规划提高对城市居民生活状态的关注度。在城市膨胀的过程中，城市通勤时间过长已经严重影响了部分城市居民的生活品质。在城市规划、城市交通规划中如何有效控制出行时耗也应当引起我们足够的重视。其实，时间作为一种有限的资源，与家庭经济支出一样在居民心中存在着一定的使用预算，比如一天中包括为了生计目的的通勤出行，也有休闲目的的出行，出行时间的预算分配到不同的出行目的上，只是这种预算并不是以一种严格的方式进行。研究和经验均表明，不管城市规模的大小及经济发展水平，理想情况或者说居民生活品质不受到很大影响的情况下，一天的出行总时耗在1.5小时左右，或者可以认为如何做到将出行时耗控制在1.5小时之内是城市规划、城市交通规划中应该给出的答案。图1-11为包括巴黎、东京等不同经济发展水平城市居民一天出行总时耗的分布情况，在一定程度上说明了时间预算的存在。关于出行时间预算的另一个解释是，一天24小时，工作8～9小时，睡觉8小时，吃饭2小时，休闲2小时，家务2小时，留给出行的时间大约是1～2小时。不管是现实的统计还是理论的推算，就像"通勤时间过长的恶果"中所说的一样，出行时间过长严重影响城市生活质量，控制出行时耗理应成为城市规划、城市交通规划的一项重要任务。

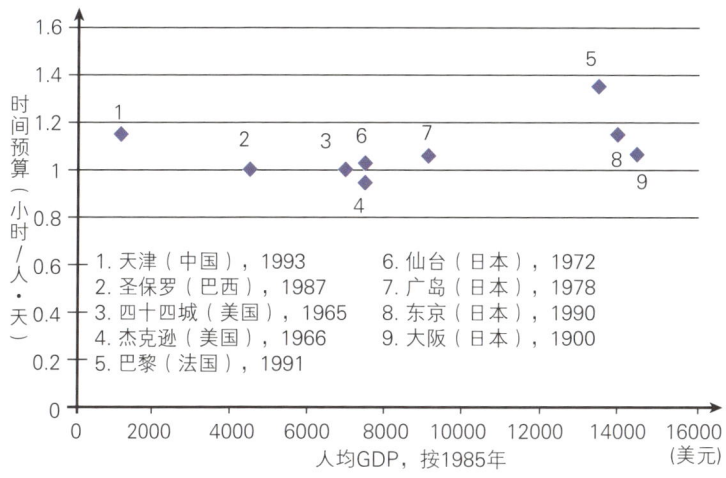

▲ 图1-11 不同经济发展水平城市的日交通出行时耗

规划中如何控制出行时耗？（1）在用地规划方面，不论在宏观层面的城市布局模式、城市中心体系布局还是在微观层面的用地单元组织，都应从有利于交通减距的角度进行规划和评估。一种普遍的认识是，大城市道路网络是交通拥堵的表层原因，问题主要是出在城市功能的布局上（《凤凰城市》2013年第8期，"七环"对北京意味着什么？）。当超长的出行时间变成一种忍耐时，城市规划担有不可推卸之责。（2）在交通规划方面，应为大多数人（如规范提出的95%以上）提供城市任意两点之间在时间预算之内的可达方案。这一点似乎对于像北京这样即使具备发达的城市轨道交通网络的城市也成为奢望。这不得不引起我们的反思，是问题没有无破解之道，还是我们没有找到解决问题的根本所在？对于这个问题，笔者不敢妄下论断，但不妨看看东京、巴黎等大都市轨道交通的系统建设情况。①东京历来以发达的轨道交通网络闻名于世，东京都市轨道交通系统包括高速新干线、快速城际线、中速地铁线和普通轻轨4种不同速度层次的线路。其中新干线属于高速铁路，承担着日本城市间的中长途旅客运输；快速城际线指东京市中心区至横滨、千叶等卫星城市的线路，时速在100公里左右，承担城市中心与郊区的旅客运输；中速地铁线主要分布于东京市中心区，设计时速80公里，服务于东京中心区内部中长途出行；普通轻轨线路密布于城市中心区，服务于中短途出行。②巴黎轨道交通包括多种形式，有常规地铁、市域快速轨道交通（RER）、轻轨和市郊铁路。其中线路长、站点间距大、列车运行速度较快的市域快速轨道交通（RER）和市郊铁路主要服务于长距离出行。RER建设的主要目的是使乘客从郊区不经换乘就可以到达市中心。RER建设前，郊区乘客需在城市边缘换乘地铁进入市中心，地铁的速度当时仅为25公里/时，从郊区到达市中心耗时长，卫星城的发展受到了限制。在规划RER时曾对2种方案进行研究：（a）将城区地铁向郊外延伸；（b）将市郊铁路引入城市中心。最终采用了在郊区利用既有市郊铁路、在中心城修建新线的RER方案。虽然RER接入市中心，但在中心城RER是一个与地铁完全独立的系统，在地下更深一层并与地铁垂直换乘，且仅在相对较大的客流集散地设站供与地铁换乘，保持了市域轨道的定位，为都市区长距离出行提供了便捷、快速的服务。从东京、巴黎两个例子可以看出，城市规模的扩展使得单一采用常规轨道交通的方式难以满足城市长距离出行的需求，因此轨道交通层次又划分为快、中、普等级，这样居民可以根据出行距离的长短来选择不同的轨道交通方式或组合方式，出行时耗过长问题也就得到了有效控制。我们是不是有理由断定，我们的大都市的轨道交通网络欠缺了层次？东京、巴黎多层次轨道交通的案例为大都市如何控制出行时耗过长提供了借鉴，但是不管是什么样规模的城市，在规划中控制出行时耗都是有意义和必要的。（3）时间预算的存在意味着各类城市出行总时耗是一个相对恒定的值，那么节约出行时间是不是就没有意义了？回答应是否定的。通勤时间的节省可以用来安排其他出行活动，相反，如果像北京、上海部分人群的时间预算被通勤时间完全占满，休闲活动时间则会被压缩甚至完全没有，生活品质也会下降。

（2013）

▶ 都市圈背景下城市与交通规划的思考

都市圈的概念起源于美国1910年提出的"大都市区",当时主要是基于对城市人口统计的需要,对大都市区范围的界定是:以1个人口超过5万人的中心城市和至少4个人口密度在159人/平方英里的相邻县所组成的区域,相邻县中至少有25%的人在中心城市工作,或者有5%的非农户居住在中心城市。20世纪50年代中期日本就开始积极探索城市圈域的发展模式,将"都市圈"定义为中心城市人口在10万人以上,周边地区在一天的时间内可以提供或接受中心城市服务的地域范围。60年代日本又提出"大都市圈"的概念:中心城市为中央指定市,或人口规模在100万人以上,并且邻近有50万人以上的城市,外围地区到中心城市的通勤人口不低于本身人口的15%,大都市圈之间的货物运输量不得超过总运输量的25%。我国学者对都市圈的界定则主要基于以下几点:(1)中心城市人口规模在100万人以上,且邻近有50万人口以上城市;(2)中心城市GDP中心度>45%;(3)中心城市具跨省的城市功能;(4)外围地区到中心城市的通勤率不小于本身人口的15%。不管是从都市圈定义的起源,还是其内涵的发展演变来看,都市圈都是具有一定统计门槛的概念,而不仅仅是"图面"意义。

关于都市圈的形成及发展的理论很多,主要有生长极理论、核心—边缘理论、辐射理论等,此处不再赘述。国内学者如崔功豪、陈小卉、程大林等也相继在都市圈的特征、演变机制、发展阶段等方面进行了研究。根据上海交通大学中国都市圈发展与管理研究中心在国际都市圈发展论坛上发布的"2012年中国都市圈评价指数"报告,将中国分为18个大都市圈,分别是上海圈、广州圈、首都圈、杭州圈、南京圈、沈阳圈、重庆圈、汕头圈、济南圈、武汉圈、长春圈、大连圈、成都圈、石家庄圈、哈尔滨圈、青岛圈、西安圈、太原圈,囊括了中国所有的经济重地。并从都市圈发育水平、实力水平和绩效水平3个视角,通过交通联系强度、经济落差、城市化水平、中心城市地位、总体规模等23个指标对都市圈的综合竞争力进行了排名。关于国内都市圈、城市群的发展前景也有其他看法,但不管是怎样的划分方法,一批都市圈的逐渐形成似乎已经被认为是一种必然趋势。都市圈、城市群的基本特征是城市之间的分工更为明确、联系更为紧密,不仅仅是一种简单的区域现象,对处于都市圈、城市群中的每一个城市都产生了与孤立地看待一个城市所不一样的课题,对城市与交通规划自然也产生了不同的要求。

1 对城市规划的要求

主要来自城市功能定位的差异和由于与其他城市更为密切的联系下对城市用地、城市配套设施的要求。一方面,从都市圈、城市群的角度来看,由于时空的压缩,原本局限于单个城市范围内的活动在都市圈空间范围内进行重新分配,都市圈中的每个城市类似于同一城市中的每个组团,城市原本功能和定位也随着都市圈成长目标的大势所趋而发生重大变化,这些变化迫使城市空间发展战略作出相应的调整;另一方面,城市布局更加开放,城市功能更加外向,尤其是都市圈中的中心城市承担着大量来自外围城市居民的工作流、购物流等,这要求城市用地、交通规划指标上要考虑对这部分人的服务。例如中心城市承担了其他城市的许多就业岗位职能,那么这些就业岗位所需要的配套服务设施有哪些、需要多少?

2 对交通规划的要求

异地通勤增多,同城化现象出现,但由于距离被拉长,出行链条更为复杂,需要不同方式、不同线路的转换出行会更多,例如在同一个城市内的通勤出行可能为"步行+公交+步行"的方式,而城际通勤出行则可能是"步行+城市轨道+城际轨道+城市轨道+步行"或者更为复杂的形式,这对城市交通枢纽接驳、转换提出了更高的要求,必须尽可能地缩短转换时间,城市枢纽体系尤其是对外枢纽的转换效率将成为决定一个城市融入都市圈程度的关键之一。此外,由于通勤需求对出行时耗、出行准点性有很高的要求,城市交通体系与城际交通不应仅仅实现交通设施上的对接,在运输上也可以实现一体化,例如都市圈市域轨道与城市轨道可共线运营,以减少换乘。

3 对政策体系的要求

城市间的政策壁垒不仅会阻碍都市圈的成长,也会加重中心城市的城市病。从都市圈的发展规律来看,要经历雏形期、成长期、成熟期3个阶段。与此同时,中心城市也逐渐走过功能的积聚、饱和、溢出的历程,在这个过程中,破除行政壁垒是十分关键的。世界上较为发达的都市圈在医保、社保、教育等方面做得更完善,不仅在都市圈范围内共享,甚至已经达到"全国统筹,全国流动"。在都市圈的成长过程中,功能、资源、公共服务向中心城市的集聚是必然的,但是到后期,中心城市职能开始饱和溢出阶段,受制于城市之间在户籍制度、教育、医疗、就业、生活保障等等方面壁垒的存在,城市功能疏散也会受到阻碍。如本来居住、工作都在南京的可选择在镇江居住、在南京工作,但如果到南京就医在镇江却不能办理医保程序,那么很可能考虑到诸多不便就不会选择异地居住和工作,而宁愿全部放在南京;另外,异地办证难这一全国很普遍的问题是一个不争的事实,并屡次见诸报端。在中心城市垄断资源的核心竞争优势下,行政壁垒导致中心城市进多出少、不断膨胀,造成中心城市交通拥堵、环境恶劣等城市病。此外,城市行政区之间还设置了资本流动、人才交流、市场贸易等方面的门槛,使得资本在不同区域的流动、产业链在不同地区间的延伸都受到影响。如果区域和城市管理与政策体系不作出相应的调整,恐怕都市圈、城市群的发育无法达到预期的效果。

(2013)

▶ 大都市交通与空间一体化组织漫谈
——来自组团式"职住平衡"的思考

先从两个疑问说起：（1）在持续的增长压力下，一些城市在组团式发展模式下的"造新城"运动中追求"职住平衡"，成绩为什么不理想？如斯德哥尔摩在郊区新城建设中规定住宅开发量必须与新城内的就业岗位数量相平衡，首尔、上海等城市也采取了类似策略，但难以抗拒的现实是，大多数新城内的居民仍然在老城内工作，而在新城内工作的却多数住在老城，理想中的组团界限根本没有对职住的空间关系构成约束。（2）计划经济时代，对影响就业、居住的诸多因素有较强的可控性，"单位大院"模式是一种很好的"职住平衡"状态。居住、就业市场开放后，影响职住空间关系的因素变得难于掌控，职住距离也逐渐拉长。开放的市场对"职住平衡"的实现带来怎样的难度？还能否予以引导、控制？

组团式"职住平衡"对于建设"交通减量"的城市是一种很好的理念。但理念再好，如果不能可控性地落到实处，也仅仅是纸上谈兵。通过造新城疏解人口来缓解旧城交通拥堵是可以起到一定的作用，但是众多城市的实践结果也告诉我们，组团式的"职住平衡"绝非如设想般一样。在理想化的组团式"职住平衡"模式中，大多数人靠近从业地点选择住房，而在市场开放的情况下影响住房、从业选择的因素繁多而复杂，最终只有符合一定条件的少部分人可以理想化地实现"组团内的职住平衡"，大多数人的工作出行还是超出了原来设想，在组团以外的区域居住或工作。目前还没有一个按照"组团式职住平衡"模式规划建设的城市实现理想中的"职住平衡"，也在一定程度上印证了职住空间关系的难以可控性。笔者认为，在职住关系空间分布难以控制的原因中，城市经济市场固有的统一性、开放性和复杂性是一个非常重要的因素，文章开篇疑问中市场经济对计划经济职住空间关系的颠覆也在一定程度上说明了这一点。其实在城市职住空间关系上存在两种相反的力量——拉力和推力。经济市场的统一性、开放性对职住距离起到的是拉力作用，而居民对缩短通勤距离的渴望则起到推力的作用。（1）拉力作用。在统一、开放的经济市场中，城市的任一居住地与任一就业地之间均存在着可能的"引力线"，尽管我们在城市空间组织中期望通过建设新的就业中心来疏解功能、缩短出行距离，但在新组团开发初期其经济市场就已经成为整个城市市场不可分割的一部分，在整个城市"一盘棋"式的经济市场作用下，新组团与原有区域之间产生的经济联系催生了大量的跨组团交通流，由于部分人搬迁至新中心居住带来的职住距离的缩短也被新中心与城市原建设区之间职住空间距离的增加所抵消。可以说"引力线"会随着新组团的建设、经济市场的扩张而增加、拉长，城市扩张在职住距离上总体而言表现出的是拉力作用。从城市的实际发展情况来看，不管是采用单中心还是多中心的组织模式，通勤距离增长与城市规模的扩大也大都存在着或强或弱的正相关性。实际上，也正是经济市场在整个城市内而不是限于某一分区的"统一性"所创造的丰富、多选的就业机会才是大都市具备更大吸引力的魅力所在，如果将大都市经济市场按片区分割，那么实际意义上的大都市也将不复存在。设想将一个大都市分割成为一个个"相对独立"的小城市，由于相互之间经济市场的封闭性，即使物理空间上进行"相加"组成"城市联合体"，其经济效能恐怕也无法与原来的大都市对等。而"职住平衡、自给自足"的新城模式正是一种违拗经济市场统一性，企图在空间上切割市场"引力线"的做法，其结果自然难以如愿。（2）推力作用及其不确定性。虽然居民对缩短通勤距离的渴望对促进职住平衡是积极的，但家庭或个人出于平衡工作、生活等方面的需要，在选择居住地时考虑的因素非常复杂（如房价、孩子上学、周边生活配套等等），最终只有少数人在复杂的市场关系中达到了"职住平衡"的状态，大多数人不会也难以按照规划师既定的安排选择在哪居住、在哪工作。在经济市场对职住距离的拉力以及复杂市场因素削弱"职住平衡"推力的双重影响下，组团式"职住平衡"的现实与理想往往产生很大偏差。这种理想的乌托邦模式和现实模式可以简单地用2张图来表达，图1-12中左图是理想的"职住平衡"模式，各新城"自给自足"，通勤流向也是以各自中心为核心的，是规划师常常做出的"假想模式"。但是现实情况往往如右图所示，不仅各个新城与老城之间保持着密切的联系，在统一的市场力作用下，各新城之间也会产生相互的吸引力，人为划定的"职住平衡"界线根本就是子虚乌有，只能做出"理想很丰满，现实太骨感"的感叹了。由于交通组织模式与空间组织模式密切相关，如果按照理想模式下的空间组织来设计交通系统的话，交通设施建设风险和压力也必将是巨大的。

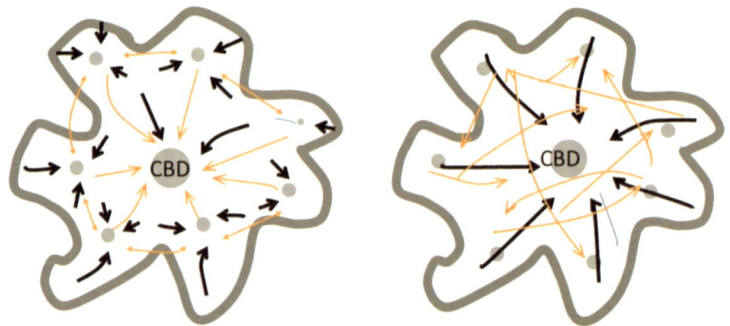

▲ 图1-12　理想的新城职住平衡模式与现实状态对比

是不是"职住平衡"的空间组织思路就没有意义了呢？笔者给出的答案是否定的。虽然职住关系的空间分布难以捉摸，但时间资源是有限的，没有人愿意花过长的时间在上下班途中，如多数人难以接受上下班单程时间超出40分钟，也就是说，"引力线"的空间作用范围是存在极限或边界的，如果两点之间的时间距离超过边界，吸引力就变得很弱，而这一边界正是"职住平衡"存在意义的根据。既然"职住平衡"并非没有意义，那么实现"怎样的职住平衡"就非常关键，这需要既要尊重"市场规律"，也要看到"市场力的边界"。在城市空间组织设想上，不妨把工作、非工作活动与市场的关系、对空间组织与交通组织的要求分开考虑。对于工作活动，在组团式分割经济市场的"职住平衡"做法难以如愿实现的情况下，城市空间组织应首先努力做到的是尽可能将任意两点之间的通达时间约束在某一范围之内，为大多数城市居民工作出行提供"在可接受时间范围内"的有效交通服务，无论你住在城市什么地方，都可以比较快捷地到达工作地点。"走廊网"式的"职住平衡"就是一种"一不做，二不休"的成功做法，即不过多考虑在片区、组团范围内平衡职住，而是在交通走廊织就的网络中进行居住、就业的平衡，走廊中提供快捷的运输方式，走廊内的居民就能在可接受的时间内在居住地和就业地之间通达，例如香港的轨道交通走廊网络。需要指出的是，虽然倡导在走廊覆盖范围内平衡职住，但也并不是极端的"一头放居住，一头放就业"方式，用地混合还是非常必要的，因为即使"职住平衡"没有想象中那么理想，但在现实中更多的人还是渴望在有条件的情况下尽量缩短通勤时间，用地混合为缩短通勤时间提供了可能和潜力。对于非工作活动，如日常的买菜、购物、锻炼身体等，这类活动不必像工作那样拘泥于某一个固定的地点，且需求如能就近被满足就不会"求远"。这类活动产生的交通需求是非常大的，如果能够尽可能地缩短这类出行的距离，给城市带来的益处也是相当可观的。这其实是一种与"职住"无关的居住需求与生活需求的平衡，但就在小尺度的分区或分单元内进行用地组织来减少交通需求而言，追求这种"生活平衡"比"职住平衡"显然更有实际意义。

总体来说，笔者认为，"走廊内职居平衡，单元内生活平衡"对于大都市而言不失为一种理想的模式，"用地混合"则是实现这一模式的基本原则和保障。需要注意的是，我国城市经济阶层特殊的空间分布情形下，"用地混合"原则尤为重要。我国大多数城市为圈层式结构，城市中心区的就业岗位密集、服务设施丰富多样，在居住地选择上具有明显的"向心性"，但是中心区以及中心区外围房价高，居住在这一区位的多处于经济收入的中上阶层，小汽车的拥有水平高，虽然这一区域公共交通服务最好，但对小汽车的使用需求和实际使用率都较高；而居住在城市外围区域的则通勤距离最长，对机动化出行的渴望最高，在公交服务水平难尽如人意的情况下，对小汽车购买的欲望最高，虽然在经济上多处于中下阶层，但是"奥迪买不起可买奥拓"的心理大有所在。这种"全民小汽车出行需求"的情况不可不谓是一种潜在的灾难，也要求我们必须在住房供应上促进各经济阶层的融合，在"用地混合"上不单单是不同用地性质的混合，还需要注意同一用地性质不同服务对象的混合，如不同房型的混合、强制保障性住房的比例等，使得真正需要公交的人乘上便捷的公交。

笔者认为，虽然城市经济市场固有的统一性、复杂性在很大程度上造成了分组团组织"职住平衡"的难以控制和实现，但通过城市空间的有效组织仍可以引导职住空间关系。由于城市经济市场的统一性，"职住平衡"不便于在控规层面进行"分块组织"，作为低碳城市建设的一项重要战略，"职住平衡"更应该在城市总规层面通过对用地与交通的统筹考虑后对城市空间总体布局提出落实要求，这对于只关注"人口规模"而不重视"就业供应"的现有编制思路而言显然还不够。如何实现"职住平衡"是一个复杂的论题，目前存在的争论也很多，笔者所述仅为一家之言，权作抛砖引玉，引读者共思考。

（2012）

▶ 关于城市中心多与寡的再讨论

关于城市中心一直存在诸多疑问，在规划文本中类似"一主六辅""多心多点"这样的提法很多，有的城市甚至林林总总的布局超过个位数数量的城市中心，这其中究竟有什么样的道理？还是随规划师的个人经验而定？城市中心的识别标准又是什么？说一句有点缺德的话，到底是真的城市"缺心"，还是我们在专业认识上"缺信心"？

关于城市单中心还是多中心好的争论一直存在，各自的支持者从理论、实证方面给出了截然不同的观点。根据孙斌栋、潘鑫在《城市空间结构对交通出行影响研究的进展——单中心与多中心的论争》对文献综述的总结，可以简单地将处于两种对立面的观点进行归纳：（1）单中心论。其理论依据是单中心蔓延符合城市聚集经济原理，而多中心结构造成了劳动力市场与消费市场的分解以及工作与居住之间距离的增加，导致交易成本上升，进而影响城市竞争力。实证论据诸多，如塞维罗和兰蒂斯对旧金山湾区就业中心分散化的研究中发现就业分散化不仅没有减少交通需求，反而增加了交通通勤时间（增长5%）和通勤距离（增长12%），其他诸如对荷兰、韩国首尔的研究中也有类似的结论。但是部分单中心支持者也指出，单中心还是多中心与城市规模有关，对于人口超过500万人以上的特大城市，多中心空间结构是在统筹聚集效益与交通成本后的最佳形态。（2）多中心论。其理论依据主要为区位再选择假设（Co-location hypothesis），家庭和企业总是周期性地通过空间位置的调整来实现居住—就业的平衡，使交通总量降低并减少平均出行距离和出行时间。在实证研究方面，戈登和翁对美国大都市区的研究发现，美国东北部的城市随着规模的增加通勤出行距离延长，而西部城市则不存在这一现象，并认为正是西部多中心的发展造成了这种差异。国内学者一般认为，多中心空间结构具有分散交通量和缩短通勤时间的作用，应建设多中心来分散过于密集的人口和就业，从而缓解交通拥堵问题。

在研究进展方面，诺贝尔经济学奖获得者克鲁格曼提出了多中心城市结构的空间自组织原理及模型是具有代表性和突破性的。他假设各个商家关于在何处定位的决策具有相互依存性，即任何地点作为商业区位的合意度取决于其他商家所处的位置。这种相互依存的关系存在着两种力量：一是商家处于对土地、客源等方面竞争考虑而产生的一种抵制力，也称为离心力，这种力量趋于分散商业活动；二是出于其他商业吸引到的客源也可成为自身潜在消费对象的考虑而产生的一种亲和力，也成为向心力，这种力量趋于促成商业活动的集聚。克鲁格曼基于这样两种存在的力量建立了城市空间结构自组织模型，并通过计算机模拟验证了多中心结构的形成。克鲁格曼的这一模型阐释了经济规律对城市空间结构的内在影响，这一理论成就获得了广泛赞誉，其深入黑箱内部的城市空间动态演变机制相比于之前"集聚经济导致集聚"这一理所当然的结论不可不谓是一种巨大的进步。但是克鲁格曼本人也认为，其所提出的上述模型仅仅是纯理论性的，并不着意于实证性。由于其前提假设比较简单，商家对于某一区位的合意度取决于其他商家的存在给自身带来的利益，而区位自身的历史、自然等因素的影响则不在考虑范围之内。这些未考虑的因素会不会对城市形成单中心还是多中心产生质变的影响也无以论证。

但无可否认的是，克鲁格曼从纯理论角度证明了城市空间自组织机制下集聚经济的存在及演变过程。从规划的出发点来看，构建城市多中心考虑的一个重要因素是缓解交通拥堵问题，或者说多中心还是单中心的选择主要在于集聚经济正效应与交通拥堵负效应两种力量的博弈。这两种力量就如同一个事物的两面，但笔者认为两者之间应区分主次、先后关系。如果认同城市为了经济集聚而存在的这一基本观点的话，不妨将上述两种力量转为两条原则以便于单中心还是多中心的决策：第一原则是城市的集聚经济，城市就是集聚的结果，集聚产生经济正效益；第二原则是城市中心的交通拥堵、卫生环境、空气质量等负效应，也可以看作是城市单中心的边界约束。第一原则应是主导原则，原因很简单，城市是为了集聚而生的，集聚是城市存在的动力，当城市中心过于集聚，超过交通、环境等第二原则的约束时，向多中心的分裂才是有必要的。顺着以上两条原则，可以简单探讨一下城市交通模型与中心结构的关系。采用公共交通主导的空间结构的城市，城市中心依靠密集、多样的公共交通系统支撑，在城市规模未超过一定限度时，单中心的交通承载能力完全可以承载交通疏解之责任，其优点是充分发挥了集聚经济优势，但其劣势是聚集经济加速功能分区导致职住分离加剧。但是按照上述两条原则的主、次顺序，除非中心的交通疏解能力无以为继，不宜分裂建设其他中心。对于采用小汽车主导城市空间的城市，城市中心的交通承载能力也主要以对小汽车的疏散能力来衡量，更容易达到承载力极限，反而易于形成多中心。但从规划实践来看，对于城市中心数量、布局的判别上有些模糊和潦草，与城市公共交通主导的发展模式的结合考虑也偏弱，其实一些城市根本不需要通过多中心来解决城市交通拥堵等问题，而是城市中心的公共交通系统没有做好，在这种情况下，多中心布局会损害城市集聚经济效应，违反第一原则，分散的布局反过来又为小汽车出行提供了便利，对城市交通系统的总体发展产生负面效益，最终的结果是城市的集聚经济效应和交通效率、交通节能双双受损。

限于专业知识视野，本书更多的是出于城市中心与交通模式关系的考虑而作的浅薄思考，当然城市中心多与寡决策不会仅局限于集聚经济、交通效率两个方面，本书立论角度不免有失偏颇，但"理不辨不明"，借此引起多专业共同讨论是原本目的。

（2014）

带型城市规划要求及其启发

说到城市形态的演变,人们首先想到的就是"摊大饼"3个字。北京从2001年488平方公里建成区的面团开始摊起,经过13年的烹制,已经摊成了一个直径约50公里的巨型大饼,现如今这张饼已经蔓延到了河北的灶头上,还顺势抬高了当地的房价。虽然存在众多弊端,但对于大多数城市而言,"摊大饼"无疑是一种短期内最为经济有效的土地发展模式。然而"大饼"不是人人都能摊的。还有一些城市,它们受自然条件(山谷、水岸线)或是区域交通干线(铁路、航道)的限制,呈长条带状发展,我们称之为带型城市。马克思主义哲学告诉我们,矛盾是可以相互转换的,限制有时也会成为优势。笔者从城市交通的角度出发,谈一谈带型城市的空间、交通特征以及规划要求,寻找一种适合带型城市发展的交通模式。

城市规划学术界将城市的形态分为集中型、带型、放射型、星座型、组合型和散点型6大类。其中带型城市定义为建成区平面形状长短轴之比大于4:1,并明显呈单向或双向发展的城市,包括U型、S型等子型。带型城市的概念最早由西班牙工程师马塔在1882年提出。他认为有轨运输系统最为经济、便利和迅速,因此城市应沿着交通线绵延地建设。马塔的带型城市理论为城市的科学规划与功能划分提供了机遇,相比于集中型城市,带型城市有着接近自然、利于市政设施建设、防止城市过度集中等优势,但另一方面,带型城市的无限延伸不具备现实可能性,纵向线路太长必然加大城市生活成本,不利于居民生活。早期的带型城市(比如伦敦、华盛顿和巴黎等)经过不断地演变,城市布局已成指状或曲线式。

在我国213个地级以上市中,带型城市有35个,占16%,其中又有近50%为中等规模城市。这些带型城市的出现更多的是受到自然条件的制约,如兰州、深圳、青岛、拉萨、烟台、镇江等。表1-1给出了我国地级以上城市不同空间形态的数量。

表1-1 我国地级以上城市空间形态

城市类型	特大城市	大城市	中等城市	小城市	合计
集中型	1	2	31	16	50
带型	4	6	16	9	35
放射型	8	14	15	3	40
星座型	14	1	0	0	15
组合型	6	13	36	7	62
散点型	1	3	6	1	11
合计	34	39	104	36	213

从城市土地利用形态上看,带型城市的用地规模不大,中等城市居多。城市沿主干道布局,一般划分为多个功能组团,通过交通通道联系,组团内部往往具备较为完整的居住、就业和交通条件。带型城市在用地集中度方面采用集中与分散相结合的形式,强调交通与土地的一体化发展。

从城市道路交通特征上看,带型城市具备这样几个不利因素:一是长轴向的道路少,新建平行道路难度大;二是缺少过境通道,过境交通会引入城市道路;三是既有道路功能混杂,分工不明确且容易发生拥堵。为进一步探索带型城市的交通特征,笔者通过交通建模软件比较了不同规模(节点数)的集中型城市和带型城市的交通运行状况。

以9节点为例。带型城市和集中型城市的骨架道路分别描述为由8条长度为1公里的路段首尾相接而成的一字型路网以及由6条长度为2公里的路段正交而成的田字型路网。交通需

▲ 图 1-13　9 节点带型城市交通量

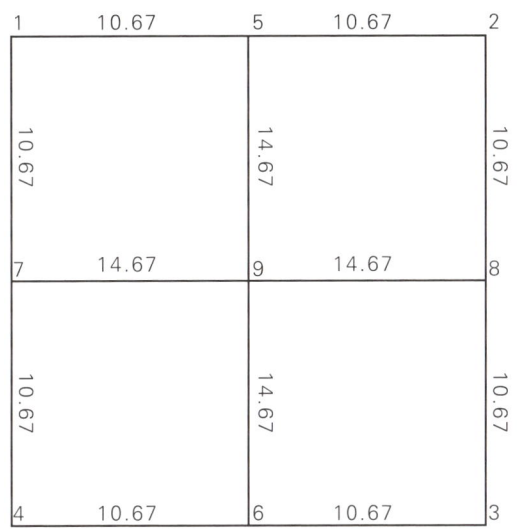

▲ 图 1-14　9 节点集中型城市交通量

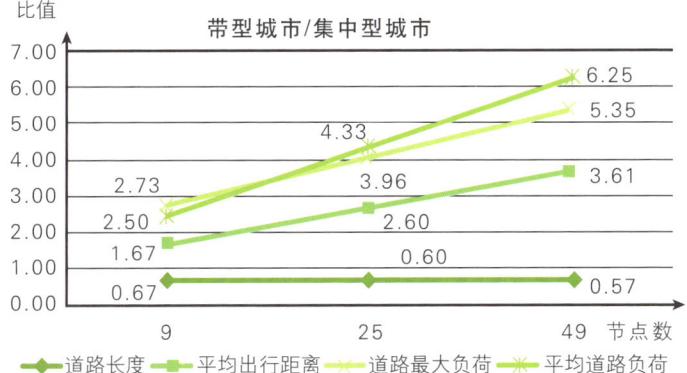

▲ 图 1-15　带型城市与集中型城市交通运行状况比较

求方面，假设所有节点间的出行量均为 1。两类城市的道路交通量模拟结果如图 1-13 和图 1-14 所示。

将城市规模由 9 个节点扩展到 25 个节点和 49 个节点，进一步比较带型城市与集中型城市在道路长度、平均出行距离、道路最大负荷以及平均道路负荷四方面的差别，如图 1-15 所示。

总体上看，在城市规模一定（节点数相同）时，带型城市的道路长度要低于集中型城市，前者至少为后者的 2/3，而在出行距离上，带型城市要高于集中型城市 60% 至 260%，这意味着带型城市将以较少的道路资源承担了更多的道路出行需求，因此反映到道路最大负荷以及平均负荷指标上，带型城市的结果也理所当然的远远高于集中型城市，最高达到 6 倍的差距。而随着城市规模的扩大，如平均道路负荷比从 2.73 扩大到 6.25，带型城市交通资源供需失衡的状况将进一步恶化，这也是带型城市大多维持在中等规模的原因。

如何应对这样一种先天性的道路资源失衡问题呢？我们从交通需求的 3 个组成部分——出行生成、出行分布和方式结构来分析。首先是优化出行生成，也就是通过改变城市出行产生点和吸引点的分布来缩短出行者的出行距离。换句话说就是尽可能地混合用地，促进职住平衡。土地交通一体化的规划思路是当今城市规划的热点。然而就带型城市而言，其用地范围受限，单一组团尤其是边缘组团从功能上往往无法同时满足居住、工作、游憩等多方面的需求，而组团间的交互是造成长距离出行的主要原因，因此仅靠出行生成来解决道路拥堵的效果有限。其次是出行分布。带型城市交通流有着明显的向心性，拥堵也往往发生在高峰时间组团间的主要通道上，因此，在时间上可以加强错峰出行政策，在空间上我们要削减老城核心区的功能，降低其吸引力，这就要求进一步发展外围组团。最重要的是方式结构调整。在交通资源受限的前提下，发展公共交通无疑是缓解交通压力的最有效途径。带型城市的长轴向通道少，一条主干道可能要同时承担机动车快速走廊、公交走廊甚至过境交通走廊的功能，如位于拉萨中心城区拉萨河北侧的金珠路。但正因为如此，客流的高度集中也增强了公交出行方式的吸引力和客流效益，可以说带型城市更适合发展公共交通。

公交与土地利用整合，是促进带型城市可持续发展的理想之路。具体而言，笔者认为应当从以下四方面着手：一是坚持TOD模式。哥本哈根著名的"手指规划"是以轨道交通为轴线，引导城市轴线（多条带）发展的典型例子，并注重通过土地规划优化职住平衡，从根源上降低长距离、跨组团的出行需求。二是建立多模式的公共交通体系。带状城市人口、就业高度集中于带状交通轴沿线，更利于发展公共交通。公共交通体系构建包括构建公交走廊（借助于轨道交通建设开发地下空间可以进一步发掘走廊的交通承载力），建立大、中运量的快速公交系统（地铁、轻轨、有轨电车、BRT等），提高常规公交的服务水平（带型城市的常规公交具有线路过长且重复率高的缺点）等。三是进一步限制小汽车的拥有和使用。包括提高车辆购置税、限牌限行、设立HOV车道、提高停车费用、加强违章处罚力度等。四是保障步行和自行车交通。西方规划者们坚持"工业进步不应侵犯行人和骑自行车者的权利和需求"，20世纪美国学者简·雅各布斯提倡的公共空间理念也一直沿用至今。一方面步行和自行车可以与公共交通无缝衔接，提高公交的间接客流；另一方面因自然条件约束而形成的带型城市所拥有的丰富自然景观资源可更好地与城市街道和公共空间融为一体。

（2014）

▶ 城市公交走廊规划与建设必要性的思考

江苏省住房和城乡建设厅于2014年5月发布了《江苏省城市公交走廊规划编制要点》，该编制要点阐述了规划建设城市公交走廊的重要意义，明确了公交走廊自身建设要求以及公交走廊与慢行交通（步行、非机动车）、小汽车等其他交通方式的协调组织模式，提出了公交走廊与沿线用地的统筹协调布局要求以及公交走廊沿线生态环境、人文环境的营造要求。《江苏省城市公交走廊规划编制要点》对于江苏省城市公交走廊的规划建设、公交都市的完善构建、公交优先发展战略的落实都具有重要的指导意义。为了加深社会各界对城市公交走廊的认识，以促进城市公交走廊规划与建设的顺利落实，本书重点对公交走廊规划与建设的必要性进行分析，并引入国外典型公交走廊案例对公交走廊带来的实际效果进行阐述。

对于公交走廊目前没有统一的定义，《江苏省城市公交走廊规划编制要点》通过对现有定义的归纳总结，将城市公交走廊定义为公交运能高度集中、承载公交主要客流的交通走廊，是以高强度的公交运输通道为发展主轴、以两侧被其紧密吸引的城市用地为依托的带状城市空间，具有引导城市集约发展、促进城市公交优先的显著作用。城市公交走廊的规划建设具有以下3个方面的重要意义：

1 城市公交走廊有利于支撑和引导城市发展，形成与公交优先发展相适应的城市空间结构和土地利用模式

公交优先战略是我国城市交通发展的一项基本战略，获得了社会各界的广泛认同，政府也出台了一系列文件给予支持。例如《建设部关于优先发展城市公共交通的意见》（建城〔2004〕38号）、《关于优先发展城市公共交通的意见》（国办发〔2005〕46号）、《关于优先发展城市公共交通若干经济政策的意见》（建城〔2006〕288号），这些文件提出了改善公共交通设施水平、提高公共交通服务质量、提供公交发展中的经济政策支持等方面的措施和建议，但是对于建立与公交优先发展相适应的城市空间结构和土地利用模式长期以来并未受到足够的重视，值得欣喜的是，在一些政府文件中对建立公共交通导向的城市空间结构和土地利用模式进行了提倡。《关于开展国家公交都市建设示范工程有关事项的通知》（交运发〔2011〕635号）指出：国家"公交都市"建设的本质，是以"公共交通引领城市发展"为战略导向，通过科学规划和系统建设，建立以公共交通为主体的城市交通体系，扭转城市公共交通被动适应城市发展的局面，实现公共交通与城市的良性互动、协调发展。加快建立以公共交通为导向的城市发展模式，促进城市发展与城市交通的良性互动。《国务院关于城市优先发展公共交通的指导意见》（国发〔2012〕64号）指出：要强化城市总体规划对城市发展建设的综合调控，统筹城市发展布局、功能分区、用地配置和交通发展，倡导公共交通支撑和引导城市发展的规划模式，科学制定城市综合交通规划和公共交通规划。以上2个政府文件都对"公共交通引领城市发展"的理念进行了倡导，对主要落实措施进行了强调，明确提出了公共交通支撑和引导城市发展的规划模式。

"公共交通引领城市发展"即TOD，包括站点TOD、走廊TOD、区域TOD等多个层次。走廊TOD是站点TOD和区域TOD的中间桥梁，是实现建立与公交优先发展相适应的城市空间结构和土地利用模式的重要中间环节。站点TOD存在影响范围较小、站点规模有限等主要缺点，目前在国外一些TOD实施

较好的地区，TOD开发模式已经突破了传统典型的节点特征形式，逐步转向更高级的走廊开发（Transit-Oriented Corridor，TOC），形成了诸如Arlington Rosslyn-Ballston Corridor、Boston Fairmount Line、Charlotte South Corridor、Denver West Corridor、Minneapolis Hiawatha Line等公交走廊导向开发区域。公交走廊导向开发在充分挖掘每个节点开发潜能的基础上将走廊沿线节点有机衔接，形成整合优势，在较大的范围内发挥规模效应，进而改变城市的用地形态和出行特征。

2　城市公交走廊是建立理想公交都市的基础

世界著名的公交都市如哥本哈根、斯德哥尔摩等城市都是基于"公交走廊引导城市线形集聚"的理念规划建设的，并且世界著名公交都市一般都具有这样的共同特征：以公交走廊作为城市的发展轴，促进人口居住和就业沿公交走廊两侧集聚，构建最佳"居住地+公交走廊+就业地"出行组合，使70%的公交出行（人口和就业）集中在公交走廊两侧，实现紧凑型城市发展。

3　城市公交走廊有利于缓解城市交通拥堵，实现资源的有效配置

相关学者通过研究发现，无论城市大小，城市中一般都会出现若干条聚集很高交通量的交通走廊。这些交通走廊往往只占用20%左右的城市土地和交通资源，却承担着80%左右的出行量，其成功建设能够比较显著地实现交通改善目标。对于比较有限的建设资金和行政资源，如果集中用于改善一条主要交通走廊，可以很快且很显著地实现交通改善目标，这也是目前我国许多城市试图通过快速、大规模的城市轨道交通建设来缓解城市交通拥堵问题的一大出发点。截至2014年上半年，我国已开通运营轨道交通的内地城市包括北京、天津、上海、广州等21个城市，线路总长度约2269公里，每日客运量达到3200万人次以上，全年客运量高达82亿人次。另外，福州、厦门、合肥等一大批城市轨道交通正在建设或者已获审批，并且还有诸多城市正在考虑规划建设现代有轨电车等其他轨道交通方式。城市轨道交通的规划建设和开通运营使得其在一些特大城市和大城市公共交通系统中的骨干作用日益突出，并且对城市人口、产业布局和空间发展的引导作用逐步增强。

但是，仔细审视我国城市轨道交通TOD可以发现，其与理想的公交走廊导向开发还存在较大的差距，存在公交毗邻发展（Transit Adjacent Development，TAD）、线路客流不均衡、沿线开发强度与运力不匹配等典型问题。对比站点TOD开发原则，我国部分城市地铁站周边的开发更趋近于公交毗邻发展（TAD），由于其内部设计缺乏联系性或者土地利用构成的不恰当，导致无法促进公共交通使用或提升站点附近开发的价值。并且对公交走廊及其影响区域缺乏统筹协调的理念和措施，在轨道交通沿线功能布局上不合理以及在站点开发的TAD，造成了某些站点或者整条线路开发强度与线路运力不匹配、沿线双向客流不均衡等问题。以北京地铁13号线为例，在2002年建成运营时客流量仅为10万人次/日，相关部门担心该线路运营效益不足。而到2003年，地铁沿线相继开发了60多处各类大型住宅小区。以回龙观站为例，地铁站点2公里以内的居住用地比例由1996年的4.1%增长至2003年的39.3%，该站早高峰小时平均上客量超过下客量的6倍。诸如此类的市郊以居住功能为主，地铁站点带来的早高峰大量单向客流对地铁系统运营产生巨大压力。在13号线开通短短几年之后，整条线路的

客运量迅速达到 40 多万人次 / 日，在早晚高峰时段达到 120% 及以上的满载率。上海地铁 1 号线的客流分布也存在同样问题。上海地铁 1 号线北段和南段沿线是大片居住区，中段则是以就业岗位分布为主的市中心，1 号线北段的双向流量比高达 6.7∶1，而在南段的双向流量比也达到了 3.8∶1，高峰时段客流潮汐性比较明显，线路客流不均衡现象较为突出。线路双向客流的不均衡直接导致一个方向容量不足，而另一个方向能力过剩。这些问题产生的主要原因是未能在地铁建设之前进行公交走廊规划，将公交走廊与其影响范围内的用地布局进行统筹规划安排。

TOD 理念经过 30 多年的理论研究和实践总结，已作为一种重要的技术手段在国外一些城市得到了广泛应用。以其起源地——美国为例，目前已由站点 TOD 开发逐步转向更高级的公交走廊导向开发，并形成了一些公交走廊导向开发的成功案例，以下以美国阿灵顿的轨道交通走廊为例进行分析。

阿灵顿位于美国弗吉尼亚州的东北部，东部紧邻美国首都华盛顿特区。阿灵顿土地面积 26 平方英里，人口 20.5 万。阿灵顿轨道交通线路属于华盛顿大都市区地铁系统的一部分，线路长度 19.63 公里，设有 11 个站点，形成了 Rosslyn-Ballston 走廊和 Jefferson Davis 走廊两条地铁走廊，地铁走廊强调土地开发与轨道交通建设相互整合，积极鼓励居住、办公和零售开发集中在车站附近，使居民能够方便地利用地铁出行；同时，设计友好的步行环境，将公交系统与完善的行人和自行车设施结合起来，努力营造适宜的社区环境。阿灵顿地铁走廊是美国 TOD 模式最成功的案例之一，被誉为美国 TOD 发展最为成功的地区，2002 年获美国环保总署授予的国家精明增长成就奖。

阿灵顿沿 Rosslyn-Ballston 和 Jefferson Davis 两条地铁

▲ 图 1-16　阿灵顿地铁走廊

走廊进行了高密度开发。阿灵顿约 3100 万平方英尺的商务建筑和近 3 万个居住单元中有超过 3/4 集中在这两条地铁走廊内，40% 的住房单元和 65% 的工作岗位位于地铁站点邻近区域。对于 Rosslyn-Ballston 走廊，从 1970 年到 2008 年其沿线就业岗位、办公面积、居住单元分别增长了 309%、278% 和 280%；而对于阿灵顿，从 1960 年到 2008 年其就业岗位和居住单元的增长分别为 106% 和 41%。即 R-B 走廊沿线就业岗位、居住单元的增长分别是阿灵顿整体增长的 2.9 倍、6.8 倍。

阿灵顿地铁走廊沿线土地功能的混合开发促进了就业和居住的平衡增长，由此所产生的双向均衡的日间交通流能够保证每个时段都有均匀的公交客流量，而不致产生明显的潮汐性交通。2000 年阿灵顿就业居民中 30% 在阿灵顿本地就业，36% 在邻近的华盛顿特区就业，而在阿灵顿就业者中 80% 居住在周边地区。在通勤出行中公共交通占有较高的比例。阿灵顿两条地铁走廊沿线 39.3% 的居民使用公共交通完成通勤出行，这一比例是地铁走廊之外居民的 2 倍。而且，由于在地铁走廊上寻

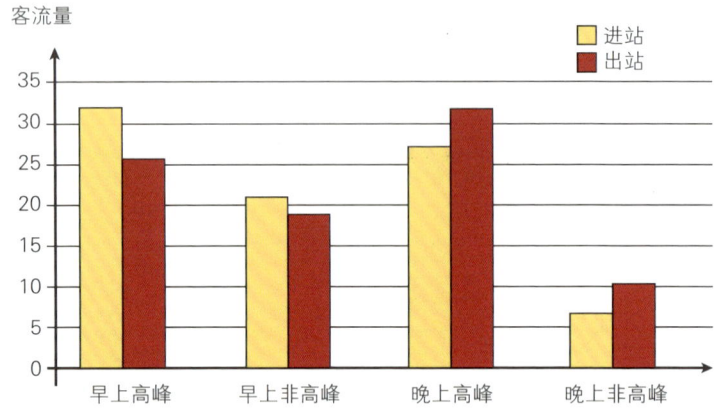

▲ 图1-17 阿灵顿内地铁站点进、出站客流量

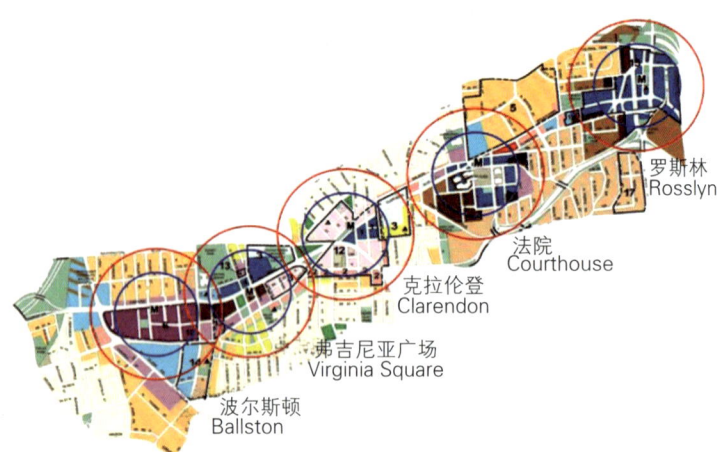

▲ 图1-18 Rosslyn-Ballston走廊各站点土地混合使用规划图

求各种土地使用的平衡和混合，使得高峰时段许多地铁站点同时是出行的起点和终点，由此带来了线路双向客流的均衡。另外，阿灵顿地铁站点的乘客进出量在高峰和平峰时段几乎都是相等的，降低了全天各时段客流的波动性。地铁走廊沿线土地功能的混合开发也确保了地区的经济活力，地铁走廊沿线零售、娱乐等服务业的有效提供带来了与其他美国非CBD地区相比近24:7的乘客流量。

分析阿灵顿地铁走廊的形成机理可以发现：在发展战略层面，阿灵顿建设轨道交通的初衷并不仅仅是为了解决城市交通的需求，也是为了城市的"精明增长"，为此提出了长远而全面的战略性规划，制定了稳定长效的政策制度和法律规范，开拓了灵活多元的投资渠道。在土地利用规划层面，阿灵顿在土地综合使用规划中将地铁走廊作为一种特殊的用地单元，把重点放在以每一个站点为圆心的400～800米的范围内，编制其土地使用规划。制定鼓励高密度开发的奖励机制，而对低密度开发提出相应的限制。另外，不仅在每一个站点强调土地混合使用，而且强调每一个站点与整个轨道交通网络的有机联系，促进各个站点地区彼此协调，在地铁走廊上寻求各种土地使用的平衡和混合。在土地开发与交通设计层面，站点街区土地开发凸显TOD特色，并且重视常规公交系统和步行、自行车系统的建设，这些面向公交的不同交通模式之间的有机整合，使得地铁走廊成为阿灵顿人气最旺的居住、办公、旅游、休闲场所。

目前，南京、苏州已经开通城市轨道，无锡轨道交通1号线即将通车，常州、徐州等城市轨道建设规划已经得到批复，并且江苏省大多数省辖市都进行了轨道交通相关的线网研究和规划。另外，南京、苏州、扬州、徐州、淮安5个省辖市开展了有轨电车专项规划编制或研究，部分县级市也在相关规划中考虑发展有轨电车。未来20年，江苏城市轨道交通必将迎来一个大发展时期。在此背景下，《江苏省城市公交走廊规划编制要点》的发布是及时而具有重要指导意义的，各城市在进行城市轨道交通系统建设时应在编制要点的指导下开展公交走廊规划研究，借鉴其他国家或地区的成功经验，并结合本地实际情况对公交走廊规划和建设相关的政策措施、技术方法进行深入探索，为江苏省城市公交走廊规划和建设积累更为丰富的科学经验。

（2014）

借鉴国外经验，统一认识铁路枢纽

我省正面临着轨道交通大规模建设的良好时机，京沪高速铁路、沪宁城际铁路、宁杭城际铁路、宁安城际铁路等一批轨道交通项目的建设正如火如荼，为我省铁路综合客运枢纽的发展带来了难得的机遇。以京沪高速铁路站点设置为例，京沪高速铁路全线设站21个，江苏设置徐州、南京、镇江、常州、无锡、苏州、昆山共7个站点，占近4成。未来几年，我省更是将建设1100多公里的城际铁路，形成铁路综合客运枢纽50多个。虽然我省铁路综合客运枢纽的总体发展形势良好，但是仍需要在枢纽的功能定位、设施规模、交通组织、运营管理等方面统一认识。

1 枢纽的功能定位

我国对以往铁路站点的认识一直将交通运输功能放在首要位置，铁路站点更多的是承担"站房"的功能。从已经建成或正在修建的铁路枢纽中，可以看出原来的规划设计理念正在发生改变，主要体现在两个方面：①铁路枢纽承担的不仅是站房的功能，主要服务于简单的"候车"，而是承担多种交通方式之间的快速衔接功能。枢纽要求场站、通道的布局能够尽量缩短旅客的换乘时间，减少换乘距离，通过交通组织、信息标识等方式，实现各种运输方式之间的有效衔接。②铁路综合客运枢纽不仅仅是一个交通转换的中心，更是城市功能、城市空间结构的重要组成部分，具有交通控制节点和带动城市开发的双重功能。如德国柏林中央车站为一综合的大型立体化换乘中心，除国内外的干线高速列车和其他长途列车外，柏林市的城铁、地铁、电车、巴士、出租车、自行车甚至旅游三轮车在此停靠与集散，轨道交通与地面交通互不干扰，轨道交通以地下或者高架的方式进出站，而各种汽车绝大多数也是通过隧道经停，公路隧道在地下有90个上下车位。大多数旅客可以利用立体化的换乘设施实现站内转车，可以根本不出站，因此通过地面进出站的相对较少。同时，中央车站地区也形成了柏林的一个重要的商业中心，1.6万平方米的商业区集中了约80家商店，车站两座各12层的塔楼包括总面积约1.5万平方米的办公和酒店设施。因此，铁路综合客运枢纽不仅仅是交通建设工程项目，更是城市建设项目，枢纽的规划设计更要重视枢纽的用地开发功能、商务集聚功能以及对城市、区域空间布局的引导优化功能。

2 枢纽的设施规模

一直以来，对于铁路客运枢纽规模的认识存在分歧。例如对于北京西站的设计之初，相关专家有两种意见：一种认为，应建成以运营为主、不使旅客滞留、规模要大的火车站；另一种认为，应建成一座融办公、商业服务、旅游服务为一体的具备综合功能的现代化枢纽，应注重枢纽的"方便、快捷、安全"。在最后的实际建设方案实施过程中，采纳了后一种结果。而根据相关资料，北京西站总建筑面积是北京站的7倍，而北京站年客流量达到5400多万人次，西站也仅为6000多万人次，以北京站来衡量，西站的客流与其建筑面积显然不成比例。而作为"亚洲第一大站"，北京西站的客流量更是远远低于日本东京站，东京站的规模比北京西站小，但日均客流量达到80万~90万人次，是北京西站的5倍。与北京站或东京站相比，北京西站的规模显得"大而无当"。在城市建设用地日趋紧张的情况下，铁路综合客运枢纽规模是应该"大"还是"小"的问题，北京西站的例子无疑是一个很好的启示，这就需要转变理念，避免一味求大的"面子工程"，根据枢纽功能、到发客流、用地开发等合理确定枢纽设施规模，在充分发挥枢纽功效的同时做到城市用地的节约。

3 枢纽的交通组织

现代化的铁路要"进城"为城市服务，已经成为业界共识，这也要求将铁路枢纽纳入城市综合交通运输体系中来考虑。枢纽中各种交通方式衔接关系复杂，如何做好铁路枢纽的交通组织规划是枢纽规划设计尤其需要重视的问题之一。东京新宿站的立体化疏散系统是非常成功的例子。东京新宿站点每天的客流量约为70万人，如果采用如同北京西站的交通组织方式，地面交通必然会瘫痪。新宿站通过立体化的交通组织体系设计，构成地面、地上、地下三维立体交通系统，特别是充分发挥了地下集疏运系统的效能，在极大的客流量压力下，其运转依然井然有序。因此对于枢纽的交通组织，一方面要放大研究范围，从枢纽周边地区甚至从整个城市的角度对枢纽的交通组织进行合理安排，另一方面在交通流量较大时，交通流线组织要从平面转向立体，建立立体化的便捷换乘体系，减少各种方式流线之间的干扰，形成良好的交通秩序。

4 枢纽的运营管理

铁路综合客运枢纽集多种运输方式于一体，要实现综合交通运输效率的最大化，除了基础设施一体化建设外，高效率的运输方式对枢纽也提出了一体化运营与管理的要求。如美国华盛顿的联合车站，车站的运营由联合组建的公司统一负责与协调，包括商业开发、不同运输方式之间的换乘衔接设施建设、信息服务平台的搭建，在整个协调运营过程中，不同运输方式的公司派人参与到联合组建的运营管理公司之中。在联合车站的成功运作中，联合运营公司起到了重要的协调作用，联合车站也成为投资多元化、运营管理一体化的客运枢纽的典型代表，是枢纽高效运行的重要保障。对于我省正在建设发展中的铁路枢纽而言，建立良好、有效的运营管理体制机制对于枢纽效益的发挥同样也将起到至关重要的作用。

（2010）

▶ 以区域视野认识交通枢纽

伴随着高速铁路的快速发展，现代综合交通枢纽的建设在我省乃至全国正掀起热潮，一大批高铁枢纽、城际轨道枢纽相继开工建设或建成运营。交通枢纽作为交通和城市转型发展的重要抓手，对综合交通体系的构建、城市结构的调整、周边用地的开发产生深远影响。然而，当前交通枢纽的规划建设更多地着眼于单个枢纽，注重研究枢纽内部的换乘体系建设及单个枢纽周边的用地开发模式等，较少关注交通枢纽在区域层面的影响。实际上，从国外发达地区的经验来看，交通枢纽作用的发挥不仅仅依赖于一个或几个枢纽，而是区域内多个不同等级、不同功能枢纽的综合效应，对区域空间尤其是大都市连绵区的形成和发展发挥引导作用。随着我省区域一体化发展的推进，交通枢纽数量的增多，有必要以区域视野来认识交通枢纽，引导枢纽在更大范畴发挥作用。

1 区域视野下的交通枢纽分类

一般交通枢纽分类主要根据交通功能来划分，如按照枢纽主导交通方式分为航空枢纽、铁路枢纽、公路枢纽、港口枢纽等，但这种分类方法缺乏与城镇体系的协调，难以体现对空间发展的引导性。在区域发展视野下，交通枢纽的分类应能够体现枢纽所承载的功能及在一定区域范围的枢纽群中所处的地位，这样才能够更清晰地指导单个枢纽规划建设及枢纽周边地区的开发，如单个枢纽配套设施的设置，枢纽周边地区的功能引导等。从区域来看，交通枢纽一方面作为综合交通网络的节点，另一方面也是区域空间和产业集聚发展的重要依托。笔者建议将区域交通枢纽分为中心型、综合型、通勤型和区域型4类，分别对应于不同等级和功能的城镇中心。中心型枢纽对应于地位较高的城市主中心，综合型枢纽对应于城市副中心和社区中心，通勤型枢纽对应于新城或卫星城中心，区域型枢纽对应于依托机场、港口形成的区域中心。

2 区域视野下的差异化发展

从区域角度看，通常包括多种类型的发展空间，如都市圈地区、点状发展地区、多中心城镇密集发展地区等，不同地区的交通枢纽功能布局存在差异。都市圈地区核心城市首位度高，对周边城市辐射较强，向心交通明显，一般形成环射状交通走廊，如南京都市圈等，枢纽布局按照等级规模同样呈现圈层特征，高等级枢纽尽可能接近中心区；点状发展地区主要位于城镇密集区外围，城镇密度相对较小，与中心城市之间通勤交通较弱，交通枢纽的数量和规模均较小，与点状城镇空间相结合，形成分散式布局，点状发展地区往往是生态资源较为丰富地区，可结合生态空间设置旅游功能交通枢纽；多中心城镇密集发展地区，城镇数量较多，且没有绝对的中心城市，发展相对均衡，城镇间交通分布相对均质化，形成多层次、网络化的交通系统，如苏锡常地区，该地区形成较为密集的交通枢纽布局，交通枢纽之间的衔接协调十分重要。

3 区域视野下的公交导向发展（Transit-Oriented Development，TOD）

公交导向发展的理论源于美国，Peter Calthorpe 于1992年提出了公交导向型开发的概念，经过多年的理论探索和实践总结，TOD 已发展成为一种利用新城市主义理念的土地开发模式，以城市多中心以及高密度的土地开发模式为基准，以高效率、大容量的公交运输为城市主干，鼓励市民搭乘公共交通，表现出城市公共交通系统对于调整城市空间发展模式的积极干预。当前，公交导向发展概念的范畴还仅限于城市或都市区范围，随着区域一体化的发展，在更大范畴讨论公交导向发展的问题也十分必要。从区域来看，交通枢纽是引导区域空间集聚的主要载体，空间集聚是由多个轨道交通枢纽共同作用的结果。城镇空间围绕轨道交通枢纽呈现圈层式开发模式，多个枢纽影响范围相互重叠，相互叠加后形成城镇开发地区，进而引导城镇空间集聚发展。在大都市连绵区范围，形成多个枢纽组群，枢纽组群内部体系完善，功能层次清晰，枢纽功能与城镇中心体系紧密衔接。区域TOD是将传统的城市TOD的概念向区域的延伸，对于指导大都市连绵区的空间紧凑发展具有指导意义。规划中应重点考虑区域交通设施走廊、枢纽与区域空间的协调，解决当前规划中面临的区域交通与城镇空间发展矛盾冲突较多的问题，引导大都市连绵区内的人口、用地向区域交通枢纽，尤其是城际轨道交通枢纽、机场、港口集聚，形成更加高效的交通系统和更加紧凑的空间结构。

4 区域视野下的枢纽开发

交通枢纽具有集聚多种交通方式的功能，这种集聚必然引起地区经济要素的变化，从而催生出对商业、商务以及商住的强烈需求，为了满足这些需求，在枢纽周边形成的综合性的商业、商务中心或现代服务业集聚区。枢纽对空间、产业集聚带来的影响体现在4个方面：（1）引导城市向多中心发展。交通枢纽型商务区是发展城市副中心的途径之一，城市空间布局可借此由单核转向多核。（2）改善城市职住空间分布。经济集聚效益往往以职住分离为代价，而在交通枢纽型商务区对外的交通通道周边比较容易形成职住平衡，并能推动公交导向型的城市发展模式。（3）扩大都市圈范围。交通枢纽型商务区汇集了多种高速交通方式，在一定时间内可以通过交通方式的换乘到达更远的地方，1小时都市圈范围因此扩大，异地通勤的现象会越来越多。（4）形成区域CBD。核心城市的交通枢纽型商务区将逐步转型为城市群的中心商务区，从而实现核心城市对城市群的辐射作用，形成城市群中央商务区。上海虹桥商务区是我国较早开展规划建设的枢纽中央商务区，依托上海虹桥综合交通枢纽，充分体现了交通枢纽和商务区功能集聚的整合作用。珠三角地区也在积极推进区域CBD建设，围绕区域重要枢纽地区，形成集约开发、综合配套的区域性服务业集聚区。

我省目前正处于经济社会转型发展的关键时期，交通枢纽作为引导空间和产业转型的重要抓手，需要将其置于区域范畴深入研究，充分发挥交通枢纽对区域空间和产业发展的引导作用。但与此同时，交通枢纽建设及开发切不可贪大求全、盲目复制，应根据区域、城市的发展要求合理安排。

（2013）

▶ 铁路枢纽综合开发中交通、用地、产业一体化发展建议

"十三五"是江苏铁路大发展的时期,在江苏铁路建设步伐以及建设投融资改革持续推进的背景下,实施铁路枢纽和周边用地综合开发将会成为创新铁路投融资体制、推进铁路建设持续发展的重要举措。综合开发需要同时考虑用地与产业,而枢纽的核心是解决交通问题,交通同时也是支撑土地利用开发和产业发展的基础,因此有必要进行交通、用地、产业的一体化研究,提出不同类别铁路枢纽的交通空间、土地开发、产业业态规划指引和策略,为"十三五"期间江苏铁路枢纽周边综合开发提供指导。

1 铁路枢纽现状开发主要问题

通过对江苏已建成的京沪高速铁路、沪宁城际铁路等沿线枢纽周边开发现状和规划情况的梳理,主要存在5个方面问题。(1)枢纽与城市距离过大。枢纽选址远离城市原有中心,枢纽周边发展动力不足,要素难以集聚,同时也导致基础设施建设成本过高,城市能级难以支撑。(2)枢纽周边用地规模过大。该问题在中小城市较为突出,用地开发规模缺乏与城市规模、枢纽规模的协调。(3)枢纽功能定位与城市能级不匹配。发展定位过高,围绕枢纽建设新城、新区,与城市能级不匹配;功能定位雷同,缺乏与城市自身产业的协调。(4)枢纽周边产业与城市发展不协调。产业定位与城市发展阶段适应性不足。部分小规模枢纽提出重点发展总部经济、会议商务等类型,依据目前的发展条件短期内难以实现。业态引导与城市功能提升契合性不强,如部分枢纽提出产业发展与城市原有中心区产业雷同,难以体现枢纽周边的发展优势。(5)枢纽周边缺乏特色,枢纽地区形象单一,掩盖城市个性,枢纽地区建设缺乏与城市文化、地域特征的呼应。

2 基于综合开发潜力的江苏铁路枢纽分类

以确定不同类型铁路枢纽的综合开发潜力为分类目标,以铁路枢纽为单位,综合考虑枢纽服务范围内的人口及经济规模、枢纽在铁路客运系统中的地位和本身规模以及枢纽配套的其他交通设施三大影响因素,利用聚类分析法将江苏铁路分为4类。

(1)一类:服务范围内GDP在5000亿元以上且常住人口在500万人以上,枢纽配套公路客运站及轨道交通等多方式交通设施,至少含1条高铁线路及1条以上城际铁路,如徐州东站、无锡东站、南京南站、苏州北站等。

(2)二类:服务范围内GDP在2000亿元以上或常住人口在300万人以上,枢纽配套公路客运站及轨道交通等多方式交通设施,具有高铁线路或1~2条城际线路,如镇江站、昆山南站、常州北站、宿迁站等。

(3)三类:服务范围内GDP在1000亿元至2000亿元或常住人口在100万~300万人,枢纽配套公路客运站及常规公交等多方式交通设施,具有1~2条城际线路,如丹阳北站、宜兴站、苏州新区站、张家港站等。

(4)四类:服务范围内GDP在1000亿元以下且常住人口小于100万人,枢纽配套公路客运站及常规公交等多方式交通设施,具有1条城际线路,如溧阳站、吴江南站、大丰站、如皋站等。

3 枢纽及周边交通空间布局

（1）枢纽衔接交通方式。一、二类枢纽衔接城市轨道、常规公交、出租车、小汽车等，轨道数量根据高峰小时集散客流量统筹考虑；三类枢纽中的大城市片区站尽量引入城市轨道，加强常规公交、出租车、小汽车等的衔接；其余类型枢纽应重点加强常规公交的衔接，注重出租车、小汽车等的衔接。

（2）枢纽交通空间布局。一、二类枢纽或部分三类枢纽，多规划有城市轨道交通线路，建议枢纽交通空间采用立体布局；三、四类枢纽，枢纽换乘方式以常规道路交通方式为主，衔接的交通设施数量较少，可以采用平面布局。

（3）路网布局对用地开发的支撑。一、二类枢纽采用"双环＋核心区内部道路"的路网布局模式。外环为快速路，快速联系城市组团，分流过境交通；内环为主干路，承担枢纽地区的到发交通功能；内部道路为次干路或支路，承担交通疏导、服务地块的功能。核心区路网密度建议为10~14公里/平方公里。三、四类枢纽采用"快线＋内部道路"的路网布局模式。快线为主干路，快速对外联系；内部道路为次干路或支路，进行交通疏导，服务地块。核心区路网密度建议在8~12公里/平方公里以上，影响区、辐射区路网密度根据开发强度的差异进行递减。

（4）公共交通等交通方式的支撑。一、二类枢纽规划建设轨道交通，线路数量根据高峰小时客流量及周边用地强度确定，且不作为城市轨道系统的主要换乘点；三、四类枢纽利用常规公交进行集疏运，部分三类枢纽争取引入城市轨道。枢纽内部均规划常规公交候车和短时停车用地，枢纽周边规划满足蓄车以及夜间停车的用地。公路客运优先采取立体布局模式或布置于站前广场模式，便于集疏运设施共享以及与铁路的换乘。一、二类枢纽优先利用地下空间规划出租车、小汽车的停候车用地，三、四类枢纽可在站前广场规划出租车、小汽车停候车用地。

4 枢纽周边用地布局及业态引导

（1）枢纽影响范围划定。在借鉴国内外枢纽周边用地开发布局模式的基础上，对枢纽周边用地容量应用回归法对基础数据进行量化分析。研究认为江苏省各类枢纽周边用地呈"三圈层式"开发模式，不同等级的枢纽对周边地区影响的空间范围不同，影响的力度呈圈层式递减。总体来看，影响范围分别在核心区（0~800米）、影响区（800~1500米）以及辐射区（1500~2500米）处具有不同的特征，其中，一、二类枢纽三圈层模式明显，三、四类枢纽无明显辐射区范围，各圈层内部的土地利用功能不同。

（2）用地类型及开发容量。铁路枢纽半径800米范围内为核心区，该范围公共设施规模较大，积聚高端城市功能，开发强度大，城市肌理不同于外围，用地以交通枢纽、商务办公、商贸服务为主。一类枢纽开发容积率大于5，二类枢纽为2.5~3，三、四类枢纽为1.5~2.5。800~1500米范围内为影响区，开发强度、建筑高度都较核心区低，但仍高于外围区域，城市肌理开始细碎化，用地以商务办公、商贸服务、其他配套公共设施和居住为主。一类枢纽开发容积率为2~5，二类枢纽为1.5~3.5，三、四类枢纽为1~2.5。1500~2500米范围为辐射区（三、四类枢纽无明显辐射区），仍有部分公共设施，但主要用地以居住为主，开发强度、建筑高度都更低，但仍高于外围区域。一类枢纽开发容积率为2~4，二类枢纽开发容积率为1~3。

（3）业态选择及配比。按城市主导产业不同，枢纽周边产业选择有所侧重。以服务业为主导的城市，侧重选择高端居住、休闲娱乐、金融资讯、购物中心等产业；以制造业为主导的城市，侧重发展科技研发、批发、仓储、普通住宅等产业。按江苏省区域社会经济发展水平不同，枢纽周边产业选择有所侧重。苏南地区以总部经济、金融保险、贸易咨询、高端办公、购物中心等为主的商业服务业以及以酒店、休闲等为主的娱乐服务业和以技术服务为主的科研服务业；苏中地区以综合文化活动、休闲等为主的文化旅游服务业，以金融、咨询、贸易及办公等为主的商务服务业，以技术服务为主的科研服务业，以普通住宅、公寓式住宅等为主的居住等；苏北地区以超级市场、仓储式商场、信息、技术咨询等为主的商务服务业，以酒店、休闲等为主的娱乐服务业以及居住等。产业业态的配比上，商务办公、居住（房地产）、商业服务、公共服务的比例关系在一类枢纽建议为（30%~40%）:（35%~45%）:（15%~25%）:（5%~15%），随着枢纽等级的降低，商务办公、公共服务的比例减少，居住（房地产）、商业服务的比例增加。

（2017）

走向城市中心的铁路枢纽

我国迎来高速铁路建设热潮，至2016年底，全国高速铁路营运里程达到2.2万公里以上，规划的30多个高铁枢纽地区定位为城市中心、副中心或者高铁新城。沈阳、济南、南京、杭州、长沙、广州……众多大城市将高铁枢纽地区作为新的增长极打造。高定位，大投入，"高铁效应"带给城市怎样的机遇与挑战，新形势、新定位、新机遇下的铁路枢纽地区的交通设施又该如何配置，引发我们深层次的思考。

1 南京南站规划

（1）规划定位

国务院最新批复的南京总体规划中将南京南站片区与新街口市中心、河西新中心一起构成城市中心体系，呈三足鼎立格局。空间上支撑"轴向发展、组团布局、多中心、开敞式"的发展战略，功能上承担"疏解老城人口、承接主城功能外溢、促进城市职能重构"的重要功能。

（2）快速路规划

规划的快速路网密度极高，达到1.35公里/平方公里，井字形的快速路形成了3.7平方公里的围合区域，北侧快速路接入南京南站，与北侧地块形成了一定程度上的空间隔离，与红花机场和雨花片区之间设置有快速路立交，整个空间内遍布着高架路。

（3）轨道线路规划

同时规划了5条轨道交通线路在此集中交会，形成一个庞大的公交换乘枢纽，放射式布局使南站具有很好的公共交通可达性，可以为城市中心的建设提供有效的支撑。

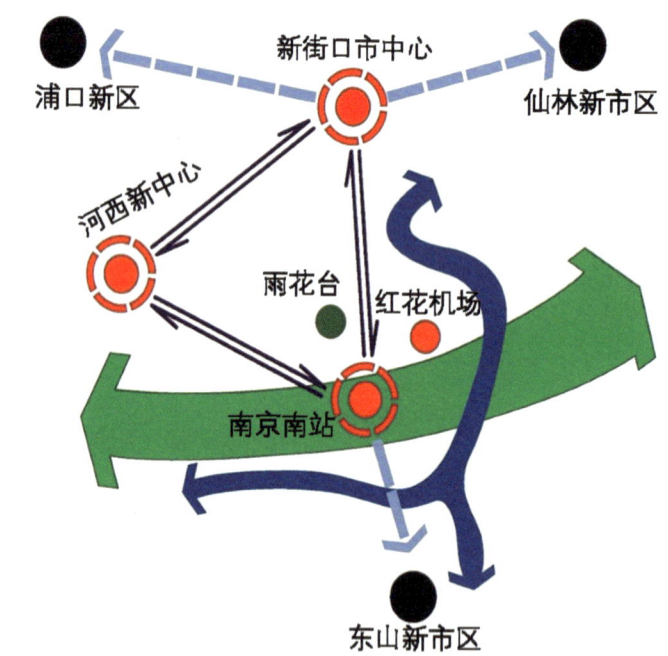

▲ 图1-19 南京市城市中心体系规划图

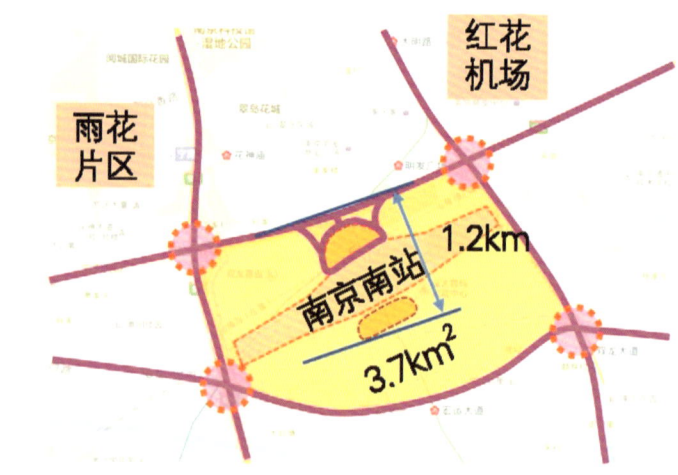

▲ 图1-20 快速路规划图

第一部分　协调交通与用地

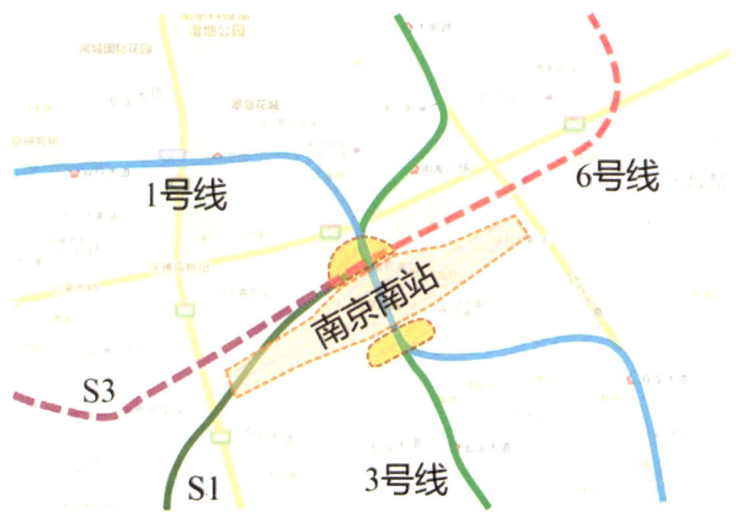

▲ 图1-21　轨道线路规划图

▲ 图1-22　东京都市圈夜间亮度与铁路轨道网叠加效果图

新宿站

名古屋站

大阪站

▲ 图1-23　日本铁路枢纽场站

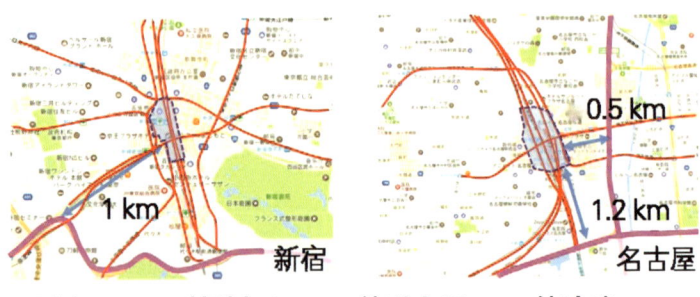

▲ 图 1-24　铁路枢纽轨道交通和快速路设施分布图

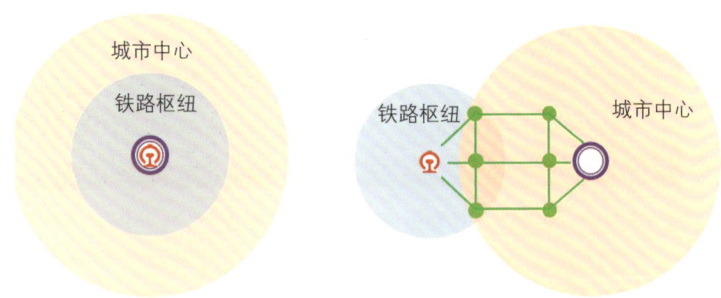

▲ 图 1-25　重合发展模式图　　▲ 图 1-26　连绵发展模式图

大规模高架快速路和高密度轨道线路同时布置，两种出行方式形成高强度竞争，在城市中心的规划定位下，很难对居民出行起到较好的引导效果，南京南站地区能否成为城市中心需要打上一个问号。

2　日本铁路枢纽案例

（1）与土地开发高度耦合

图 1-22 是东京都市圈的夜间亮度图，与铁路轨道网叠加，可以发现亮度大的地方几乎都是轨道枢纽所在的地方，说明轨道枢纽和城市土地开发有很强的耦合性，公共交通资源和商业办公住宅等土地资源紧密地结合在一起，促进了城市中心的形成。

（2）大客流 + 高公交分担率

新宿、名古屋和大阪的铁路枢纽都承担着城市副中心的功能，具有大客流和高公交分担率的特征。新宿站是全球最繁忙的铁路枢纽，日均客流能够达到 300 多万人次，集中了通勤、购物、旅游等多种目的，出行方式中公共交通占比 86%，分担了绝大多数的客流，这得益于铁路枢纽集散交通体系的构建。

"近而不接"的快速路：快速路不接入铁路枢纽内部，出入口设置在距离车站 400 米到 1000 米的地方，不为机动化的快速出行提供特别便利的条件，将快速集散客流推向轨道交通；枢纽周边以"高密度、小尺度"的方式进行路网布局，公共空间更适合慢行交通的连续无障碍出行。

"密集发达"的轨道交通：新干线、JR 铁路线、私人铁路线、地下铁路线，不同层次的轨道交通线路汇聚于此，既作为交通节点，保证对外交通出行的快速转换，又将城市居民和游客吸引在车站附近进行办公、购物、休闲娱乐等活动。

铁路枢纽地区快速公交的设施配置规模都远大于快速路，优先级顺序也是公共交通更高，这是支撑城市中心发展，能够高强度开发的重要交通保障。

▲ 图1-27 东京火车站站前广场

▲ 图1-28 名古屋火车站站前广场

3　融合发展策略

城市中心型铁路枢纽案例的成功之处在于将枢纽的交通接驳功能与城市中心功能很好地融合在一起，需要从空间整合、设施配套、组织管理等方面协调两者矛盾，发挥互动优势，从空间关系上可以分为重合发展和连绵发展两种模式。重合发展有利于公共交通资源的共享，更能发挥铁路枢纽的触媒效应，带动周边土地升值，但要在空间上注意铁路集散性人流和日常生活性人流组织尽量错位。连绵发展的共享条件弱一些，需要依托网络化的交通方式，形成紧密的综合交通、城市功能、服务设施联系，发挥联动优势，重视站点多种交通方式接驳，做好片区内部绿色交通的有机衔接。

融合发展的关键更在于打破传统铁路枢纽的建设思维，既然要将铁路枢纽地区建设为城市中心（主要为城市次级中心），交通规划中必须坚持公交优先的理念，摒弃高架路直接接入铁路枢纽，设置在枢纽地区外围，可以有效剥离过境交通，减少对枢纽地区交通秩序的干扰；积极发展绿色交通，采用公交主导的发展模式，依赖发达的城市轨道交通系统和步行系统支撑高密度的客流集散需求。空间规划上，努力用最小的空间服务更大的客流，不追求大体量的广场和站房规模，采用集约化、高强度、综合化的用地开发，促进枢纽地区空间资源的高效利用，"小街区密路网"既可以使到发交通在速度上得到缓冲及行驶方式上的过渡，也更加适宜生活性交通需求，提高整体的交通集散能力。

4　结语

在高铁枢纽建设转型发展时期，明确功能定位，应坚持铁路枢纽土地综合开发，整合各种交通功能，实现场站一体化，与城市功能紧密联系。尤其是定位为城市次级中心的铁路枢纽地区，在保证交通和换乘功能的基础上，将城市功能与枢纽功能整合在一个公共空间内，加强与城市商务功能的有机结合，有利于实现枢纽的综合开发和可持续运营，是我国大型铁路枢纽功能提升和空间提质的新方向。

（2017）

▶ 铁路客运枢纽综合开发热的冷思考

世界高速铁路正在经历着第3次发展浪潮。第一次浪潮（1964—1990年）发生在日本，以日本东海道新干线的开通为标志；第2次浪潮（1990年至20世纪90年代中期）主要发生在欧洲，法国、德国、意大利、西班牙、比利时、荷兰、瑞典、英国等欧洲大部分国家大规模修建本国或跨国界高速铁路，逐步形成了欧洲高速铁路网络；第3次浪潮（从20世纪90年代中期至今）是在美国、澳大利亚、韩国、中国掀起的高速铁路建设热潮。在历次高速铁路的发展浪潮中，铁路枢纽成为推动沿线地区经济发展和带动相关产业整合、优化、升级的引擎。

2011年6月30日，我国里程最长、投资最大、标准最高的高速铁路——京沪高速铁路开通运营，沿线设站24座，标志着我国高速铁路建设进入到一个新的阶段。根据我国铁路"十二五"发展目标，到2015年，以高速铁路为骨架，总规模5万公里的快速铁路网络基本建成，将新建和改造铁路客站1015座，各大城市也纷纷以此为契机围绕枢纽进行规划设计研究，一批依托高铁、城铁枢纽的城市新城、商务区建设正在筹划之中，俨然成为各大城市建设的热点和提升城市功能的新动力。而在对枢纽周边地区的规划上也呈现出一种"脸谱化"现象，即围绕铁路枢纽布置大量的商务、商业及住宅，目标是将高铁枢纽地区打造成为新的城市中心或副中心。虽然一批高速铁路、城际铁路相继开通，对枢纽给城市的带动发展作用的判定还为时过早，但毕竟城市的建设行为将耗费大量的财力、物力和资源，带来的影响是长期性甚至永久性的，因此我们有必要冷静下来思考和反问，高速铁路、城际铁路是否真的会带来如此大的能量？是不是所有城市的铁路客运枢纽都适合这种"脸谱化"的开发模式？

我们经常拿日本的铁路枢纽作为成功的案例来学习和借鉴，日本的铁路枢纽周边地区往往也是城市的中心或副中心，这与日本的数次国土大开发战略有密切的关系。为了实现国土的均衡开发，日本在战后先后制定过5次"全国综合开发规划"。第一次全国综合开发规划颁布于1962年10月，这一时期的主要问题是工业过度集中，京滨、名古屋、阪神和北九州四大工业区所在的府县工业生产已经占到日本全国的60%，因此第一次全国综合开发规划的目标和任务是"防止工业过度集中，缩小地区差距，实现人口和产业的合理分布"，并采取了"据点开发模式"，将人口和产业向新的产业城市和工业区转移。为了实现这一目标，制定了交通体系建设的基本方针，优先发展交通大动脉，通过交通基础设施建设来促进"据点"的形成和成熟。1964年东海道新干线的通车不仅加强了京滨、名古屋、阪神三大经济圈的联系，更是支持了滨松、平桥等一大批"据点"城市的快速发展。在随后的4次国土大开发中，始终坚持了通过交通基础设施引导人口和产业布局的思路，铁路网络逐渐完善，铁路枢纽周边地区逐渐成长为城市重要功能区，成为"据点"城市的"据点"。从日本铁路枢纽的发展经历中，可以总结出如下逻辑：（1）在人口疏散计划的推动下，铁路将人口由原来的工业大城市疏散到了"据点"城市，疏散到"据点"城市的人口与工业大城市之间存在密切的通勤联系，为了获得便捷的通勤服务，这些人口多选择在铁路枢纽周边居住。（2）为进一步吸引居民来此居住，开发商又以极其优惠的方式吸引各类学校、医疗中心、邮局、图书馆以及其他的政府机构在枢纽周边落址，条件的改善进一步吸引了更多的人口；人口地再集聚产生了大量的城市内部活动，带动了一些商业设施的大量集中，并逐渐发挥出作为城市中心的功能。(3) 伴随着城市的成长、转型，城际之间的商务、旅游等非通勤性出行需求逐渐增多，商务、酒店等用地功能也逐渐在枢纽地区集聚形成商务中心。可以看出，城际通勤联系引发的人口集聚是日本铁路枢纽与城市中心耦合成长的重要动因。至今为止，日本城际通勤联系仍然保持着很高的强度，例如北陆新干线六成以上的客流是以通勤、通学和与工作有关的其他活动为目的。

与日本相比，目前我省高速铁路、城际铁路发展背景和时机有其自身的特殊性。我省的城市化发展正处于快速增长和提高的阶段，城际铁路建设也远远滞后于高速公路的发展，目前我省的高速公路建设已经基本完善，一些城市已经开始进入发展转型期，城际之间产生了逐渐增多的商务、通勤等目的的需求。虽然城际之间尚未形成大量的、稳定的通勤联系，但随着城市化进程的加快，都市圈、城市群和城镇带将不断涌现，城市群的经济融合将有可能催生大量的城际通勤流。根据《长江三角洲城际铁路网规划》，未来10~15年，长三角将建设以上海为中心，沪宁、沪杭（甬）为两翼的城际轨道交通主构架，覆盖区内主要城市，基本形成以上海、南京、杭州为中心的"1~2小时交通圈"。同时，随着城市轨道网络的完善，相当一部分城市之间的通勤时间将处于居民的心理门槛之内，大量城际通勤联系的出现并非不可能。

但是由于存在种种不确定性因素，铁路枢纽对城市带来的影响也不是一概而论的。一方面，在城市群的成长过程中，高速铁路、城际铁路的引入对于首位度高的特大城市、大城市而言，借助经济、资源、区位优势来实现自身的极化发展是必然的，但是对中小城市而言则未必有利，"并不意味着高速铁路上的每一个站点都能产生对城市经济发展的巨大影响"，铁路带来的仅仅是一个更紧密地参与区域合作与竞争的机会，但是最终结果取决于首位度高的城市的外溢与回波效应的叠加结果，甚至可以认为，在区域整合的开始一段时期内中小城市被极化的可能性更大些。另一方面，城际之间联系的客流构成与强度也存在着不确定性，由于受到出行成本因素的影响，大量的、稳定的通勤需求何时出现、能否出现也存在着疑问，而在缺乏稳定的通勤客流保障下，枢纽对城市影响的机理和程度还需要进一步探讨。出于以上考虑，笔者认为在铁路枢纽的综合开发利用上更应该谨慎：(1) 应重视对枢纽功能定位的研究。从对城市在区域分工中应当承担的职能分析出发，尽可能结合城市自身的产业经济、历史风貌、自然资源等特征对铁路枢纽地区予以合理定位，有针对性地发挥枢纽对城市用地功能布局和城市空间塑造的推动作用，而不是过于乐观和一味追求依托铁路枢纽的商务新城建设。(2) 应重视对枢纽周边用地的弹性控制而不是急于开发建设。由于区域空间发展格局、城际联系客流等均还存在着很大的变数，如果急于对用地进行开发利用完毕后，当对枢纽的预期功能与现实相差较大时，缺少了用地空间供应的保障反而会限制枢纽价值的发挥。

（2011）

淮安南站综合枢纽规划之要点细解

综合交通枢纽是城市内外交通紧密联系的纽带，是构建城市一体化综合交通体系的重要载体，是我省在新的发展时期区域和城市发展的重要支撑和引导。在综合交通枢纽建设或改造之前进行全面、系统的规划，对于解决枢纽本身的交通组织问题、枢纽与综合交通体系协调问题、枢纽与城市互动发展问题等十分重要。综合交通枢纽规划是一项复杂性、系统性和全局性工作，涉及多种交通方式、多个管理部门，需要从综合交通体系的角度和整个城市发展的角度出发，统筹考虑枢纽的定位、规模、布局和组织等问题。2009年，省住房和城乡建设厅、省交通运输厅联合发布《江苏省铁路综合客运枢纽规划编制要点》（以下简称《编制要点》），要求加强铁路综合客运枢纽规划，并对单个铁路枢纽规划的主要编制内容提出要求，对于规范枢纽规划编制，提高规划的科学性、合理性和可行性具有重要意义。

淮安南站综合枢纽规划是我省最早按照《编制要点》的要求组织开展的综合交通枢纽规划之一，规划通过规划条件的分析，借鉴先进经验，更新理念，结合淮安实际进行创新性设计；立足综合开发的理念，加强与城市功能、布局结构的协调，确定合理的功能定位；以客流量预测为基础，结合城市特点、用地和交通条件等综合分析，提出枢纽客流集散方式、设施配套的规模、换乘方式以及与城市交通的衔接等，实现交通组织一体化、内外交通有机衔接的综合交通体系。以下对淮安南站综合枢纽规划中的几个主要特点做一些介绍。

（1）深入分析和判断规划条件。淮安南站枢纽规划中对规划条件的分析从现状和规划两个方面展开：现状条件分析主要关注铁路、公路、城市道路、公共交通等交通基础设施的建设和运行情况，以及枢纽地区地形地貌条件、用地布局和宗地资料等方面的内容。对现状资料整理后，明确哪些交通设施和用地需要保留、哪些可以调整改造、哪些需要调整但存在难度等；规划条件分析重点对城市总体规划、城市综合交通规划、涉及枢纽地区的控制性详细规划、铁路相关规划等进行深入解读，一方面继承上位规划的要求，另一方面也从枢纽和城市发展的实际出发对上位规划提出调整建议。如规划考虑到城市总体规划对南站枢纽及枢纽地区的定位较为模糊，提出城市中心体系的调整方案，将南站枢纽地区纳入城市中心体系中，充分体现交通引导发展的理念。此外，由于淮安市尚未编制城市轨道交通规划，综合交通规划提出的轨道交通规划方案并不稳定，规划中也对城市轨道交通发展模式、网络规模和布局进行了分析，对既有城市轨道规划方案提出调整建议。

（2）系统借鉴国内外经验。综合交通枢纽规划建设在我省乃至全国仍然是刚刚起步，因此经验借鉴十分重要。淮安南站综合枢纽规划则将经验借鉴作为贯穿规划的主线，为规划的各个环节提供支撑。在案例的选择上强调可比性，规划选择借鉴与远期淮安城市区域定位和发展规模相类似的日本等国的城市，并与淮安南站功能相当的综合交通枢纽作为案例借鉴对象。根据规划需要，从功能定位、交通功能提升、铁路正背两侧联系、形成城市中心、地下空间利用5个主要方面的经验进行分析和借鉴，直接指导枢纽功能定位、需求预测参数、交通设施布局、地下空间规模及开发模式等。

（3）结合实际确定枢纽功能定位。综合交通枢纽的功能定位包括交通功能定位和城市功能定位，其决定了枢纽的发展规模和建设标准等，因此应从实际出发，实事求是地确定枢纽功能定位，避免定位不当而造成浪费。枢纽交通功能定位即构成枢纽各种交通方式功能的综合，通过对区域铁路和公路交通、市域公路交通、城市公共交通3个层次交通功能的分析，规划确定淮安南站枢纽为长三角北部地区的铁路换乘枢纽、淮安市域公路客运主枢纽、淮安中心城区公共交通换乘枢纽。在淮安南站枢纽地区的城市功能定位方面，规划一方面考虑交通条件对周边地区带来的影响；另一方面充分考虑与城市中心体系，尤其是周边地区的协调关系，遵循客观发展规律。确定南站枢纽地区为开发区西片区级中心，重点发展商务办公、商业服务、信息交流、旅游集散等功能。

（4）枢纽交通需求预测。交通需求预测是枢纽规划的关键，交通需求预测的结果用于分析枢纽各种交通方式之间的换乘强度关系，测算各类交通设施规模，评价枢纽规划方案。淮安南站综合枢纽规划的交通需求预测分为枢纽客流预测和综合交通需求预测两大部分。枢纽客流预测分为客流总量预测、方式划分预测和换乘量预测三部分内容。其中客流总量预测最为关键，本次规划一方面参考相关铁路研究中对枢纽客流总量的预测结论，另一方面考虑到铁路的建设会激发沿线城市之间的交通需求，同时枢纽周边地区的开发也将产生一定的交通需求，为此，规划参考日本的经验，对铁路研究中的需求预测模型进行重新校核，得到枢纽客流总量需求预测值。综合交通需求预测针对枢纽地区范围采用"四阶段"预测方法，对枢纽产生的交通量以及因枢纽地区开发的诱增交通量进行路网分配，将分配结果与综合交通规划中的道路网交通分配进行叠加，最终得到枢纽地区道路交通流量和饱和度预测结果，以此对枢纽规划方案的交通合理性进行评价。

（5）枢纽核心区交通规划。枢纽核心区规划在于寻找最适应地方要求和特点的设计方案，而最合理的设计方案并不存在。淮安南站枢纽规划在方案设计初期根据设计理念和思路的不同，形成了若干不同的形式和布局方案，并对每个方案的优缺点进行剖析，供相关部门决策，以确定优选方案。进一步在优选方案的基础上进行深化设计。淮安南站枢纽核心区规划重点强调了"换乘便捷"和"分期实施"的原则。规划对各种交通换乘方式按照换乘量的高低进行排序，将换乘量大的两种交通设施优先就近布局，以实现枢纽内各交通方式之间乘客集散和换乘步行距离（成本）最小为目标；规划方案的设计中充分考虑了枢纽建设的阶段性，由于淮安南站的铁路、城市轨道、公路客运站等设施并不是同期同步建设，因此必须考虑枢纽建设的分期实施，采用搭积木的方式逐步完成枢纽建设。规划首先根据各类交通设施的规划建设期限，将枢纽发展划分为近期、中期和远期3个阶段：近期枢纽地区开发尚未完全形成，重点建设枢纽西广场的交通配套设施，设施规模按近期需求配置，设施建设以地面形式为主，同时预留中期发展用地；近期至中期过程中，西广场逐步完善，根据交通需求的增长，可利用预留发展用地增加交通设施规模；中期，枢纽东广场开始发展，东广场交通设施开始建设，西侧广场结合地铁建设，开始开发地下空间，一些地面交通设施可转入地下，地面可用于商业、酒店等设施建设，设施规模按远期需求配置，考虑远期发展的不确定性，在地下预留交通设施的拓展空间；远期，枢纽地区综合开发基本成熟，根据城市轨道和铁路的建设，逐步完善交通设施，灵活应对交通需求的变化。

（2011）

▶ TOD 是一种"化合物"

彼得·卡尔索普于 1992 年提出 TOD 的概念，并制定了 TOD 规划的 3 个基本原则，即密度（Density）、混合度（Diversity）、设计（Design）。随着 TOD 理论的成熟和逐渐被学术界认同，在美国的一些城市中逐渐得到实践和推广。据相关研究，美国目前已有数百个已经付诸实践或者规划的 TOD 个案。我国自 2000 年后掀起了对 TOD 研究的热潮，对 TOD 理念如何与我国城市特征相结合也做了大量探索。但从理念的实践情况来看仍然存在着一些偏差，甚至将 TOD 等同于围绕公交站点周边进行高强度的开发，这其实是对 TOD 理念的一种片面认识。

要深入了解 TOD，还要从 TOD 的历史由来说起。TOD 的设计思路是从邻里单元的概念沿袭而来的。20 世纪 40 年代，美国小汽车产生的交通安全、交通噪音及空气污染对传统街区的影响开始备受关注，尤其是儿童交通安全问题成为一种社会性忧虑，克拉伦斯·佩里的邻里单元理念就是在这一背景下提出的。邻里单元强调围绕小学 1/4 英里的半径组织用地，将机动车交通隔离在围绕邻里单元的主干道路上，同时在内部通过支路或者尽端路来组织机动车交通，以保障邻里单元内部交通的安全和安宁。可以看出，邻里单元理论主要是针对小汽车交通给传统街区带来的噪音污染和儿童安全问题，但是对小汽车导向下的空间蔓延、空间分割以及公共空间消退问题并没有多大作用。而随着城市空间郊区式扩张的继续推进，城市中心区衰落、社区纽带断裂、环境恶化等一系列问题日益受到社会的关注，TOD 理念因此产生。TOD 主要强调以公交枢纽为中心、以 400~1000 米为半径建立城市中心或者社区中心，围绕这一中心将支撑工作、商业、文化、教育、居住等活动的用地"混合"在一起，并适当提高用地开发强度，使居民和从业者在不排斥小汽车使用的同时能方便地选用公交、自行车、步行等绿色方式。实践也表明，TOD 在遏制用地低密度蔓延、塑造社区文化、改善生活环境等方面确实起到了可观的作用。虽然 TOD 沿袭了邻里单元"街区式组织""混合用地"的做法，但也存在两个重要区别：一是 TOD 强调高强度开发，也不赞同将占地规模大、开发密度低的学校作为社区的中心；二是更加强调用地的混合性，期望通过用地的系统组织将人的活动需求尽量串联、约束在 TOD 范围内。在一项针对美国公交枢纽周边就业人员的调查中，被问及为什么采用小汽车作为上班的工具时，有相当一部分人的回答是中午需要外出去银行、餐馆等地方，但是在单位周边步行可及范围内没有相关服务。可见，落实 TOD 理念非常重要的一点是如何在用地性质、布局上按照日常活动的需求进行安排和组织，实现各种性质用地之间在功能上的串联和互补，形成一个适合步行的"TOD"社区。如果仅仅限于围绕站点做高强度的开发而忽视功能上内在的逻辑性和结构性，虽然在一定程度上可以促进对公共交通方式的使用，但由于各种土地利用之间缺乏协同、相互孤立，各类活动需求在短距离内不能产生关联，小汽车使用需求和停车需求也不会有明显的降低，"交通减量"的效能就要打折扣。因此可以说，TOD 是一种用地组织的"化合物"，而不是相对孤立和散落的"混合物"。

为了更好地发挥 TOD 的"化合"作用，笔者认为在以下 3 个问题上值得讨论、引起重视：

（1）在认识上不能单纯地将 TOD 强调成一个交通规划的概念，而更应是一种土地组织的方式。不管是从最开始的"3D"原则，还是后来的"5D"原则（增加了 Distance、Destination

Accessibility，将 TOD 从单纯的节点扩展到走廊和城市层面），核心强调的还是用地功能的组织，但是从国内一些实践来看，更多地强调了交通设施的布局，却轻视了用地的策划，这种做法是"本末倒置"的。

（2）为了更好地发挥 TOD 对"公交优先""交通减量""慢行优质"的促进作用，还需要对"3D"原则的功能进行深刻的理解和贯彻。对"3D"中的每一个"D"来说，用地与交通需求之间都存在着一定的对应关系：① Density，密度。邻近站点的高密度开发可以有效提升公共交通使用比例，更利于"公交优先"，从美国的实践调查来看，这一提升幅度约为 20%~30%。② Diversity，混合度。土地的混合有助于缩短出行距离、减少小汽车的使用、减少停车需求，利于"交通减量"。③ Design，设计。良好的街道、空间设计可以塑造出有趣、安全的"慢行优质"环境，又进一步降低了对小汽车的依赖。如前所述，如果仅仅将 TOD 简化为紧邻站点的高强度开发，只是利用了"3D"中的1个"D"而已，特别是对于我国一些城市，存在着仅仅是为追逐商业利益的高强度开发的情况，忽视了 TOD 的结构性、关联性，TOD 的"化合"作用没有得到充分发挥，这是规划师尤需谨慎和注意的。

（3）在 TOD 这一"化合物"中，如何看待停车换乘设施（P&R）这一"成分"。这同样有必要从停车换乘概念的产生背景来予以辩证看待。停车换乘最开始的目的是为了鼓励长距离出行的就业人员采用轨道交通上下班，由于低密度蔓延已经是既成事实，轨道交通站点周边的开发密度也相对较低，公共交通部门在轨道交通站点周边设置了大量的免费停车场，以吸引距离公交站点比较远的人驾车换乘公共交通。但是我们必须注意到，这种做法若移植到我国城市，至少有3点值得深入思考：①公交站点周围被大片的停车场地包围，商业等公共服务设施用地将被挤占，不利于土地集约利用，这与 TOD 发展模式是背道而驰的；②这种做法会使得一些人宁愿选择居住在远离公交站点的地区，因为这样同居住在公交站点周围没有太多区别，也不利于集聚发展，甚至更有利于蔓延；③停车换乘会起到多大的作用？如果按照每辆车停车面积30平方米计算，100辆就需要3000平方米停车面积，这部分主要以通勤方式为主，停车泊位的周转率也非常低，而且停车场还需要设置在 TOD 核心区内，否则停车换乘距离太远也不会有多少人愿意采用这种方式。这种用地使用上的低效率换来的效果值不值得？另外，车辆进出对于 TOD 社区环境也是一种破坏。因此，笔者建议对于城市中心区的 TOD 来说，应该限制停车换乘方式，核心区（围绕站点30~50米半径范围内）不予设置路外公共停车泊位，在核心区以外也应尽可能采取立体停车设施的形式；而对于一些城市外围区域的 TOD 来说，同样本着高效、集约用地的原则，可在合适位置设置规模适中的立体停车设施，对于拦截进入城市中心区的车流这一任务，实施区域差别化的停车收费政策可能会更有效。

（2012）

▶ 香港地铁 TOD 开发模式的启示

香港地铁（MTR）于1979年起开始逐段投入运营，至2007年与九铁的车务运作合并后，正式形成全长168.1公里的综合铁路系统，包括9条市区线和80个车站，由香港铁路有限公司（前地铁有限公司，MTR Corporation Limited）负责运营。香港地铁作为全球最成功的铁路系统之一，其"地铁+物业"的独特开发模式已经成为世界范围内TOD（Transit-Oriented Development，公交导向型开发）开发的典范，值得快速城市化进程中的内地城市学习借鉴。

1 功成名就的偶然与必然

TOD模式理论起源于20世纪90年代的北美，但其具有实践意义的开发案例则大多来自土地资源相对紧缺的西欧和北欧国家，并在其后逐步推广至亚洲、南美洲等地，成为"新城市主义"者在全球范围内倡导的一种城市开发模式。港铁的"地铁+物业"开发模式起初并非源于TOD理论，其联合开发模式的产生甚至早于TOD理论的提出，这与香港地铁建设的时代背景和港府采取的审慎商业原则有重要关系。实际上，香港地铁的规划始于20世纪60年代，但迫于政府严格的财政政策和经济局势等原因，直至1975年初才成立政府全资拥有的地下铁路公司，开始全长15.6公里的"修正早期系统"建设。从香港地铁建设之初，港府就秉承"量入为出"的财政理念，拒绝使地铁设施成为政府长期的财政负担。因此，香港地铁公司受"平衡财务"的驱动，在其后多年运营实践中逐步摸索到地铁结合物业蕴含的巨大价值，并创造出"地铁+物业"的联合开发模式。通过地铁公司统筹，将铁路规划、建设、运营与沿线上盖物业规划、建造、市场运作紧密结合起来，使地铁和物业达到最大协同效应。可以说，香港地铁的开发模式是在特定时代背景下城市建设与市场经济碰撞出来的一朵精彩"火花"，它虽然没有TOD成熟理论的指导，却以一种无心插柳的偶然之机，后知后觉地成为TOD发展模式的典范。

当然，香港地铁开发模式巨大成功的背后也有其必然原因，具体而言，可以归结为三大支撑要素：体制设定、技术协调和策略保障。首先，在体制上，港府通过立法，明确法规与政策要求，成功设定了轨道交通与城市建设、物业发展的联动。通过优化资源配置，使轨道交通建设从纯粹的公益性事业，转化为具有商业经营和地产开发支持的良性发展实体，建立了轨道交通的良性发展机制，并最终实现拉动城市人口外移、优化城市结构的作用。港府为适应人口高速增长，缓解住房与城市空间紧张的问题，自50年代就着手新市镇（卫星城）的规划建设，开辟了一批远离港九建成区，位于乡郊的功能性组团，并通过轨道交通的便捷联系，成功地将核心区的密集人口逐步疏解至9个新市镇，验证了TOD开发模式的巨大成效。其次，在技术上，通过规划强化市民生活方式对轨道交通的依赖。在站点出入口、周边地区优先布置一些综合性的、易于吸引人流的商贸、购物、居住等设施，从而强化其对人流的吸引。在城市规划的土地分区计划大纲图和法定图则中，对轨道交通沿线土地利用均在规划上设置综合发展区（CDA），充分为地铁物业发展提供支持，使地铁公司能够通过主导站点周边地区规划，统筹商业、居住、办公等的高强度土地混合使用以吸引、集聚客流，同时为更多市民提供交通便利，引导城市人口疏解。通过结合轨道站点设置社会停车场、公交总站等设施，建立发达的综合交通换乘体系，充分提高轨道站点可达性，进而强化轨道交通对周边中远距离地区居民的吸引力。最后，在策略上，港府坚守审慎的商业原则，利用和发挥市场作用，通过允许港铁公司参与沿线土地开发经营，尽享地铁建设带来的巨大土地增值效益，这也是香港地铁成功的最重要经验之一。长期以来，土地资源的紧缺性迫使港府对全港包括轨道交通沿线在内的土地供应进行强有力的控制，对土地批租采取严格的计划投放。这一供应政策使香港的地价一直处于居高不下状态，为地铁物业发展提供了必要的政策保障，保证了地铁公司在沿线土地开发中的效益。通常情况下，港府按照无地铁情况下的最低价将地铁物业发展用地出让给地铁公司，然后由地铁公司担当土地经营商的角色，按照有地铁情况下的市场地价进行操作，通过公开招标的形式寻求地产商合作。地铁公司在取得地契时即由选定合作的地产商支付地价，并开始根据地铁公司的发展要求兴建相关物业。地铁物业建成后，地铁公司可以选择现金、实物或现金与实物兼顾的形式分得物业发展收益。通过以上一系列操作，地铁公司在政府与市场的双重引导下，实现了最小投入、最大回报的目标，政府、地铁公司、地产商与社会公众也可以取得利益均沾的"四方共赢"。

2 "生日蛋糕"的快乐与忧伤

在香港，有学者将围绕轨道站点由内至外、由高到低的圈层式开发形象地比作制造"生日蛋糕"。在历经30余年的发展后，全港的"生日蛋糕"盛宴已然形成，香港地铁也以此创造了世界上少有的盈利奇迹。据最新的港铁年报，香港地铁2011年的资产总值达到1979亿港元，全年总收入334亿港元，实现基本业务利润104.7亿港元，企业净负债权益比仅为11.9%，运营状况良好。在客运业务上，全年港铁共服务了17亿人次的出行，较上年增加5.1%，日均服务的乘客量达480万人次；乘客的车程准点率高达99.9%；港铁在全港专营公共交通中的分担比例达到45.4%，较上年提升1.1%。在地铁物业发展上，目前港铁与地产商合作建成的住宅单位超过12.4万个，写字楼、商场、酒店/服务式住宅的建筑面积分别超过83.7万平方米、111万平方米和40.5万平方米，停车位5045个。此外，公司还在香港管理超过8.6万个住宅单位和74.4万平方米的商业及写字楼面积，为无数港人提供了定居、工作与购物等日常生活的便利。在港铁的盈利构成中，客运业务与物业经营也是主要来源。2011年，港铁共实现经营利润（不包括项目研究及业务发展开支）172亿港元，其中客运业务的贡献率达36%，物业经营的贡献率更是高达43%（包括物业发展的28.5%和物业租赁及管理业务的14.5%），此后才是车站商务的18%。港铁的"生日蛋糕"盛宴不仅使香港成为世界著名的公交都市，为香港的繁荣发展奠定了重要基础，也创造了目前为止在地铁建设、运营与管理领域最为成功的案例。

伴随着轨道交通引导的高密度开发和香港政府庞大的公屋建设计划，以中低收入群体为主的人口开始大量外迁，并一度出现个别新市镇人口急剧暴涨的现象；而随之产生的一系列社会问题更是备受香港公众关注，同时引发部分社会学家和规划学者对香港TOD开发模式的反思。由于土地资源十分稀缺，香港的每个地铁站都与周边的商业和居住区紧密联系，每个矗立于地铁站点之上的物业项目也拥有十分相似的特征：底层是公交车站或地铁站，2~3层是商业店铺，再往上是呈围合布局、森严壁垒般的高层居住建筑，中间则是居住区的中心花园。在众多大同小异的"生日蛋糕"中，青衣城（盈翠半岛）、汇景花园、新翠花园是"地铁+物业"开发模式的典范，甚于被公

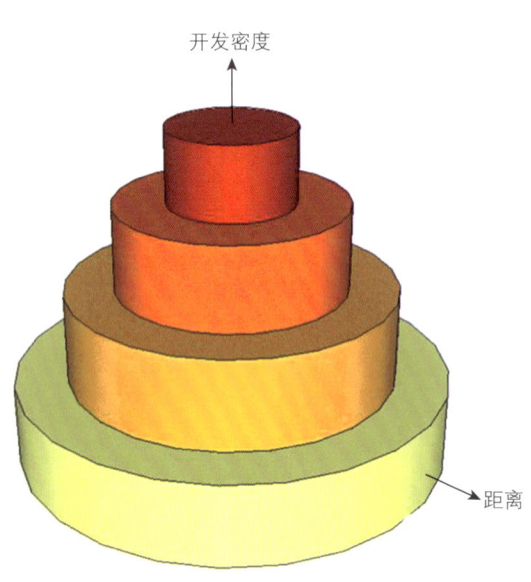

▲ 图1-29　形似"生日蛋糕"的TOD圈层式开发

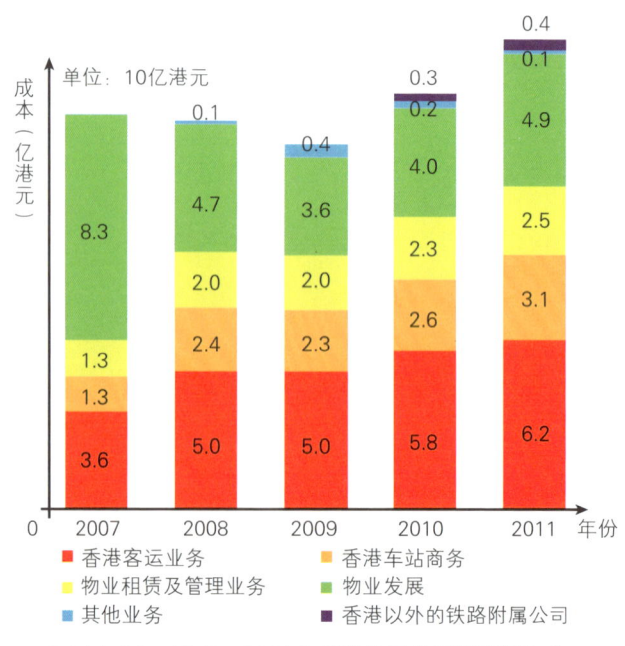

▲ 图1-30　2007—2011年港铁公司的经营利润构成

认为香港楼市的风向标；但以公屋居民和新移民家庭等低收入群体为主的天水围则由于社会问题频发而被冠以"悲情新市镇"的称号。虽然天水围的社会问题更多的是由于社区支援不足以及新移民未能适应新环境等因素导致的，但也有学者开始反思港府这种过度依赖市场资源、严控公共财政投入的开发模式，认为政府的规划缺位也是造成悲剧发生的重要原因。时至今日，港铁的"地铁+物业"开发模式仍在延续并被广泛借鉴，但持批判反对意见的人士亦不少，这些意见大多与其交通功能无关，但却也是规划不可忽略之视角。其中，多数学者认为这种大同小异的开发模式严重破坏了社区规划的多样性，也不利于当地文化和地域特色的传承。而且，众多有着相似社会属性的人群聚居在如此高密度的环境之中，不仅生活品质令人质疑，更容易造成社会阶层隔离、人际交往乏味等更深层次的社会问题和心理问题，故而天水围的悲剧事件也迟早不可避免。

3　他山之石的启示与困惑

虽然香港地铁的TOD开发模式并非十全十美，但单纯从交通技术层面而言，它仍然是目前在快速城市化与人口膨胀、资源紧缺等多重背景下应对城市交通拥堵、促进城市可持续发展最为可行的解决方案之一。探寻香港地铁开发模式成功背后的秘密，我们至少可以得到3个重要启示。首先，是基于必要政策支持的市场化经营和一体化开发。香港政府在土地政策、规划修编与票价制定上的支持确保了港铁公司可以获得一个相对宽松的外部发展环境，从而在与地产商的市场博弈中占据有利地位，为站点与物业开发取得最大协同效应创造条件。其次，是坚持"3D"原则与安全优质服务的双轨齐行。港铁在其站点周边的土地开发中始终坚持"3D"原则，即高密度（Density）、多样性（Diversity）、紧凑型设计（Design）。这种高密度、混合化开发不仅为港铁带来物业租售上的巨大收益，也为下层的轨道站点提供了充足的客流支撑。同时，港铁并没有因为客流的高度集聚而降低出行服务品质，其车程准时程度已多年维持在99.9%的高位；而在安全管理、服务目标与社会责任上，港铁每年都制定严格的执行计划，并定期开展多种活动宣传企业的服务理念。最后，是权责明确的组织管理结构和科学合理的整体运输策略。在香港轨道交通的管理机制中，环境运输及工务局是决策部门；路政署、运输署、规划署是主要政府职能部门，负责制定铁路网络、项目的发展计划和策略；港铁公司是服务运营部门，负责投资建设及运营管理等具体事务，包括项目融资、详细规划、设计建造、物业开发、铁路运作、管理及维护保养等。另一方面，香港在制定整体运输策略时也明确提出对铁路的充分运用以及提倡更为环保的运输措施，并在相关的运输规划和城市规划中对轨道交通发展提供多元化的支持。

在见证香港地铁建设的巨大成功之后，内地许多致力于发展轨道交通的大城市也开始探索"地铁+物业"的开发模式；而港铁从拓展业务的角度出发，也积极参与内地城市的轨道交通建设，在北京地铁4号线延伸线、深圳龙华线、沈阳地铁1号线与2号线的建设中都出现了港铁的身影。但是，在实际操作中，当简单的模式移植遭遇内地制度、环境的变迁后，看似美好的他山之石也不可避免地频频遇挫。首当其冲的便是土地制度之困，内地土地市场的公开出让制度（招拍挂制度）成为"地铁+物业"开发模式的最大障碍。类似港铁这样的地铁建造商无法保证以相对低廉的价格获取地铁上盖物业及周边土地，如果地铁公司得不到周边物业的开发权，那么地铁公司与地产商就变成相对独立的两套班底，一体化开发的联动效应也将难以形成。另一方面，内地许多城市在地铁商业规划上的先天不足也让港铁模式难以成功复制。目前内地大部分地铁商用空间的设计都不是以商业诉求为出发点，只是将多出来的一部分空间加以利用，商业形态中要求的进深、面宽以及安全性等要素都不理想，与港铁模式秉承的"3D"原则和安全优质服务的差距也并非一朝一夕可以弥补。

（2012）

▶ 合适的才是最好的——有感于东欧慢行街区

离开东欧，已开始忘记哪个城市有哪些标志性的建筑，却清晰地记住了街道的模样。若一定要从专业角度说出为什么有这样深刻的印象，总的来说感受有四：一是街区土地利用的高度混合，不仅仅是平面的混合，更是垂直的混合，很难寻找到一栋独立的住宅楼，甚至说不能称作是居住区，而应该叫做生活性区域；二是道路似乎只有两类，一类主要为车服务，称作"路"，另一类则是呈蛛网状密布、主要服务于行人的"街"，街道两侧橱窗里面摆放的各色物品吸引着行人不时驻足观看，街凳上喝咖啡的人也不断诉说着对城市生活的享受；三是街道普遍使用的地砖或碎石铺装，营造一种安全感和亲切感，不像我们城市中到处存在的水泥或沥青路面那么生硬，汽车行驶在上面速度很慢，你不会感到危险和担心，令人惊讶的是，这种在国内只有在步行街才采用的铺装形式使用得如此之多，甚至在城市的主要道路上；四是安静地穿梭在街道上的有轨电车，与街边的行人、自行车和谐相处，同样也不会令人产生丝毫的不安全感。

细细想来，上述4个要素之间相互配合，相互呼应，共同营造出充满活力的"慢行街区"。高度混合的土地利用产生了多样化的街道界面，特别是建筑底层商业营造出来的趣味环境才能够吸引住众多的行人；高密度、小尺度的街道网络则为行人提供了多变的路径和自由的选择，你不会因为一条街道过长而感到乏味，反而却总想看看下一条街道上有什么。应该说这两个要素是形成慢行街区的必要条件，试想如果没有高度混合的土地使用产生的丰富多变的环境，就无法吸引行人驻足；而如

▲ 图1-31 奥地利林茨的街道

果仅仅只有土地的混合，却仍然是国内常见的很费劲才能走到尽头的大街区模式，你多数也会决定减少在街道上的逗留时间。后两个要素则是慢行街区的必要补充，碎石铺地限制了小汽车的速度，使行人对街道的使用上产生一种优越感和归属感，有轨电车则满足了一部分人对机动化出行的需求，也疏解着来去于街区的游人。

一边走在这样的街道上，一边禁不住要想，我们是否也能复制这样的模式？国内业界对这种小尺度的慢行街区模式多数持肯定态度，但是羡慕归羡慕，鞋穿在脚上是否合适倒也未必。不妨先来看看我们有什么样的"鞋子"可以选择。如果按街区中主导的交通方式进行划分，可分为3类模式：慢行导向的模式、公交导向的模式和小汽车导向的模式。东欧一些城市的街区就是慢行导向的模式，也即慢行街区，这种模式的道路网络布局可以用图1-32（a）所示，混合的用地布局呈现一种面状铺开的形式，细密布置的街道承载着更多的是公共活动的功能；

图1-32（b）所示小汽车导向的模式也是一种呈面状发展的模式，但是街区尺度要大得多，用地也不讲究混合，而更多的是有着清晰的功能分区，这种街区可以让居住区保持良好的私密性和安静的环境，但由于没有底商带来的活力，往往显得比较冷清；而公共交通主导的街区模式，也就是TOD街区，道路网络则从公交站点中心向外围呈辐射式由密变疏，在紧靠站点周边约500米范围内也形成了高密度、小尺度的街道，这类模式可用图1-32（c）来表示。

如果从3类模式所能支持的土地开发强度进行分析的话，或许能帮助我们如何选"鞋子"。众所周知，在小汽车主导的发展模式下，用地只能采取低强度的开发方式，这一点也已经被公认是不适合我国国情的，也就无需多论。而在慢行交通主导的模式下，相当部分的道路是为人的活动提供服务的，但是值得注意的是，即使街区内的活动主要以慢行为主，仍然会存在一部分长距离的出行需求，这部分需求只能通过机动化方式来解决，因此在慢行街区中我们也会看到穿梭的有轨电车。这种以慢行为主导、公共交通和小汽车交通为补充的交通结构是与用地的中等开发强度相匹配的，这也就是为什么我们在慢行街区几乎看不到高楼大厦的原因，如果用地开发强度再提高，这种交通供应结构也将无力承担增多出来的机动化需求。TOD模式则是以大运量的公共交通为主导的模式，由于公共交通提供的大运量条件，允许站点周边的地块高强度开发，而高强度开发产生的客流也支撑了公共交通的运行，虽然说TOD模式的街区也是密网格、小尺度的，但是却难以令人体会到慢行街区那种舒适的感觉，高强度的开发会使人因为两侧高楼而感到压抑，所以在TOD模式中，商业的开发往往以综合体的形式较多，很多人也就被吸引在建筑内部。

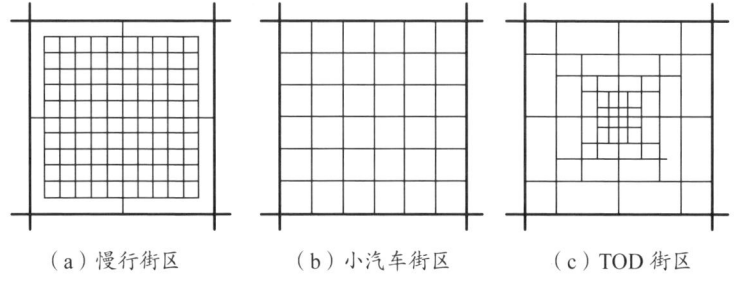

（a）慢行街区　　（b）小汽车街区　　（c）TOD街区

▲ 图1-32　不同类型的街区

回头来看，我们多数城市的人口密度比东欧城市高，正在不断涌现的高楼大厦也是在东欧难以见到的，这样高密度的人口和高强度的开发也就注定了我们的城市不可能都像东欧城市一样做成广泛铺开的慢行街区。因此对于我们的特大城市、大城市，甚至一些中等城市，还是应该更多地考虑以轨道交通、快速公交等大容量公交方式主导的TOD模式，对于城市中的一些区域，例如老城区、历史街区等倒是可以利用先天条件尝试做成慢行街区。而对于小城市或城镇，既不需要发展大容量的公共交通，用地条件也不允许做成小汽车主导的蔓延式，做成中等强度开发的慢行街区应该是一种值得考虑的选择，如果连小城市也一味追求"千城一面"的摩天大楼和大街区，那就是"小脚穿大鞋"了。

值得一提的是，不管是选择TOD模式还是选择慢行街区模式，都应重视用地混合对街区"经济"功能的贡献。目前我们城市中住宅区域多以纯居住功能为主，即使是混合，也往往仅在居住用地中单独安排一定的非居住用地，如果在用地混合度不够的情况下，仅希望通过高密度、小尺度的街道网络达到东欧城市那种慢行街区所产生的效果是不太可能的，过道仍无法变成街道。

（2011）

▶ 小尺度街区的"利"与"弊"

城市道路网络是一种特殊的空间，是城市中其他用地功能赖以正常发挥的中间环节。在对我国大城市交通拥堵追根溯源的规划反思中，关于道路网络密度、用地开发尺度的关注、讨论和研究正在逐渐增加。面对大街区开发模式所导致的道路交通及其衍生的社会问题凸现，小街区规划和开发模式却依然难以推进的背景，有必要对小街区的利弊进行梳理，为城市转型或重构提供更可持续的决策参考。

小尺度街区的优点主要体现在以下4个方面：

1 有利于交通资源的综合利用和整体效率提升

小尺度街区的布局模式具有高连通性、高可达性、高可靠性等特点，一方面，可以使集中于干路系统的交通分解为多路径交通流，有效降低干路系统的交通压力。在未来交通流量进一步增加或在突发事故的状况下，可以有效地利用高密度路网疏解交通或组织高效的单行交通。另一方面，采用小尺度街区的开发模式，可以增加出行路径选择的多样性和灵活性，减少各街区点与点之间的绕行距离，更有利于具备短距离出行优势的步行和自行车等中短途绿色交通工具的使用，从而充分释放道路空间，提高道路资源的利用和周转效率。

小尺度街区模式对交通效率的提升必须有土地混合利用的支持。城市土地利用混合程度对城市交通具有显著影响，其中最明显的就是工作和居住分离造成高峰时段交通拥挤，非高峰时段运量不足的问题。城市土地的混合利用可以做到各类土地利用的平衡发展，就近吸纳本区居民日常出行，减少跨区长距离出行活动，从而既能减轻有限通道的交通压力，缓解或避免交通拥挤，又能更好地发挥步行、自行车以及大容量公共交通方式的优势。

2 有利于土地价格的全面提升

土地是不可再生资源，而城市的发展又离不开土地。如何让有限的土地资源发挥最大的收益，是摆在城市决策者和管理者面前的一大难题。在目前的规划管理体制下，各地政府为争取土地指标绞尽脑汁、费尽心思，却对土地的高效利用缺乏足够的认识和重视。这也是当前城市化进程中的一个怪圈。

"要想富先修路"虽然是一句俗语，但是它却用最简单的言语揭示了土地价格与交通可达性之间的客观规律。在一定范围内，地块尺度越小，道路网络越密，步行可达性越高，同样面积的土地上积累人气的能力就越强，用于商业开发的潜力就越大，土地的经济价值和升值空间也就随之提升。中外著名的步行街（区）无一不在阐释这样的道理。相反，地块尺度越大，道路网络越稀疏，对机动车的依赖程度就越高。机动车的使用强度越大，交通拥堵和停车问题就越严重。交通不便利，土地的可达性就越差，最终导致土地所承载的经济活动大幅削弱。目前我国很多城市街区沿路繁华、内部衰落的现象正可谓大地块开发模式的反面教材。从政府投资与回报的角度而言，同样的土地面积，同样的道路投资，采用化整为零的开发模式可以增加多倍的道路长度和临街面，适于商业店面开发的区位大大增加，从而大大提高对中小投资主体的吸引力，繁荣本地市场经济。

3 更易营造舒适的生活和休闲环境

"城市最重要和首要作用是作为人的集会场所。""车本位"

的规划设计让城市中人的空间越来越少，也越来越不安全。人们对城市的认同感和归属感在车辆洪流的冲击下正在逐渐衰退。人与人之间的交往增加了更多车厢和围墙的阻隔，网络、电话等现代通讯手段代替了人们面对面的交流。效率似乎提升了，然而真诚和热情却被越来越多的冷漠替代。工作的压力和生活中的情绪得不到人性化的交流和宣泄，会给家庭、社会的安定埋下隐患。扭转这一现象最有效的途径就是让人们从鸽笼似的屋子里走出来，与人接触，与自然接触，充分敞开自己、释放自己，这需要一定的空间——城市的公共空间。然而，"以大为美"的开发模式将这一空间化零为整，削弱了可及性，也降低了人们进入和融入这种空间的积极性。

小街区开发模式倡导积极向上的社交生活。通过提供界面丰富多样的街道类型，增加临街建筑或商业对公众的吸引力和亲和力，让各类零售业能够在空间上与社区居民接近，营造更好的经营环境。通过为行人提供安全和舒适的人性化街道，或是通过交通管理手段，临时或长期分离其中部分道路作为步行休闲的专用道路，同时结合沿路的景观设计，塑造灵活多变、人情味十足的公共开敞空间，给人与人的相遇、交谈创造更多轻松自然的机会，让人们充分体验生活、感受生活、分享情感。这方面，欧洲国家有很多成功经验。

4　更有利于促进节能减排

根据美国能源基金会一项针对济南市社区和交通能耗的实证研究，社区类型、平均出行距离和车辆选择之间有着很强的联系：居住在大街区的居民出行距离超过居住在细网格社区居民的5倍之上；大街区的居民更明显地倾向于私人小汽车的使用。私人小汽车占总的出行比例在细网格社区中仅占7%，在大街区居民则为33%；细网格社区相比之下将机动车尾气排放降低了67%，而总的交通排放则降低了59%。细网格社区模式的节能减排作用实际上只是交通模式选择的一种"副产品"，但却是符合城市可持续发展战略的正确方向。从这个意义上而言，实现交通系统节能减排的根本是土地使用模式的转变。

然而，对于小尺度街区或高密度道路网络的种种优势和价值，学术界、规划行业界还是对其持谨慎甚至批判的态度，意见主要集中在以下4个方面：

（1）小街区模式的道路网络密度高，会导致道路总面积指标大大超过规范要求的水平。

（2）高密度的道路网络会导致道路交叉口过多，从而导致车辆行驶速度降低而引起交通效率下降等。

（3）地块面积的减小，会使得地块的安全性不够，大量的穿越交通会导致城市居住环境质量下降。

（4）土地出让不如大地块整宗出让直接、简便，会显著增加土地部门的工作强度。

如果真正从城市高效管理和社会长治久安的视角来看待这几个主要缺憾，就会发现这些批判看似理由充足，却禁不起过多的推敲。

（1）城市里的道路原本被称为街道，而街道原本不仅仅只有交通功能。简·雅各布斯的《美国大城市的生与死》、扬·盖尔的《交往与空间》、2008年中国城市无车日活动的主题——人性化街道等等，都在传递这样的信息。当街道被赋予了更多游憩、社交、安保功能时，道路面积控制指标就并非是不可触及的底线。事实上，道路面积增加的顾虑在大部分道路都已经成形、用地发展已经相对稳定和成熟的建成区的确存在。但是在新开发区域，通过缩减不必要的宽度完全可以弥补密度增加所带来的道路用地的增加。小街区模式的示范性规划——昆明呈贡新城就通过将"宽而稀"的原规划路网重构为"密而窄"的道路网络，成功地将道路用地面积减少了24%，用地的节约程度相当可观。

（2）当人们短途出行的方式以步行为主，中长途出行以"步行+公共交通"为主时，密布的交叉口恰恰是选择灵活多样的表现。如果在行人或自行车出入较多的地区能够让车辆的速度减少到30公里/时以下，那么交通死亡事故可以减少一半。这正是欧洲议会交通运输委员会在2011年通过的《道路安全报告》中的焦点政策之一。增加路口，降低车速，倡导慢行，其实是一种相得益彰的良性循环。慢行交通对地块的噪音、尾气、安全等影响远不如机动车交通。人们对小区私密性的高要求实际是对社会不安全感的放大性反馈，甚至可以认为是报复性诉求。慢行环境的改善通过促使人们走到户外、增进了解、排除隔阂、增加街道活力的同时，提高相互照看的积极性，从而提高小区或住宅的安全感。

（3）基于小地块的出让模式可以使不同用地之间的产权红线泾渭分明，可以最大限度地消灭地块死角，激活每寸土地的使用价值，非常契合集约用地和紧凑发展的时代主题。小地块可单个出让，也可组合出让，灵活性非常充足，可以满足同时出现的不同类型的开发主体和开发要求，而不必受少数大财团的牵制。在组合出让中，政府可以在规划设计条件上硬性规定，约定地块里面的道路用地权属归双方共有，但由开发商代为建设，成本在土地出让金中折减。这样的开发模式虽然在土地大面积出让时会增加一些琐碎工作，但是相对于城市发展和管理的长期性，它对各项工作的简单化、清晰化和规范化所带来的成本节约预期却是相当可观，也是显而易见的。另外，小地块开发不提倡大院围合模式。若局部地块有这样的需求，它也可以轻松应对，但内外衔接的通道出口必须保留，以便为城市交通应急疏导提供充足的共享通道。

经历过拥堵噩梦、体验过环保危机、花费巨大代价方才实现转型发展的国际先行城市或地区，正在用不懈的努力和行动暗示着我们实现城市可持续发展、提高核心竞争力的一些"捷径"。倘若我们依然执着于"以大为美"的虚荣观念、坚持"先发展后治理"的短视路径、继续盲目地"摸着石头过河"，那么以目前我国城市化和机动化速度产生的巨大惯性，转型发展将很可能会成为一个积重难返、尾大不掉的伪命题。届时，我们的城市又将如何去面对世界范围内更大的挑战呢?!

（2011）

再说"小街区"那点事

1 从上海陆家嘴与纽约曼哈顿的比较说起

上海陆家嘴与纽约曼哈顿均是开发强度高、商务功能集中的区域,但在城市设计方面可以看出有明显的差异。图1-33和图1-34分别为上海陆家嘴和纽约曼哈顿从整体到细部的Goodle Earth截图。从图1-33(a)中看出,上海陆家嘴的建筑体相对而言比较独立,如同种植的一棵棵树一样;从图1-33(b)来看,建筑相对独立的现象更为明显,每一座建筑具有流畅的小汽车落客平台和出入口设计,建筑后退道路红线距离很大,且退线距离不统一,图1-33(b)中,两座建筑之间的距离达到90米。从图1-34来看,一个区别于上海陆家嘴的典型特征是建筑的整体性,具有明显的"街墙",即使有些地块呈现三角形等不规则形状,"街墙"的整体感也特别明显。虽然塔楼建筑很高,但建筑底层裙房之间的距离要小得多,如图两座建筑之间的距离约24米。

上海陆家嘴和纽约曼哈顿两个地区是两种城市设计理念的

(a)

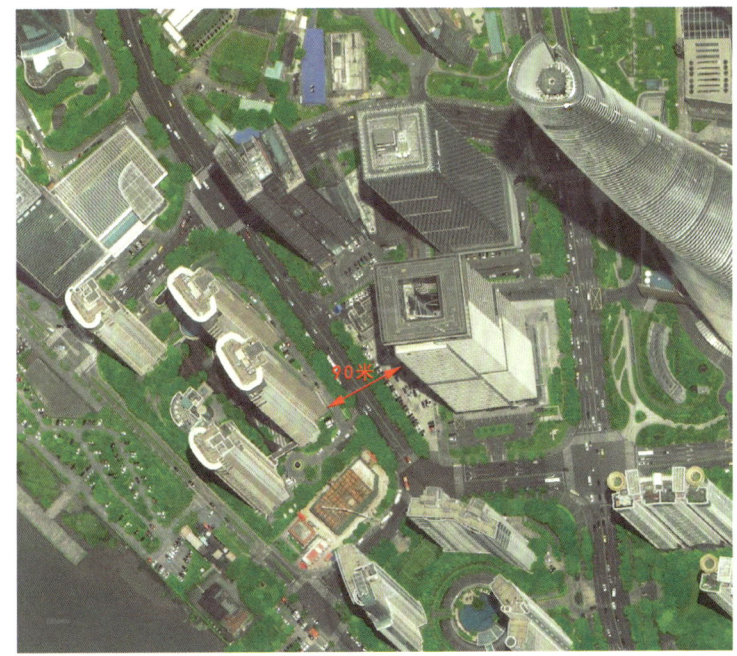

(b)

▲ 图1-33 上海陆家嘴地区系列截图

 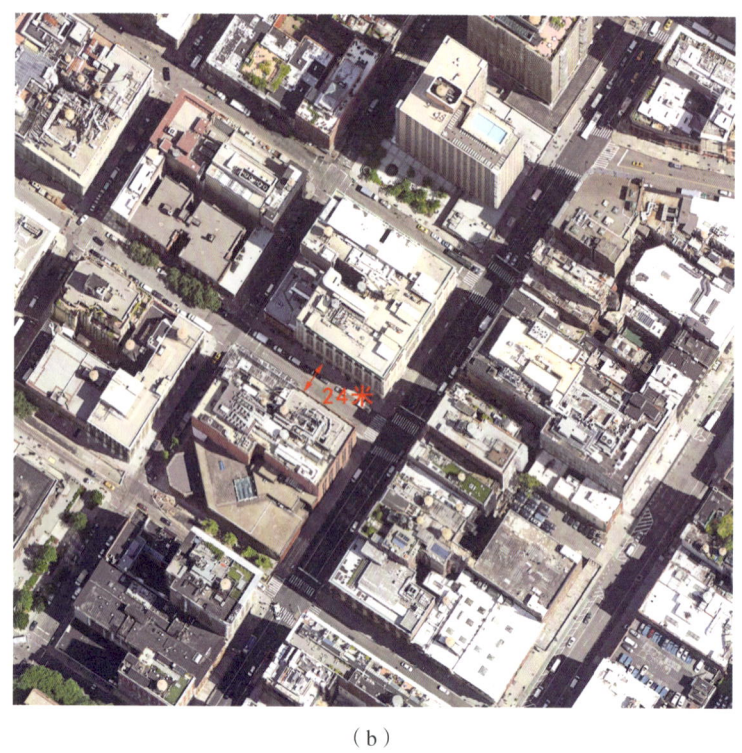

(a) (b)

▲ 图 1-34 纽约曼哈顿地区系列截图

典型表达。前者是以车为本的,注重于建筑个体形象的塑造和车辆进出流线的组织,但难以与其他建筑共同形成连续的、行人友好的公共空间,可以认为是一种基于"建筑形体"的设计。后者则相反,单从建筑个体看,没有多么的雄伟和引人注目,但是整体感很强,注重面向街道一侧建筑界面的连续性和友好性,整齐的建筑退线造就了整齐的"街墙",街墙背后、不面向街道的一侧则是小汽车出入和停车的区域,可以认为这是一种面向"公共空间"的设计方法。

国内城市类似于上海陆家嘴的设计手法比比皆是,而欧洲和美国一些城市广泛采用曼哈顿模式,如巴塞罗那、巴黎、柏林、哥本哈根,以及日本横滨也是如此,巴塞罗那 130 米 ×130 米的城市网格更是最为典型的代表。总结来看,两种模式之间的差异可用图 1-35 表达。第一种表现为大街区特征,尺度约 300~400 米,建筑布局灵活,自身拥有广阔的建筑前区或围墙,建筑开口不得不面向主要街道;第二种为小街区特征,尺度约 80~150 米,面向街道的建筑界面连续性好。

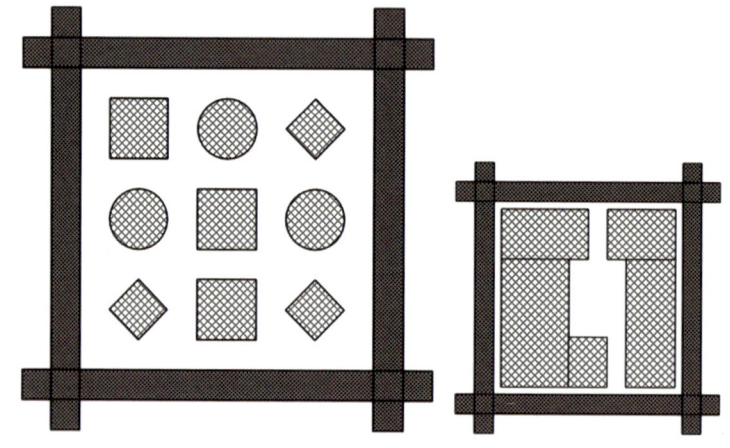

▲ 图 1-35 国内外街区模式对比图

小尺度街区是我们积极倡导的模式，但为什么诸多新城不断出现，最终的结果却均采用了大街区模式呢？或者说为什么小尺度路网难以形成？

2　数值分析小实验

为了弄清街区大小的关系，进行关于建筑退线距离、道路宽度、道路间距与用地效率之间的关系的数值试验。如图1-36所示，假设道路宽度为D1，道路间距为D2，建筑物后退红线距离为D3，建筑体边界占地面积为S1，道路红线围合区域为S2，道路中心线围合区域为S3，则有：S1/S3——土地使用效率；1-S2/S3——道路面积率；(S2-S1)/S3——建筑前区面积率。

假定道路宽度为18米，道路间距为150米，若建筑退线为0，土地使用效率为77.4%，道路面积率为22.6%；若建筑退线为3米，土地使用效率为70.6%，建筑前区面积率为6.9%，道路面积率仍为22.6%；这与欧洲等城市中心区小尺度街区的数据较为吻合。但若建筑退线为10米，土地使用效率仅为55.8%，土地利用效率过低，体现了建筑后退距离对土地使用效率的影响。道路间距在300米，建筑退线为10米，这是我国常见的情况，土地利用效率超过75%，道路面积率为11.6%。

假定道路宽度为24米，道路间距为150米，如建筑退线为0时，土地使用效率为70.6%，道路面积率为29.4%；若建筑退线为3米，土地使用效率下降为64%；建筑退线为5米，土地使用效率为59.8%；建筑退线为10米时，土地使用效率为49.9%；建筑退线为15米，土地使用效率为41%。上述数据证明，即使道路宽度不高、间距较小，建筑退线过大的话也

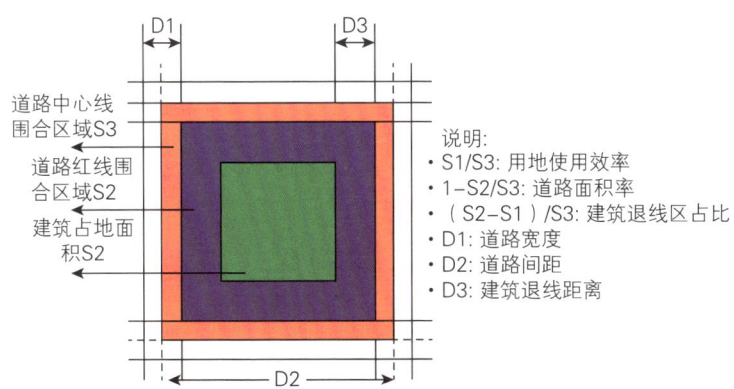

▲ 图1-36　街区大小要素关系示意图

会影响土地使用效率。但当道路间距增长为300米，建筑退线为10米时，土地使用效率超过70%，道路面积率为15.4%，这与我国城市数据较为相符。

因此，在退线距离很大的情况下，要保障土地利用效率达到一定的水平，就必须采用道路大间距的形式，同时要保障一定的道路通过能力（或道路面积率），道路宽度也必须达到一定水平之上，进而形成了"宽马路 + 大间距 + 大退线"的情形。因此，建筑退线如果不做出改变，很难实现"小街区"模式。

3　一点建议

从上述分析可以看出，要形成紧凑的、以人为本的尺度，需要做到"3S"原则：

■ 小间距（Short Street Spacing）——"以人为本"最基本要求。道路间距不超过150米，80~120米最适宜步行。

■ 窄街道（Small Street Width）——道路宽度应小于24米，以双向两车道为主。

■ 小退线（Shallow Building Setback）——道路退线应在0~5米之间。

三者之间相互关联，互相约束，要在节省用地的情况下形成小街区，"3S"缺一不可。

（2016）

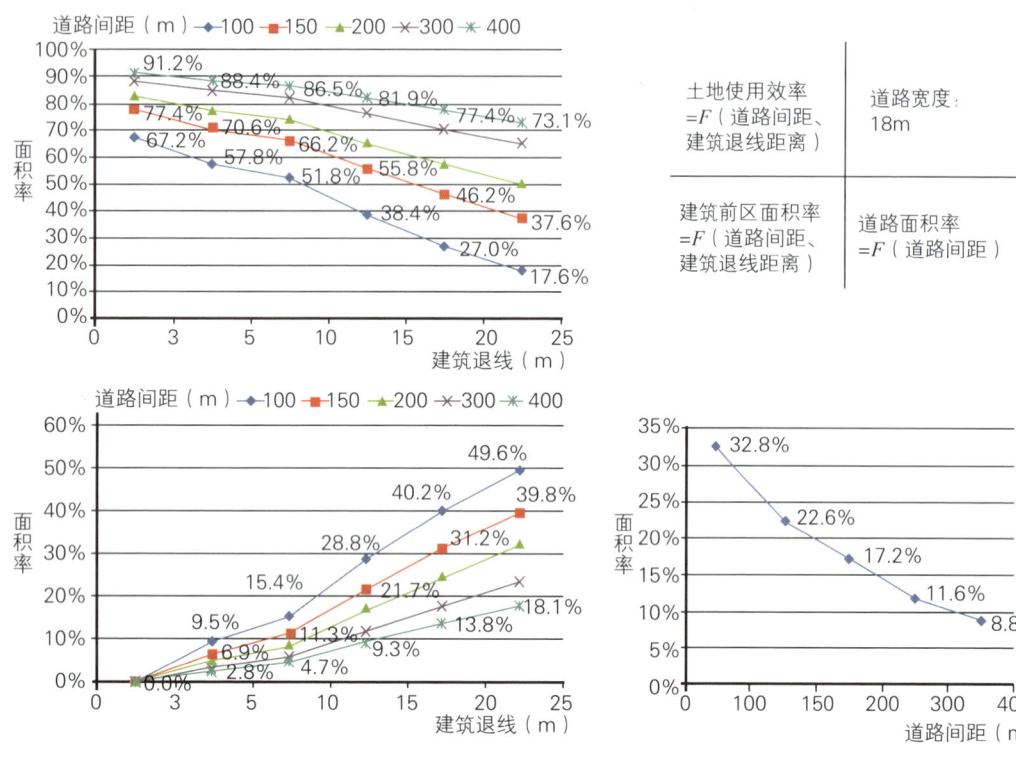

▲ 图1-37 18米道路宽度下各面积率统计

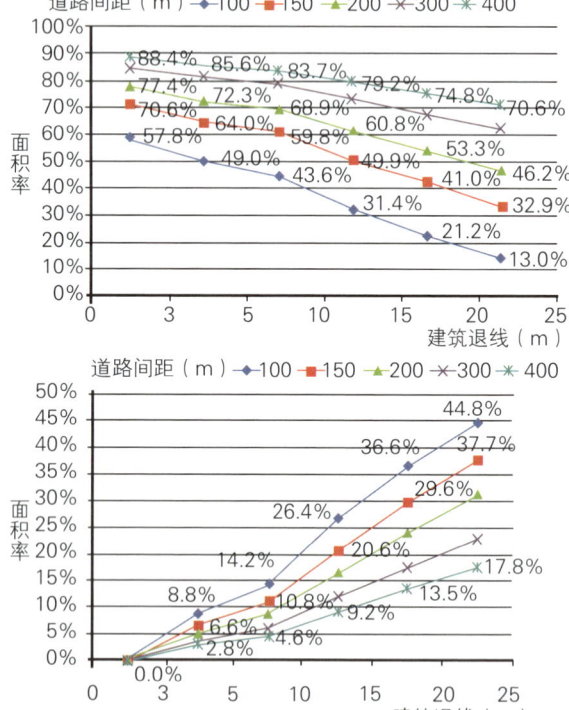

▲ 图1-38 24米道路宽度下各面积率统计

▶ 如此退线为哪般

在某个新区踏勘的时候看到一种现象：为了塑造城市的绿化景观，建筑后退道路红线达到 18 米之多，道路红线本身宽度约 45 米，加上退线距离，道路两侧之间的建筑距离超过 80 米，这几乎可以作为一个街区的长度。在这样的新区中行走的一个普遍感觉是：明明看到建筑就在眼前，可要走近跟前还是要花费一些力气的，真有些"山远累死马"的即验感。

如此宽的退线，第一感觉是土地的浪费。为了说明后退尺度与用地效率的关系，做了如下实验：如图 1-39 所示，假设道路红线内侧围合面积为 S1，建筑物后退道路红线围合面积为 S2，那么 S2/S1 可以作为一个衡量用地效率的指标。以 S2/S1 为纵坐标，道路间距为横坐标，分别在建筑后退距离为 20 米、15 米、10 米、5 米、3 米、0 米的情况下进行分析。

从图 1-40 中可以读出这样的数据：

（1）当道路间距为 400 米，建筑后退距离在 15 米、10 米、5 米时，S2/S1 的值分别为 84%、89%、95%。也就是说，在 400 米道路间距的尺度下，即使建筑后退距离达到 15 米，仍然有 84% 的用地可用。

（2）当道路间距为 200 米，建筑后退距离在 15 米、10 米、5 米时，S2/S1 的值分别为 66%、77%、88%，道路间距缩小，土地利用的效益明显降低，但 10 米的建筑后退距离下仍然可有 77% 的使用效率。

（3）当道路间距为 100 米，也就是所提倡的小尺度街区情况下，建筑后退距离在 15 米、10 米、5 米时，S2/S1 的值分别为 25%、45%、70%，如果建筑退 10 米，土地使用效率仅为 45%。

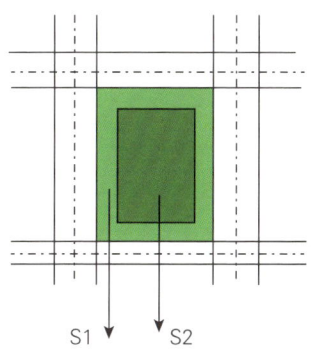

▲ 图 1-39　计算示意图

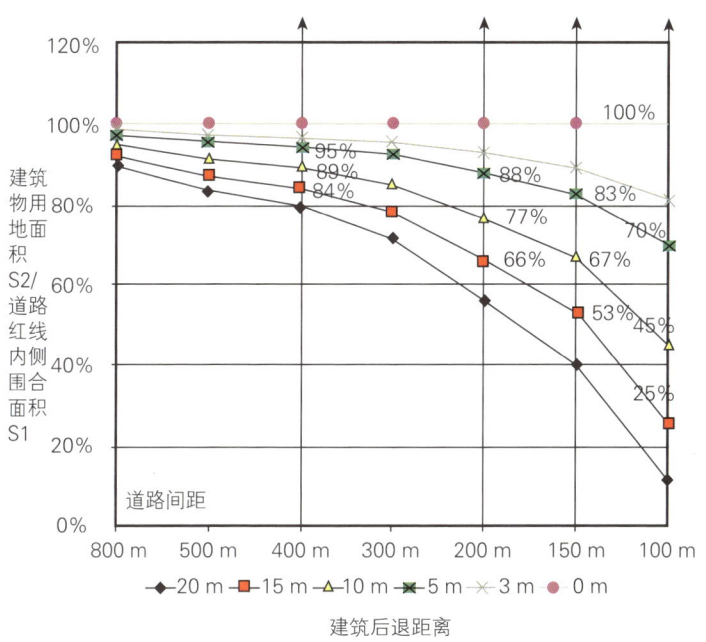

▲ 图 1-40　建筑后退距离、道路间距及土地使用效率的关系

从以上数据可以看出，建筑后退间距不仅仅关系到土地使用效率，也是小尺度街区构建的关键制约，因为就目前建筑后退距离动辄10米以上来看，如果仍然采用小尺度街区，刨除后退空间就没有多少地可用了，这是非常不符合我国土地资源紧张国情的！例如某市对建筑后退距离的规定如下："沿城市快速路的各类建筑，后退距离少20米；沿城市主、次干路的各类建筑，后退距离至少15米；沿城市支路的各类建筑，后退距离至少10米；沿建制镇主要道路的各类建筑，后退距离至少8米；沿建制镇一般道路的各类建筑，后退距离至少5米；在道路交叉口的建筑，其后退距离还应当满足道路交通安全视距要求。"其他城市类似规定很多，且均为最小退线距离要求。

那么建筑退线是何来历呢？笔者进行了检索，历史概要如下：1799年，美国康涅狄格州首府哈特福德首次提到了建筑退线的概念；1908年，福特汽车的生产使得小汽车迅速发展，美国城市开始了拓宽街道的运动；在经历了惨痛的拆城拓道后，20世纪20年代，美国城市规划管理规定中明确提出了建筑物后退红线的要求，目的是便于将来道路拓宽。也就是说，建筑退线最初的目的是对未来小汽车化的一种空间预留。那么美国的城市在建筑退线认识上又发生了什么样的变化呢？在经常被当做蔓延模式批判对象的洛杉矶市，其目前的中心区设计导则对建筑退线的规定见表1-2所示。

在表1-2中，第1列为城市分区，包括历史城区、小东京等区域，第2～4列为临街建筑一层的使用功能，分为商业、办公、居住3类。表格每个单元格中的数字X/(Y~Z)，X为最小建筑退线的平均值，Y、Z为建筑退线的上、下限，单位为英尺（1英尺=0.3048米）。可以看出，最大的建筑退线不能超过20英尺，约6米。对于一层为商业、办公区的街道，甚至可以是

表1-2 洛杉矶中心城区对建筑退线的规定

单位：in

城市分区	临街建筑一层使用功能		
	零售	专业办公	居住区入口
市民中心	0/(0~10)	5/(0~15)	5/(5~20)
市民中心南部	0/0~5	3/0~10	5/3~15
历史商业区	0	0	0
小东京	0/0~3	2/0~5	5/3~15
邦克山	0/0~5	3/0~15	6/4~16
金融核心区	0/0~3	2/0~5	6/4~12
南部公园	0/0~5	2/0~5	6/4~12
城市市场	0/0~3	2/0~10	5/4~16

零退线，且退线多少与道路等级没有关系。日本、香港对建筑退线的要求更是"小气"（日本对小于4米宽的道路需要退线，香港对小于15米宽的道路需要退线）。除了退线距离的规定，还对临街建筑的贴线率有很高的要求，注重塑造"街墙"和公共空间氛围，如图1-41。国内城市建筑后退空间的使用则更体现"自由"精神，笔者参与过许多交通影响评价的项目，大多数从建筑自身角度对出入口、门庭、落客空间等布局考虑的非常周到，但与相邻建筑对于后退空间的协调使用考虑不多，欠缺统一，现实中建筑后退空间主要被停车、绿化、台阶及各种铺装等占据，如图1-42所示。在这样的街道，你想要亲近建筑空间，除了需要穿过建筑前区满满停放的车辆，还要躲避不时出现的台阶以免摔倒。当然，良好的出入口、落客区以及建筑庭院的设计使得开车的人对这一点是毫无体验的。

▲ 图 1-41 洛杉矶对街道塑造要求的图释

▲ 图 1-42 城市各类街道对建筑后退空间的利用案例

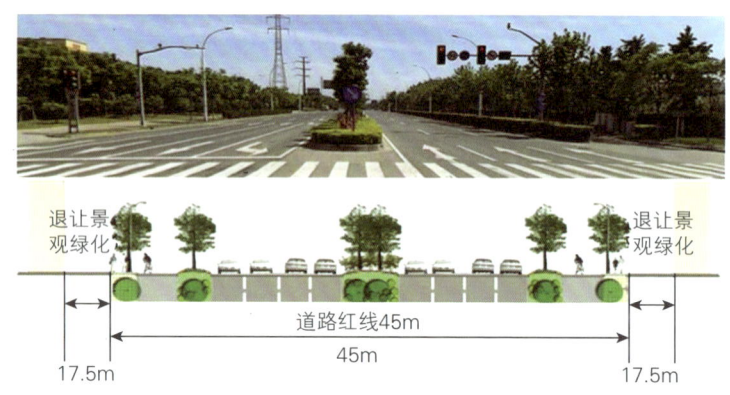

▲ 图1-43 某城市道路建筑后退空间良好的绿化

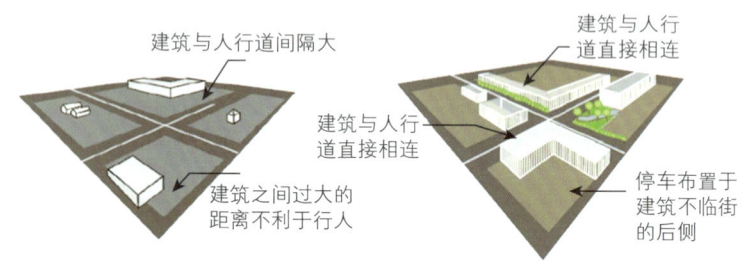

▲ 图1-44 精明增长理念对"离散"与"紧凑"的图释

建筑退线的最初目的是预留道路拓宽空间，但如此广阔的空间不加利用十分可惜，在城市停车紧张的现实下，最终成为停车场也是意料之中的。也有建筑前区做成景观和绿化，但这种衍生的辅助功能后来成为建筑后退越来越宽的理由，为了建设绿色、生态的城市环境，利用更大的建筑退后空间来种树木、花草，当从路边一侧的建筑走到对面的建筑时，这样的设计非常贴心地为您提供了锻炼身体的机会。当然，开车的人也是没有权利享受这种福利的。

过大的建筑后退空间有悖于精明增长理念，浪费了土地资源，破坏了以人为本的空间尺度感，制约了高密度路网的形成。当美国一些城市在对宽阔的建筑退线重新审视之时，一些大嘴学者曾称之为"bullshit""nonsense"。尽管名声不好，缺点又多，但在我们犹如退线一样广阔的胸襟面前，在我们坚持引进和坚持使用国际经验的决心面前，什么都不是事，因为这成就了我们越来越高端、大气又上档次，生态、宽敞又美观的街道！

（2015）

▶ 街道规划设计中的"望、闻、问、切"

欧美等发达国家或地区在工业化大发展时期产生了以服务工业生产为主要目的的城市，也产生了城市中冰冷的建筑、贫乏的公共空间和消极的街道，城市更类似于一个巨型工厂和停车场，城市的生活性、公共性逐渐丧失。伴随着后工业时代的城市主义的研究，新城市主义、精明增长、TOD、生态城市、低碳城市等理念逐渐产生并被接受，城市功能开始了向重点服务于生活的回归，城市的公共空间与公共生活逐渐受到重视，城市的规划设计也开始注重以人的活动特征作为主要依据。城市街道作为公共空间的重要组成部分，自然也成了关注的重点，如著名的低碳都市哥本哈根，城市核心区10公顷的室外公共活动空间中，三分之一由街道承担，三分之二由广场承担，街道上每天都在上演着丰富多彩的活动。

其实"街道"原本就是一个复合性概念——"街"和"道"，"道"是一个交通工程的概念，而"街"是一个城市设计的概念，这种功能上的复合性要求对街道的规划设计不能仅仅从行车的流量、速度等角度来考虑，还要从人的活动特征角度来进行空间的设计。街道上所承担的活动可以分为两类，一类是刚性活动，另一类是弹性活动。刚性活动包括那些不由自主的、一般情况下都必须参与的活动，如上学、上班等等，这类活动很少受到物质空间的影响，参与者没有选择的余地；弹性活动是指人们有参与的意愿，并且在时间、地点允许的情况下才会发生的活动，包括散步、晒太阳、玩耍、交往等等，这类活动只有在外部条件适宜时才会发生。当户外空间的质量不理想时就只能发生刚性活动，当户外空间具有较高的质量时弹性活动的频率和时间都会有所增长。弹性活动的多少和丰富程度更能反映一个城市的亲和力。当代著名城市规划设计大师杨·盖尔一直倡导以人的活动需求作为街道设计的主要依据，无论是哥本哈根，还是对伦敦（2004，Towards a fine City for People）、斯德哥尔摩（2005）、悉尼（2007）、纽约（2009，World Class Street）等数十个城市的实践研究都获得了良好的成效，所提出的"像装修自己的房子一样"的做法，充分体现了"以人为本"理念的内涵，并逐渐上升为城市公共空间规划、慢行交通规划的一种方法论，笔者略加解读，将其归纳为"望、闻、问、切"，以与读者共享。

望——看到什么？走在街道上75%的感知来源于"看"，成人的步行速度大约是3英里/时（约4.8公里/时），而人的大脑每小时大约需要1000个新的刺激才能使你保持观望的兴趣，这样计算下来，街道界面约每5米就应该有所变化以提供一个新的"刺激"。因此，街道立面多样性是街道活力的关键。杨·盖尔将街道界面分为5种类别：（1）非常活跃类——沿线建筑为小单元，开门很多，每100米开门数在15个以上，各单元立面丰富，具有较好的可观看细节，步行在这一环境中极其容易被沿线环境吸引，步行环境生动而有趣。（2）友好类——单元数有所减少，每100米的开门数量10~14个，各单元立面空间相对较丰富，有一定的可供观看的细节。（3）混合类——沿线大小单元混合，每100米的开门数量6~10个，存在一些不活跃或被遮挡的单元，可供观看的细节进一步减少。（4）不活跃类——沿线均为大单元，开门较少，每100米开门数量2~5个，基本没有可供观赏的细节。（5）非常不活跃类——沿线均为大单元或围墙，每100米开门数量为0~2个，没有可供观赏的细节。参照这一分类，我们的城市中大量的让人"没得看""非常不活跃"的单位围墙严重扼杀了街道活力。

闻——听到什么，闻到什么？是嘈杂的汽车马达，还是欢声笑语？是烦恼的汽油味，还是怡人的花香？要汽车流量，还是要环境质量？按照道路所通过的车流量也可以将街道分为5类：（1）优质的街道——汽车日通过量小于1000，基本没有噪声，空气污染难以体会到，行人可以随时安全地穿越街道，临街空间可以组织有趣的活动，沿街的上层建筑可以打开窗户。（2）优良的街道——汽车日通过量小于5000，有细微的噪音，空气污染在可接受程度之内，行人可以利用行车之间的间隔安全穿越街道，临街空间也可以做得比较有吸引力。（3）一般的街道——汽车日通过量达到10000，噪声和空气污染问题在高峰时刻更为突出，人与人之间可以在街道上交谈，但是需要站得比较靠近，沿街建筑物的窗户由于街道的噪音和污染不适宜打开。（4）较差的街道——汽车日通过量达到25000，噪声和空气污染严重，人与人之间难于开展正常的交谈，行人只能在交叉口处过街，街道上基本没有社会活动。（5）糟糕的街道——汽车日通过量超过50000辆，噪声和空气污染问题非常严重，无步行体验可言。我国城市的道路交通量日益增长，我们在对机动化的渴望中也选择了更关注行车的通畅，导致"街"的功能正在丧失，甚至一些支路和商业性街道也开始"越级"承担交通性的功能。如南京的湖南路商业街车流日通过量超过10000，虽然步行的人数也很多，但很少有人停下来从事一些社会性活动，连续的车流使得过街也成为一件麻烦事，距离优质街道还有相当距离。

问——与城市有什么样的交互？城市是否邀请你停下脚步参与到丰富多彩的活动中来？街道停留和休憩设施是街道活动的重要载体，在世界一些知名的街道上一年四季中都可以上演精彩的人间话剧。据统计，哥本哈根大约1平方公里的核心区内约设置6000个街凳（其中沿街咖啡店的室外凳子约占三分之二），街道也成了社会交往和娱乐的重要场所。我们的街道上凳子有几个？

切——切身感受如何？街道的色彩、细节的设计以及对历史建筑利用等方面有没有使人感受到城市文化特有的气息？街道布局、街道家具的设计是否考虑到了风力风向、阳光照射等自然环境因素对人的活动的影响？

这样看来，似乎我们口中经常念叨的"以人为本"其实并不那么复杂，简单地讲，就是如何将人在城市中活动感受作为城市规划、空间设计的依据。但是我们真正能做到吗？还是更多地流于口号？在机动化发展潮水一般涌来的时候，我们城市街道的生活气息正在沦丧，似乎正在重复欧洲一些国家走过的老路。尽管我们也意识到了这样的危害，但是在真正面临抉择时候，却经常又变成了"墙头草"，一方面我们希望看到世界知名街道上同样的场景发生在我们的城市中，另一方面我们又担心汽车行驶起来不方便；一边希望做成商业街区，一边又紧邻着规划了快速路以方便小汽车进出。在这种犹豫和多方的妥协中，往往我们选择了"中立"，结果是一些相互矛盾的要素拼凑在了一起，乃至最后"路堵，车堵，人心更堵"。在这种"中立"的背后，固然有一些诸如路网密度不足等限制因素的影响，但是如果在"以人为本"理念上坚持得不彻底，希冀中的宜居、可持续发展的城市未免存在落空的风险。俗话说"鱼和熊掌不可兼得"，要"车子跑得欢"还是要"人走得舒适"，在更多的时候我们需要做出明确的选择。

（2012）

第二部分
2 绿色交通先行

引言

"绿色交通"是克里斯·布拉德肖（Chris Bradshaw）于1994年提出的，迅速被世界认可并作为城市交通发展的目标。但在概念层面，什么是绿色交通？仅仅是简单的绿色交通方式（公共交通、步行、自行车）的集合？新能源汽车算不算绿色交通？恐怕尚待商榷。在实施层面，如何推动绿色交通？交通体系的构建如何体现绿色交通的理念要求？不同城市在绿色交通发展及实施方面有何差异性？公交优先的内涵是什么？成功发展公交的城市有哪些好的做法？为什么英国有些城市在取消港湾式公交站？慢行交通的地位如何界定，作用如何发挥？慢行交通在我国起起落落带来怎样的启示？如何看待慢行交通的复兴？单轨交通、有轨电车等一度成为热点的"绿色交通方式"到底有何比较优势？这一部分将对绿色交通的概念、认识、历史经验以及热门话题进行探讨。

▶ 提升规划认识，推动城市交通"深绿化"发展

能源危机、气候变暖等深层次问题使得"绿色交通、低碳出行"再一次成为包括交通在内的社会各界关注的焦点。随着小汽车拥有水平的急速提升，机动车造成的大气污染和噪声污染正成为影响宜居城市建设的主要障碍之一。相关调查研究表明，北京市区首要污染物中可吸入颗粒物所占比重为85.3%，主要由机动车尾气、交通扬尘、车胎磨损等2次污染导致，机动车尾气污染已经成为大城市空气污染的主体。

而在处理废气污染、噪声污染、交通拥挤等问题方面，过去主要将交通的可持续发展重点放在治污和道路建设上，如车辆技术和燃油替代、车辆检测和维护、快速路建设和路网改造等，虽然这些措施在短期内效果非常显著，但是随着城市的发展、交通量的快速增长，问题反而更加严重。而从城市交通规划角度来寻求解决交通难题的路子已经被认可并逐渐推广，目前公交优先发展的理念已经深入人心，在现行的综合交通规划编制中公共交通的地位也得到了加强，交通发展的"绿色化"得到了一定的落实。但是从目前的交通规划编制来看，"车本位"的思想仍然占主导，作为绿色交通重要组成部分的慢行交通受到的重视则不够，处于边缘和从属地位，主要表现在两个方面：其一是体现在规划编制对慢行交通的定位上，从交通发展战略来看，比较流行的做法是用诸如"1小时交通圈"或"30分钟交通圈"等来概括城市交通发展目标，衡量的标准是小汽车出行所需的时间，而对慢行交通发展目标的制定却非常模糊甚至缺失，更有甚者认为自行车是导致交通秩序混乱的首要原因。其二是体现在规划编制的内容上，如交通调查的内容除居民出行调查外，主要是机动车出行调查、道路断面和交叉口车辆流量调查、车速调查和停车调查等，而对慢行交通状况的调查特别是步行的调查则不足；从交通需求预测成果内容来看也主要是车辆的生成量、OD分布、流量分配，评价的依据主要是路段和交叉口的饱和度及道路的服务水平，从根本上讲还是以满足车辆出行为目的的道路网规划。但是从我省城市的交通出行调研数据显示来看，绝大多数城市的步行出行比例达到20%以上，慢行出行比例一般在40%~60%，供应和需求上的不对等、对慢行交通重视不足显然影响了"绿色"的"深度"。

因此，要推动城市交通"深绿化"发展，需要彻底摒弃"车本位"思想，进一步深化落实"以人为本"的规划理念。虽然绿色交通体系的构建是1个系统工程，涉及规划、建设、管理、环境工程、车辆技术等多个层面的要求。但从目前来看，规划层面的对策对于解决城市交通污染及其他交通问题来说是非常关键的，应予以充分重视。笔者认为在规划编制过程中，尤需重视以下5个方面的问题：

（1）在战略目标的制定上要体现绿色交通方式应有的地位。从战略高度重视和发展绿色交通，将"绿色交通"的理念作为主线贯穿其中，不仅要进一步明确公共交通的发展定位和目标，应按照绿色交通优先级的顺序对运输体系进行重新定位，对步行交通、自行车交通也应予以足够的重视。

（2）坚持以公共交通为核心的"深绿化"发展路径。公共交通是绿色交通的重要组成部分，从某种程度来讲，提升绿色交通的出行比例，重点就是对公共交通做出改善。从公共交通出行的过程时间来看，包括到站时间、等车时间、车内时间、换乘时间以及离站时间，提升公共交通方式出行的吸引力，关键是减少公共交通方式出行各环节的时间。此外，出行的舒适

程度也是影响是否选择公交方式出行的重要因素。因此规划中应继续深度推动公交优先发展的落实，改善公共交通出行的各个环节，实现公交出行服务质量的提升。

（3）规划编制要重视慢行交通。慢行交通与出行的距离有着密切的关系，由于慢行交通出行的费用成本可以忽略不计，慢行交通环境品质的优劣也是影响是否选择慢行交通出行的重要原因，同时慢行交通是公共交通出行的主要接驳方式，慢行出行品质也对是否选择公共交通出行有一定的影响。因此要实现交通发展的"深绿化"，需要规划编制上对慢行交通加以强化，在调查选项、规划内容以及编制技术方法等方面要加强对慢行交通的关注，对慢行交通的需求、供应及运行情况进行系统的摸底，深化慢行交通规划，包括对慢行设施、环境、与公交衔接等方面进行强化，在编制技术方面探讨研究一套针对慢行交通供需关系、服务水平的评价方法。

（4）辅以必要的调控手段。在适当的地区限制绿色交通的"对手"——小汽车的发展，对小汽车的使用进行调控。鼓励拥有、限制使用是目前我国对小汽车交通发展的基本态度。目前我省一些城市由于小汽车拥有量正呈现爆发式增长态势，如果不对小汽车的使用加以调控，不仅将导致交通拥堵，而且会降低运行速度，增加碳排放量，同时也不利于公共交通优先发展战略的实施。相关研究表明，如果小汽车出行的费用成本不发生显著的改变，小汽车出行者很难放弃这一方式而改选其他出行方式。停车调控不仅可以从供给上影响小汽车的使用，更能直接改变小汽车的出行成本，达到调控小汽车使用的目的，使更多的出行者转移到绿色交通方式出行上来。因此限制和调控小汽车也成为促进绿色交通"深绿化"发展的重要手段。

（5）也是最为关键的是，建立以公共交通、慢行交通为导向的土地利用模式，形成绿色交通自我发展、自我完善的健康环境。重视通过用地布局的调整来促进土地的混合利用，实现交通减量。小汽车出行比例减量、出行距离减量是交通减量最为重要的2个方面，而土地混合利用对减少小汽车出行、减少出行距离均可以起到一定的作用。规划中应加强交通规划与城市用地规划的衔接，通过POD（Pedestrian-Oriented Development）、BOD（Bicycle-Oriented Development）、TOD（Transit-Oriented Development）等策略来引导城市空间布局优化，营造促进绿色交通自我发展与完善的良性环境，降低小汽车出行比例和出行距离，推动绿色交通的"深绿化"发展。

（2010）

▶ 绿色交通中的"颜色搭配"

"绿色交通"的概念是克里斯·布拉德肖（Chris Bradshaw）于1994年提出的，主张城市中交通方式的地位和发展优先级应按照"以人为本"的原则进行排序，依次为步行、自行车、公共交通、合乘小汽车、单独驾驶小汽车。按照布拉德肖的观点，构建绿色交通体系在减少城市环境污染、增进社会和谐、节省城市运行成本等方面都会起到积极作用。

我国于20世纪末开始关注绿色交通，并就这一理念如何在城市规划、城市交通规划中进行落实做了大量的研究，如中新天津生态城、唐山曹妃甸生态城、上海崇明岛生态城等规划项目。这些实践项目对于绿色交通理念在应用上的理解主要体现在2个方面：一方面是交通方式的绿色化，也就是围绕绿色交通工具来做文章，不仅仅关注步行、自行车、常规公交等传统的绿色交通方式，也将各种新型的低污染、低能耗交通工具对空间、设施与环境的要求融入到规划中，这些新型的绿色交通工具包括电动汽车、太阳能汽车、新型有轨电车、PRT（Personal Rapid Transit，个人捷运系统）等；另一方面是交通环境的绿色化，注重对既有的山体、水系等生态资源的利用，关注交通空间的生态效应。

总体来看，目前大多数绿色交通规划的实践研究将绿色交通理念落实的重点放在了对绿色交通方式本身的关注上，并有过于追求"绿色"纯度的倾向，甚至提出绿色交通出行比例达到100%的发展目标。但是如果重新审视布拉德肖对绿色交通的定义，不难发现，绿色交通理念所传达的不仅仅是对于几种绿色交通方式的关注和发展，而是更注重一种"体系"的构建。也就是说绿色交通中不仅仅包括步行、自行车、公共交通等"绿色"交通方式，也包括出租车、私人小汽车等"黄色"或"红色"的交通方式。发展绿色交通也不能仅仅关注绿色交通方式本身，更为重要的是如何协调各种交通方式之间的关系，使它们既能各司其职、相互配合，又避免无序竞争，从而支撑综合交通的协调、可持续发展。从这点来看，发展绿色交通不应一味地追求"绿色"的"成色"或"深度"，研究各种"颜色"的搭配问题也是非常重要的。

当然，步行、自行车、公共交通等大众化的绿色交通工具作为绿色交通体系中的"主色调"是毫无疑义的。因此在规划中落实绿色交通理念时，如何合理地解析绿色交通方式与其他交通方式的关系，并围绕绿色交通方式构建可持续发展的综合交通体系是首要问题。笔者认为，要解决这一问题，应尤为关注2种"颜色搭配"关系，或者说协调关系：（1）绿色交通体系与城市空间布局的协调。应从城市发展目标、环境约束条件以及需求容量限制等方面合理确定绿色交通方式的发展目标，并提出与城市空间发展模式相互协调、相互支撑、相互增益的交通组织模式。这一协调关系是绿色交通体系构建的关键所在，体现了绿色交通与整个城市发展"色调"搭配的和谐程度。（2）绿色交通体系内部各种方式之间的"颜色搭配"。不同于传统的以服务小汽车为主的规划思路，绿色交通规划应以服务"人的出行"为核心，即首先进行慢行交通、公共交通等绿色交通方式的规划，其他交通系统的规划应以此为前提或约束条件开展，从而既体现"绿色"的主色调，也实现各种"颜色"之间的合理搭配。如图2-1所示，在南京江心洲交通规划中采取了"走廊+截流"的交通组织模式：串联岛内组团中心形成公共交通走廊，洲岛西侧服务于夹江人流带形成非机动交通走廊，对于进入岛内的小汽车交通主要以截流控制为主，在过江

图例
- 轨道交通走廊
- 低碳交通走廊
- 旅游交通走廊
- 非机动交通走廊
- 机动车交通走廊
- 组团中心
- 交通换乘枢纽

▲ 图 2-1　江心洲交通组织模式图

通道与岛上的衔接点设置交通换乘设施，对进入岛内的车辆进行截流。这一组织模式较好地处理了慢行交通、公共交通、小汽车交通 3 种主要交通方式之间的"颜色搭配"问题，与布拉德肖绿色交通"体系"构建的内涵也是相符的。

（2011）

▶ 职住平衡：理想还是现实

"交通拥堵治理"大讨论的升温使得"职住平衡"这一传统的规划理念又再一次成为关注的热点，北京、上海、广州、武汉等城市也相继开展可行性和相关政策方面的研究。"职住平衡"理念最早来源于霍华德"田园城市"中居住与就业相互邻近、平衡发展的思想，其基本内涵指在某一给定的地域范围内就业人口数量与就业岗位的数量大体相当，大部分居民可以就近工作，从而减少通勤出行的距离、时耗与机动车的使用率，达到减少交通拥堵的目的。

国外研究中对于职住平衡能否对缓解城市交通拥堵起到关键的作用，有支持派和怀疑派2种观点。支持派认为，通过职住平衡可以有效缩短通勤距离、减少通勤时间，如1989年对全美国42个最大的郊区就业中心的调研分析证明，职住不平衡程度与周围高速公路的拥堵状况有着正相关的关系，与非机动车通勤出行比例有着反相关的关系；1994年对佛罗里达州500个城镇的通勤交通与职住关系的统计分析表明，城镇内部通勤所占的比例与职住平衡度呈正相关关系。怀疑派则认为，职住不平衡可能是导致交通拥堵的原因，但是就业地点的可达性并不是影响居民居住选择的重要因素，教育设施、社区环境等有着更为重要的影响，因此职住平衡政策对于改变居民通勤状况的作用是非常有限的，典型的实证研究案例是1993年通过对加利福尼亚州6年动态数据的分析，在该州的职住平衡状况有了明显改善的情况下，平均通勤时间却有增无减。怀疑派还认为，相比于职住平衡政策的实施难度和实施效果的不确定性，采取直接的交通策略来解决城市交通拥堵问题更为直接、有效，如改善公交、提高停车收费、征收拥堵费等。

我国一些城市近年来对职住平衡与通勤交通的关系也进行了实证研究。2010年对上海市职住平衡与通勤时耗的相关性进行了研究，通过对上海外环线12个行政辖区居民的居住、就业以及通勤情况的调查，测度各行政区的职住平衡水平，并分析职住平衡度与各区平均通勤时耗的因果关系。结果表明，如果采用实际职住比率（某区内有就业岗位的居民数量与在本区内就业的居民数量的比值）这一测度指标，两者的相关性非常显著。而2010年苏州工业园区一期通勤交通的调查研究则表明，虽然该区域是按照职住平衡进行规划的，但现状区域内职住分离现象却非常明显。区内现状居住人口19.8万人，就业岗位11万个，如按照带眷系数1.4来计算，居住在区内的就业人口与就业岗位是基本平衡的，但实际上规划范围内的居民出行中区外出行占据主导地位，达到总出行的60%以上，其中区外工作出行的比例更是高达80%以上，接近50%的出行采用私人小汽车，区外就学比例也达到30%。

虽然国内外研究中对于职住平衡能否明显改善城市交通拥堵这一功效尚无统一意见和明确的结论，但是作为一个科学问题仍然是值得继续研究和讨论的。

1 职住平衡作用机理的深入研究

解析通勤交通对职住关系的影响程度是解答职住平衡是否显著影响城市交通运行的关键，也是职住平衡理念和政策是否有继续研究价值的关键。居住选址不仅与就业可达性有关，也与教育资源、社区环境、服务设施供应等有着莫大的联系，同时对于我国以双职工家庭居多的情况来看，对居住区位的选择更加复杂，在这其中就业可达性对于居住选址的约束到底有多大？对于不同收入层次的人有什么样的差异？这些都是首先需要回答的问题。

2 职住平衡定义的重新审视

职住平衡的研究对象是以空间距离为界限，还是时间消耗？目前研究往往采用空间分区的方法，即研究一定空间分区内职住平衡程度与通勤交通的关系，但是我国一些城市大容量快速公共交通的建设使得2个空间距离相距较远的地点也可以快速、无延误的通达，如香港人口和就业岗位在轨道交通沿线高度集中，形成了1个以轨道交通站点为核心的职住平衡区域，只是这个区域在空间上并不连续。在我国大力推进公交优先发展的情况下，研究一定通勤时耗限制下的职住平衡比单纯的以物理或者行政分割为界限作为研究对象是否更有意义？

3 加强实证研究和规划研究工作

目前国内的城市总体规划中多数只涉及对人口规模、分布的研究和控制，鲜有对就业岗位数量及分布的研究，更不用谈职住平衡理念的落实和策略制定了。由于城市功能、等级以及城市出行习惯等方面的差异，职住平衡策略的效果也可能存在差异，因此在对职住平衡理念的功效没有统一认识和缺乏普适性指导的情况下，对城市居住选择行为的个案研究还是非常有必要的，尤其是在城市总体规划层面，一方面为职住平衡理论提供实证研究支撑，另一方面也是科学地制定城市空间规划方案的需要。

4 加强相关政策的研究

在房地产市场开放的情况下，市场无法保证居民就近选择就业岗位，也无法保证在当地工作的人可以买得起当地的住房，即使进行了职住平衡的规划，其影响也是有限的，因此通过制定政策来对产业、居住进行引导是非常重要的。特别值得注意的是，在推进政策性保障住房的建设过程中应重视选址的引导，如针对北京的研究表明，政策性住房的居民就业可达性最差，由于支付能力限制，迁居来改善住房条件的机会少，住宅郊区化和职住分离现象趋势明显，造成通勤成本增加，加重了生活负担，需要引起关注。同时，对建设开发时序的引导控制也有必要，苏州工业园区一期职住分离的现状在一定程度上是由于住房开发早于商业开发，住房被占据在先，后来在此就业者已没有就近住房可选择。因此，职住平衡仅仅停留在规划层面是难以达到预期效果的，规划只是为职住平衡的发挥提供了一种可能，而实施效果如何在某种程度上取决于政策的引导和控制。

（2011）

▶ 体会城市中"以人为本"的交通
——香港实地考察之启示

行走在香港的大街小巷，城市中充满了密集的人潮、穿梭的车流，心中却无时无刻都在体味到一种松弛有度、井然有序的魅力。香港"以人为本"的交通无疑是一个优秀的典范。

1 公共交通层级有序，以人的转换便捷为本

进入香港，首先感知的是香港的轨道交通。因为香港机场很大，所以过了机场的安检后，还要乘坐机场内部轨道交通才能到达取行李处。机场轨道交通类似内地机场的摆渡车，同样也是免费的，只是服务半径大了很多，舒适度也高了很多。在出机场的通道两侧，通过展台上免费提供的香港地图，可以清楚了解香港的概貌、景点、购物和休闲场所。同时，也能掌握香港的主要交通设施供给状况。

目前香港共有9条市区轨道线，80个车站，全长168.1公里。轨道交通作为香港公共交通的主体，在城市公共交通系统甚至整个香港城市空间发展中都扮演着非常重要的角色。它的名声主要得益于"地铁+物业"的紧凑发展和盈利模式。空间紧凑发展，可以减少人们对小汽车出行的依赖。人们从依托站点而建的商场或住宅楼里直接乘坐电梯便可抵达底层的地铁站，或是步行百米便可搭乘与地铁站点毗邻布局的地面公交场站。高度的可及性和便捷的换乘大大提高了人们对地铁交通及地铁站点的依赖性，给盈利提供了可能。而盈利则让地铁的建设和运营管理实现了可持续发展。根据了解，香港地铁公司实现盈利主要是依靠沿线物业开发、地铁商业以及地铁广告等，票务收入所占的份额只是很小的一部分。随着轨道交通建设高潮的兴起，香港轨道交通的开发模式已经受到了内地城市的高度关注。虽然如何突破内地"地"和"铁"分离的体制障碍在现阶段依然显得扑朔迷离，但是这并不影响规划研究者们对这种模式的向往和推崇。有一点需要指出的是，与目前学界和规划界所热议的以轨道交通为站点，周边600~1000米左右为半径的高强度"面状"开发思路不同，香港的地铁站通常就是一个高强度开发的综合体，采用的是立体分层开发模式。就目前的规划编制方法而言，这种混合开发模式仅能在建筑设计层面有所体现，城市规划二维图中尚不具备足够的表现能力。随着业界对土地混合模式的日渐推崇，规划表达手段的更新也有待跟进。

除了轨道交通以外，各种巴士在公共交通体系中也发挥着非常重要的作用。根据香港政府年报，专营巴士、公共小型巴士、的士和非专营的居民巴士每日客运量占到所有公共交通总载客量的60%。而专营巴士更是全港载客量最多的陆路交通工具，每日载客量约占公共交通总载客量的34%。从考察期间的所见所闻可以获知，香港对地面巴士的重视程度一点也不逊于轨道交通。除了在2种交通模式的换乘便捷程度上下足了功夫以外，巴士系统自身的完善程度也让内地城市看到了不小的差距。狭窄的道路上巴士专用行车线分外耀眼，错位停站的模式也是随处可见。每辆公交车都只在专门的停车点停靠，不会出现内地几辆甚至十几辆公交车共用一个停车站的混乱情况。在团队落脚的九龙华美达酒店楼下就有近10个停车位一字儿排开，每个车位都对应着一个栏杆和停车线标志。无论是在白天或者夜晚，等待乘坐公交的人们都会以栏杆为首，向后沿着人行道方向一字儿排开，秩序井然的现象令人唏嘘。当然，市区内部公交的每个站台不都是有栏杆的。但是，无论男女、长幼，候车的良好秩序却是常见的风景。另外，据亲自感受过公交巴

士的同事回忆，巴士内部基本上能保证人人有座。即使在高峰时期，也没有出现内地所常见的拼命往车厢里塞人的现象。是公交供给能力过剩，还是客流都被轨道交通分担了？这是不是促进候车秩序形成的原因呢？这一系列问题在没有更深入的了解或研究之前难以给出合理的解释。但是，地面公交这种人性化的服务水平无疑是值得肯定和学习的。

2 道路网络集约高效，以人人机会平等为本

提到地面巴士，就不得不提它们赖以运行的香港道路网络。旅行社的巴士将我们团队从机场送往酒店的过程中，所经过的干线公路与内地城市基本无异。路幅正常，车道宽度正常，没有信控，没有等待。然而，一进入市区，眼前的道路立即变得狭窄无比，车道的宽度几乎与公交巴士同宽，即使是双向六车道，整体宽度感觉起来也不足 20 米，更不用说只有双向 4 车道的所谓区内干路了。但是，不多的私家车群让路面交通运行显得依然比较顺畅。无论是从个人的视觉体验角度，还是从城市交通运行的角度而言，这种感受与在内地相比有着天壤之别。

在规划工作中，我们通常把道路系统比作城市的血管。在一些政府和社会公众对综合交通系统性认识不足的现实情况下，道路系统的规划常常被等同于综合交通系统规划。受"车本位"主导思想的作用，很多城市的管理者都将解决城市交通问题寄希望于单条道路的等级和宽度。对于已经出现交通拥堵的地区，道路宽度不足通常是市政部门常挂嘴边的理由。在土地条件相对宽松的新开发地区，为了体现规划或管理部门的前瞻意识，又或是为了承担新区的"气派"形象，新区的道路总是力求宽阔，动辄 8 个、10 个以上车道的现状道路或规划道路比比皆是。相比而言，很多双向仅有 2 条或 4 条车道的香港完全可以用"寒碜"来形容。

并不是说香港就一定不需要宽阔的道路。但是，按照快速路（又称干线公路）、主干路和区内道路的道路层次划分，只有在服务长距离机动车通行的需求层面才会有阔路幅、多车道的建设意义。主要为片区内生活、购物和休闲的道路则以密密麻麻并且窄窄的街道为主。街道密度非常高，如果不计宽度，几乎每栋建筑四周都会有比较通畅的人行通道，大大增加了各种商场和店铺的临街面，不仅提高了行人与两侧用地的互动性，也有效分解了流量较大的人群。香港道路网络的布局形态正可谓"条条大路通罗马""人人机会平等"的包容理念写照。也正是处处为步行方便着想的空间发展策略和交通管理措施，为香港酿就了源源不断的财富气息，成就了一条条令无数购物爱好者向往的购物大道或购物街区。

但是，街道虽密，车辆却无法双向行驶。按照笔者的猜想，这样的街区会令开车者产生噩梦般的感觉。本来跨过一条街道便可以到达对面的目的地，实际上却需要绕行几十倍甚至上百倍的距离才能抵达。狭窄却又挤满人群的街道、不断出现的路口令车辆的机动性能丧失殆尽。在香港的每一天，在酒店楼下都能看到非常高档的轿车在单行道上缓行。虽然显得有点无奈，但却依然礼让偶尔横穿道路的行人。这是一种在法律约束下的被动行为，还是驾车人较高素质的外在体现，一时几例也无法定论。不过在与内地一些驾车人的行为有了对比之后，同行的几个人总会有种怅然若失的感觉。

3 慢行空间体贴入微，以人的安全舒适为本

香港区内道路的狭窄与自行车的稀少也不无关系。受地势起伏的影响，除了在相对平坦的公园里和河畔堤岸上，香港

街头几乎看不见自行车的身影。因此，城市交通中主要服务的对象就是行人和机动车。这一点与内地重庆等山地城市是非常类似的。少了一种介于步行和机动车辆之间的交通工具，交通管理设施和手段也就显得容易了很多。在香港，人车分流设施非常普遍，除了道路两侧的护栏、交叉口中的安全岛等，特色鲜明的"空中走廊"也随处可见。尤其是在闹市区，处处可见"人在空中走，车在地面行"的立体交通景观。"空中步行走廊"不仅提供了行人过街的便利，也是连通道路两侧商场的无缝设施。步行廊道几乎全部采用加盖设计，与临街建筑提供的顶棚一起可以构成一个不受天气影响的连续人行网络。在步行廊道内，通过花卉盆景的点缀，使得通道超越了普通的交通设施，成为一个可以躲避风雨、居高临下欣赏街道景色的公共场所。同时，还可以作为周末或其他假期各种社团集会的开敞空间。

路面上的人行道、空中步行走廊、地下通道以及商场里包括垂直或平面的电动步道共同组成了香港完善的步行系统。值得一提的是，步行的自主性通常离不开城市的指示系统，尤其是在方位感容易丧失的地下通道中。这个方面，香港的举措又让我们感到惊叹。在与轨道交通相连的地下通道中，几乎每个交叉口都会有详尽而细致的方位指示图文，体贴入微的标示让每位出行者都可以很方便地制定自己的行程计划，顺利完成购物、休闲、通勤的出行需求。这是一个不容轻视却又通常被忽视的细节问题。明确的道路指示系统可以让人们在复杂的城市交通系统中运动自如，其潜在的交通减量功能也不可低估。随着城市规模的扩大，这样人性化的系统所面向的并不应该仅仅是外来人员。

除了在公交系统、道路设施、人行系统的建设等方面值得我们的城市学习与借鉴以外，还有一个非常关键的内容值得我们及时警醒，那就是香港市民参与交通的行为。井然有序的排队等待，步行几步即可跨越的信控路口却很少见到违反秩序的行人等等现象让人印象深刻。秩序能够产生空间，多一些空间，自然就可以少一些拥堵。显然，这不是一时能改变的，也不是仅靠交通设施去强制改变的。但是越早重视秩序意识的培养和文明行为的养成，对更好地发挥城市交通系统的积极作用总是非常有益的。

（2011）

绿色交通评价指标体系初探

绿色交通是以建设方便、安全、高效率、低公害、景观优美、有利于生态和环境保护的，以公共交通为主导的多元化城市交通系统为目标，以推动城市交通与城市建设协调发展、提高交通效率、保护城市历史文脉及传统风貌、净化城市环境为目的，运用科学的方法、技术、措施，营造与城市社会经济发展相适应的城市交通环境。"绿色交通"的核心是资源、环境和系统的可扩展性，它的核心理念包括了低碳城市、低碳交通、POD/BOD/TOD 模式（分别指以步行、自行车、公共交通为导向的城市发展模式），以及社会公平、弱势关怀理念。绿色交通理念在规划中落实需要一系列措施，绿色交通评价指标体系既是客观评估一个城市绿色交通发展水平的测量手段，同时也是深入剖析现状存在问题和提出未来改进方向的指引。

本文借鉴国内相关城市绿色交通研究案例，结合盱眙县绿色交通规划实践，以盱眙作为绿色交通评价对象，探讨绿色交通评价指标体系在指标选取、指标体系构成以及作为评估工具的作用。

1 评价指标选取原则

指标评价可操作性。选择易获取、可计算的评价数据作为评价指标。

指标覆盖全面但尽量避免指标冗余。子指标必须覆盖指标的各个方面，同时减少子指标之间的相关性，避免指标冗余。

指标选取应体现盱眙地方发展特色，并引导盱眙发展方向及势头。

远近结合。根据规划期限，评价指标的目标分为近期目标和远期目标，体现分步走的思路。

约束与引导相结合。指标构成分为约束性指标、引导性指标。约束性指标目标必须达到，否则评价不合格；引导性指标作为发展目标，根据实现程度进行评价。

2 绿色交通评价指标体系的组成

绿色交通评价指标体系可以分为以下几个部分：绿色交通出行比例、城市道路建设水平、公共交通设施便利化、智能交通系统发展水平、新能源汽车普及率、交通环境品质。其中每个部分又分为若干子指标，具体如表 2-1 所示。

表 2-1 盱眙县绿色交通评价指标体系

指标	子指标	现状值	近期（2020年）指标值	远期（2030年）指标值	指标说明	属性
绿色交通出行比例	绿色交通出行总体分担指标	65%	≥75%	≥80%	步行、自行车和公共交通占出行总量的比率	引导
	常规公交分担率	10%	≥15%	≥20%	公共交通占出行总量的比率	引导
	慢行交通分担率	55%	≥55%	≥60%	慢行交通占出行总量的比率	引导

续 表

指标	子指标	现状值	近期（2020年）指标值	远期（2030年）指标值	指标说明	属性
城市道路建设水平	道路网密度（km/km²）	5.2	≥ 8	≥ 10	主次干路、支路的综合路网密度	约束
	交叉口密度	5.4	7	10	指每平方公里交叉口的个数	约束
	中心城区街区平均尺度	270×320	≤ 200 m	≤ 180 m	街区平均长度	引导
	城市道路完好率	–	80%	90%	无破损情况的城市道路数量与城市道路总数量的比例	引导
	道路绿地率	30%	40%	50%	体现盱眙县道路绿化良好状况	引导
	用地混合度	0.4	0.5	0.8	土地利用的混合程度，混合程度越高越有利于慢行	引导
公共交通设施便利化	慢行路网密度（km/km²）	5.5	≥ 5.0	≥ 8.0	每平方公里用地上慢行线网的总长度	引导
	公交线网密度（km/km²）	1.8	≥ 2.5	≥ 3.0	每平方公里用地上公交线网的总长度	约束
	公交站点可达性 300 m半径覆盖率	73%	≥ 80%	≥ 90%	300 m内有公交站点的地区占建成区面积的比例	约束
	公交站点可达性 500 m半径覆盖率	–	≥ 90%	95%	500 m内有公交站点的地区占建成区面积的比例	约束
	公交车辆万人拥有数量（标台）	3.8	10	16	每万人拥有的公交车标台数	约束
智能交通系统发展水平	智能交通系统覆盖率	–	80%	100%	建成智能化公交系统；在主干道实施"潮汐绿波"，实施公交线路优化	引导
	优化交通信号控制系统	–	根据需求设置多时段信号控制	区域信号控制系统覆盖中心城区	–	引导
	公交站台智能化改造率	–	50%	100%	–	引导
	公共交通信息服务	–	–	实现公交车辆运营信息的及时更新和发布机制	–	引导
新能源汽车普及率	公交车新能源及清洁能源车辆比例	50%	60%	≥ 80%	新增公交车辆中新能源公交车辆比例不低于60%	约束
	出租车新能源及清洁能源车辆比例	–	30%	50%	–	约束
	小汽车新能源车辆比例	–	–	20%	–	引导
交通环境品质	交通出行总能耗	–	减少10%	减少15%	–	引导
	交通出行人均能耗	–	减少10%	减少15%	–	引导
	交通出行总碳排放量	0.14 kg	减少10%	减少15%	–	引导
	人均出行里程碳排放量	–	减少10%	减少15%	–	引导

限于篇幅，本文仅对几个重要指标做出说明：

（1）道路网密度

【指标解释】

指每平方公里的城市建设用地面积上道路总长度，单位为公里/平方公里。

【指标计算】

道路网密度＝道路总长度（公里）/建设用地总面积（平方公里）×100%

【指标依据】

根据现状调查和盱眙县的相关交通规划综合考虑。

【实施路径】

明确路网发展目标、等级结构、密度要求、规模指标，确定路网布局。

（2）交叉口密度

【指标解释】

指每平方公里交叉口的个数，步行网络的可达性随着交叉口密度的上升而提升。单位为个/平方公里。

【指标计算】

交叉口密度＝交叉口总个数/建设用地总面积（平方公里）×100%

【实施路径】

确定路网布局，加密支路网。

（3）公交线网密度

【指标解释】

公交线网密度是指每平方公里城市用地面积上有公共交通线路经过的道路中心线长度，单位为公里/平方公里。公共交通线网密度大小反映出居民接近线路的程度。

【指标计算】

公交线网密度＝公交道路中心线长度（公里）/城市建设用地面积（平方公里）×100%

【实施路径】

合理规划公共交通线路，构建多层次公共交通线网。

（4）公交站点可达性

【指标解释】

城市建成区内，公交站点的服务面积之和与城市建设用地总面积之比，通常按200米半径、300米半径、500米半径。体现城市公共交通服务的总体覆盖水平和可达性水平。

【指标计算】

公交站点300米覆盖率＝公交站点周围300米半径内的覆盖面积之和/城市建设用地面积×100%

公交站点500米覆盖率＝公交站点周围500米半径内的覆盖面积之和/城市建设用地面积×100%

【实施路径】

合理规划公交线路，调整站点间距，加密站点。

3 指标体系的评价结果及改善建议

表2-1中现状值即为现状评价结果，其中部分子指标现状值已达到2020年目标值，如慢行交通分担率、慢行路网密度等指标，反映了盱眙县现状慢行交通发展良好。而大部分子指标离2020年目标值尚有一定距离，主要存在以下问题：

绿色交通出行总比例较低，尤其是公交出行比例较低，反映现状公交发展水平较为滞后，公交设施便利水平较差。

道路网密度、交叉口密度、中心城区街区平均尺度等子指标离目标值均有较大差距。道路网络是城市运行发展的基础，路网尺度很大程度上决定了交通组织的方式。对于慢行交通，路网尺度则决定了绕行距离。盱眙县的路网总体呈现出西密东疏的态势。中心城区用地地块较大，老城区受地形约束较大，主次干路不足，支路网密集。开发区地势平坦，主次干路系统较为完善，但支路网缺乏。旧城区路网平均尺度 270 米 × 325 米，开发区路网平均尺度 500 米 × 580 米。

道路绿地率、用地混合度较小。盱眙县作为全国旅游强县和优秀旅游名县，要体现盱眙的旅游特色，更应加强道路绿化，并优化土地利用的混合开发，提高土地利用效率。

盱眙新能源汽车发展尚处于初级阶段，要提高交通出行品质，降低出行能耗，必须加大政策投入发展新能源车辆。

针对以上存在问题，结合盱眙县绿色交通发展现状及未来发展趋势，提出如下改善建议：

（1）大力发展公共交通

优化公交线网，完善公交设施，加大公交车辆投入，提高常规公交线网覆盖率和出行比例。公交线网布局坚持"服务分区，功能分级"的理念，以公交总站和各首末站用地的落实为节点，将近期的公交线网规划方案分为 2 个阶段，第一阶段公交线网优化方案以优化现状公交线网为主，第二阶段公交线网优化方案以发挥近期新建公交枢纽和首末站的功能为主。

（2）落实"窄马路，密路网，开放街区"战略，避免"宽马路 + 大街区"的规划和开发模式

在多种因素驱动下，超大街区的开发模式被广泛复制。这种开发模式简单粗暴，土地开发混合度低，利用率低下，导致居民出行绕行距离长、路网可达性低。对于县级城市，在增加道路供给时，更多着眼于提高路网的密度，而不是增加道路的宽度，减少甚至避免规划六车道以上的城市道路。县住建局在组织编制各项规划时，应将绿色交通指标体系纳入到规划编制中，各规划项目应按绿色交通指标值作为标准进行相关内容的制定，确保道路网密度、中心城区街区平均尺度、城市道路完好率等指标达到近期和远期目标的要求。

（3）出台新能源汽车鼓励政策和加大资金投入

以盱眙县发展绿色交通为契机，公交车辆的选型应逐步向新能源车辆过渡。新能源小汽车可先从公务车辆做起，然后采取适当的政策和经济手段鼓励人们购买新能源车辆。为逐渐实现公共交通车辆和私人小汽车的更新换代，新能源车辆充电站的配套建设要跟上去，这是新能源车辆发展的基础保障。由于纯电动公交车集中运营，路线固定，电池充电较为方便，建议首先可以解决公交车辆充电站的问题，充电站可以设置在公交首末站内；对于小汽车，则可以由点到面，逐渐增加充电站营业网点，充电站可以与现有的加油站或是加气站结合设置。

（4）定期对评价指标体系进行目标考核

定期考核是推进绿色交通建设的重要手段，考核对象为项目建设主管部门，对考核结果为超额完成和完成目标的，予以通报表扬；对考核结果未完成目标的单位，应在 1 个月内作出原因解释，并提交书面报告至县住建局及县绿色交通领导小组，上报县政府审定后在全县予以通报。

本文以盱眙县为例，就绿色交通评价指标体系在绿色交通规划中作为评估工具的作用进行了探讨，期望对国内其他城市绿色交通规划起到参考作用。

（2017）

▶ 重视慢行，引导交通回归生态

在资源和环境的双重制约下，生态城市作为城市可持续发展的理想模式已经成为我省城市建设发展的趋势和目标。而作为城市发展的"动脉"，如何理解和构建城市生态交通系统理所当然成为生态城市建设的重要内容之一。按照"生态环境"的原始定义，生态环境是由生物群落及其相关的无机环境共同组成的功能系统或称为生态系统，在生态系统中各种因素通过食物链的相互制约作用，使其物质循环和能量交换达到1个相对稳定的平衡状态，从而保持了生态环境的稳定和平衡，如果环境负载超过了生态系统所能承受的极限，就可能导致生态系统的弱化或衰竭。可以看出，生态环境的原本定义强调的是生态环境中各种因素之间和谐、平衡关系的维持。同样，生态交通所传递的理念也绝不仅仅是交通环境的生态化，而是一种和谐共存的关系，包括交通与环境的和谐、交通与土地利用的和谐、各种交通方式之间的和谐等等。在城市生态交通系统中，各种交通方式之间和谐共存，各自存在着自己的服务领域与范围，同时又衔接配合保证城市整个交通系统的通畅。

慢行交通是城市交通必不可少的组成部分。我省城市慢行交通出行比例一般在40%以上，部分城市甚至超过60%，即使是在一些高度机动化的国家或地区，慢行交通仍然扮演着重要的角色，如日本、荷兰、丹麦等。慢行交通也是整个生态交通系统中最为生态化的方式，步行交通人均占用道路面积为0.5~1.0平方米，自行车为1.0~2.0平方米，分别约为小汽车的1/30、1/15，在废气排放方面更是零排放、全生态。慢行交通还是公共交通出行的必要环节，因此慢行交通发展水平在一定程度上也影响着我国城市公共交通优先发展战略的实施。尽管慢行交通在生态交通建设中占据重要地位，近几年来也得到了一定的重视，但是在我国城市交通建设实践中，"车本位"的理念仍一时难以扭转。就拿我国的立体过街设施规划建设为例，其更多地考虑因素是"人让车"以保证车行速度，主要还是为机动车服务，使机动车一路畅通。而从日本的一些规定和做法来看，立体过街设施属于一种安全设施，除了横跨快速路以外，绝大多数设施的建设目的是在原有人行横道的基础上给行人提供另一种安全的过街方式，给儿童等交通判断能力有限或不愿意等候信号的出行者提供另一种过街方式的选择。从欧洲对立体过街设施的利用率统计来看，一般情况下天桥或过街地下通道的利用率不足30%，这也说明了不能以利用率作为是否设置立体过街设施的主要依据。由于长期对慢行交通缺乏尊重甚至"歧视"，使得慢行交通建设滞后和慢行环境被恶化，原本的慢行交通出行者也努力使自己成为小汽车的使用者，慢行交通的发展进入一种不良循环，原本属于慢行交通的优势出行距离范围也在被私人机动车方式所蚕食，慢行交通也无法发挥在生态交通体系中的应有作用，并在一定程度上增加了城市公共交通优先发展的难度，加速了城市交通发展的畸形化，也诱导了交通生态的进一步失衡。在一些发达国家机动车停下来让行人优先通过已是再普通不过的事情背景下，我们却处在"车尊人卑"的交通意识环境中，因而形成一种互不相让的交通局面也就不足为奇了。

也正是由于意识到慢行交通对于城市生态交通建设的作用，近几年来我国一些城市开始重视慢行交通的发展。如上海市在其《城市交通白皮书》中提出了照顾"慢行交通"发展的理念和具体目标;《深圳经济特区步行系统规划》提出了在深圳"建立一个适宜步行的城市"的发展目标;《杭州市慢行交通系统规划》则提出通过慢行交通系统建设"打造生活品质之城"的理念；天津生态城更是提出"让慢行交通成为出行的主导方式"。虽说慢行交通正在引起我们的重视，但是由于"车本位"理念的根深蒂固，在慢行交通的建设实践中难免遇到一些障碍和问题，因此笔者认为要引导城市交通走向生态化发展，对于规划者而言需要注意以下几个方面的内容：

一是需要更新理念。正确的认知是对慢行交通进行科学规划建设的前提，因此对于规划者而言，需要转变对慢行交通的态度，从生态交通的本质要求角度根据不同城市的发展差异给予慢行交通正确的定位，从而合理制定慢行交通的发展目标，明确慢行设施的配置要求。需要指出的是，生态交通的本质是各种交通方式之间的和谐共存，强调对慢行交通的重视并非是对机动车交通的绝对排斥，从一个极端走向另一个极端，而是从和谐共生的角度来重新审视现有的规划理念与方法，最终塑造一个"人车和谐"的交通环境。此外，还要加强宣传和教育，逐渐改变大众"车尊人卑"的意识状态，使慢行交通系统的规划建设工作能够得到全社会的理解和支持，从而为慢行交通系统的发展创造良好的舆论条件。

二是需要更新做法。我们现有的城市交通规划思路还是一种服务于小汽车交通为主的做法，道路交通、公共交通、慢行交通、静态交通等各专项的内容也是相对割裂的，对于各种交通方式之间的协调、各种交通方式与城市用地之间的协调等方面也考虑得不够深入和系统。而生态交通发展要求我们在城市交通规划做法上遵循生态价值观，从整体统筹规划理论视角来考虑问题，规划的目标也不仅仅是城市交通的通达，而是使得交通系统完全融入整个城市大系统中，并且能够与城市各个系统有机联系、协调发展。当然，生态交通规划方法的探讨也并不是全盘否定或抛弃近现代规划的做法，而是批判地继承和新思想、新手段、新观点、新内容的植入，这是需要在规划实践中不断研究和探讨的。

三是重视政策引导。一方面应该加强慢行交通规划内容体系的研究，尽快出台慢行交通专项规划的相关指导意见或导则，规范对慢行交通的认知，落实慢行交通规划的审查要点，以便于慢行交通规划的考核和落实；另一方面需要切实制定慢行交通系统发展的政策和法规，给予慢行交通应有的尊重，从而引导慢行交通系统的有序发展。

（2010）

▶ 慢行交通也是一把金钥匙

一组数据说明了我国城市机动化交通发展面临的严峻性。（1）目前我国人均耕地面积约1.38亩，仅为世界平均水平的40%、美国的14%。（2）我国目前的汽车拥有水平约52辆/千人，世界平均水平为128辆/千人，美国为750辆/千人。（3）如果汽车拥有水平按500辆/千人计算，我国的汽车保有量将增加6亿~7亿辆。这些增加出来的汽车需要占多少用地呢？在美国每辆汽车所占的道路和停车场面积约为0.07公顷，在人口密集的日本约为0.02公顷，即使按照日本的标准计算，也需约1200万~1400万公顷用地，几乎占我国2900万公顷水稻耕种面积的一半。而在城市空间的扩张过程中，首先被占用的往往就是耕地面积。因此，城市交通发展模式关系到国家粮食供应问题并非夸大之词。

在城市交通发展的方向上，我们毫无疑问地选择了公共交通导向的模式，这已经成为我国城市交通发展的基本战略，也是符合我国国情的。但是由于人口基数大并密集分布，使得我们的城市交通正面临着空前的严峻性，我们有必要做出更为深刻的思考。在用地条件极为有限的制约下，极尽所能地选择更加节地、节能的交通发展模式，在大力倡导公交优先发展的同时，有理由、有必要也将发展慢行交通提高到战略高度，这同样可以用一组数据来说明。（1）慢行交通占地省，步行方式人均占道路面积约0.7平方米、自行车1.2平方米、常规公交1.5平方米、小汽车25平方米。（2）我们不可否认一个事实，目前大多数城市的出行结构还是以慢行交通为主体的。根据南京交通发展年报，南京主城区居民目前的出行方式结构为：步行25.43%、自行车37.61%、私家车6.89%、公共交通（含地铁）21.86%、出租车2.58%、摩托车1.13%、单位车4.01%、其他0.49%，慢行交通方式超过60%，占绝对的主体地位，我省绝大部分城市的慢行出行比例也在50%以上。（3）从城市人口密度来看，美国为15人/公顷，西欧为55人/公顷，我国为146人/公顷，美国的小汽车出行比例约为80%~90%，西欧约为30%~45%。如果单从人口密度角度看，我们所能承受的小汽车出行比例仅为美国的1/10，西欧的1/3，也就是说在10%~15%左右，这还是不考虑我国大部分城市道路网密度存在欠缺这一事实，目前一些城市小汽车出行比例还没有达到10%就已经发生严重拥堵就是这一问题的佐证。退一步讲，即使小汽车出行比例按照15%计算，公共交通出行比例按照30%~50%计算，慢行交通占有的份额也可以占到35%~55%。因此，说慢行交通是与公共交通具有同等重要地位也不为过，慢行交通也是一把"金钥匙"，我们没有理由不予以重视。但事实是，慢行交通不仅没有得到与其在城市交通结构中所占份额相匹配的待遇，反而在城市综合交通中的地位日趋下降，在人为推动的公交优先发展和自发的小汽车快速发展的冲击下，慢行交通被"晾"在一边，路权被瘦身，环境变糟糕。

其实将发展慢行交通作为城市交通的解决之道并不乏成功案例，丹麦首都哥本哈根花了40多年的时间实现了从一个以车为本的城市向以人为本的城市蜕变，也摆脱了汽车交通泛滥带来的中心区衰落、交通拥堵、交通安全等诸多方面的困扰。在这一转变过程中，哥本哈根果断地采取了包括减少穿越市中心的小汽车交通空间、减少停车位供应、增加行人活动空间等重要措施，慢行活动空间由15000平方米增加到100000平方米。随着这一系列措施的实施，城市的交通开始逐渐发生变化：城市街道开始被行人所占据，小汽车被局限于狭窄的车行道上，街道上行人开始逐渐增多，越来越多的人来此购物和欣赏沿街店面里面展示的货品，一些新的活动开始出现，人们停留下来交往、娱乐，这种效应扩散到临街区域，最后这些街道和广场被赋予了新的含义，与城市的标志建筑一样重要和被人铭记。作为今天世界生态城市的典型代表，哥本哈根将慢行交通作为城市发展的解决之道是功不可没的。欧洲其他一些城市也经历了类似的过程，至今在一些街道上看到的有轨电车，也曾经考虑是否用地下轨道来代替，但是很快这一想法就被否决了，一个重要原因就是担心道路空间让出来后小汽车会"复辟"，再次侵占慢行空间，可谓是"一朝被蛇咬，十年怕井绳"了。对于这些城市而言，慢行交通不仅仅是缓解交通困局的金钥匙，更是城市可持续发展的金钥匙。

哥本哈根的成功给我们的另一个启示是，要用好慢行交通这把金钥匙，不管是对于城市交通规划还是城市规划而言，我们必须要在思路上进行转变。目前我们的规划思维还过多地拘泥于机动化发展趋势限定的"预测"模式中。在这一模式中，"机动车需求增长——发生拥堵——扩大道路供应"是我们通常采用的思维逻辑。但是我们很快发现，交通量的增长并不像液体一样保持着预计中的恒量体积，而是像气体一样很快就充满扩大后的空间。由于我们往往急于解决当前的问题而陷于这样的逻辑中不能自拔，我们依旧将加大道路建设、快速建设停车设施等扩大供应手段作为解决城市交通与空间发展问题之道，并不可避免地走向一条死胡同，却无法跳出来。哥本哈根的成功恰恰没有采用这一套路，而是选择了果断的"慢行交通决策"，在这一思路下，首先考虑的不是根据现状趋势来预测未来怎样，而是将城市需要什么、未来应该怎么样作为重点，然后在这一目标的指引下进行决策和制定行动计划。哥本哈根没有依靠传统的预测手段，但是却做出了今天看来相当不错的决策，这不禁让人想起已逝世的前苹果公司总裁乔布斯的那句话："我们不会出去做市场调查，我们只不过想尽最大的努力开发出最好的产品。"是的，因为对于一种新产品而言，用户并不知道到底需要什么，如果单从了解现实需求出发就无法实现对现实约束下思维逻辑的超越。对于规划师而言，未来的城市应该是怎样的才是最需要首先回答的问题。

我们的很多城市在车辆拥有水平还没有赶及发达国家的情况下，城市已经开始变得拥堵不堪，尤其是一些完全可以建设成"慢城"的小城市甚至镇也正在重复着"被机动化牵着鼻子走"的老路。我们以机动化快速发展的事实和假设约束了自己的思维，并在这一约束下来构建城市空间布局和城市交通结构。在"慢城"这一理念上，规划者缺乏底气，决策者缺乏勇气，没有充分地认识到供应是影响需求的重要乃至关键因素。如果我们抛弃一味迎合机动化快速发展的思路，将产生完全不一样的需求，哥本哈根的成功已经说明了这一点。改变思路不免会遭到担心、质疑和抵制，但是破茧成蝶才能重获新生，特别是对于城市形态、交通结构还处于不稳定发展阶段中的我们，更应该突破常规走创新之路，这样才可能走出困局，对于用好慢行交通这把金钥匙而言，这一点尤为重要。

（2011）

关于历史文化街区一种慢行交通规划方法的思考

历史文化街区一般位于城市的老城区，周边环境复杂，人、车流量较大。街区不仅有城市风貌保护的需要，而且还有机动车交通过境的需要，同时还承担了旅游、休闲等功能。

历史文化街区的道路具有小尺度、低等级等特点，慢行需求突出，如何兼顾机动车过境需求和慢行需求，保障城市交通系统的顺畅循环和良好的慢行体验，是本文所要思考的问题。

1 历史文化街区存在的交通问题

历史文化街区的开发，诱发了大量的交通需求。随着社会经济的快速发展，机动车保有量也快速增加，老城区的交通压力已经不堪重负。而历史文化街区在开发的过程中将不可避免地进一步诱发新的交通需求，机动车、非机动车、行人等大量聚集，交通秩序混乱，街区的空间容纳能力接近饱和。

常规的交通规划思路，无法平衡快慢交通需求。传统的车本位规划思路，将大量机动车交通引入历史文化街区，车行道为主，人行道为辅，采用交通信号设施，行人交通体验不被重视。后来的步行化规划思路又走向了另一个极端，街区内不允许机动车进入，只允许行人通行，形成"步行街"，激进的"步行化"造成城市局部交通梗阻，不利于城市交通组织，公交可达性较差。

无差异化的规划管理，忽视了历史街区的特点。城市中心的历史文化街区应达到以下4个要求：达，即较为便捷的可达性，行人和车辆可以快速、高效地抵达街区；连，即行人步行空间的连续性，在街区内行走时，不会常常被各种物理障碍所隔离而无法到达另一个区域；慢，即历史街区的速度特征，保证行人可以悠闲地在街区内行走、游玩；静，即对历史文化街区的品质要求，街区内的氛围应安静、平和。传统的规划和管理思路往往顾此失彼，忽略了历史文化街区自身的特点和要求。

2 人车共享的和谐街道

传统的城市交通规划和慢行交通规划往往是分开的，前者容易导致车本位的结果，只关注机动车道路等级，而后者又可能过于激进。针对中心城区的历史文化街区，本文提出一种新的街道规划思路，即人车共享的和谐街道。

（1）概念

不管是传统的道路交通规划，还是街区步行化，本质上都是人车分离的。车行空间和人行空间通过栏杆、路缘石、绿化带等物理措施分隔开，行人过街必须走斑马线才能穿越车行道；或者通过各种交通信号灯，将车和人、快速交通和慢行交通在时空上隔离开。而人车共享式街道，这些隔离被取消，街道整体上成为一个完整的平面，车行道、人行道的界限被模糊化处理，路权仅通过标线或路面铺装来区分，街道上的"障碍"被消除，街道的可渗透性大大增强，行人的慢行舒适度也得到提高。在路幅宽度方面，压缩车行道宽度，增大行人通行和活动空间，而车辆只能在压缩的车行道上缓慢行驶，车行道的压缩，也缩短了行人过街的时间。车辆速度方面，根据道路宽度、车流量、人流量等合理设置共享街道的限速，一般可采用的限速有30公里/时、20公里/时、10公里/时。交通组织方面，可考虑整个街区内的路网特征，合理组织单向交通。通行规则方面，主要有两个：一是行人具有优先权，车辆必须缓速慢行，并避让过街行人；二是行人过街不过度阻碍车辆通行。

阊门历史文化街区，苏州，中国

伏跗室永寿街历史文化街区，宁波，中国

街道，凯瑞郡，爱尔兰

街道，瑞士

▲ 图2-2 中外街区（道）掠影（来自网络）

（2）功能

共享街道满足了至少以下3种功能，即车辆的可达性、行人交通的可渗透性和慢行舒适性。可达性是道路的传统功能，表征到达目的地的难易程度。可渗透性和慢行舒适性是以人为本的2个指标，可渗透性是表征街区空间联络强弱程度的指标，本文指行人从一个空间穿越到另一个空间的难易程度；慢行舒适性则反映了行人在街道内行走和在街区内游玩时的主观体验，包括愉悦、安全、放松等。

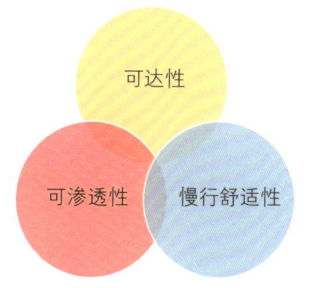

▲ 图2-3 历史文化街区道路主要实现功能

（3）分区

历史文化街区内的共享街道，根据空间功能的不同，可以分为以下3个分区：行人活动区、行人纵向流通区、车辆纵向流通和行人横向渗透区。

渗透是单向的，即只允许人向车行空间渗透，不允许车向人行空间渗透，从而保证了慢行的连续以及行人的相对安全。具有高度可渗透性的历史文化街区道路网络，对于其中的行人意味着在游览、休闲时会有更丰富的视觉连续性。

在街道宽度受限时，行人活动区可以省去，只保留行人流通区和车辆流通区。我国城市居民出行方式中，非机动车占一定比重，因此可考虑在车辆流通区内增加非机动车行驶空间，机动车和非机动车之间仍然不设物理隔离，通过标线、铺装等加以区分，保障街道横向连续性。

3 和谐共享街道的实施保障

削弱历史文化街区内机动车的主导地位、从车本位向人本位过渡是共享街道的核心理念，而降速则是保障共享街道实施成功的核心要素。机动车和行人，一快一慢，在速度上有着本质矛盾，降低机动车速度，缩小人车速度差，可以弥合这一差异，从而达到人车和谐、街道共享。

除了压缩车行道宽度等基本措施外，还可以采用交通稳静化思想来降低历史文化街区的车速。主要有以下降速措施：

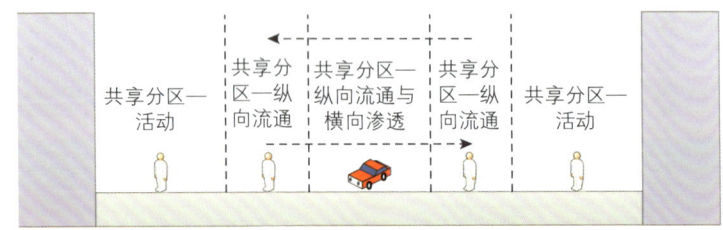

▲ 图2-4 历史文化街区内共享街道的一般空间构成

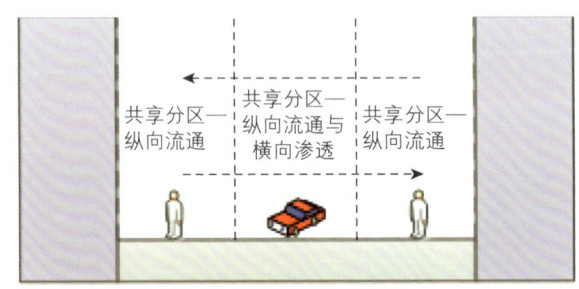

▲ 图2-6 宽度受限时共享街道的空间构成

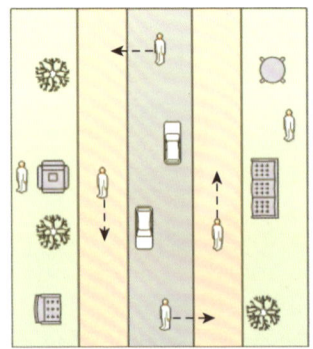

▲ 图2-5 共享街道平面布局示意图

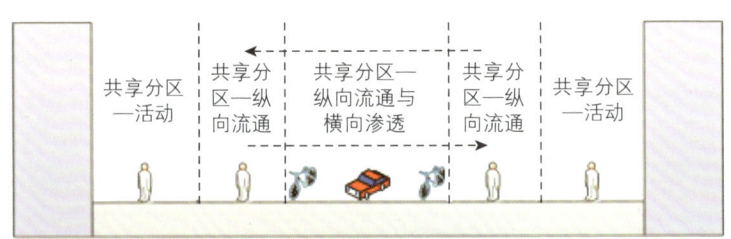

▲ 图2-7 适合中国国情的共享街道的一般空间构成

凸起：通过抬高路面形成路拱，使车辆减速通过。主要措施包括路段上的减速丘、人行横道凸起设计、交叉口凸起设计等。

▲ 图2-8 减速丘示意图

窄化：使车行道边线向中间延展，以降低通行车速与车流量。主要包括交叉口窄化和路段窄化等。

▲ 图2-9 路段窄化示意图

曲化：使车行道呈S形，通过车行道的横向偏转来降低车速。

▲ 图2-10 车行道曲化示意图

铺装：对路面采用不同铺装材料是一种常见的交通管理措施，包括材料的不同以及颜色的不同。例如，车行道采用纹理铺装，通过降低道路平整性来降低车速；人行横道和交叉口采用彩色铺装，提醒车辆注意行人。

▲ 图2-11 人行横道彩色铺装示意图

其他措施：利用视觉效果形成障碍，如锯齿状道路边线、街区内道路设置限速标志等。

4 结语

不同于城市干道对机动性的要求，历史文化街区的文化休闲属性使得共享街道的实施成为一种可能。共享街道是人、车、路和谐相处的结果，而和谐的保障，不仅仅来自硬件设施的建设，还来自对各种规则的遵守，更来自一个成熟的公民社会的培育，这个社会应该是开放的、充满活力的、关心城市公共利益的，而不是封闭的、衰败的、自私的。这也暗示了和谐共享街道在交通领域实现了"人车共享""快慢和谐"的目标，在更为广阔的城市领域也实现了"宜居""休闲""日常生活"等人文主义城市的目标。

（2016）

▶ "公共自行车热"带来的思考

近几年来，我国一些城市掀起了一股建设公共自行车系统的热潮，北京、上海、武汉、杭州、广州等城市相继推出了公共自行车租赁服务，我省的苏州、无锡、常州、江阴也先后设置了不同规模的公共自行车租赁点，南京也在实施公共自行车租赁系统，以呼应城市轨道交通建设的推进，延伸轨道交通的服务范围。公共自行车源于欧洲，目前法国、丹麦、奥地利等欧洲国家均在推行"自行车交通"，其中以法国巴黎的"无人自行车租赁系统"最为典型，目前在全市设有1451个租赁场所，备有20000多辆自行车，这些自行车1年中共行驶30万公里，等于为城市减少了32330吨二氧化碳的排放量。

公共自行车作为一种绿色交通方式，可以很好地缓解我国一些城市由于支路密度低、地块大对公交服务的限制问题，延伸公交服务范围，促进节能减排，还有利于市民身体健康，可谓一举多得。但是公共自行车服务的推行也需要针对城市的具体需求特征来进行，否则将难以达到预期效果，我国一些城市的实践也证明了这一点。如杭州公共自行车服务的投用迎来了一片叫好声，目前每车日均租赁次数为5次，可谓"叫好又叫座"；而北京的公共自行车服务则备受质疑，面临着"无人喝彩"的尴尬局面，常州的公共自行车服务则更是遭遇了"停租"的命运。从成功案例巴黎和杭州2个城市的实践来看，不难找到其共同之处：①密集的站点。杭州的公共自行车租赁系统租赁点近200个，租赁点服务半径为300~500米，在核心区范围内更是达到100米；巴黎的租赁点布局则达到11个/平方公里，租赁点间距约300米。而反观遭遇停租的常州公共自行车租赁服务，其租赁点个数原计划400个，但是停租时还没有达到十分之一，市民租车、还车均不很方便。可以说杭州、巴黎公共自行车的租赁点规模是其成功的重要因素，密集的租赁点真正做到了"随借随还"，极大地方便了市民的租借和还放。②合理的收费。杭州自行车租赁系统采取分时长的收费方法，1小时之内免费，1~2小时1元、2~3小时2元，3小时以上则每小时3元。这种按时长的收费方法一方面不会影响到市民使用自行车的热情，另一方面也实现对使用时长的调控，鼓励短时使用，提高了每车使用的周转率。巴黎的收费也采取了类似的方法。③智能的管理。杭州的管理系统有两大特色，一是建立了"空满位实时报警系统"，当服务点自行车满位率大于80%或小于20%时该系统会通过实时信息传输进行自动报警，然后通过视频切换、后台监控，使公共自行车服务中心能够及时掌握服务点空满位情况，为准确配送自行车提供依据。二是开通了短信服务平台，提供更多的信息沟通渠道。如果市民有投诉、咨询、建议或挂失车辆，都可编辑短信，公共自行车公司会在3个工作日内给予回复。智能的管理系统更加提升了市民对公共自行车使用的方便性。

显然，并不是所有的城市都适合推广自行车服务，如大连、青岛、重庆等地势起伏大的城市对自行车的使用需求很小，不适合推行公共自行车服务。而适合推广公共自行车服务的城市也需要根据自身规模特征、公交发展水平等因素在合理定位的基础上选择合适的推广模式和确定推广时机，盲目跟风存在失败的危险。总结各城市成功与失败的经验和教训，笔者认为，在公共自行车系统的规划和决策时尤其需要注意以下几个问题：

1 定位

多数城市的自行车租赁系统在定位上为"解决最后 1 公里的问题",其实这一定位并不适合所有的城市。对于特大城市、大城市而言,由于出行距离较长,市民在乘公交出行时,可以接受一定换乘带来的一定时耗,自行车换乘公交出行的比例会较高。但是对于中小城市而言,其出行距离本身较短,通过自行车换乘公交出行方式很少,"解决最后 1 公里的问题"显然是不合适的,公共自行车租赁除了考虑与公交换乘外,可更多地考虑与旅游休闲、康体健身目的出行相结合,以更大范围的拓展公共自行车的功能。此外,公共自行车只能是城市交通的补充,市民出行的根本出路还是要公交、地铁等公共交通工具的发展,如杭州市每日 5 万人次的租车频次,占城市总出行量的份额仍然是非常少的。

2 布点

自行车租赁点的布点密度在达到一定程度后才会显现其规模效应,巴黎和杭州的成功以及常州的教训也印证了这一点。市民选择公共自行车主要就是图个方便,"租车难""还车难"中的任何一点都会使得公共自行车的服务大打折扣,因此自行车租赁点的布局一方面需要达到一定的规模,另一方面不仅要考虑与公交站点的结合,还要考虑与住宅、公建、景点等人流产生、吸引点结合,从而更好地解决"两头难"问题。

3 路权

要真正做到鼓励公共自行车租赁服务,除了规模上的要求,还需要为公共自行车的使用创造良好的使用环境,在路权上予以保障。如一些城市为满足小汽车的行驶和停放而压缩自行车道,恶化了自行车的骑行环境,即使提供了公共自行车服务也难以达到预期效果。因此建议将公共自行车的规划纳入城市慢行交通系统规划中来,在发展定位、规模数量、路权保障等方面统筹协调,让公共自行车服务真正做到"停的方便,行的舒适"。

4 运管

公共自行车作为一种新生事物,特别是在发展的初始阶段需要政策以及资金上的扶持,将其作为一种公共交通方式来对待,前期可由政府补贴,待推广一段时间城市交通状况有所改善后,将原来用于解决交通拥堵的人力和资金中的一部分投入到公共自行车系统的日常运营和扩大建设上来;而对于运营主体而言,也应充分挖掘公共自行车的媒介传播功能,实现成本与收益的平衡。

(2010)

▶ 共享单车与公共自行车，各自为政还是合作共赢

为解决城市内部短程交通出行问题，自行车共享（bike sharing）计划自1965年在荷兰阿姆斯特丹起源，因其灵活、省时、低碳、低成本的出行特点，正逐渐被大众所接受。中国自2008年在杭州成功建设公共自行车系统以来，目前有接近300个公共自行车系统在运营。而自2016年下半年以来，共享单车横空出世，作为一种新形式的自行车共享系统，在短时间内迅速扩张。据粗略统计，目前已有约17家公司投放约30万辆单车，大有挤占公共自行车之势。在共享单车野蛮生长的同时，它能否实现良好的持续发展，公共自行车是否还有出路等疑问逐渐浮现。本文从共享单车和公共自行车的服务、运营、保障措施等方面进行比较探讨，希望能够为促进我国自行车共享系统良性发展提供一些参考。

相比于公共自行车，共享单车最大的优势是不受固定停车桩时间和空间的限制，24小时随借随还，借助于移动支付、移动定位、智能车锁等互联网技术，通过整合自行车资源实现利用的最大化。从服务对象来说，共享单车在投放初因其炫丽的外观、充满了大量创新和科技元素的设计以及对手机操作的依赖性，更适合年轻人群。但问题也随之而来：车辆随意占道停放现象普遍，且车辆分布较为离散，高峰期车辆租借得不到保障，维修保养较为困难；而公共自行车由于租还车地点固定，运营商能够及时监控公共自行车分布情况并通过动态调度满足高峰期租还车需求，实现定时维护保养。公共自行车的刷卡租车服务，因其操作的简便性，能实现全年龄覆盖，尤其是中老年人更容易接受。

共享单车与公共自行车在功能和服务对象上的差异性，决定了两者之间并不完全是同质竞争，而存在一定的互补关系。公共自行车更适合服务于通勤路线，该类出行线路较为固定，自行车使用率较高，早晚高峰站点间潮汐现象明显，公共自行车及时调度与定时维护的优势能够得到充分发挥；共享单车则对弹性出行的吸引力更大，该类出行具有一定的随意性，共享单车随停随放的特点能够满足此类个性化、灵活的出行需求。

然而在现实情况中，无论是共享单车还是公共自行车的运营商都缺乏个性化的发展目标与措施，更多地关注于自行车数量和覆盖区域的扩张与博弈。由于没有申请停车区域，共享单车屡遭城管部门查处，为规避风险，共享单车"鸠占鹊巢"，占用公共自行车桩位的现象也屡见不鲜，无形中加重了各自的投资与运营成本。

共享单车运营商倡导"无人化管理"，在硬件上实行"免维护"，其收入基本仅来源于用户的租车费用，虽然通过车辆的租金回收大体能够满足一辆单车设计生产成本，但共享单车的高损耗率也为企业运营带来了高额的管理和维护成本，部分企业如摩拜单车依靠提升车辆的技术含量来降低运营成本，单车因此变重降低了用户体验。仅仅依靠单一的租金收入很难带来可观的利润，也很难维持长久发展。目前共享单车仍处于快速增长期，企业依靠融资不断扩大市场，盈利模式比较模糊。

公共自行车作为一个免费使用率超过96%的具有公共服务性质的系统，除去车本身800元左右的采购成本，其租赁点设备、仓储设施、车辆调度以及维护和保养等均需投入大量资金，平均每辆自行车运营成本接近9000元，而公共自行车部分站点利用率较低，自行车遭到闲置浪费的现象时有发生。公共自行车收益主要来自政府补贴或资源置换，高额的运营成本难以

形成合理的企业利润，资金难以得到保障，从而直接导致设备、车辆完好率等逐年下降。

另一方面，本应该处于自行车共享系统顶端的服务对象——租还者，似乎是整个系统博弈的局外人，他们的诉求包括骑行的环境、道路条件等并没有得到应有的关注。在中国城市发展的过程中，自行车在对有限的道路时空资源的竞争中逐渐处于弱势地位，许多城市中，自行车道缺乏或者宽度不足比比皆是，在这样的骑行环境中，无论自行车共享系统在硬件上如何提升，价格上如何优惠，都难以真正提升自行车吸引力。

相比于共享单车，公共自行车项目由政府主导的特点，能够保证政策实施的优先级和速度，也提高了用地、路权、整体规划布局等方面的保障，项目发展初期对低碳出行理念的推动有着不可或缺的作用。若共享单车能够与公共自行车携手合作，形成互补之势，政府可以减少公共自行车项目后期由于过度扩张而带来的经济与社会压力，从而回归本身的职能，将重心转向改善自行车道网络连续性、保障自行车专有路权、优化自行车设施以及提升自行车停放场所的规范性与安全性；将自行车共享项目交由市场决定，交由人民选择，自行车共享系统的效用才能得到最大限度发挥。届时共享单车企业可通过友好的自行车骑行环境获得服务和经济效益；其发展前景也将更加明晰，共享单车的停放问题也将不再成为困扰企业和政府的难题。

作为自行车共享系统市场化运作的新兴产物，共享单车进入城市后，对备受诟病的公共自行车租赁点建设成本形成了不小的冲击，在其疯狂发展的同时，能否实现良好的成本控制与可持续发展依然前景不明。与其为了抢占市场两败俱伤，不如正视共享单车与公共自行车功能互补、良性竞争的关系，将市场交由人民选择，让政府和企业各司其职，共同促进提升自行车骑行舒适性和安全性，达到互利双赢，实现城市低碳交通和绿色出行的愿景。

（2017）

从自行车的前世今生展望未来

谈及自行车，每个年代都有绕不开的关键词。从20世纪50年代后期时兴的"三转一响"（自行车、缝纫机、手表、收音机），到80年代的"自行车王国"，再到后来迅速普及的电动自行车，到了近年，就是发展了几年不温不火的公共自行车，以及近来如火如荼的共享单车。自行车的发展，历经了从普及到盛极一时再到衰落的落魄"前世"，也正在经历政府主导、网络平台诸侯混战的热闹"今生"，那么，自行车的未来在哪里呢？

1 自行车的前世

20世纪80年代，我国的自行车总量达到了5亿辆，是名副其实的"自行车王国"。曾经的自行车出行也是我国人民当之无愧的第一出行方式。但直到公共自行车出现之前，自行车已经沦落为边缘化的交通工具。这究竟是怎么造成的？简单来讲，可以归纳为：不敢骑、不能骑、不好骑以及不想骑。

（1）不敢骑

相信大家都经历或者听说过类似的情景：骑着自己心爱的自行车去办事，办完事发现车不见了。自行车的大规模失窃，一度在我国各个城市形成了灰色的"盗窃—销赃"链条。管理部门对自行车失窃问题的重视程度不够，使得自行车使用者提心吊胆，担心财产丢失，从而不能放心地使用自家的自行车。特别是一些自行车爱好者，其相对高端的自行车如果丢失更是让人十分心疼的事。某地花大力短时间内给外国友人找到失窃的自行车的故事更是一度沦为笑谈。管理上的不重视或者说对成本的权衡，使得自行车缺乏所有权的保障。

（2）不能骑

城市机动车数量刚刚开始快速增长的时期，某些城市的管理者认为自行车是城市发展落后的象征。"自行车会被淘汰""取消自行车道将会缓解交通压力"等观念层出不穷，似乎扔掉自行车才能与国际接轨。在城市大中运量公共交通还未成体系，常规公交尚难以支撑居民日常出行的时代，普通老百姓尤其是低收入人群仍把自行车作为主要交通工具。不顾当时国情及现实，不让他们骑车出行，带来的后果不言而喻。城市发展和管理理念上的谬误，使得自行车缺乏使用权的保障。

（3）不好骑

随着机动车数量的进一步激增，我国不少城市新建的道路和桥梁不留自行车道，城市道路改造的过程中也取消了原有的自行车道，或者将自行车道与人行道合并一处，以为机动车让出更多的通行空间。然而取消了自行车道，自行车出行的需求还在，自行车不得不骑上机动车道，交通安全难以保障。近年来，车本位的思想逐渐被反思，自行车道也重新回归。但是，路内停车、地块出入口高低分割、自行车道不连续以及交叉口渠化不合理等都使得骑行环境非常糟糕，骑自行车也从健康绿色的出行变成了苦差事。规划设计中对自行车道的不重视使得自行车缺乏路权的保障。

（4）不想骑

在人们纠结于骑自行车还是选择机动化交通工具出行的时候，大量"准摩托车"式的电动自行车出现了。相比自行车，电动自行车速度快、节省体力，出行距离可以更长，特别是随着城市尺度的增长，电动自行车的这一优势使其快速取代了自行车的地位，许多城市的电动自行车出行分担率已经超过了脚踏自行车。在中小城市江阴市，2008年自行车出行分担率为13.7%，电动自行车为12.1%；而到了2016年，电动自行车的出行分担率已经增长为29.2%，自行车则降低到了4.0%。在大城市苏州市，2000年自行车分担率41.8%，电动自行车分担率12.6%；2013年，自行车分担率为4.1%，电动自行车分担率为31.74%。一线城市同样存在这个现象，2014年上海的电动自行车出行分担率就达到了24%，位居各种交通工具之首。这些数据充分证明了电动自行车对自行车的冲击。但是，电动自行车由于缺乏规范，事故隐患很大，并不是自行车的完美替代者。对电动自行车管理的忽视，使得自行车缺乏生存权的保障。

综上所述，自行车所有权、使用权、路权和生存权保障的缺失，使得自行车出行比例逐渐降低，机动车和电动自行车出行的比例逐渐增大。从20世纪80年代至今，我国人口增长了近4亿，然而私人自行车的拥有量比当年的5亿辆减少了20%以上。相比之下，2016年，我国的电动自行车保有量已经达到了2.5亿辆。可以说，自行车有一个"晚年凄凉"的前世。

2 自行车的今生

（1）回归

自行车的今生，可以说是从公共自行车开始的。公共自行车在多个城市的出现，顺应了2012年住建、发改、财政三部委《关于加强城市步行和自行车系统建设的指导意见》的要求。随之出现的是套在公共自行车头上的光环——解决公交出行"最后1公里"问题的手段。一时之间，期望少走1公里的公交乘客都在翘首企盼公共自行车的桩位尽快布设到家门口。在折叠自行车昙花一现的尝试未果之后，正是公共自行车从理念上扛起了"接驳"的大旗。

我们且不提为什么在有公交站点500米半径覆盖率的要求下乘客还需要走1公里的问题，单说公共自行车的布局规划，似乎也走到了需要平衡成本与覆盖率的十字路口。以笔者所住小区为例，千呼万唤终于等来了公共自行车覆盖到了家附近的公交车站，却失望地发现另一个至少应该设在小区大门的"终点"却设到了远离大门的围墙处，只因旁边是社区中心。这就造成了笔者如果要骑公共自行车换乘公交，首先要往反方向走250米，然后再骑750米到公交站。本来500米的路程被"解决"成了1公里。

不可否认的是，公共自行车对自行车出行的回归起到了很好的引导作用，但同时我们也应该看到，公共自行车的单车成本虽然不高，但是其配套设施（桩、棚、电、网等）、人工成本以及维护保养更新费用都使其平均成本高企不下，单纯依靠政府的投入和扶持，公共自行车模式能否保持良性发展是存疑的。

（2）共享

正是在这个时候，一个时尚又有科技含量的事物出现了，那就是"互联网+共享单车"。扫码骑走、无桩借还、随处可见等等特点完美地俘获了人们渴望绿色出行的心。一夜之间，似乎"最后1公里"就要不存在了。共享单车带来的热度是空前的，单单在百度搜索"摩拜"就能得到3840万条结果。共享单车甚至倒逼反应迟缓的公共自行车也开发出了免卡扫码骑车模式。

共享单车是否会统治国内自行车市场，甚至攻城略地拿下其他交通方式，扛起自行车复兴的大旗呢？历史数据显示，我国每年自行车的内需量基本在2500万辆左右。而根据预测，2017年共享单车的采购量至少有2000万辆。共享单车的爆发是在2016年的第四季度，虽然已经吸引了一些有车族、短途公交乘客以及步行者的使用，但由于时间尚短，其对城市交通出行方式结构的影响尚未能下定论。不过，其对在交通方式间摇摆不定者的吸引力无疑是巨大的。

在这种共享单车狂欢的氛围中，我们要保持清醒。共享单车虽然比公共自行车更进一步，但是并不能真正的门对门（不能进入封闭地块），也不是真的随时随地想用就有得用（骑行去偏僻地方，回程的时候车却被别人骑走），且其便利性目前仅局限于城市有限的区域。共享单车的各种利好，更多的是随平台烧钱大战、抢占市场以获得用户群体和沉淀资金而带来的附属物。资本逐利，各大共享单车平台到底是将改善城市出行当作目的还是手段尚未可知。而共享单车带来的乱停乱放、缺乏管理与规范等问题也要随同其到底是不是公共资源等问题一起深入研究。不过总的来说，自行车有一个"家道中兴"的今生。

3 自行车的未来

那么自行车的未来在哪里？多数人的答案可能是：自行车复兴。复兴的是什么？是理念的转变与意识的回归。几十年前的自行车兴盛，是没有其他出行方式替代下的孤家寡人；而今天的自行车复兴，是从众多强者竞争中拼杀出来的领军者。人们已经认识到了车本位的害处，也有意识的想要迎接人本的交通方式回归。

（1）个性化出行的载体

有专家认为：共享单车是自行车复兴的关键推手。虽然共享单车在自行车复兴的路上能够起到一定作用，但是正如前文所说，共享单车有其出身动机不纯、管理规范缺乏、服务区域局限、不能真正门对门等问题。这样的工具作为主要出行方式的补充是可以的，但是难以作为主体承担日常出行。共享单车推广过程中，出现被私自占有、涂装等现象。抛开其中的人性和素质问题不谈，单从需求的角度来看，这种现象在一定程度上说明：人们还是需要有一种完全属于自己的个性化交通工具。机动车数量的快速增长，正是人们个性化出行需求的一个体现。千篇一律的公共自行车和共享单车们不能满足人们日益增长的个性化需要，私人自行车必然是作为主体来承担非机动化出行需求，自行车复兴还是要依靠用户基础广大的私人自行车。

在现今公认的自行车王国丹麦，成人几乎人均1辆小汽车，但是人们上班、上学、购物、郊游等短途出行均骑自行车。每10个人里有9个拥有自行车，首都哥本哈根自行车更是比人还多。自行车不仅是一种交通工具，更是一种时尚而又健康的生活方式。而丹麦的免费公共自行车和租赁自行车更多的是针对游客开放，甚至还有配备导游的自行车游览团。从丹麦的情况不难预见到我国未来自行车系统的样貌：当人们重新崇尚健康绿色的自行车出行、骑行环境改善之后，私人自行车将是可靠的出行伙伴，同时，公共自行车、共享单车等作为临时工具供人们完成弹性出行。

（2）规划管理的应对

目前对自行车的关注，无疑是自行车复兴的良好开端。这就要求我们的政府在这个热度上，迅速做出正确的应对与引导。在市民有"想骑自行车"的愿望与需求时顺势而为，因势利导，而不要重蹈覆辙。

首先，要科学规划、投资建设自行车基础设施，如自行车专用道、便利安全的自行车停放设施、坡度助力设施、目的地便利设施（淋浴间等）。将自行车道分级分类，根据不同功能定位合理设置自行车市区专用道、自行车绿道、自行车高速路等设施。改善骑行环境，让市民不仅能骑自行车，还要骑得舒服、骑得顺畅，而且远近皆宜。

其次，对自行车的出行安全、停放安全要加强管理力度，切实保障自行车的路权，及时处罚占用自行车道的行为。同时，加强自行车停放管理和巡查力度，打击盗窃自行车及销赃链条，让市民敢骑车，骑得放心。

最后，要出台相应标准，规范电动自行车、共享单车、公共自行车等的使用与发展。保障私人自行车的发展空间，使其不被过度竞争和野蛮生长压制，而是在良好的土壤环境下健康有序发展，成为市民稳定可靠的出行工具。

（2017）

▶ 让绿道成为民生风景线

工业文明带来了城市面貌日新月异的变化，创造了丰厚的物质财富，也带来了忙碌的生活。一直以来，经济的快速发展驱策着我们不断加快你追我赶的步伐。忙，已经成为生活的一种常态，人们在路上行色匆匆，为事业、为学习而奔忙，蓦然回首时却发现已难以觅得那份可以听见微风欢唱的宁静。什么时候开始人们已经习惯于在跑步机上挥汗如雨？什么时候开始儿童只能在小区内的停车场里游玩嬉戏？早上蛐蛐和小鸟的鸣唱哪里去了？孩子们手拉手走向学校的安宁街道哪里去了？在享受工业文明带来丰硕成果的时候，我们却也为此付出了生态与心态双重危机的代价，当我们看到护城河水逐年由绿变黑，看到灰蒙蒙的天空中不再有鸟儿掠过，我们已然难以抑制对生态文明的渴望。找回往日那份人与自然的和谐，尊重自然而不是控制和改变自然，成为现代人对城市新的渴望与诉求。绿道作为城市生态、休闲的一种新载体，是工业文明迈向生态文明的产物，也正在成为城市中一道亮眼的风景线。

绿道是一种线形绿色开敞空间，通常沿着河滨、溪谷、山脊、风景道路等自然和人工廊道建立，内部设置可供行人和骑车者进入的城市景观游憩线路，是公园、自然保护区、风景名胜区、文化景观、历史古迹以及与人口密集地区之间的绿色纽带。绿道的建设不仅有利于更好地保护生态资源、历史文化资源，还为居民提供怡人的游憩、休闲和交往空间。自19世纪中期至今建设绿道已成为国际运动。美国是最早建设绿道的国家，以波士顿公园系统为代表，长达25公里的绿道将沿线公园、河滩地、沼泽、河流等天然景色都涵括了进去，形成了一连串的绿色空间。新加坡的公园廊道系统则利用排水渠道、防护绿带和河道系统连接山体、森林、滨海地区、自然保护区、天然绿地、隔离绿带、主要公园、公共开敞空间、体育休闲场所，为生活在高密度建成区的市民提供怡人的休闲娱乐和交往空间。绿道在国内的发展也是方兴未艾，各地区、各城市都积极开展绿道的规划研究与建设。以广东省为代表，2010年出台了《珠江三角洲绿道网总体规划纲要》，计划用3年时间在珠三角率先建成总长1420公里、串联约85个重要节点、包括10个省立公园的区域绿道系统，可服务人口达2629万人，占珠三角总人口的55.65%。

从功效来看，绿道具备生态保护、休闲游憩、社会文化和经济发展等多重功能。在生态保护上，绿道起到了防洪固土、清洁水源、净化空气、减少噪音等作用，也为动物提供栖息地，有利于提高城市地区生物的多样性；在休闲游憩上，绿道是骑车、徒步等游线式运动的适宜载体，深入社区，方便使用；在社会文化上，绿道将具有保护意义的公园、名胜、遗址等景点进行连接，形成线性文化景观；在经济效益上，可以绿道建设为契机，综合治理以往的城市衰败区或环境较差地区，美化城市环境，提升土地价值，又可将沿线的旅游资源进行整合优化，带动沿线三产开发。如美国迈阿密通过"迈阿密河绿色行动计划"将原先的城市工业河流变成南佛罗里达最受欢迎的定居地，提高了土地价值，还促进了海洋产业的繁荣发展，吸引了数百万美元的新投资。广州增城绿道建成后的两年半内已吸引了40多万珠三角城市群的游客，2009年全市旅游收入达5亿元，同比增长128%，沿线农副产品的销售量和价格同时上涨，农民人均纯收入年增长17.18%，绿道沿线村集体经济增长速度比非沿线村集体高出53.6%。

2011年，江苏、浙江两省结合环太湖地区生态、城镇建设特征，对绿道的休闲、游憩功能进行了强化，提出了"风景路"的概念，并联合完成了《环太湖风景路规划》的编制工作，将形成以太湖沿线山水风光为依托，以慢行道路为主干，连接区域重要自然和人文景观资源，以游览、休闲、健身和游憩等活动为主要内容的生态绿廊，总长度约316.6公里，涉及市县包括宜兴市、常州市区、无锡市区、苏州市区、吴江区、湖州市区和长兴县，服务人口可达到2630万人。目前各市风景路体系的详细规划设计也在同步编制过程中，并在部分地区已经开始实施。不管是绿道还是风景路，在我国、我省还属于比较新鲜的事物，其规划、建设也有必要统筹生态保护、城市规划和景观设计等多方因素，以充分发挥各项功能，将其建设成为服务民生的绿色、健康、文化、经济之道。

1 绿道规划与设计

在宏观规划层面，注重绿道网络构建的层级与系统性。从区域、城市、社区3个层面形成连通、完整的绿道网络体系。体系构建中要注重各层级绿道功能侧重点的不同：区域型绿道更侧重于生态保护和城市空间形态塑造，对廊道的缓冲区、宽度等空间尺度要求较高；城市绿道的生态保护、休闲游憩、社会文化和经济发展4项功能相对平衡，其选线上主要考虑串联公园、名胜、遗迹，形成文化绿廊；社区型绿道更贴近居民生活，应深入居住区，满足居民安全不受干扰地从事户外运动和休闲交往的需求，促进社区精神的回归。

在微观设计层面，要针对绿道类型、功能对绿道的宽度标准、路面材质、相关配套设施等进行因地制宜的设计。应避免长距离借用城市道路或公路，保障环境品质与使用者安全；避免将绿道建设成单纯的自行车道路，忽视绿道生态保护和廊道控制的功能；避免绿道建设过程中的过度人工化，应充分利用现有地形、水系、植被等自然资源特征；应从便于游人使用角度对休憩、指示、停车、换乘、卫生、安全等服务设施进行合理布局。

2 绿道建设与管理

在建设资金来源上，实行政府财政为主、市场资金为辅的原则，寻求与民间团体、企业的合作，完善绿道建设管理的长效机制，保障绿道建设的有序推进和可持续发展。在绿道运营上，可实行"政府主导，市场参与"的管理模式，政府主导和管理绿道的公共服务项目；对于配套附加项目，建立以市场为主体的运营机制，鼓励发展配套服务业，充分发挥市场的竞争与自我调节功能，发挥绿道经济功能。

在建设、维护管理上，建立协调管理机制。绿道管理涉及国土、交通、海洋、环保、农业、林业、水利、旅游、文物等多个部门，为避免保护措施与管理力度不足以及各部门为追逐自身短期利益致使其遭受破坏，有必要建立一个部门牵头、多个部门密切配合的工作机制，明确各部门的分工与职能，由牵头部门统筹协调，平衡对绿道的保护和利用。同时，鼓励居民主动参与到绿道的维护管理中去，将绿道真正建设成为爱民、民爱的民生工程。

（2012）

走向公交都市——浅析韩国首尔之路

2011年11月,我国交通运输部发布的《关于开展国家公交都市建设示范工程有关事项的通知》(交运发〔2011〕635号)指出,为贯彻落实国家城市公共交通优先发展战略,提高城市公共交通服务水平,满足人民群众基本出行需求,缓解城市交通拥堵和资源环境压力,根据《交通运输"十二五"发展规划》,交通运输部决定在"十二五"期间组织开展国家"公交都市"建设示范工程。随后提出了到"十二五"末初步建成1~2个具有国际水准的国家公交都市和若干个国内领先的国家公交都市的总体目标,并制定了具体指标要求——有轨道交通的城市公共交通出行分担率(不含步行)达到45%以上;没有轨道交通的城市公共交通出行分担率(不含步行)达到40%以上。目前,交通运输部与深圳市签订了共建国家首个"公交都市"示范城市合作框架协议。建设"公交都市"已经成为我国应对小汽车高速增长、落实公交优先发展战略的一项重要举措,也是我国特大城市、大城市交通发展的必然方向。

"公交都市"一词是罗伯特·瑟夫洛在其著作《公交都市》中提出的,对东京、巴黎、伦敦、新加坡、中国香港、斯德哥尔摩、哥本哈根等城市的公交发展历程、发展特征进行了解读,虽然囿于全世界范围内城市发展的差异而不宜对"公交都市"给出统一的衡量标准,但为我们公交都市的建设方向提供了重要参考和指引。而韩国首尔则是近10年来为世界所公认的成功升级"公交都市"的典型案例,现与前述的7个城市并称为"世界八大公交都市"。2005年7月,国际公共交通协会对首尔市公共交通改革成就进行了评估,高度赞扬了首尔市公交改革对可持续城市交通发展所做出的贡献,并称之为亚洲"公交都市"的代表,其发展路径不失为我国公交都市建设的好教材。

不妨让我们一起概略地总结一下首尔向"公交都市"的蜕变历程。在实施大刀阔斧的改革之前,首尔的公共交通与我们目前许多城市面临的困惑是相似的:人口暴涨与城市规模扩张引发了出行需求的激增,小汽车的大量使用和公共交通的服务质量危机。1970年至2002年期间,每天从市中心到郊区出行的总人数增长了5倍,而随着生活水平的提高与出行距离增长,私家车迅速赢得了更多人的青睐,2003年首尔拥有私家车的人数占全国的比例由1970年的0.2%急速上升到21.5%。相比之下,公共交通的供应水平、服务水平、出行比例却急剧下滑并陷入恶性循环,虽然也零零碎碎地制定了一些鼓励公共交通发展的措施,但改观效果甚微,急剧增长的财政补贴却成了市政府的一大负担。交通基础设施越来越无法承受因交通需求变化带来的压力,城市交通拥堵日益严重,空气与噪声污染、交通事故居高不下也在不断地刺激着首尔市民的神经。根据相关研究,2003年仅交通拥堵成本就超过80亿美元,占到年国民生产总值的4%。在种种压力和反复斟酌下,2003年,首尔市政府下决心对公共交通进行"系统革命",并明确了改革公交服务和限制私家车使用的双管齐下策略。尤其是在公共交通改革方案中创新了管理模式,重组了公交线网,设立了中央式公交专用车道,创新了运营技术,使公交系统的面貌焕然一新,并最终跃升为"公交都市"。(1)全新的管理模式。改革前各公交公司线路的分配缺乏协调,恶性竞争严重,热线哄抢,冷线唯恐躲之不及,彼此之间缺乏协调影响了公交出行衔接效率和服务质量。因此,首尔市政府首先决定重新控制公交线路的分配权。此次改革收回了以前授予公交运营商制定线路和班次的权利,并成立公交系统改革公民委员会,统一对公交线路设置、运营管理等方面的问题进行决策。管理模式的改革是首尔迈向公交都市走出的最为关键的一步。（2）改革收费与考核机制。按距离收费的票制取代了以前的单一票价制度，并制定了30分钟内免费换乘政策和使用智能卡付费优惠政策，这些措施大幅度提高了公交乘客人数。同时，在财政补贴上由按乘客乘次核算改为按车辆行驶里程核算，各公交公司不必再去重复率高的地段争抢客流，冷线和热线没有了经济收益上的差别，线网布局也得以更加优化。（3）高标准设置公交专用道。毫不含糊地统一采用了中央式公交专用车道，保障了绝对路权，并配备了高质量的岛式中央公交车站、路口公交优先信号系统、乘客和运营实时信息系统、现代化全新的公交车辆。改革后公交平均行驶速度提升了约20%，解决了长期困扰的线路运营不准点、可靠性低等问题，服务水平大幅提升。（4）改善乘车环境。为了让乘客坐车更舒适，改善公交车站的设计，引入了低底盘式公共汽车、铰接式公共汽车和压缩天然气公共汽车，并在大多数公交车辆中安装了柴油机微粒过滤器。（5）管理技术创新。创新性建立了新智能卡系统、公交管理系统。新开发了一种使用集成电路芯片的智能卡系统，并将智能交通系统技术和全球定位系统技术结合起来，确定公交车所在位置，控制班次表，还可以通过互联网、手机等向乘客提供公交信息。不仅方便了乘客，决策部门还可利用智能卡数据对公交班次安排进行科学优化，实现了运行效率与运营效益的双提升。（6）压缩私家车使用空间。典型的包括市政大厅广场改造、清溪川高架的拆除等。如清溪川高架拆除前日车流量达到19万辆，修复清溪川后，通过鼓励发展公交和慢行，日车流量减少了约40%。

从公交改革之初的首尔似乎可以清晰地看到我们现在一些城市的影子：人口与私家车快速增长，基础设施建设难以承受

▲ 图2-12 首尔清溪川高架拆除前后对比

越来越大的交通压力,公共交通发展面临陷入恶性循环的危险。通过对首尔成功历程的解读,除了经验之外,最重要的是我们收获了足够的信心,但摆在我们面前的任务依然很重,要复制首尔的成功之路,还需要更多的决心、创新和努力。(1)坚定改革的决心,拒绝零敲碎打。在改革前的40年中,首尔市政府已多次尝试对交通运营系统进行改革,但一次又一次的以失败而告终。原因在于公交行业和部分公交乘客出于对个体利益考虑的强烈反对,这些都严重削弱了决策过程中的领导能力和改革信心。而2003年首尔市政府对公共交通发展管理模式大刀阔斧的革新最终也证明了改革决心是改革成功的先决条件,这一点我们必须要吸取教训,避免再走弯路。(2)调整评判标准,发挥公共交通的公益性。众所周知,目前公共交通发展面临的最大困难是公共交通的有效运营需要一个达到"门槛"需求,需求越大,公共交通的服务质量就越高,而高质量的服务才能说服城市居民从私人交通工具转向公共交通工具。但如果在形成足够的交通需求之前不能提供有效的服务,需求就会更多地转向私人交通,公共交通就会陷入恶性循环。因此在公共交通与小汽车激烈博弈的时期,我们必须调整衡量标准,不能单单以需求规模和运营效益来决定所提供的公交服务质量,在补贴机制上可学习首尔将运行里程与补贴进行挂钩,防止冷线过冷,坚持发挥公共交通服务的公益性。(3)软硬兼施,坚定对小汽车调控的决心。一方面注重自主创新,从硬件、软件方面提升公共交通管理与服务水平;另一方面对小汽车的调控要有决心、恒心。除了韩国首尔,有太多的教训和经验值得我们警醒,不要忘记美国的一些城市由于小汽车的充斥造成了中心区衰落和城市的蔓延,而欧洲却以公共交通成功挽救了城市中心并继续主导城市生活。在公共交通与小汽车的博弈中选择站在哪一边是建设公交都市成败的关键,这一点已经成为无可争议的事实,如今小汽车正在占领大大小小城市的每个角落,虽然城市中心区、商业区仍旧人来人往,但这不过是在别无他选情况下的一种痛苦忍受罢了,如果在与小汽车的关系上继续保持暧昧的幻想,恐怕最终还是不可避免地要遭受更剧烈的"分手"之痛。

(2012)

有轨电车的复兴与思考

近年来，有轨电车在我国悄然兴起，一些城市掀起了规划和建设现代有轨电车的热潮，其中不乏盲目跟风的例子。本文试图从我国有轨电车的发展背景、国外有轨电车发展的历史过程、国内外有轨电车发展现状和我国现代有轨电车规划建设的思考等方面展开探讨，以期对人们正确认识有轨电车提供一定的帮助。

现代有轨电车在我国城市的兴起主要有3个原因：(1)满足城市交通发展需求，缓解城市交通拥堵。随着我国城市机动化水平的不断提升，城市居民私人小汽车出行比例越来越高。截至2012年底，我国私人汽车保有量9309万辆，比2011年增长18.3%；私人汽车保有量占汽车保有量的比例则达到77%。私人汽车的井喷式发展使得越来越多的城市面临交通拥堵问题，在此形势下，优先发展公共交通成为缓解城市交通拥堵问题的首选。(2)完善城市公交体系结构。目前在我国大多数城市的公共交通层次结构中，都存在公共交通系统功能层次缺失的问题。地铁、轻轨等轨道交通建设标准高，运营费用高，一般城市的财力、人力、物力、客流难以达到建设标准，并且其单独建设作用有限，难以适应机动化快速发展的需要和实现全面覆盖。而常规公交在运能上存在无法突破的瓶颈，在服务水平上也不能满足人们日益提高的服务需求，难以适应城市发展需求。(3)支持新城/新区建设，支持地区快速发展。随着我国城市建设突飞猛进的发展，城市新区如雨后春笋般出现，城市新区对环境、景观的更高要求和较高密度的开发对公交服务提出了更加便捷、高效、低碳、环保的要求。综上所述，为了缓解城市交通拥堵，促进我国城市公交优先落实，支撑城市新区建设，急需引入一种新型的中运量公交系统，完善公共交通系统功能层次，提升公共交通总体服务水平。

总体而言，国外有轨电车的发展大致经历了"新兴—衰落—复兴"3个阶段。

第一阶段：新兴阶段。1879年在德国柏林举办的世界贸易博览会期间，西门子公司展出了采用电气牵引的电车，这是世界上最早的有轨电车。1881年柏林市附近的里希特菲尔德建设的有轨电车开通运营，标志着有轨电车作为客运交通工具正式投入使用。在其后的一段时间里，有轨电车得到了快速发展。20世纪初欧洲和北美很多城市出现了有轨电车系统，到20世纪30年代，有轨电车的发展达到高峰，成为欧美各国城市的主要公共交通工具，从人口10万人左右的小城市到人口超过100万人的大城市都有有轨电车在运行。截至20世纪中期，全球共有3000多个有轨电车系统；德国自1881年开通运营第一条有轨电车线路至二战前夕，共有80多个城市、近5000公里有轨电车线路在运行。这一阶段，在与马车的竞争中由于速度、运能等方面的优势使得有轨电车快速兴起。有轨电车的发展也带来了城市形态的深刻改变。有轨电车改变了传统的步行城市形态，其速度优势使得人们的出行距离大为增加，扩大了城市范围；其运能优势使得其开发强度相比于步行、马车时代有较大的提升，有轨电车沿线的土地进行了中等密度的开发，成为城市的繁华地带。

第二阶段：衰落阶段。20世纪中期以后，有轨电车逐渐走向衰落，主要有两方面的原因。一方面，二战的爆发使各参战国的有轨电车系统均遭受到严重影响和破坏，战后一部分城市的有轨电车由于各种原因未能得到全面恢复。另一方面，汽车制造技术的不断进步，带来汽车工业的全面发展，私人小汽车、公共汽车等路面交通工具开始逐步普及。此时，与有轨电车竞争的交通方式不再是马车交通，而是私人小汽车、公共汽车等汽车交通。相比于公共汽车，老式有轨电车不仅噪声大、机动性差、建设周期长、建设费用高，而且在速度、舒适度和灵活性方面也相形见绌；而私人小汽车快速、灵活、舒适的优点更是传统有轨电车望尘莫及的。与此同时，随着汽车的大量增加，部分城市道路出现了交通拥堵现象，汽车对有轨电车运行的干扰增加，有轨电车的运行速度、准点率下降，乘客开始流失，这也给经营带来极大困难。基于以上两方面的原因，传统有轨电车逐渐走向衰落，许多国家纷纷拆除老式有轨电车轨道，为汽车交通让路。美国到 1955 年 80% 以上的有轨电车线路被拆除，到 1977 年仅有 8 个城市保留了有轨电车；英国有轨电车在二战后仅剩 38 条线路，到 1962 年基本全部拆除；法国到 1971 年仅有 3 个城市保留了有轨电车；日本在 1951—1988 年共有 37 个城市、1140 公里的有轨电车线路被拆除。总体而言，20 世纪中期以后，有轨电车网络在北美、法国、英国、西班牙等地几乎完全消失。

第三阶段：复兴阶段。面对有轨电车的逐渐衰落，与美国、英国、法国、日本等国家大量拆除有轨电车线路的做法不同，东欧、西欧部分国家则采取了完全不同的策略，这些国家的城市对有轨电车线路进行了保留，并对传统有轨电车进行技术的现代化改造。经过工程技术改造、管理形式的变革和采用新型车辆的有轨电车交通系统，其客运量、安全性、运行速度等方面都得到了较大提高。与此同时，20 世纪 70 年代以来小汽车过度发展形成的以汽车为主导的交通模式所带来的能源危机、环境污染、土地紧缺、交通拥堵等问题日显严重，促使许多城市开始反思之前的交通政策，转向大力发展公共交通以解决城市交通问题。由于中小城市无法负担地铁的巨额投资，迫使人们开始重新考虑有轨电车。20 世纪 70 年代开始，西欧一些城市开始组织研究新的有轨电车系统，特别是 20 世纪 90 年代中后期，现代有轨电车在欧洲中小城市迅速复兴。1978—2005 年间，欧洲有数十座城市发展了现代有轨电车，目前规划和在建的现代有轨电车项目更是不胜枚举。

在有轨电车"新兴—衰落—复兴"的发展历程中，以 20 世纪 70 年代左右为分界线，有轨电车实现了从传统有轨电车向现代有轨电车的转变。据不完全统计，至今，全球有轨电车系统现有 400 多条线路，总里程达 4000 多公里，有轨电车总量达到 6000 多辆，每年客运量约 300 亿人次。欧美及澳洲已经有 130 多个城市建设运营有轨电车，规划及续建项目近百个，主要可以分为在原来有轨电车系统基础上加以更新的城市和新兴有轨电车系统的城市。前者如鹿特丹、南特、墨尔本等城市，有轨电车线均客运量达到 2.8 万人次／日，有轨电车系统在城市公共交通体系中发挥了重要作用，例如鹿特丹的 8 条有轨电车线已成为该市公交系统的重要组成部分。以现代有轨电车为代表的新兴有轨电车系统，从 20 世纪 90 年代中后期在西欧中小城市率先发展起来，目前虽然线路不多，但线均客运量超过了保留有轨电车系统的城市，发展潜力巨大。近年来，我国城市现代有轨电车的规划和建设急剧升温。2006 年以前，国内只有长春、大连、香港等城市运营有轨电车，且均由传统有轨电车改造而来。2006 年底，天津滨海新区开通国内第一条胶轮导轨有轨电车线路；2009 年，上海浦东新区张江开通国内第二条胶轮导轨有轨电车；2012 年 2 月，沈阳浑南新区有轨电车开工建设；2012 年 9 月，苏州高新区有轨电车开工建设；2012 年 12 月，南京麒麟有轨电车开工建设；2013 年 1 月，南京河西新城有轨电车开工；2013年8月，沈阳浑南新城有轨电车通车；2013年9月，珠海现代有轨电车1号线首期工程开工建设。另外，北京、重庆、武汉、广州、哈尔滨、深圳等一大批城市已在筹划建设现代有轨电车。以上海为例，上海计划建设1000公里左右的中运量公交系统，其中包括200~300公里的BRT和700~800公里的有轨电车系统。

有轨电车的规划建设在我国一些城市热火朝天地展开，这也带动了一些可能从未考虑发展有轨电车城市盲目跟风的热情，鉴于有轨电车建设运营的高成本，对于现代有轨电车大规模建设的热潮还是需要冷静思考。

1 有轨电车的规划建设需要设置刚性入门条件，并规范规划、审批、建设过程

国务院办公厅下发的《关于加强城市快速轨道交通建设管理的通知》（国办发〔2003〕81号文）为城市地铁、轻轨等城市轨道交通的规划、建设设置了一定的门槛，而有轨电车建设只需城市地方审批，无需国家发改委审批。对于城市决策者，面对有限的时间（任期约束）、有限的资金（财政约束），相比建地铁、轻轨，可能会倾向于建设能够在较短时间内通车的现代有轨电车，这也直接导致了我国城市有轨电车规划建设大干快上、突飞猛进的状况。发展有轨电车需要统筹考虑公共交通服务水平、客流效益、地区的经济发展水平和财务可持续能力，设置相应的财务能力和客流需求规模等刚性入门条件。另外，目前我国城市有轨电车的规划建设一般采用自上而下推动的模式：市委、市政府提出发展现代有轨电车的要求，相关区政府响应推动，并由市轨道办统筹有轨电车规划建设工作，结合主要职能部门提出的相关意见，通过市委、市政府决策，迅速上马示范线项目建设，并在最后进行网络规划的编制。由于缺少上层次综合交通规划的指导，有轨电车的规划建设基本是被动参与，难以明确其合适的功能定位。有轨电车的规划建设需要在合理的城市交通政策指导下纳入城市综合交通体系，统筹规划，协调发展。

2 有轨电车规划建设应充分发挥其对土地开发的引导作用

有轨电车的使用年限一般为20年，有轨电车的建设有利于带动沿线开发，对提升沿线土地利用价值和城市品质具有重要作用。规划建设现代有轨电车，必须考虑其高昂的投资成本和有限的运能，谨慎研究线路走向、路权保障、用地控制和制式选择，并需要研究和处理好规划与城市用地发展的关系，提出对沿线用地控制的要求。以香港新界有轨电车和上海张江有轨电车为例，香港新界有轨电车的高峰运能为1万人次/时，采用高地板轻轨车辆，大部分独立路权和交叉口信号优先，线路运送速度为20~25公里/时，有轨电车线路经过人口和岗位密集区，客流强度达到1.1万人次/公里；上海张江有轨电车的高峰运能为0.5万人次/时，采用100%低地板车辆和混合路权，线路运送速度为13~15公里/时，有轨电车线路经过低容积率的科技园区，客流强度仅为0.1万人次/公里。除去车型等因素，香港新界与上海张江有轨电车在客流量上的显著对比表明了有轨电车选线及沿线用地控制的重要性。目前我国大多数城市的有轨电车线路考虑在城市外围新城建设，如果不考虑有轨电车与沿线土地利用的统一规划，可能存在线路近期客流效益低的问题，并且对线路客流增长可能有过于乐观的估计，这都将对有轨电车的运营造成困难。在有轨电车规划建设时应充

分认识到供应能力的"中容量"不等于现实客流的"中运量",有轨电车线路两侧应保证较高的开发强度和人口、岗位覆盖率,并尽可能实现混合的用地功能。

3 在大运量公交走廊上将有轨电车作为过渡交通方式需要谨慎决策

目前一些城市考虑在远期需要布设大运量轨道交通系统的通道上初期建设有轨电车,并设想待客流达到大运量轨道交通系统建设标准后拆除有轨电车,改建大运量轨道交通。对于这种情况应给予特别关注,因为将有轨电车升级改造成地铁、轻轨等轨道交通方式代价巨大,必将引起广泛的社会影响,面对强大的社会舆论压力,决策者将会进退两难。

4 有轨电车技术标准和相关规范亟须尽快制定

目前对有轨电车的安全检测缺乏相关法规标准和监管机构,同时由于我国城市道路交通方式的多样性和复杂性,交通管理滞后,有轨电车的运营安全风险较大,制约了有轨电车在中国城市的应用。应该尽快完善配套标准和法律法规,制定有轨电车车辆管理政策、有轨电车驾驶人培训和驾照考试办法、交通事故认定办法。另外,指导有轨电车规划建设的规范或标准缺乏,目前具有直接指导作用的仅有《有轨电车技术条件》(CJ/T 5016—94)和《北京市现代有轨电车技术标准》(2010年2月)。其中,《有轨电车技术条件》(CJ/T 5016—94)是关于有轨电车车辆、轨道等基础设施技术指标的规范,与有轨电车规划相关的规范或标准仅有《北京市现代有轨电车技术标准》(2010年2月),部分具体内容还需要参考城市轨道交通或地铁的规范或标准。

5 有轨电车的建设需要统筹优化沿线交通系统

有轨电车的技术与性能不是问题,能否协调好与道路系统、小汽车、其他公交方式的关系是决定有轨电车能否成功建设和运行的关键因素。在公交系统内部,有轨电车绝不应该是独立的公交系统,应该明确其合理功能定位,处理好有轨电车与其他公交方式的关系,统筹协调,并及时做好有轨电车站点交通衔接规划。对于有轨电车与道路系统的关系,一方面,有轨电车的建设应体现公交优先的原则,在有轨电车走廊上应适当抑制小汽车的使用,对道路"占一还一"的做法不宜提倡;另一方面,现代有轨电车大多采用地面敷设方式,将不可避免地占用道路资源,与道路交通争夺路权,这将对道路交通带来一定的干扰。多数城市有轨电车的规划建设过于从有轨电车系统本身来考虑技术方案的合理性,忽视其对道路交通的影响分析,有轨电车的建设需要系统开展沿线交通组织,根据交通测试,采用合理的交通管理措施和分流措施,维持道路交通可接受的服务水平。

总之,对现代有轨电车的发展和规划应该对规划方案慎重决策,对走廊客流科学分析,对交通系统统筹优化。

(2014)

单轨交通热背后的冷思考

1 概述

近年来，城市交通需求快速增长与土地资源日趋紧张的矛盾逐步显现，并且人们对公共交通出行便捷性和舒适性的要求也越来越高，随之而来的就是一些城市对大中运量公交系统的呼声日益高涨，而大中运量公交系统中大部分为轨道交通系统。发展城市轨道交通对缓解城市交通拥堵，促进公交体系提档升级，提升公交服务品质具有重要意义。另外，轨道交通作为一个综合性产业，不仅包含了规划设计、装备制造、建设施工，而且其建设运营也会带来地产、商业、商务等相关产业，会对助推地方产业升级、提振地方经济产生巨大作用。在国家轨道交通产业发展政策、财政政策等相关政策的支持下，近年来我国各城市对轨道交通建设表现出极大的热情。根据相关统计，仅2015年由国家发改委批复建设的城市轨道交通线路总里程达到1148公里，比2014年增长了290%，项目总投资高达8147亿元；2016年，国家发改委与交通运输部联合印发《交通基础设施重大工程建设三年行动计划》，推动已批复的城市轨道交通项目开工建设，计划2016—2018年3年时间内城市轨道交通线路建设长度分别为1274公里、695公里、416公里，投资分别为9198亿元、4805亿元和2576亿元。

目前建设轨道交通的城市基本上都是直辖市、省会城市和中东部的计划单列市、副省级城市，这些城市人口规模较大、经济实力雄厚，并且先期建设线路都是其骨干线路，一般都采用大运量的地铁制式。按照城市轨道交通建设的基本条件（人口、GDP和财政收入）进行粗略筛选，目前我国具备建设城市轨道交通（地铁、轻轨）的城市仅有60多个，其他城市均不符合建设条件。而根据我国城市及其交通发展进程判断，我国城市轨道交通发展总体上仍处于初期阶段，在这些特大城市、大城市的骨干线建设高潮过去之后，将会迎来加密线和受人口、财政等约束的Ⅱ类大城市、中等城市轨道交通建设的热潮，考虑线路客流、财政能力等因素不太可能都采用大运量的地铁制式，迫切需要寻求其他适合城市自身发展需求的中运量轨道交通制式，这也得到了国家的政策支持。

国家出台了一系列政策文件鼓励和支持城市轨道交通多制式协调发展。2015年，国家发展改革委下发《关于加强城市轨道交通规划建设管理的通知》(发改基础〔2015〕49号)，提出"坚持'量力而行，有序发展'的方针，有序发展地铁，鼓励发展轻轨、有轨电车等高架或地面敷设的轨道交通制式。"并在随后下发的《关于当前更好发挥交通运输支撑引领经济社会发展作用的意见》(发改基础〔2015〕969号)中提出："鼓励具备条件的城市启动编制地面或高架敷设为主的轻轨系统规划，逐步优化大城市轨道交通结构。"轻轨、单轨、现代有轨电车等中运量轨道交通系统逐渐在国内一些城市得到应用，特别是近期单轨交通热潮的出现引起了专业技术人员和社会各界的广泛关注，2016年批复的《芜湖市轨道交通建设规划（2016—2020年）》中全系统采用跨座式单轨交通制式，另有中山、汕头、西安、邯郸、柳州等城市的轨道交通建设规划也准备采用单轨交通。如今在国内火热开展的单轨交通是如何发展而来，具有怎样的技术特性、适用性，在城市公共交通系统中适宜承担怎样的功能定位，还需要城市交通规划师、城市政府决策者、轨道交通制造企业共同冷静思考，真正实现城市交通的可持续发展。

2　单轨交通的发展历史

单轨交通的发展历史可以追溯至19世纪。早在1821年，英国人P. H. Palmer就开发了单轨交通，并因此而获得发明专利。1824年，在英国伦敦码头，铺设了世界上第一条运输货物的单轨交通，这比1825年开通的蒸汽机车牵引的铁道线路还早，当时采用木制轨道，用马牵引着前进。1888年，法国人查尔·拉里格（Charle Larligue）在爱尔兰建造了15.3公里的跨座式单轨交通，用蒸汽机车驱动牵引，最高运行速度43公里/时，从此有动力的单轨走向实用化阶段，直到1924年汽车工业的崛起这条线路停止运营。1893年，德国人奥根·兰根（Eugen Langen）发明了悬挂式单轨车辆，1901年在乌帕塔尔开始运营，长度13.3公里，其中10公里线路跨河架设，巧妙地利用地形在河流上空架设悬挂式单轨，这条线路至今仍在使用，成为城市的一个历史景观，并在交通系统中发挥着重要作用。

第二次世界大战后，随着科学技术的进步，单轨交通的技术逐渐成熟，轨道、车辆和通信信号设备都有了很大的发展，再加上单轨交通可以利用公路和河流上方空间，单轨技术受到一定的重视。1958年，出生于瑞典的德国工业家Axel Lennart Wenner-Gren研制出跨座式、混凝土轨道和橡胶充气轮胎的单轨交通制式，即目前所称的ALWEG型。后来，美国、日本、意大利等许多国家都建设了这种形式的单轨交通。1960年，法国的十几家企业在法国国营铁路和巴黎交通公司的支持下，合作研发成功了一种新型的悬挂式单轨交通，具有噪声低、耐候性强的优点，被以参与开发公司的英文字头命名为SAFEGE。单轨在日本得到了较大的发展，1960年，日本日立收购了ALWEG公司的跨座式单轨专利，并致力于在日本乃至全球推广ALWEG技术；1964年，日本东京建成跨座式单轨交通用以客运，到1972年日本颁布了"关于促进城市单轨建设的法律案"；80年代，日本大阪、千叶、北九州等多个城市规模化兴建单轨，其技术走向规范与成熟；无虚席至今，日本仍是世界上唯一拥有单轨路轨标准的国家。

经过一个多世纪的发展，单轨交通在国外从货运系统到游乐设施的基础上结合城市轨道交通技术逐步发展，目前在欧洲、美洲、日本、中国重庆均有一定规模的运营线路，其中以日本单轨交通系统发展最为完善，规模也最大，并仍作为城市公共交通的一种方式在不同城市建设。但相比于地铁等轨道交通方式，单轨多以单条线路或零散线路运行，规模也可忽略不计。从轨道交通发展的时间轴来看，比较先进的现代跨座式单轨在20世纪60年代才得以成型，而且早期的跨座式单轨主要作为游乐设施定位。自1863年世界第一条地铁在英国建成以来，至20世纪60年代欧洲、北美、日本的主要城市已基本建成较为完善的地铁、轻轨等方式的轨道交通线网，在这些城市单轨交通只是承担城市特定的客运服务功能，或仅作为轨道交通系统的补充和完善。而在后期一些城市轨道交通建设时往往会根据自身城市和交通特点考虑现代有轨电车等制式。在我国，目前一些城市主要关注其轨道交通骨干线路的建设，单轨交通进入人们的视野较晚，并且国产化发展也较晚。

目前生产跨座式单轨的公司主要有日本的日立（HITACHI）、加拿大的庞巴迪（BOMBARDIER）、瑞士的英特敏（INTAMIN）、马来西亚的斯谷米（SCOMI）、中国的比亚迪（BYD）等。其中，斯谷米和英特敏单轨主要为小运量轨道交通系统，适用于游乐园、机场、展区等客流量不高的区域。日立、庞巴迪和比亚迪单轨则属于中运量轨道交通系统，适用于通勤

日立单轨　　　　　庞巴迪单轨

斯谷米单轨　　　　比亚迪单轨

▲ 图2-13 主要单轨车辆类型

出行。我国最早引进的单轨交通系统是中车长客引进的日立单轨交通，并在重庆进行了应用，尽管近年来其国产化程度不断提高，但仍不具备全部系统自主生产的能力；2015年中车浦镇车辆厂引进了庞巴迪单轨交通，合作生产跨座式单轨，2016年批复建设的芜湖市轨道交通即采用庞巴迪单轨交通系统。2016年比亚迪公司也推出了自主研发的单轨交通系统。

3　单轨交通的技术特征

《城市公共交通分类标准》中城市轨道交通包括地铁、轻轨、单轨、有轨电车、磁浮、自动导向轨道、市域快速轨道7种制式，其中单轨交通系统分为跨座式和悬挂式两种，总体上悬挂式系统更加复杂并且应用较少，不在本文的讨论范围内，本文重点关注跨座式单轨交通系统。各种制式不同技术性能指标的比较研究已较多，在此不再赘述，只对其主要的优缺点进行简要分析。

（1）优点

单轨交通系统与其他轨道交通系统相比具有以下优势：

■ 占地面积少，空间利用率高

单轨可利用城市道路中央隔离带设置结构墩柱，圆墩柱直径约1~1.5米。跨座式单轨区间双线轨道结构宽度约5米，而地铁与轻轨区间高架结构宽度分别约为 8.5~9.0 米和 8.0~8.5 米，墩柱直径 2 米左右。

■ 爬坡能力强，转弯半径小，适应复杂地形

单轨车辆爬坡能力很强，在正线上一般选用不小于 100 米的曲线半径和不大于 6% 的坡度，在比较苛刻的极限条件下最大坡度可达 10%，并能通过半径为 30 米的曲线，容易适应城市多变的地形地貌和复杂的地理环境，可避免不必要的拆迁，从而可大量减少工程投资。

■ 振动小，噪声低，舒适度较高

单轨车辆采用了橡胶轮胎和空气弹簧转向架，在运行中降低了振动和噪音。据东京羽田单轨线的振动检测资料，当列车通过时，在轨道梁墩柱中心以外 10 米处测得的地基振动值为 0.1 毫米/每平方秒，比大型卡车低 2/3。单轨的噪音比地铁 B 型车略低，同样采用高架建设形式时，地铁的噪音以向上传播为主，最大噪音在高架上方 1.5 米处，而跨座式单轨的噪音传播以向下为主，最大噪音在高架下方 1.5 米处。

■ 施工简便，工程造价低，建设周期短

单轨交通标准轨道梁可在工厂预制，现场拼装，既保证了精度又便于施工，从而可缩短工期，一般建设期不超过 2 年。跨座式单轨交通项目的建设投资一般为 2.0 亿~2.5 亿元/公里，约是地铁的 1/3。

（2）缺点

单轨交通系统与其他轨道交通系统相比具有以下不足之处：

■ 牵引能耗大，运营成本高

橡胶轮胎的运行阻力较钢轮大，因而牵引能耗较大，满载情况下，采用橡胶轮胎的跨座式单轨交通系统的单位能耗约为普通钢轮钢轨的轻轨系统和现代有轨电车系统的 4~5 倍。橡胶轮胎损耗较大，使用寿命较短（橡胶轮胎约为 20 万公里，钢轮约为 100 万公里），更换轮胎的维修费用较大，并且废旧胶轮的处置也是难题之一。另外，单轨由于难以形成网络导致后期运营成本较高。

■ 道岔结构复杂，制约行车间隔

单轨交通系统的线路道岔结构比较复杂，道岔系统的性能直接影响线路的安全性、平稳性及运营效率，无论是制造精度还是机电控制以及安全可靠性都要求较高。

■ 对冰雪天气适应性差

一般认为橡胶轮胎的黏着力明显高于钢轮，但在冰雪天气下橡胶轮胎的黏着力会大幅度降低，反而明显低于钢轮，轨道梁上的冰雪容易导致列车打滑，日本单轨主要应用于中低纬度地区，曾出现在个别恶劣天气下车辆限速导致晚点，甚至停运的情况。已有公司采用在车辆头部安装除雪刷、喷洒融雪剂，以及在轨道梁上安装伴热带、加热电缆、防雪涂层等设施去除冰雪，起到一定效果，但也会增加建设成本和运营成本。

■ 防灾救援难度较大

单轨交通在高架段一般没有疏散通道或者平台的条件，列车在运行区间发生事故时救援工作比较困难。有横向救援、纵向救援和垂向救援等多种方式，但都存在一定不足，西雅图单轨、新加坡圣淘沙单轨曾发生单轨救援不及时影响疏散效率的情况。总体上目前国内还没有业界普遍认可的救援方式，救援问题没有得到更好地解决。

■ 无法与其他轨道交通资源共享

单轨交通系统在技术上和运营上与标准轨距的轮轨系统不兼容，不能与常规地铁、轻轨接轨实现共轨运营，无法实现资源共享。

4 单轨交通的功能定位

单轨交通作为一种中运量轨道交通系统，自身的优缺点决定了其相对明确的功能定位和适用范围。

（1）特大城市、大城市轨道交通线网中的衔接线或加密线

特大城市和大城市轨道交通系统中以地铁作为公共交通的主体或者骨干，承担城市主要客流走廊的交通出行需求，实现运送能力的匹配。单轨交通高峰小时单向最大断面客流量10000~30000人次/时的运能，可以作为联络线，承担机场、铁路客运站、码头等对外交通枢纽中心的客运集散通道功能，尤其是机场，多数建在距城区约10~30公里的外围地区，其中大多数是从市内到发机场，出行目的比较单一，乘客对交通服务质量尤其是时间可靠性要求较高，希望得到快速、准点、安全、舒适的交通服务。单轨交通是这种类型较理想的交通工具之一，可有效发挥城市综合枢纽的客流集散和换乘功能。如日本羽田机场离市中心约19公里，修建了一条13.1公里的单轨交通线，提供高效集散的交通方式。也可以承担中心城区和外围郊区、新城镇通勤通学功能，特大城市外围建设大型住宅区和新城镇，初始阶段职住很不平衡，对于中心城区的依赖还很大，快捷便利的交通联系成为新区开发建设的关键。选择中等运量的单轨交通占用较少的道路资源，投资经济，能有效支撑城市空间外拓，解决外围大型住宅区和新城镇的通勤通学问题。

（2）中等城市、大城市外围新城的骨干线

中等城市和大城市外围新城城市人口、财政资金有限，客流量通常达不到修建地铁的建设标准，从节约投资和选型的合理性方面考虑，可以选用中等运量的单轨交通系统，适宜采用高架形式，对于道路两侧开发强度不大的中等城市而言，可以凭借爬坡能力强、通过曲线半径小、线路设计灵活等特点因地制宜，新城可以将规划道路与高架形式的单轨交通系统线路同步实施，承担公共交通系统的骨干作用。

（3）城市风景观光旅游线路

跨座式单轨是高架线路景观影响最小的一种轨道交通制式，除承担交通功能外，它自身也是一道流动的风景线，同时，乘客在车内也可观看城市沿线风貌，具备观景功能。国外许多城市将跨座式单轨应用于景观要求很高的繁华商业区和风景区，如拉斯维加斯、迪拜棕榈岛、日本冲绳、美国迪斯尼、日本迪斯尼、新加坡圣淘沙等。

（4）适应地形地貌需要的特殊线路

跨座式单轨对地形地貌良好的适应能力适合重庆这样地形复杂的城市，其具有较大的爬坡能力和较小的转弯半径，由于受到特殊地形、道路条件的限制，没有条件建造传统高架轨道，单轨交通能适应城市地形条件和道路状况的要求，可以在选线时大大减少征地拆迁等工程量，节省工程投资。

（5）客流密集地区内部的循环线路

可以在大型社区和商业网点之间形成循环线路，成为大型社区、组团的内部交通主动脉，与城市快速轨道交通形成客流喂给。这类功能线路对于运量和速度要求较小，在尺度较小的区域，单轨小转弯半径和低噪声都相对具有优势。

5 单轨交通的发展思考

（1）统筹考虑，规范审批

在单轨交通如雨后春笋般发展的情况下，还是需要先从城市总体规划、综合交通规划出发在顶层设计层面思考城市轨道交通发展模式，强化引导管理，明确单轨交通作为中运量公交

的合理定位，促进城市轨道交通多模式协调发展。

单轨交通建设周期较短，城市决策者能够在有限的任期时间和有限的财政资金约束下实现城市轨道交通从无到有的突破，这也是一些地方政府积极快速推动单轨交通建设的热情所在。目前国家批复的单轨交通建设规划有重庆和芜湖的单轨交通，从重庆及芜湖单轨交通的审批流程看，单轨交通一般参照轻轨系统审批，按照国办发〔2003〕81号文件，申报轻轨的城市应满足地方财政一般预算收入在60亿元以上，国内生产总值达到600亿元以上，城区人口在150万人以上，规划线路客流规模达到单向高峰小时1万人以上。目前中山、汕头、西安、邯郸、柳州等城市编制的轨道交通线网建设规划都拟采用跨座式单轨系统，并有城市经过省级部门批复先行建设试验线，在简政放权背景下，未来单轨交通建设规划审批有可能下放到省级，但目前仍应遵从相关政策文件要求在国家层面批复。

（2）因地制宜，谨慎决策

结合单轨交通的功能定位，在以地铁为主体的特大城市、大城市公交系统中，单轨可以承担城市外围新区线路和风景观光旅游线路的功能，在高峰小时单向断面客流量小于3万人的外围区域建设，投资及运营更加经济。在未满足地铁建设标准的大、中等城市中，可以选用轻轨或者单轨作为城市公共交通系统的主体，承担主要客流走廊服务功能，高架线路设置减少道路交通的压力，具有较高的运营效率，地面开行轻轨或有轨电车系统在城市发展远期难以适应需求。在道路建筑限界较小，环保景观等方面不满足设置高架要求，必须地下敷设时，需要综合比较轻轨和单轨的经济性、技术性和运量需求进行选择；只有80%~90%具备高架建设条件的情况下，才能发挥单轨交通投资经济的优势。轨道交通作为城市基础设施建设的百年大计，需考虑客流匹配、时空目标、敷设方式、景观要求等因素，综合谨慎决策。

（3）完善标准，推动国产

基于重庆的跨座式单轨交通工程，国内已建立一套跨座式单轨的规范标准，国家标准《跨座式单轨交通设计规范》《跨座式单轨交通施工及验收规范》及建设部行业标准《跨座式单轨交通车辆通用技术条件》已分别于2008年、2009年正式颁布实施，填补了国家及行业标准的空白。重庆有丰富的跨座式单轨交通运营、检修、维护、应急、救援等运营管理经验，制定了数百项规章及规程，构建了跨座式单轨交通运营管理标准体系，为安全、高效的运营维护及应急救援等管理工作提供了有力的保障。建议进一步引进其他单轨技术，完善和提高国产化制造水平，对原相关规范标准进行补充、调整和完善，更好地指导跨座式单轨的推广和建设。

（4）积极研发，带动产业

国内相关企业、高校、科研院所完成了跨座式单轨交通领域众多关键技术研发及产业化的突破，总体达到国际先进水平，其中车辆牵引、盘型制动、新型车载ATP（列车自动保护）、平移道岔等核心技术达到国际领先水平。重庆依托其强大的工业基础和竞争力，依托轨道交通2、3号线工程建设及跨座式单轨交通关键技术研发，规划、培育并形成了重庆跨座式单轨交通装备制造产业基地及产业链。根据比亚迪官方宣传资料，比亚迪研制的"云轨"在电池、全铝轻型和流线型车身设计、储能系统、永磁轮边直驱电机、轻量化车体、单轴转向架、能量回馈及通信系统和无人驾驶技术等方面得到突破。我国城市轨道装备制造业已具备完整的产业链，单轨交通产业也在逐步推广和发展，各地方政府应统筹考虑城市各方面的发展需求，分析单轨交通在城市的功能定位和建设时机，不应单纯为了引入单轨产业而建设基地，草率上马单轨交通项目。

（2017）

▶ 边缘化的市郊铁路不再边缘

长期以来，市郊铁路一直是被边缘化的线路，尽管相关呼吁和前期研究从未间断，但结果并不理想，仅有为数不多的几条真正意义上的市郊铁路在勉强维系运营。与日本、美国、西欧国家相比，我国的市域（郊）铁路发展存在明显短板。2017年6月28日，国家发改委等五部委发布的《关于促进市域（郊）铁路发展的指导意见》（发改基础〔2017〕1173号）在国家层面首次将市郊铁路的发展正式提上议程，掀起了社会广泛的热议和讨论，不出意外，市郊铁路或将成为"十四五"国家交通基础设施投入的重点之一。但市郊铁路发展从此是否就意味着一马平川、正当其时、大干快上呢？答案是否定的，市郊铁路发展是循序渐进、因地制宜的。我们必须对市郊铁路的发展和存在瓶颈问题有着充分、客观的认识，回到如何策应新型城镇化的发展，如何支撑市域空间的协调发展和如何适应客流需求规律的根本出发点上来。下面，笔者结合江苏省市郊铁路的发展实际，从几个方面阐述发展面临的现实问题和带来的挑战。

1 制式选择

市郊铁路的制式及技术经济特征与其功能定位、辐射范围、客流需求等因素相关，应满足中心城市与周边城镇1小时通勤圈的要求，因此运营速度是关键。目前江苏省已建的宁天、宁高、宁溧城际等市域范围的轨道交通线路基本按照城区地铁制式建设，运营时速仅为40～60公里左右，相比小汽车60～100公里时速，在80～100公里出行范围内难以具备竞争优势。即便如此，在宁镇扬一体化发展背景下呼之欲出、即将建设的宁句城际，建设主体为南京地铁集团，考虑到成熟的施工技术、车辆制造产业和一体化的运营，地铁制式仍成为最终的选择。到这里不得不说，市郊铁路制式选择的核心要素绝不仅仅是其功能定位，而牵扯到与轨道交通相关联的庞大的地方产业。当然，采取地铁制式的市域铁路为将来与城市轨道交通的共轨运营提供了良好条件，但仍不得忽视市郊铁路建设的初衷和昂贵的地铁工程造价，孰利孰弊还有待时间来验证。笔者认为，市郊铁路建设首先应满足都市圈或城市群内部1小时交通圈构建目标，设置站距在3～5公里左右，运营时速达到60公里及以上，以此合理选择市郊铁路的制式，打破画地为牢、行政区经济的格局，切实面向新型城镇化的建设要求，促进大中小城市和小城镇的协调发展。

2 客流需求

以城市为出发点，客运活动城市外围的地理空间上呈现圈层性，表现为3个层次：市域内部、不同城市和地区之间、跨区域之间。在轨道交通体系范畴内，市郊铁路所对应服务于第一个出行空间层次，第二个层次为城际铁路，第三个层次为国家高速铁路，与城市内部的轨道交通线路共同形成完整的轨道网。市域范畴内，特大、大城市的郊区化是城市发展一定阶段后的客观规律和必然趋势，其住房不足，产业和人口具有较强的向外寻找空间的需求。在此背景下，市郊铁路串联特大、大城市中心城区与周边县城、重点镇、特色小城镇、旅游景区等，有利于发挥地缘经济效应，推动小城镇发展与疏解大城市中心城区功能相结合、与特色产业发展相结合，加之在级差地租、产居分离、职住分离的影响下形成了跨区通勤客流需求，因此应构建具备多方式、多通道、高频次的同城化交通体系。市郊铁路作为基本出行保障的大容量公共运输方式，需满足当日多次往返、公交化运营、低票价等特点。同时，其高集聚、集约化、大运量的方式特点，要求客流需求应达到一定的规模能级才能保障线路的运营。在城市由高密度向郊区外围低密度转变过程中，沿线节点若未能充分发挥交通与土地利用深度融合的理念，市郊铁路的客流强度和规模将难以提升。因此，市郊铁路发展应注重培育客流需求与引导轨道站点周边用地TOD综合开发的良性互动。

3　建设运营

不管是高速铁路还是城市轨道交通，均为带有国民福利性的交通出行方式，市郊铁路同样也不例外，但其建设运营的巨额投入谁来买单，谁来作为福利的发放者？以南京市为例，市域轨道S1线和S8线两条线路里程长，但客流强度和效益普遍不高，分别为0.18万人/（日·公里）和0.22万人/（日·公里），导致了线路运营亏损较为严重。在2014年之前，南京地铁是全国唯一盈利的地铁，但随着客流量小的市郊线路的开通，运营成本大幅增加，地铁从盈利转为亏损。可见南京采取的是通过城市地铁的盈利来补贴外围市郊线路。再以北京市为例，2008年，与铁路部门合作利用京张铁路开通了西直门至延庆的市郊铁路S2线，全程82公里，定位为市郊快速通勤铁路运输系统。但实际运营客流量一直不理想，加之发车班次少，运行时刻表经常调整，客流量日趋萎缩。尽管政府将线路亏损纳入市财政补贴，全程票价从23元降到6元，但乘客使用不便捷，没有较好地起到通勤保障和分流转移人口的作用，政府面临着通与痛的尴尬抉择。因此，市郊铁路是把双刃剑，一方面其建设对改善城市人居环境、优化城镇空间布局、促进新型城镇化建设具有重要意义；另一方面也是一个烫手山芋，巨额的建设成本和后期的运营费用若缺乏充分论证和评估，将成为政府长期的负担。

4　结语

针对近期市郊铁路的热点话题，笔者从制式选择、客流需求和建设运营3个方面浅显地阐述了面临的一些现实问题和挑战。但办法总比困难多，在制式选择方面已有中国南车集团、中国铁路设计集团（铁道第三勘察设计院）等联合体设计研制推出为市郊铁路量身打造的车型和轨道系统，为制式选择提供了更多的选择；客流需求方面，市郊铁路在20世纪60年代至80年代，我国市域铁路客运量曾占到铁路总客运量的20%以上，核心是哪里有吸引力人就会到哪里；建设运营方面，国内外市场化的经验和成功案例相对比较成熟，如市郊铁路建设与房地产开发相捆绑，就看如何"西为中用"。最后，支撑新型城镇化的发展，交通手段只是一招，还有待出台促进特大、大城市周边中小城市、城镇发展的配套政策（如户籍制度等）方能蓝图成真。

（2017）

▶ 加强轨道交通与常规公交衔接，提升公交优先发展质量

2010年10月22日，国务院法制办公布了《城市公共交通条例（征求意见稿）》，明确提出国家应当加大资金投入，确保城市公共交通在城市交通中的主导地位，这将为城市公共交通优先发展进一步提供法制上的保障。而积极发展轨道交通，正在成为落实公交优先发展战略、解决城市拥堵难题的一项重要措施。截至2009年底，我国城市轨道交通运营线路长度达到1011公里（不含港台地区），预计到2015年前后，中国城市轨道交通线路将达到87条，运营总里程将超过2500公里。

作为一种大运量的客运交通工具，城市轨道交通主要承担中长距离的出行，提供的是站与站之间线形走廊的快捷服务，其集疏能力往往和与之接驳的各种交通方式的衔接便捷性有关。而常规公交与轨道交通之间存在一定的既合作又竞争的关系，如果两者之间的关系处理不好，往往会制约整个城市公交系统效能的发挥。因此，加强轨道交通与常规公交的一体化换乘衔接对于城市交通的可持续发展具有十分重要的意义。

轨道交通与常规公交的一体化衔接主要是指轨道交通与常规公交之间形成高度的协调整合，成为相互配合的一个整体，使乘客以尽量少的时间和距离，安全、便捷地实现在轨道交通与常规公交方式之间的换乘。一些发展国家或地区在这方面为我们提供了很多成功的经验：（1）网络一体化。如新加坡将公交线路运营权及线路规划权外包给各家公交公司，在陆路交通局的统一管理下有序发展，为了避免轨道交通公司与常规公交公司争夺客流而产生的矛盾，围绕各条轨道交通线路将城市划分为若干个轨道交通与常规公交一体化发展的区域，在各区域内轨道交通与常规公交由一家公司来运营管理，有效地避免了常规公交与轨道交通不合理竞争造成的公交网络效率的下降。（2）换乘一体化。日本轨道交通站点与常规公交的衔接也是非常成功的案例，大多数站点将地铁出入口与大型公交枢纽站直接相连，或者通过建筑垂直布局形成立体换乘，另外最普遍的做法是在地铁的出入口附近设置公交换乘车站，通常公交车站距离地铁出入口的距离在100米之内。（3）票制票价一体化。票制票价的一体化也在轨道交通与常规公交的衔接中发挥着重要作用。如香港，采用现代化的电子收费技术和"智能卡"系统实现轨道交通与常规公交之间的一票换乘，这样对运营商和乘客都有益处，降低了公交线路之间的换乘票价，在不对换乘乘客进行额外收费之后，公交的运营变得更有效率。

轨道交通与常规公交的一体化衔接是多方面的，通过对各城市发展经验的借鉴，笔者认为要实现轨道交通与常规公交之间的"无缝"衔接，需要从网络衔接、设施衔接、运营衔接3个层面予以重点强化。

1 网络衔接

良好的网络衔接是轨道交通与常规公交一体化衔接的前提。城市轨道交通一般建在城市的主要客流走廊上，以服务于中远距离客流为主，常规公交则运量小，机动灵活，以中、短途客流为主；轨道交通并不能通达城市的每个角落且线路具有固定结构，呈现刚性布局特征，常规公交线网呈现弹性布局特征，可调性较强。而一般城市都是先有常规公交，后兴建轨道交通，因此为了使轨道交通与常规公交协调衔接，有必要对常规公交线网进行整合优化。在功能上，常规公交需要向扩展轨道交通服务范围、弥补走廊客运能力不足和为轨道线路集散客流的方

向转化。通过整合优化可以避免两者的不良竞争，既发挥轨道交通大容量、快速、准点的优势，也体现常规公交覆盖广、票价低、乘坐方便、线路灵活等特点，从而形成多层次、功能明确、分级清晰的城市"大公交"系统。

2 设施衔接

无缝的设施衔接是轨道交通与常规公交一体化衔接的保障。换乘设施是提高公共交通运行效率及服务水平、增强公共交通吸引力和缓解城市交通拥堵的重要基础硬件。换乘枢纽既是客流的聚集点，也是车流的汇聚地，对于换乘枢纽内的各种衔接设施的布局、规模和形式，应该按"以人为本，便捷科学"的原则和"方便乘客换乘，提高换乘效率"的目标来规划设计。对于常规公交直接在路上停靠的情况，路面大量公交客流因需要换乘城市轨道交通，使得附近交通较为拥挤，为避免密集的地面交通受客流过多干扰，应设置地下步行通道或地下步行广场与城市轨道交通枢纽相衔接。此外，除了换乘设施，信息诱导设施的布设也是非常重要的，包括线路及车站识别性标识、方向性标识、说明性标识、警告性标志以及信息图等，以进一步确保乘客进站、乘车、下车、离站整个过程均能顺利、安全地完成，提高换乘的便捷性与舒适性。

3 运营衔接

有机的运营衔接是轨道交通与常规公交一体化衔接的关键。一方面，通过一体化票制票价策略的制定鼓励乘客使用多种公共交通方式，最大限度地方便乘客换乘，吸引出行向公共交通转变；另一方面，要加强常规公交与轨道交通的调度衔接，做到时刻表与时刻表、能力与能力的对接，减少乘客的等待候车时间，保证乘客换乘过程中出行时间的连续性、顺畅性，实现真正的"无缝"换乘。

（2010）

▶ 给港湾式公交车站打问号

为解决公交站点引起的道路交通流延误和拥挤问题，广州自20世纪90年代中期以来开始采用港湾式公交站。按照《城市公共交通工程术语标准》（CJJ/T 119—2008）对"港湾式车站"一词做出的释义，"港湾式车站指运营车停靠时不占用行车道的车站"。一般情况下港湾式公交站是在直线式站台的基础上以弧形向慢车道或人行道内凹形成，又分为浅港湾和深港湾两类，如图2-14所示。随着对公交优先发展的日益重视，港湾式车站也逐渐在各级城市中广泛使用。但近来港湾式公交站的实施效果却颇受质疑，也有学者提出"港湾式公交站不是公交优先措施"的论调。笔者结合这些质疑对相关文献做了一些整理和解读，与读者一起来给港湾式公交站打问号。

首先来看看国外对港湾式公交站的认识情况如何。英国伦敦发布的《ACCESSIBLE BUS STOP DESIGN GUIDANCE (2006)》（《易达式公交站点设计指南（2006）》）开宗明义地表明了对港湾式车站的态度，为了不曲解原意，摘录原文如下——"Bus bays (or lay-bys) present inherent operational problems for buses and they should not be used unless there are compelling safety or capacity reasons."（作者意译：港湾式车站产生固有的公交车辆进出站不便问题，除因安全因素和道路通行能力约束外不应采用。）此外，还对港湾式公交站改为普通公交站后的公交车辆进出站情况做了观测对比，实验结果主要有以下几点：（1）改为普通公交站后，车辆进站停靠时能够更靠近路缘石；（2）由于车辆进站更靠近路缘石，减少了乘客步入行车道上下车的几率，在案例研究中这一比例从3%~24%降至1%，这加强了步行与公交站点的衔接，尤其对残障人员上下车更为有利；（3）乘客上车更节时，在案例研究中乘客上车时间减少了12%~32%；（4）公交车离开车站时延误减少，在案例研究中这一比例约为3%~13%；（5）总体来说，在道路饱和度为50%的道路上公交车辆平均延误减少了2秒，在道路饱和度为70%时减少了4秒；（6）相比港湾式站点，直线式停靠可以减少停车时刻偏差，95%的公交车辆停车时间波动范围减少了4秒，这有助于提高公交车辆全程运行的时间可靠性；（7）社会车辆在公交站点的非法停靠减少了69%~83%。从报告的研究结果中可以看出，改港湾式车站为普通车站后确实给公交乘客带来了便利，最大的获利是延误减少、可靠性提高，但的确也会给道路的其他使用者带来不利影响，包括公交停靠引起的车辆排队延误等。如果从公平的角度来讲，是否设置港湾式车站要取决于对道路使用者总体利益的权衡，如果改港湾式车站为普通站后公交乘客的总体受益多于对道路其他使用者的不利影响，那么改造何尝不是有道理

▲ 图2-14　浅港湾式与深港湾式车站示意图

的呢？伦敦案例研究报告还指出，设置港湾式车站所引起的受益和受损关系主要取决于道路交通流量和道路宽度，虽然并没有给出港湾式车站的设置标准，但是至少可以认为，设置港湾式车站本身受益最大的就是道路的其他使用者。除了英国伦敦外，其他国家或地区对港湾式车站的态度也颇相似，如澳大利亚悉尼官方发布的《STATE TRANSIT BUS INFRASTRUCTURE GUIDE》(《国家公共交通基础设施设计导则》)中指出："Bus bays should not be used where a bus will be delayed in re-entering the traffic stream. Acceptable gaps must be available in the through traffic lane so that the bus can re-enter the traffic stream."（作者意译：当公交车辆出站后重新汇入道路车流有困难时不应设置港湾式车站；道路中的直行车流必须要有可接受的车头间距以便于公交车辆出站并汇入车流）。美国佛罗里达《DESIGN HANDBOOK FOR FLORIDA BUS PASSENGER FACILITIES》(《佛罗里达公共交通设施设计手册》)中提出了设置港湾式公交站的建议条件："areas characterized by high traffic volumes and traffic speeds of up to 40 mph……"（作者意译：港湾式车站宜设置于道路交通流量大、车速达到40英里/时的道路上……）。印度《A GUIDE TO STREET DESIGN IN URBAN INDIA》(《印度城市街道设计导则》)中则指出"Bus bays are to be avoided. ……Ideally, a raised bus stop is integrated with the footpath and other raised elements so that passengers can reach the stop and board the bus directly from the footpath—without needing to step into the carriageway."（作者意译：应避免采用港湾式车站。……理想情况下，公交车站应该抬高至与人行道同一平面并进行一体化设计，以便行人可以直接从人行道上车而无需步入车行道）。我国某市政府网站上有网友反映"港湾式公交车站不起任何作用"，官方回复中在谈到产生问题的原因时也基本与国外类似——"一是部分公交车司机遵章守法意识不强，为求省事不进港湾式车站上、下乘客；二是港湾式公交车站属于敞开式站亭，直接面对马路，部分乘客为能尽快上车直接在马路边缘候车，造成公交车辆无法进港停靠；三是因当初建筑设计缺陷，造成部分港湾式车站站台过窄，候车亭遮阳板伸在站台外面，致使公交车辆不能完全进港停靠；四是部分机动车和非机动车辆驾驶人员交通意识淡薄，以己为先挤占港湾式公交站点，造成公交车辆无法进港停靠。"看来不仅是专家，就连普通民众也看出了港湾式车站在使用中存在的问题了。

纯粹的"拿来主义"最容易导致"走自己的路，重复别人的错"。单从港湾式车站对进出站造成的不便、公交车造成的延误以及给予小汽车的便利而言，至少可以认为"港湾式车站不是公交优先发展措施"的命题是不无道理的。一些城市要求新建道路均设港湾式车站、所有双向六车道道路均设公交专用道的"一刀切做法"明显是犯了"拿来主义"的错。笔者经常乘坐公交车，公交车辆进站不充分、不靠边停靠是司空见惯的事情（如图2-15所示），多数乘客通过行车道上下车，高峰时车辆出站也面临困难，看来国内那位网友说"港湾式公交站点起不到任何作用"的言论并非夸张，是一个客观存在的事实。这些问题似乎与上面文献中提到的英国、澳大利亚、美国、印度所反映的情况差不多，如果这些是普遍存在的问题，单纯归咎于公交司机和乘客的不文明行为就勉为其难了，我们更应该考虑是不是港湾式车站的设置本身就是问题所在。英国伦敦在经过对港湾式车站的一番调研之后，最后决定"TfL（Transport for London）will aim to fill in all bus stop lay-bys in the

▲ 图 2-15 公交车辆停靠港湾式车站实拍

urban environment where the speed limit is 30mph or less, providing there are no prevailing safety issues."（作者意译：TfL 计划对市区 30 英里时速限制的道路上所有港湾式车站进行填充处理，除非存在突出的安全问题。）此外，伦敦还提出了对其他港湾式车站的改进措施，图 2-16 为半填充式港湾式车站，主要弥补公交车进港湾不充分这一"固有"问题，通过对常规港湾式车站的适当修改使得车辆进站时更靠近候车区，以方便乘客上下车。不禁再一次感慨，在我们大张旗鼓地搞港湾式车站时，人家却开始填充不用了。任何理念、技术、方法的引入在使用之前都首先需要辨清其适用范围，港湾式车站仅仅只是一个案例，我们需要反思的是，还有多少是直接拿来就用却未必合适的呢？

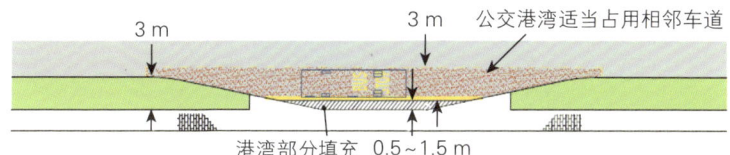

▲ 图 2-16 部分填充式港湾车站

（2012）

绿波控制方法的公交化应用

绿波是指车流沿某条主要路线行进过程中，连续得到一个接一个的绿灯放行信号，畅通无阻地通过沿途所有交叉口，在交通流中低饱和的情况下，进行路段绿波协调控制优化设计可以有效降低延误和停车次数。

1 经典绿波模型

20世纪七八十年代Little J.D.C.提出的MAXBAND模型可以看作是绿波模型的鼻祖，后续相关MULTIBAND模型、PASSER软件包均是在其基础上优化调整而来的。其核心思想保持一致，即将绿波优化控制问题转化为混合整数线性规划模型，建立绿波相关约束条件，通过分支定界等成熟算法和软件进行求解，主要包括以下4个步骤：

（1）构建时空图

以时间长度和空间距离构建关于信号控制交叉口和绿波系统的二维时空图，在图中对应位置标注出所有与绿波优化控制问题相关的参数，包括未知需要求解的参数和已知可以代入计算的参数。同时，时空图需要清楚地表现出各参数的时间维度属性，各参数之间的相互时间和位置关系。

（2）设计约束条件

在完成时空图绘制的基础上，根据时空图中各参数时间空间属性，推导出各相关参数之间的约束条件，即推导出各相关参数之间的不等式关系。在推导约束条件时，应将非线性约束条件通过一定的方法转化为线性约束条件，从而保证所有推导出的约束条件为线性。对于绿波问题，通常的做法是将所有时间参数的单位转化为周期的倍数。

（3）甄别变量

绿波算法的变量繁多，需要将变量进行甄别，区分出事先可以求得的已知变量和需要求解的未知变量。对于已知变量，需要在模型构建前通过相关方法进行求解，而对于未知变量，如有取值范围则需要先行进行约束，具体数值或者范围则需要在模型求解后获得。一般绿波问题信号控制交叉口的相关参数为已知变量，即背景的信号控制方案一般已知。

（4）模型构建求解

选取合适的线性规划目标函数，以步骤（2）中推导出的相关参数不等式为约束条件就建立混合整数线性规划模型，代入已知变量，通过一定的线性规划算法对未知变量进行求解。通常情况下，经典绿波算法以获得最大的绿波带宽或者最大的加权绿波带宽作为目标函数，对模型进行求解。

2 公交绿波前置条件设置

与经典绿波算法研究的对象不同，公交绿波需要将公交车辆从总体交通流中提取出来，因此算法首先需要对交通系统相关基础设施和运行特征提出一些合理的前提条件：

（1）设置公交专用道

在系统上行和下行方向都必须设置公交专用道，保障通行的公交车辆与社会车辆分道行驶，不产生相互干扰，从而形成两个相对独立的绿波系统。

（2）设置符合要求的公交停靠站

根据不同的公交专用道设置形式，设置相对应的公交停靠站，使公交车辆驶入驶出停靠站时不与社会车辆产生相互影响。

（3）不设置单独的公交信号相位

不需要设置单独的公交相位，从而可以在不影响原有交通组织的基础上最大限度地优化两种绿波系统,提高整体交通流的运行效率。

3 公交绿波两种不同的设计思路

（1）分段式设计思路

经典绿波算法及其改进算法中绝大部分都是以双向绿波带宽最大或者考虑各种权重关系的双向绿波带宽最大为目标函数，从而建立相关的混合整数线性规划模型进行求解。以绿波带宽的相关表达式作为目标函数，即可以通过信号协调控制最大化的拓展车辆通过的时间窗口，当交通饱和度较低，通行需求较小的时候，这个时间窗口可以几乎容纳所有通行车辆；而当交通饱和度逐渐提高，通行需求接近甚至超过绿波带宽的时候，这个最大化的时间窗口也可以容纳尽量多的通行车辆，从而提高交通系统的运行效率。其明显的不足表现为：绿波的带宽受信号控制交叉口数量和交叉口绿灯时间的影响较大，当信号控制交叉口的数量达到一定程度之后绿波的带宽会急剧下降，甚至接近于0。

遵循经典绿波算法的核心思路，同时充分发挥公交系统公交站台的节点特征，可以提出分段式绿波的设计思路：以绿波带宽的相关表达式作为目标函数，以信号控制交叉口的聚类分组作为基础，减少信号控制交叉口的相对数量，限制瓶颈绿灯时间的影响，在此基础上进行组别内部和组别之间约束条件设计，提高各组别的公交车辆绿波带宽同时有效的衔接各组别公交车辆绿波。

（2）整体式设计思路

对于公交系统的通行需求可以由两部分组成：第一部分是根据线路数量和发车频率等因素计算推导出的正常的交通通行需求，即能服务覆盖所有公交车辆通行的最小绿波带宽值；第二部分则是由于公交系统诸如停靠时间等相关参数的波动性和其他一些异常情况而引起的正常公交通行需求的波动性，从而造成超出正常公交通行需求的异常溢出需求。为满足这部分的溢出需求，需要在最小绿波带宽基础上给予额外的绿波带宽分配。因此，可以假设这样一种情形，即公交车辆绿波系统能够创造的最大绿波带宽值不仅能够覆盖满足公交车辆的正常通行需求和溢出需求，同时还能有一定的富余带宽。这种假设的情形对于公交车辆绿波系统是很容易实现的：相对于社会车辆通行需求较强的随机性，公交车辆由于拥有固定的发车频率和线路走向、数量，公交车辆的通行需求是可以提前获知的；同时，相对于社会车辆的交通流量，公交车辆系统的交通流量也是相对固定且数值较低的。在假设的情形中，由于公交的通行需求已经能够被完全满足，公交系统对于富余的绿波带宽利用效率会急剧下降且造成不必要的带宽浪费；同时，由于公交车辆绿波系统和社会车辆绿波系统之间的相互约束关系，公交系统绿波富余带宽的存在必然会对社会车辆系统的绿波产生负面影响。因此，当这种假设条件出现时，可以考虑不再追求绿波带宽的最大化，而去寻找更为合理的建模思路和更有效率的模型目标。

当公交车辆系统有富余绿波的情况，不再追求绿波最大化，而将绿波带宽作为约束条件，提出整体式的绿波设计思路。同时，为增加模型的灵活性和扩大最优解可行域的范围，将公交车辆行程时间作为可变参数组合代入模型进行求解，在此基础上以理论行程时间最短的目标函数使得模型的最优解可以有效地提高公交车辆通行效率。整体式方法最优解中的行程时间是行驶速度和停靠时间的可变组合，可以调整这两者的取值，满足不同的公交通行需求。

4 公交绿波鲁棒性相关设计

行程时间的随机波动会对干线信号控制协调方案的实施效果产生不良影响，相邻信号控制交叉口之间公交车辆的行程时间是由两部分组成的：第一部分包括了公交车辆在路段上匀速行驶以及在驶入驶出公交停靠站的加减速过程，这一部分主要与公交车辆的平均行驶速度、加减速速度相关；第二部分则是公交车辆在公交停靠站的停靠时间，这一部分的影响因素众多。由于公交专用道及其配套的公交停靠站的存在，同时通过公交系统本身的运营调节，可以使得公交车辆的平均行驶速度相对稳定，而公交车辆加减速速度主要与车辆机械原理相关，因此也较为稳定。而对于停靠时间，其影响因素和相关机理都较为复杂，随机波动性较强。另一方面，Li J.Q.（2014）证明了在一定的前提下，通过MAXBAND模型求解获得的最优解不是唯一的。

（1）枚举算法

根据基础模型最优解不唯一这一特性，可以得到一种设计思路：设计一种有效的算法枚举出所有可能的最优解，选取合适的目标函数对所有可能的最优解进行对比分析，最终选取鲁棒性能最好的信号控制配时方案。

（2）基于情景集合的改进方法

用停靠时间的情景集合模拟可能的停靠时间波动，将所有的情景作为模型共同的约束条件，每一个假设的情景均可以作为一个独立的公交系统，设计合理的约束条件最终到达在同一个信号配时方案下，所有的情景都有各自的公交绿波系统，同时考虑由于不同情景下相关约束条件对社会车辆绿波系统的影响，在此基础上选取合适的目标函数，其能够综合考虑所有情景下的公交车辆绿波和社会车辆绿波。

5 结语

为完善公交绿波体系，仍有部分问题需要进一步研究和讨论：感应式信号绿波优化控制方法的研究；鲁棒性优化的拓展；城市干线公交绿波综合软件的开发。

（2017）

▶ 落实保障措施，解公交优先之"忧"

随着我国经济社会的不断发展，城市交通问题日趋严重，交通堵塞已成为城市居民最关心的话题之一，如何为社会提供方便、快捷、经济、安全的出行环境成为各大城市当务之急。我省土地资源稀缺，城市人口密集，决定了公共交通应在城市客运交通体系中承担主体地位。优先发展城市公共交通是提高交通资源利用效率、缓解交通拥堵的重要手段，也是城市化进程中必须正视的问题。2004年，国务院办公厅等有关部门先后下发了一系列相关文件，对优先发展城市公共交通提出了一些要求和建议，发展"公交优先"已成为共识。

"公交优先"的概念首先产生和应用于20世纪60年代末70年代初的巴黎，之后在国际上被重视起来。一些城市根据自身的条件发展形成了各具特色的公交都市，如用快速公交打造线型城市的巴西库里蒂巴，在高速公路王国发展公共交通的德国慕尼黑，实施"公共交通优先"政策打造世界一流公共交通系统的瑞士苏黎世，以轨道交通支撑多中心居住模式的新加坡等等。近几年来，我省在城市公交优先发展问题上付诸了大量的努力，并取得了一定的成果。在基础设施建设上，南京市轨道交通1、2号线已先后开通运行，苏州、无锡也正在建设城市轨道交通，常州、盐城等城市的快速公交建设取得了长足进展，此外，各城市在财政补贴、资金投入、智能公交系统建设等方面也加大了力度。但是与国际上的一些著名公交都市相比，我省城市公共交通建设还存在着很大的差距。如瑞士苏黎世工作目的出行中76%采用有轨电车或常规公交，只有12%的采用私人小汽车，而我省经济发达的苏州市工作出行中选择公共交通的比例仅为13.2%，私人小汽车的出行比例则高达22%，即便是公共交通发展较好的南京市，常规公交与地铁的出行比例之和也不足22%。相比而言，我省的公交优先发展之路仍然任重道远。

不同于国际上一些知名的公交都市，我省城市公共交通的大力发展与私人小汽车涌入普通家庭的浪潮同步而行，在两者路权之争、场地之争以及政策之争的众多博弈中，公交优先发展的环境更为复杂和困难。但目前对我省城市而言的一个有利条件是多数城市空间发展面临着向集聚、集约化发展转型的压力，城市的转型发展为公共交通系统的调整乃至重构都带来了机遇。城市公共交通系统发展也应抓住这一机遇，建立和巩固在城市客运体系中的主体地位。针对我省城市公共交通发展的现状和问题，建议在以下几个方面予以重视和强化，以解"公交优先"之"忧"。

首先，战略规划保障公交优先。城市交通与用地的循环互动是城市空间发展的基本动力，这一理念已经在规划界得到认可，城市总体规划与城市综合交通规划同步编制也正成为一种趋势。2010年2月，国家住房和城乡建设部印发的《城市综合交通规划编制办法》的通知就明确提出了城市综合交通体系规划应当与城市总体规划同步编制的思路。而就我省而言，城市总体规划与城市综合交通规划一体化编制的重中之重就是如何协调城市公共交通与土地利用的关系，推动城市空间的健康可持续发展。目前我省正在开展新一轮城市总体规划的编制工作，应抓住这一机遇在规划中充分落实公交优先发展的理念，在城市空间发展的战略层面上为公交优先创造优质的发展环境。

其次，路权优先落实公交优先。只有对公共交通实行优先路权才能保证公共交通快速、便捷、安全地运行，没有"路权优先"就谈不上"公交优先"。此外，不仅要在城市客运走廊上设置公交专用道，更要注重公交专用道规划的系统性，如果整个城市无法形成公交专用网络，公交的准点率、服务水平也将大打折扣。同时，公交优先也不仅仅是在道路上画出一条公交车道，管理与监管也应加强和跟进，才不至于让公交专用道的开辟流于形式。

第三，理念优先推动公交优先。通过设置"无车日"，利用媒体、广告等宣传媒介，加大公交优先发展的宣传力度，让公交优先发展深入大众民心，树立公共交通出行的"大众交通观"，改变一部分公众对公交出行的固有认知和偏见，让公交出行成为被认可的"体面出行"。

第四，管理调控强化公交优先。在划定的公共交通优先发展区内，通过对社会车辆停车设施的供应和停车费用价格的调控，使人们减少使用小汽车出行，更多地选择公共交通，营造良好的公交运行环境。

第五，制度保障支撑公交优先。城市公共交通所提供的服务虽属于公共物品范畴，但政府在保证公交的公益性时，不能随意将低票价的市场风险推给公交企业。应从制度上建立规范的成本费用评价体系和政策性亏损评估体系，对公共交通企业的成本和费用进行年度审计和评价，合理界定和计算政策性亏损，并给予适当补贴，以解决公交企业由于承担社会福利和完成政府指令性任务而出现的财务问题，保障公共交通行业持续健康发展。

（2010）

▶ 美国城市发展演变中的街道慢行（一）
——历史与起源

不得不承认，我们的城市规划理念很多源自美国，既有膜拜过当时先进、现在失败的做法，也有在追随当今的潮流，如TOD、精明增长。毛泽东一直强调，看问题要站在历史唯物主义的角度，笔者就"浅扒"一下美国的规划发展史。但也自知学识浅薄，探讨历史这等大事唯大咖所能，岂是蝼蚁小辈所能言清？难免有违"客观、唯物"之处，但求拍砖指正，解惑纠过。

美国的规划实施依据叫做"zoning code"，其来源要从19世纪说起。当时工业革命成为城市发展的主要动力，城市主要围绕码头、铁路站等区域交通设施分布，住宅、工厂等拥挤和混杂在一起，城市卫生环境、市民健康、防火防灾等棘手问题令人头疼，部分富人乘马车之便开始搬出市中心；19世纪有轨电车（俗称"街车"）的到来使得居民可以远离工厂，异地而居，从而产生了"有轨电车郊区"，即围绕有轨电车的公寓群。由于有轨电车只能运客，不能载货，因此只有零售等商业跟着迁出来，重工业仍然留在了码头、铁路站周边。当然，富人是不愿挤街车、住公寓的，独立式住宅与公寓在空间上是分离的。这一阶段，对街车沿线土地的有意"布置"成为前规划时代被默许的规则；大约在20世纪10年代期间，机动车（包括货车、客车）的出现改变了既有秩序，货车将工业从市中心的铁路站、码头区域解放出来，资本家可以利用郊区廉价的土地建厂，客车巴士则将居民从沿着街道布局的公寓中解放出来散布于各处。这样，居住、工业又重新混杂在一起，以前拥挤的景象又以另一种形式重现。人们开始考虑将这些"不兼容"的用地分隔开来，这些为规划时代的到来奠定了基础；顺理成章，区划导则（zoning regulation）出现了，主要源于对市民健康、安全的考虑，减少不兼容的用地布局带来的不良后果，并对建筑间距、建筑高度等方面提出控制要求，以保障光照充裕和空气流通。1904年，洛杉矶成为美国第一个制定和实施城市土地利用规划的城市。1916年，纽约发布"第一版综合区划条例"（first comprehensive zoning ordinance），对整个城市的土地利用进行了规划控制，并提出建筑高度等控制要求。纽约的第一版规划为了保障不兼容用地在空间上的分离，将城市分为4类区域，并将工业活动限定在一定区域内。虽然纽约市高级法院对规划条例表达了强烈的支持，但直到1926年发生在非纽约地区的一项"土地使用纠纷"事件后美国最高法院才予以认可。

这一使得规划历史发生转折的事件称为"Euclid VS Ambler"，Euclid当时还是俄亥俄州东北部的一个村庄，Ambler则是一家地产公司（注：未能查实该公司主营业务，但涉及地产，权以地产公司称之）。事件就是发生在"村庄"与"公司"之间的对抗。Euclid位于克利夫兰外围，克利夫兰市则正向该村庄的方向拓展。1922年，Euclid村市政议会（municipal council）一致通过了对全村用地规划的条例。但1911—1922年期间，Ambler公司则通过市场行为获得了一块68英亩的未开发土地。按照规划，这块土地邻近铁路站的地区为工业用地，其他为双户住宅用地。但Ambler公司对该块土地的规划提出抗议，并拒绝和解，起诉该规划没有法律效应。1924年1月，俄亥俄州地方法院作出了有利于Ambler公司的判决，认为Euclid规划侵犯Ambler公司的财产。Euclid村向美国最高法院提出申诉。

俄亥俄州地方法院作出判决2年后，即1926年，美国最高法院才着手审理"Euclid VS Ambler"案件。Euclid村的主要辩护理由是——widespread adoption of zoning by communities across the country was itself an indication of the reasonableness of zoning。通俗的翻译,全国上下都采用规划来控制土地开发了,这就是合法的依据(PS:潜规则?法律威严何在?)。而在1924年到1926年之间,地方法院正在越来越多的认可规划条例的合法性。Ambler公司则坚持认为Euclid规划极大地降低了该公司所有土地财产的价值,并认为规划干扰了地产市场,公务员和规划师对社区的复杂发展进程不可能达到充分理解乃至可以制定法律条例的程度。经过1926年1月、10月两次当庭辩论,最高法院作出裁决——支持Euclid规划条例的合法性,并认为"将居住、商务、工业建筑分离开来有助于更方便地提供救火设备……增加家庭生活安全性和私密性……预防街道交通事故……减少噪音等不良影响"。该案件就此尘埃落定,之后的城市综合规划也常被称做"Euclidean zoning"(译作:欧式城市规划、欧基里德分区制)。到1929年末,共有862个城市或地区采用了欧基里德分区制。

按照土地使用类型,Euclid村的规划具体有5种分区,包括独户住宅、双户住宅、零售与批发、商业、工业。Euclid村的规划对土地使用类型的控制呈"金字塔结构",允许高级别的低密度使用类型(如居住)可以混合布局在低级别的高密度使用类型(如商业)分区内。但是随着时间的推移,欧基里德分区制更加强调功能分区和土地使用分离,后来不再允许居住在工业区和商业区布局,理由是预留工业区、商业区扩展空间和减少相互干扰。欧基里德分区制虽然减少了不兼容用地的相互影响和潜在的噪音、健康、安全等问题,但就业、商业、娱乐、居住等混合在一起带来的便利也一同消失了。在实践过程中,欧基里德分区制还对社会阶层的空间分离产生了影响,一些分区通过诸如"禁止多户住宅和设置很大的最小住房面积要求"等条文将中低收入家庭排除在外,其理由是——维持乡村风貌。欧基里德分区制在之后的发展过程中被批评为"过于繁文缛节、规定过细和不利于规划管理改革",并被多次修正,多集中于20世纪60年代—20世纪70年代期间。这些修正针对分区的过于单一造成的"生活不便利、汽车依赖以及白天热闹、夜间无人的不安全、易犯罪空间"等问题,并鼓励可兼容的用地类型在同一分区内混合。虽然这些修正解决了不少问题,但其代价是产生了一个更加复杂的规划体系,对规划造就的社区形象、品质等不满的呼声越来越高。在此背景下,一些规划师和建筑师开始对现有规划体系进行彻底反思和尝试提出新的规划范式,"form-based codes"是近年来备受关注的新规划体系,并已被很多城市应用于新一轮规划中,如"迈阿密21"(详见:http://www.miami21.org)。

"form-based codes"基于现行规划对城市空间形态、空间质量的不可预见性,并认为建筑物随着时间是不易变化的,但使用功能是可以多变的,因此规划应该更关注城市空间形态、尺度以及建筑物所形成的公共空间。其定义为:A form-based code is a land development regulation that fosters predictable built results and a high-quality public realm by using physical form (rather than separation of uses) as the organizing principle for the code. A form-based code is a regulation, not a mere guideline, adopted into city, town, or county law. A form-based code offers a powerful alternative to conventional zoning regulation. 简单翻译为——基于形态的分区制式是一种用地开发规定或条例,其特点是通过使用物理或形象的语言塑

造预期的建筑形态、高质量公共空间。它不是单纯的城市设计导则，而是适用于城市、城镇、乡村的法律条文，其条文组织原则完全颠覆了原来偏重于土地使用性质的做法，并具备完整的城市规划设计指标控制体系，可代替传统的欧基里德分区制。

　　至此，这些陈旧的历史废话与街道慢行又有什么关系呢？"影响步行的首要因素是步行空间质量，决定步行空间质量的首要因素是建筑所形成的公共空间。"至于具体关系如何，还得从"form-based codes"的根本说起。一言难尽，后回再说，亦可参考：http://formbasedcodes.org。

（2015）

美国城市发展演变中的街道慢行（二）
——欧基里德分区制带来的问题

美国亲眼目睹了街道环境恶化带来的不良后果，也催生了对欧基里德分区制的反省和批判，新城市主义、精明增长相伴而生。在本系列第一节中概述了欧基里德分区制的产生过程，那么欧基里德分区制到底带来了哪些负面影响？对街道产生哪些破坏作用？欧基里德分区制集中反映了城市功能主义的观点——"城市是一台机器，而不是具有自我调整功能的有机体。"众所周知，机器是由各个固定部件构成和按照一成不变模式运转的，当机器出现故障时，最快的处理方式就是更换部件。与之相匹配的是城市功能分区法——"同一功能的用地组织在同一区域，社会功能发挥最佳"，这一做法的理论基础是为了使不同功能用地之间的利益相互不受侵犯，同时也更有利于规划的管理。但长期的实践证明，欧基里德分区制主要产生了4个方面的问题：城市蔓延；社会阶层的空间分离；环境恶化和能源浪费；降低生活品质。

1 城市蔓延

"城市蔓延"的标签很多，例如低密度、高土地消耗、无序及跳跃式发展等等，而美国欧基里德分区制产生城市蔓延的主要推手在于其规定城市土地开发必须满足"最小场地面积和建筑面积要求"（如用地不小于2英亩），这需要大量的空白土地来满足，同时富裕阶层利用土地不兼容的制度，将不期望的其他用地排除在外。在蔓延模式下，城市用地扩张超过人口的增长，产生了分散的、依赖于小汽车的用地形态和人口空间分布，分散的人口需要新的基础设施供给和服务。支撑蔓延发展的交通、水电等基础设施的成本是非常高昂的，这些投资最终转嫁到税收上，进一步提高了城市的运营成本和城市居民的生活成本。

2 社会阶层的空间分离

欧基里德分区制的一个主要特征是按照土地使用性质和建筑类型划分用地：独户住宅、多户住宅、商业、轻工业等等。虽然分离的最初目的是"将工厂从社区中移走"，或者避免不兼容用地的空间相邻，但最终成为社会阶层在空间上分离的推手。"公寓住房就像寄生虫一样从独户住宅区开敞的空间和有吸引力的环境中获利；不同社会阶层的住房需求差异大，因此有必要设置在不同的区域。"说到这里，有必要指出欧基里德分区制产生的时代背景。在20世纪20年代，在美国发生了史无前例的大移民，包括来自国外的移民和美国南方向北方的移民，欧基里德分区制以维护公共利益的名义维护了上层阶级的利益，封闭小区（walled-community）一时盛行，低收入者与高收入者的社会联系被切断。1900年，美国白人占比约为88%，黑人邻居为白人的比例为90%，两者几乎相当，但到1930年，主要由黑人居民构成的贫民窟已比比皆是。

3 环境恶化和能源浪费

欧基里德分区制对环境的影响是显而易见的。蔓延发展模式吞噬了大量的基本农田和环境敏感区域，1992—1997年之间每分钟就有2英亩耕地被建设用地侵占。能源消耗方面，美国约1/3的温室气体排放来自交通运输，1969—1990年，美国人口增长了21%，但是人均汽车里程数增长了72%。同时，来自路面、停车场地等不透水铺装的沥青、汽车尾气物质通过径流对水体也造成了污染。

4　降低生活品质

　　生活品质越来越受到关注。公认的对生活品质的定义为每天生活中的积极因素，包括健康的居住环境、充裕的工作和再教育机会、一定时间的娱乐活动等等。较低的生活品质包括：犯罪、污染、亚健康、游憩时间少等等。在鼓励汽车出行的城市中，不能驾驶的人要完成一天的日常活动都有困难，更不用说参加娱乐活动了。对于工作者而言，超长的通勤时间挤压了他们陪伴孩子的时间。虽然对于怡人环境的定义是主观的，但是欧基里德分区制无法形成像波士顿的 Beacon Hill 那样有吸引力的历史社区是既成事实。至于犯罪预防的空间响应方面，欧基里德分区制认为可以减少犯罪——"如果在居住小区中安排商业，那么任何犯罪分子都可以乘虚而入，但如果分离开来，任何陌生人的进入将会受到限制和监控。"简·雅各布斯则认为，涵盖居住、购物、办公和其他服务的混合用地区域吸引了更多和更广泛的人群并将活动的时间延长，处于"公众"监控下的街道在白天和夜晚都变得更加安全，交通车辆也不会过于集中在高峰时段——"欧基里德分区制剥夺了街道活跃、健康的商业氛围，成为滋生帮派、贩毒活动的温床"。

　　欧基里德分区制产生了城市蔓延和社会阶层的空间分离，加速了环境恶化和能源浪费，对经济带来负面影响，降低生活质量和摧毁街道活动，那么是否有其他的不同于欧基里德分区制的制度，它们的情况如何？本系列下一节将探讨与欧基里德完全不同的巴黎做法。

（2016）

美国城市发展演变中的街道慢行（三）
——与巴黎的对比

欧基里德分区制在美国大行其道时，其他国家和地区采用了什么样的制度呢？巴黎是典型的非欧基里德分区制的做法。巴黎面积约4648平方英里，80%的用地为农田、森林、林地，20%为住房、工业、商业、基础设施等建设用地，约929.6平方英里。如果扣除非建设用地，人口密度达到11781人/平方英里，内巴黎的密度为52387人/平方英里。巴黎没有发生过内城衰退的现象，最古老和最中心的地方不仅是巴黎按照法国最传统的外观建设的部分，也是巴黎地价最高的地区。在巴黎圣母院坐落的圣路易岛，2005年4月房产价格达到6000~9000欧元/平方米，塞纳河景观公寓达到8000~15000欧元/平方米。

巴黎在1967—1977年间采用了美国的规划建设模式——郊区化发展，这是在巴黎400年的规划历史中首次采用欧基里德分区制。这一期间采用了土地利用分类和住房分类的方法，定义了商务、居住、大学、政府行政区等分区类型，也产生了与法国传统模式有着根本差别的效果，Seine-Saint-Denis，Seine-et-Marne，Val-Oise，这些名字都因为2005年11月巴黎贫民窟的暴动事件而被后人所记住。巴黎很快意识到问题所在：他们一开始就是被规划成那样的。于是仅用了10年的法令在1977年又改回原来的轨道：不再以土地使用功能进行分区，而是按照建筑密度和建设环境的差异进行空间分类。除了个别如重工业等用地功能与其他功能在空间上不进行混合外，提倡用地的高度混合，并且给予业主权利，使其按照自己对市场的判断对建筑的内部使用功能进行调整，但建筑外观及其对外部公共空间的影响则进行了严格的规定和限制。这种"自组织、自调节"的方式形成了"步行生活圈"，也即商店、学校、银行、咖啡馆、教堂、医疗诊所以及文化设施等等都得以布置在步行出行范围之内。巴黎的做法佐证了简·雅各布斯的那个著名论断——土地最有效的混合使用是细粒度自我微调的结果。

在严格控制建筑外观、建筑形态及外部空间关系，相对放松控制土地使用功能的规划管理模式下，巴黎几乎没有难看的建筑，而新建的建筑也必须与周围的建筑保持在公共空间塑造上的协调——巴黎市区仅有6座建筑超过110米，其中5座低于140米，且均位于1967—1977年之间建设的拉德芳斯。这种规划控制方式的精髓在于让业主决定如何使用土地，只要建筑形态可以对提升安全、外观和公共空间品质有所帮助。这与美国的新城市主义的精髓如出一辙。习惯了欧基里德分区制进行土地利用分类控制的美国规划师很难理解，一个赋予了业主如此大自由权限的大都市在如此长的时间里并没有出现混乱。巴黎的做法也再一次证实了简·雅各布斯的论断——错综复杂的土地混合使用不是一种混乱，相反，是一种高度的有序。

"新城市主义、精明增长不是新鲜事物，因为巴黎一直就是如此。"在城市规划的成功案例介绍中，往往巴黎是无法被忽视的，这与巴黎的规划体制、规划控制方法是密切相关的。如今佛罗里达州、加利福尼亚州等一大批城市都已经改为采用新城市主义所倡导的规划控制方法，典型的如迈阿密所采用的form based code（形态控制准则）。总结巴黎做法及新城市主义与欧基里德分区制的区别，笔者通过查阅相关文献，认为主要有4个方面：（1）新城市主义主张以步行尺度组织空间。按照步行5分钟距离划定一个个步行圈（pedestrian shed），作为城市组成的基本单元。每个单元作为一个整体来规划，将日常活动所需要的功能组织在单元内，用地充分混合。（2）在控制方式上，新城市主义第一控制要素是空间形态，第二才是考虑土地使用，认为建筑空间形态对外部公共空间产生长远影响，而用地功能则是会随时间、市场而发生变化的。而欧基里德分区制则更关注土地使用类型、开发强度，对建筑物外部产生的影响则约束很弱。(3)新城市主义认为街道是城市最主要的公共空间，认为必须要在规划层面对建筑形态、布局、立面等提出控制要求，非常注重建筑与建筑之间的空间关系以对公共空间进行塑造。(4)新城市主义主张用地的高度混合。由于并不将城市土地使用的性质作为第一考虑因素，规划总图并不像传统规划一样将各类用地的不同使用性质进行表达。除了重工业等与其他区域必须严格独立开来外，其他所有用地都是混合的，只是根据所处的区位等要素分几类区域以表达建筑密度、建设环境等方面的差异。图2-17所示为常用的T1—T6六类分区。

美国的慢行发展是随着城市规划理念的转变而改变的。新城市主义、精明增长等理念的产生彻底改变了对城市街道空间的定位，将其作为城市公共空间的最主要组成部分，与之相随的规划控制方法（form based code, smart code）也落实了对街道空间的关注，街道慢行走上了复兴之路。

（2016）

▲ 图2-17 新城市主义分区示意图

第三部分
3 交通治理

引言

　　随着城市小汽车保有量的快速增长，交通拥堵已经成为越来越多的城市所面临的问题，社会各界也纷纷针对交通拥堵治理献计献策。但不得不指出的是，交通拥堵的治理不仅仅是改造道路、优化交叉口等浅层次的技术问题，而是一个涉及城市规划、设计、管理等诸多方面的系统性问题，拥堵治理也需要更加系统性、深层次地思考和应对。本部分从多视角、多层次来探讨交通拥堵产生的原因，如从历史角度分析城市交通拥堵发展的过程，从规划视角分析规划理念偏差对交通拥堵带来的加剧、从管理交通分析交通拥堵治理存在的问题等等。同时本部分还重点针对拥堵治理的目标、对策进行讨论，比如交通拥堵的目标是什么？以牺牲其他交通方式的便捷性来换取机动车的畅通可不可取？"以静制动"的治堵策略已被广泛认可，但在实施层面存在哪些问题？差异化的停车费率实施面临很大的社会舆论压力，"收费"带给大家的是否一定就是坏事？等等。本部分内容希望通过严格的论证、说理，以通俗化的语言来澄清一些对城市拥堵问题认识方面的误区。

▶ 交通公平与规划责任

"公平"是城市交通规划的主要目标之一。引用"百度"的话——公平，指公正，不偏不倚；"公"为公正、合理，能获得广泛的支持，"平"指平等、平均。交通领域对"公平"有其自身的解读，一般包括两个方面：一是时间意义上的公平，包括代际公平、代内公平；二是空间上区域之间的公平。不管是时间还是空间意义上的公平，均涉及个人、群体之间对于交通资源使用、交通能源消耗、环境保护等方面在权利与义务上的匹配。

虽然"公平"是我们在交通规划建设中追求的目标，但还是很明显地暴露了现阶段的"有失公平"：一是对代际公平的忽视。代际交通公平主要关注当代交通发展对交通环境与资源消耗的影响，特别是对未来交通发展可持续的影响，但目前还普遍缺乏交通能源消耗、交通污染排放的外部成本评估机制及其长远影响的评估。二是对机动化的需求过于追求满足，使得不同交通方式使用群体之间的公平性受到威胁。依靠新建与改建道路使得机动车使用者的交通可达性显著提高，而非机动车与步行交通的可达性则因此降低。三是对弱势群体的关注不够。如更为依赖公交的低收入群体由于购房能力、居住区位等诸多制约反而最不能享受快捷、方便的公共交通服务；不完善的无障碍设施几乎使得残障人士"寸步难行"；等等。

规划在交通服务的"有失公平"方面有着不可推卸的责任。俗话说："悬衡而知平，设规而知圆。"对一个事物的衡量标准的合理性往往决定了判断的正确性，如果一把尺刻度不准确，一架天平砝码有偏差，所度量出来的尺寸、重量自然也就失去准心。在规划用词中"失准心、失公平"的表达比比皆是，例如"建设快速路、改善交通状况""增设车道、提高通行能力"，乍看似乎是没有问题的表达，但深究下不难发现，这些并非是一种中立的表达方法，建设快速路、增设车道对机动化交通有利，主要是改善了小汽车交通的可达性，但是对于慢行交通则意味着是一种障碍，这种表达方式潜意识地认为机动化交通就是交通的全部，改善机动化交通就是改善交通，也潜在地说明了我们在城市交通的衡量和评价上存在着固有偏见。另外，对交通系统评价的"基准单位"的选择也明显欠缺合理。基准单位是为了便于比较，采用哪种基准单位会影响对问题的定义和解决问题的思路。例如用"车公里"来衡量城市交通的事故率、尾气排放等会忽略总使用里程的影响，美国1960—2000年的交通事故率曲线表明，如果采用"车公里"为基准单位，交通事故率是逐渐下降的，然而如果采用"人公里"来衡量反而呈现上升态势（PS：虽然单位里程的事故率确实下降了，但由于出行总里程的增长，事故总量是上升的，在人口基数变化不大的情况下，每"人公里"的事故率是上升的。如果按照每"车公里"的评价结果，应继续鼓励现行政策，即鼓励多使用小汽车）。

虽然在规划理念上早已完成了由"以车为本"向"以人为本"的转变，但是想法的落实往往又不自觉地偏离预想的轨迹，这里面有两个方面的主观缘由：一是在于仍然聚焦于"解决机动化问题就是解决交通问题"；二是对于非数字化、难以简便表达的指标容易忽视。第二点原因也并非全归于主观，我们也想系统化表达综合交通系统，但由于难以建立全面的"数字化"衡量体系，"有点被动"地以小汽车流量、小汽车速度等易获取、简单直观的指标来片面代表整个系统的交通运行状况，对于慢行质量、慢行环境等难以通过一个简单的数字来衡量，难以直观、简便地获取的指标明显被轻视甚至被舍弃，相应的规划也就自然失去了"度"的把握。一些简单明了的指标虽然表达一些问题，但也往往会掩盖、漏掉一些潜在问题。就如同人均收入是一个很简单、容易理解和容易获取的指标，而要表达各阶层收入上的差异就必须依靠其他指标。不管是什么原因，在以小汽车运行质量为主要评判指标的情况下，往往最后采用的就是针对改善小汽车交通的措施。因此可以说，规划缺少了一把公正的尺子会导致规划结果的不公正，以偏概全的衡量指标往往使得规划成为一种"选择性政策""选择性措施"。

因此，使用什么样的"尺子"对规划公平的重要性是不言而喻的。笔者认为，在城市交通规划中对于"公平"的落实应重视3个方面：一是采用全面、中立的评价体系对交通设施使用者从中获得的益处和付出的代价进行评估，对各自的权利与责任进行界定，包括各类交通方式的使用者，也包括各个社会阶层的使用者；评估指标选择不能仅仅考虑可"数字化"的，定性的指标也不可或缺。评价体系的公平、全面是制定"公平"交通政策的基础。二是保持"公平"态度，形成从"正反"两个方面分析问题、解决问题的习惯。世界上没有只有一面的树叶，在规划方案评估过程中，不能对自己认为的"理想方案"就1个优点拆成2个来说，对其缺点则轻描淡写，任何一个方案对某些群体是获益的，必然有些群体而言是受损的。三是对"弱势"群体要特别"优待"。之所以称之为"弱势"群体，本身就说明其在社会竞争中处于劣势，保障其基本利益、弥补其先天劣势就是"公平"的体现，虽然单独为少部分人建设一些设施需要花费较大的代价，例如盲道设置等，但这是"公平"最基本的要求。

（2015）

▶ 小汽车使用的隐形消费谁来担

一个企业排污造成严重的环境污染，企业所创造的价值还不及治理污染的投入，生产效益由企业来获得，而治理污染排放的成本则由社会来承担，这种现象在经济学上称为内部成本的外部化。小汽车的使用有着类似的现象。在私人小汽车使用成本的构成上，美国学者 Mark A. Delucchi 曾经做过详细的研究，如表 3-1 所示，此处不再一一解释。总体而言，小汽车使用成本可分为内部成本、外部成本两类。内部成本，指的是小汽车使用者所负担的成本，包括燃油费、车辆维修费等；外部成本则是指受影响者因外部不经济而遭受的损失，即成本被施加于其他人身上，而施加影响的人却没有为此付出代价，这类成本包括由于小汽车使用给社会造成的环境污染治理费用，以及由其他出行者承担的延误成本等。那么，小汽车使用外部成本占多少份额呢？由于各个国家或地区在小汽车使用政策上的差异而各有不同，根据相关研究，美国私人小汽车外部使用成本约占总成本的 38%；澳大利亚约为 28%；国内研究中以北京为例，2005 年北京市私人小汽车使用总成本约为 649.150 亿元，占当年 GDP 的 9.4%，其中仅仅交通拥挤产生的外部成本一项就高达 180.3 亿元，远远超过当年北京对公共交通 16.9 亿元的财政补贴。2009 年江苏省南京、常州公共交通财政补贴分别约为 3.0 亿元、2.6 亿元，这与对小汽车使用外部成本的"隐形补贴"相比，恐怕只能算是"九牛一毛"了。

表 3-1　私人小汽车出行成本构成

成本	成本描述
车辆购置成本	购置 1 部车辆的固定成本
车辆消耗成本	包括燃料、石油、轮胎、通行费等
出行时间成本	出行者时间消耗的价值
内部事故成本	由出行者本身负责的事故损伤成本
外部事故成本	由他人造成的事故损伤成本
内部停车成本	使用者直接支付的居住区停车费用和长期租赁地停车费用
外部停车成本	使用者非直接支付的停车成本
拥堵成本	对其他道路使用者造成的拥堵成本
道路设施成本	非使用者支付的道路设施和运行费用
土地成本	道路的土地使用成本
交通服务成本	提供交通服务所造成的成本，如事故紧急服务等
空气污染成本	排放有害气体对空气的污染
噪音成本	车辆噪声所产生的成本
能源消耗成本	石油等能源消耗的成本
障碍影响成本	对非机动车出行造成的延误成本
土地使用影响成本	小汽车化发展模式导致的对经济、社会、环境的影响
水污染成本	由交通设施和小汽车使用造成的水污染
垃圾成本	由小汽车排出的垃圾导致的成本

在市场经济条件中追逐个体利益最大化目标的驱使下，企业或个人追求内部成本的外部化是必然的，也无可厚非。但关键是有没有相关的政策来纠正内部成本外部化的行为，就如同前面所提到的排污企业问题，如果不能通过政策手段使得企业承担相应的环境污染成本，那么，抛开道德层面约束不谈，该企业完全可以继续扩大生产规模来提高自身的收益而不必顾及越来越严重的环境污染。同样，如果小汽车使用者所需要的成本过多地由社会来承担，那么就会越倾向于使用小汽车而导致小汽车的过度使用，如北京小汽车承担着大量的短距离出行，在低于5公里的出行中，小汽车占到40%，而自行车比例仅占8%，说明了北京的小汽车存在过度使用的问题。而造成小汽车过度使用的一个重要原因是现有交通政策对减少小汽车使用的激励不足。由于小汽车使用内部成本存在着严重的外部化问题，所造成的成本由社会大众所承担，而减少使用所获得节约收益也同样因为收益的外部化，个人的收益转化成了大众的收益。换句话说，小汽车减少使用而节约的成本并没有全部返回给使用者，而是被整个社会所分享，在感觉不到明显好处的情况下，小汽车使用者减少使用量的动机就会被大大减弱。在"我消费，你买单""我节约，你受益"的逻辑下，对小汽车使用的过度消费是必然的了。

要真正对减少小汽车的使用起到激励作用，当然不能指望道德约束，而是必须使得小汽车使用高昂的外部成本内部化。只有让小汽车使用者直接感知到因为减少使用而获得个人出行成本的节省而不是被大众共享时，个人才具有更强烈的减少小汽车使用的动机，小汽车使用外部成本的内部化则是产生这一动机的关键。在外部成本内部化问题上，一些发达国家或地区在经历机动化快速发展过程之后积累了丰富的经验。如伦敦从2003年开始在伦敦中心区实施拥挤收费政策，对进入收费区的车辆收取9~12英镑/天的费用；日本东京停车时间是以15分钟计算，每15分钟需要支付的费用换算成人民币计约35元左右，停1个月车的费用几乎可以购买1辆新车。总体来看，小汽车使用外部成本内部化的措施主要有几点：①提高小汽车的拥有成本。在小汽车购置阶段通过税收、购车标准、牌照管制措施来提高拥有成本。国外发达地区比较常见的措施有购车税收激励、汽车牌照管制、强制报废等。②征收交通拥挤费。测算某一特定区域内各个时段的拥挤外部费用并进行征收。目前国内关于拥挤收费的研究较多，但受制于各种阻力付诸实践的较少。③差别化停车收费。测算出某些特定区域内各个时段停车外部费用，对停放在不同区域的小汽车收取不同的停车费用。国内外实践证明，差别化停车收费的基础建设投入少，小汽车使用外部成本内部化效果明显。

小汽车使用外部成本的内部化不是对小汽车使用者的"横征暴敛"，而是小汽车使用群体本应承担的责任，也是社会公平的体现。私人小汽车使用的外部成本是一种对他人的不自觉侵害，但由于大众对于提高小汽车使用成本的普遍敏感性，外部成本内部化的措施往往实施难度艰巨。因此在提高小汽车使用成本问题上，不能简单地调整交通政策，还需要强化宣传，要让大众明白为自己的消费承担相应成本的责任是理所当然的。

（2013）

▶ 小汽车出行与边际递减效应

长期在一线从事城市交通规划工作，屡屡遇到这样的问题：交通需求管制措施抑制小汽车的出行，会不会对城市中心的商业产生负面影响，对城市经济带来损害？虽说这往往是处于以车为本惯性思维下的发问，但也确实是一个值得思考的问题。在小汽车日益普及的今天，如何看待小汽车对城市经济的正面和负面影响？

不可否认，小汽车的出现极大地促进了城市经济的发展。难以想象让小汽车使用者都从车里走出来，拖箱带包的奔赴目的地是一种怎样的景象。近十年来，小汽车快速、便捷的可达性扩大了人的空间活动范围，提升了经济活跃度，对经济发展的良性作用显而易见。但问题是，当城市中的小汽车越来越多时，这种作用是否一直持续？经济学中有个概念叫做"边际递减效应"，可用一个生动的例子来说明。当你很饿的时候给一个包子吃，你会感到很满足，吃第二个包子时，满足感则不会有第一个强烈，或者说第二个包子的价值对你来说没有第一个更大，随后第三个的价值又会降低，吃饱之后再多吃就是"过犹不及"了。那么，对于小汽车而言是不是也存在一个"过"的界限呢？其中的道理又何在？其实，就像前例中的第一、二、三个包子有着价值的差异，各项出行也存在着价值排序。例如一个人有如下几项出行：①参与距离10公里的一次重要会议；②每天出行5公里上下班；③出行500米去打酱油。如果对小汽车使用有所限制的话，出行者仅选择第1项最为有价值的出行使用小汽车，其他两次出行选择公交、慢行方式；逐渐对小汽车使用放开限制，第2项出行也会采用小汽车方式；取消对小汽车使用的任何限制，甚至鼓励小汽车使用的话，类似于第3项的众多出行也会采用小汽车方式。很显然，3项出行的重要程度或者说价值，以及对经济发展的作用是依次递减的，即存在"边际递减效应"。可以认为，当所有人打酱油都需要开车的时候，不仅这些出行本身对经济发展产生的作用很小，而且高价值、低价值的出行混合在一起，产生的交通拥堵使得价值高的出行受到更大损失，甚至超过新增的低价值出行带来的效益。因此小汽车使用对经济发展的作用也有一个度，超过了这个度，其作用是负向的。可以认为，当小汽车出行中短距离出行占有很大比重的时候，往往已经超过了这个"度"。其实，"边际递减效益"现象广泛的存在于交通系统中，如两个区域之间建设第一个通道，对两地经济发展的促进作用是巨大的，但是当建设第二个通道、第三个通道时，其作用就通常没有第一个那么大。

可以从小汽车出行的成本效益角度来补充说明以上观点。小汽车出行带来了人与人之间的交流机会，提高了可达性，促进了经济发展。但是随着数量的增多，低价值出行增多，小汽车出行的效益增值（按出行次数计算）是在减小的，如图3-1中的效益曲线；随着道路上小汽车数量的增多，拥堵损失、环

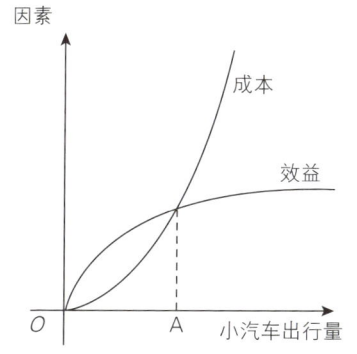

▲ 图3-1 小汽车出行的成本效益曲线

境污染成本、停车场地成本则在增加，总体上，小汽车出行的成本增量是在增大的（如增加1辆车，所有的车辆延误都超过了增加该辆车之前的状态）。图3-1中，成本、效益曲线相交于A点，A点右侧，成本大于效益，小汽车出行对经济的影响为负面的。

说到此处，可以回答开篇提出的问题了。可以认为，小汽车与公交、慢行之间不能相互取代，每种方式应处在最合适的位置，即存在一个最经济的交通结构。过度使用小汽车不仅不会对城市中心商业带来促进作用，反而会使得最需要小汽车的出行受到很大影响。另外，城市中心商业需要的不是车辆聚集，而是人的聚集，通过小汽车限制、公交优先、慢行改进的措施虽然减少了车辆进入，但可以带来更多的人来此，产生更多的活力，欧洲一些城市老城的复兴说明了这点。对于新城而言，当开发建设伊始，达到新城的流量在空间上非常分散，这时候适合个体出行方式，出行也多以长距离为主，小汽车出行方式较多，也是比较经济的，因为在可达性维持在同样水平的情况下，采用公共交通集散同样多的流量，其付出的代价会更大，该阶段公交更多的是出于社会公平的考虑，提供基本可达的服务；但随着新城的成长，客流往往会在一些道路上产生集中，渐渐达到公共交通的提供门槛，有必要提升公共交通服务水平，提供便捷的服务；随着新城的成熟，本地化出行增多，小汽车出行中短距离的比例增多，出行目的更多样化，当道路中开始掺杂了大量低价值、短距离且完全可以用其他方式代替的出行的时候，应当采取限制措施。小汽车调控措施并非"不公平"，而是使得各类出行各取所需，选择最合适、最经济的出行方式。

从规划建设角度来讲，需要做到的最起码的一点是交通供给的可选性。如果一个垄断产品的市场占有率是100%，并不说明大家真的喜欢该产品，而是没有选择。同样，如果小汽车过多挤压慢行空间，越来越多的人将不得不选择小汽车。因此，多样化交通供应可以让大家根据自身需要选择交通方式，也是达到"最经济"交通出行结构的基本保障。另外，用地组织、街区尺度等方面也是影响出行选择的重要因素，用地组织的不紧凑使得在维持一定可达性水平下需要付出更多的机动性，造成实际上的步行方式不可选，这种现象甚至屡屡出现于"低碳生态"为标签的新城，让人无语。

（2015）

▶ 高铁枢纽为何难以"高效"

在国家高铁网快速建设背景下，城市间的时空距离被前所未有地拉近，人们体验并欣喜着中国式速度。但高铁作为一种区域联结方式，节约在途时间不是其唯一目标，更重要的是如何更高效地带动城市的繁荣和发展。当前我国高铁车站已普遍发展成为一个类似机场的交通性节点，出现与城市发展缺乏应有的关联性以及在途时间中间短、两头长等问题。尽管在规划阶段曾提出建设高铁新城和新的城市功能中心，但实际发展状况与规划预期具有较大差异。高铁理应产生的更广泛的城市服务功能和社会价值未能得到充分体现。笔者拟从高铁与城市系统的接入模式、枢纽地区交通设施配置以及枢纽建设管理机制几个方面阐述高铁枢纽为何难以与城市融合的诸多因素。

1 高铁线路与城市系统的衔接模式

高速铁路作为现代化的交通方式，引入城市必将对其带来显著而广泛的影响。但这种效应取决于与城市系统的接入模式及在城市化过程中引入的建设时机。当前高铁线路与城市系统衔接的结合度相对较低，车站和线路多建设在城市建成区边缘和外围地区，与国外以轨道交通为轴线的点轴式国土开发模式相比具有明显差异，这一结果与城市发展模式密切相关。我国城市长期以来偏向以特大城市为代表的都市圈发展，区域一体化相互合作分工、关联密切的城市群尚在构建之中，城市内生发展动力对高铁设施的依赖性较低。同时，发达地区城市对外交通一定程度上更加依赖于四通八达的高速公路网络，高速公路在城市发展初期对其空间形态形成和发展的影响力更加明显。

（1）线路以过境功能为主，优先保障主线运行的直通和顺直

高铁建设初衷及运输组织模式设定以国家层面跨区域中心城市间的直通为出发点，尽可能缩短全程运营时间，因此中小城市高铁站对城市服务功能是在优先服务满足区域主要城市之间连通性的前提下予以考虑的，在区域连通和城市服务功能博弈中往往优先选择前者，一定程度上导致了高铁站城市服务职能难以实现。线路运营方面大部分列车在中小城市是不停靠的，以过境列车为主，每日上下客流量仅百余人次，带来的交通便利效果不够显著。高铁列车经过城区附近仍保持高速运行，占用大量土地并对沿线环境产生噪音与振动，不利于高铁枢纽站点及沿线地区的城市发展。

（2）车站对城市服务功能相对不足，难以支撑城市功能中心的形成

高铁接入城市内部缺乏通过"主线引入支线"的模式，车站设在高铁线路通过的主线上，是中途站而非终点站，中转换乘功能高于其他功能需求，诸多限制因素制约了以高铁车站形成城市中心的规划设想。设在城市外围地区的高铁站与城区距离远，周边多为空旷开阔的待建区，在地理区位、周边配套、街区文化等方面均难以和城区内部相提并论，与城市功能中心的定位相差甚远。同时，高铁站对城市的服务功能与地铁站不同，其对外交通的特点是吸聚城市各个地点的客流至高铁站进行转换，而不是满足城市内部交通网络之间扁平化、高频化的出行需求。高铁枢纽场站式的交通设施配置及周边非集约式用地开发难以实现交通与土地利用的互动。高铁站成为与周边地区缺乏开敞式交流的大型交通岛，枢纽地区对外交通的便捷性优势在一定程度上被相互抵消。车站周边用地开发的高端商业、

商务办公等设施难以具有足够的吸引力和竞争力。

（3）车站区位较偏，缺乏充分利用城区既有公交网络资源

铁路运输组织高强度、大规模特点一定程度上要求高铁站在空间布局上较为集中。特大城市高铁枢纽高峰期旅客发送量超过10万人次/日，是城市内部主要的客源发生吸引点之一。在缺乏大容量城市轨道交通支撑情况下，地面机动化交通难以承担大规模客流集散需求。高铁站地区复杂的地面交通组织也一直成为管理部门困扰的问题，常发生交通拥堵现象。以高铁枢纽为中心的城市用地高强度开发，将带来两种属性高强度客流的叠加汇聚，高强度客流客观上要求枢纽地区具备发达的公交线网和多条城市轨道交通线路的接入，形成公交（轨道）+步行交通组合的集散交通模式。

2 站区设施建设形式及枢纽接驳交通系统

我国高铁枢纽与周边地区用地开发在尚未进行充分协调的情况下就实施建设，站区设施以满足对外交通功能为主，接驳交通设施场站式分布特征明显。

（1）枢纽仍处在以交通功能为主的发展阶段

现状高铁枢纽仅以承担单一的交通功能为主，在场站设施配置上未综合考虑其他功能以及与周边用地的衔接和融合。单一交通功能的高铁枢纽易出现孤岛效应，枢纽与周边地区用地相互独立开发建设，缺乏统筹考虑与一体化衔接。加之铁路场站设施带来空间阻隔、震动、噪音等不良因素，导致枢纽对城市空间起到隔阂的负面作用，一定程度上破坏了城市空间肌体的连续性，影响了城市生长和枢纽地区的土地利用开发，成为城市土地价值的洼地。

站区周边环境未及时实施改善，导致周边潜在土地价值未能充分体现。高铁站在以交通功能为主导的模式下，占据着较大规模的用地，站前广场等空间资源平峰时多处于闲置状态。由于未重视TOD一体化开发，潜在商业价值难以实现。场站用地建设集约化程度不高，需提升空间资源利用效率和立体化设施。

（2）枢纽接驳交通系统以地面机动化交通为主，缺乏"轨道+步行"的换乘方式

高铁枢纽集中式布局带来客流规模效益，采用比重较大的个体机动化交通接驳模式将产生大量通过式地面交通，交通性通道将破坏枢纽地区城市空间肌体，高架桥、宽阔的干道等将影响枢纽地区城市发展的环境品质，不利于枢纽地区商业、居住等功能的实现。过分依赖机动化交通方式还带来大量地面交通方式的停车需求，如大型社会车停车场、出租车上下客区、蓄车场、公交首末站等场站式设施。以平面式拓展的布局模式需消耗枢纽地区较大面积的空间资源，所提供的集疏运系统也易于受到突发事件的干扰和影响，稳定性和可靠性偏低。

3 高铁枢纽站区建设投资、运营管理的体制机制

高铁枢纽往往汇聚多种交通方式而成为综合型交通枢纽，包括公路客运站、地铁、公交枢纽、出租车、社会车等方式。在现有管理体制下，枢纽用地的地籍以及类别分别属于不同用地性质和归口管理部门，如铁路用地、公路客运场站用地、城市广场用地、商业用地等，空间边界清晰，相互独立。不同交通方式场站设施归属相应的管理主体，如公路客运站由交通运输部门管辖，地铁由地铁集团（公司）管辖，铁路站场建筑上盖投影范围内归铁路部门，不同主体之间的相互协调性不够。基于垂直空间综合利用的枢纽综合体建设在管理体制机制上存在一定障碍，枢纽地区综合开发的投资回馈机制也尚未形成。

4 其他因素

传统上铁路设施对城市空间发展具有阻隔效应，在枢纽地区城市发展过程中需尽可能消除铁路设施带来的负面影响，如采用铁路线路高架形式，普遍使用降低铁路震动、噪声技术等，降低过境车辆对城市环境带来的影响，加强高铁车站与城市空间发展的相互融合。另外，高铁枢纽简化购票、取票、检票等运输组织环节，减少旅客候车等待时间和换乘时间，均便于实现旅客在车站进行其他活动的可能，促进城市公共活动空间的形成。

5 结语

随着新城市主义思潮的兴起，城市内涵发展和集约化发展成为将来的方向。具有高可达性交通价值的枢纽地区是城市更新改造提升的重点区域。国务院出台了国办发［2014］37号文件《关于支持铁路建设和实施土地综合开发的意见》，提出促进铁路投资主体对新建铁路场站及毗邻地区实施土地综合开发。未来，在实施高铁枢纽综合开发的同时，需积极改善地区交通环境，形成车站、街区一体化的发展地区，给城市发展注入新的生机和活力。

（2015）

国外交通枢纽 CBD 的交通发展模式解析

CBD（中央商务区，Central Business District）是指具有大量商务办公、酒店、公寓、会展、文化娱乐等设施，具备完善的市政交通与通讯条件，便于现代商务活动的比较核心的区域。CBD带来大量的金融流、信息流，最重要的是客流，因此很多CBD也是城市的交通枢纽。高强度的土地开发和高聚集的运行模式决定了CBD在交通需求特征、交通系统模式等方面有着别于常规的特性，而交通枢纽也直接影响着CBD的布局形式，决定了CBD的整体发展水平。巴黎拉德芳斯和东京新宿是典型的交通枢纽型CBD，其在交通需求、系统配置、土地使用模式等方面机制的先进实践经验有利于我们探讨如何构建集约、高效的CBD交通发展模式。

1 交通需求特征

拉德芳斯位于巴黎中心城西北，与巴黎中心城相距约5公里，拉德芳斯商务区占地2.5平方公里，其中商务办公区250公顷，共有约15万人在此就业，拉德芳斯的岗位密度达到6万人/平方公里。拉德芳斯居住人口和就业人口的比例为1:3，因此很多出行都是巴黎市区与拉德芳斯之间的通勤出行。超过80%的人进出拉德芳斯区选择乘坐公共交通，公共运输服务系统每天运送通勤者达到35万人次。

新宿区位于东京都中心区以西，距银座约6公里。新宿商务区占地2.7平方公里，其中商务办公区160公顷。新宿CBD规划了拥有不同功能和特征的地块集合体。新宿商务区的活动人口达到30多万人。新宿车站日均客流超过300万人次，巨大的客流不仅包括通勤者，还有大量的游客和购物者，带动新宿成为充满活力的商务区。

表 3-2 商务区通勤交通出行方式选择比例

商务区域	商务区面积（km²）	通勤交通模式		
		小汽车	公共交通	其他
拉德芳斯	2.5	16%	79%	5%
新宿	2.7	10%	86%	4%

2 交通系统配置

（1）道路系统

拉德芳斯有16条主要出入通道，汇成9个方向，A14高速公路是最主要的出入口道路，服务于巴黎中心城与拉德芳斯商务区。A14下穿拉德芳斯，避免了高速度、高密度的过境交通流对商务区的干扰。

新宿商务区的道路交通系统以新宿轨道站点为中心呈放射形布置了16条道路，路宽一般为30~40米。车站核心区内道路间距较小，"高密度，小尺度"的路网布局模式更适合于慢行交通出行。

（2）公共交通

拉德芳斯的公共交通体系由5条轨道线（Metro1，RER-A线，Tram2线，Paris St Lazare Group III，La Défense-La Verriere）、2个轨道站点、18条公交线构成。区内运营的公交线路中17条在拉德芳斯设有停靠站，方便乘客与轨道无缝换乘。

新宿作为东京的一个交通枢纽，这里共有9条地铁由此经过（JR线：山手线、中央线、总武线、埼京线；地铁线：都营地铁新宿线、都营地铁大江户线、东京地铁丸之内支线；私营铁路：小田急线、京王线）。每天的交通流量达到300万人次。新宿车站地上4层，地下7层，对地下空间的利用做到了极致。

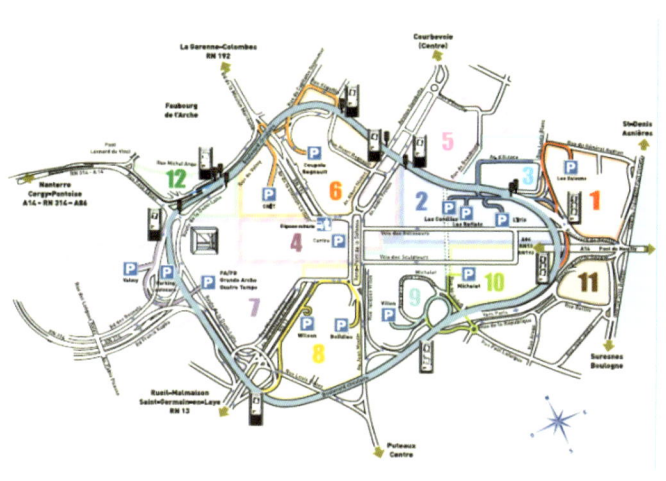

（a）拉德芳斯道路设施

（b）新宿道路设施

▲ 图 3-2　枢纽商务区道路设施

（a）拉德芳斯轨道系统

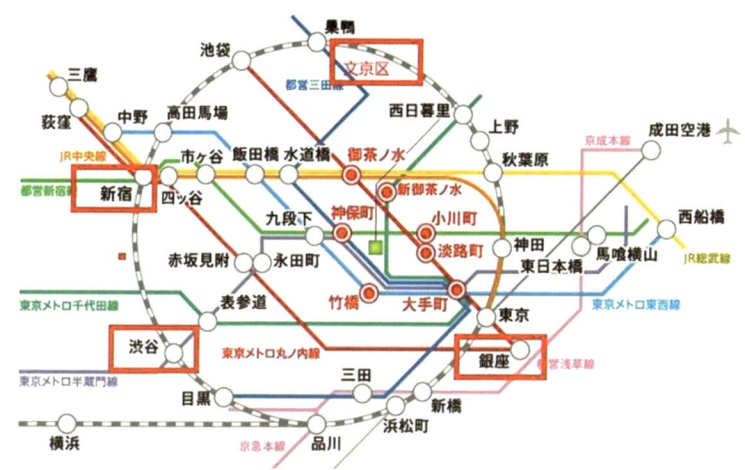

（b）新宿轨道系统

▲ 图 3-3　枢纽商务区轨道交通系统

3　土地使用模式反馈

拉德芳斯商务区和新宿均采用了 TOD 发展模式。拉德芳斯的全区先期开发 250 公顷，其中商务区 160 公顷，公园区（以住宅区为主）90 公顷。已建成写字楼 250 万平方米（15 万个就业岗位）；建成住宅区 1.56 万套，可容纳 3.93 万人，并建成了面积达 10.5 万平方米的欧洲最大的商业中心。

新宿商务区是以新宿车站为中心发展起来的地区。新宿商务区占地总面积约为 270 公顷，其中商务办公区开发部分约为 160 公顷。

表 3-3　商务区建筑性质构成比例表

单位：万 m²

商务区域	办公	商业	住宅、公寓
拉德芳斯	250（72.5%）	40.5（11.9%）	54（15.6%）
新宿	250（41.7%）	100（16.6%）	250（41.7%）

注：括号中数据为比例。

4　交通措施与策略

（1）高密度轨道交通站点支撑了商务区大客运量通勤需求

新宿商务区拥有包括 JR 线、地铁线在内的 9 条线路在此汇集。JR 线站间距 5～6 公里，运营时速 50～60 公里；私营铁路站间距 2 公里左右，运营时速 40～45 公里。

而拉德芳斯拥有 5 条轨道线、2 个轨道站点、18 条公交线的方便快捷的公共交通。RER-A 为区域快线，平均站间距为 2.4 公里，最高速度可达 140 公里/时。

国际上著名的 CBD 通勤交通模式表明，以轨道交通为核心的大运量公共交通系统是高强度开发的 CBD 最重要的通勤出行方式。当 CBD 的岗位密度达到 8 万人/平方公里时，其合理的通勤交通模式是：公共交通：小汽车：其他出行方式 =7:2:1。即小汽车通勤比例控制在 20% 以内，公交通勤比例应占 70% 以上。

（2）完善的步行网络和良好的步行环境满足高密度人流需求

便捷的步行系统为商业中心的形成提供了有利条件。新宿 CBD 为完善步行系统，对地面地下步行空间进行统一规划。轨道交通出行者的大客流以及商务区的定位使得行人对步行环境和网络可达性的要求非常高。新宿 CBD 结合轨道站点设置了发达的地下步行网络，方便公共交通出行者步行到达目的地。CBD 步行网络的建立不仅将不同功能集聚区联结在一起，而且方便了行人进出交通枢纽和商务区。

（3）人车分离的立体交通提供安全有序的交通运行环境

拉德芳斯在规划中就制定了人车分离的交通体系，已形成了高架交通、地面交通和地下交通三位一体的立体交通系统。其最大特点是将全部机动化交通设施置于地下空间，地面上完全绿化和步行化。拉德芳斯是欧洲最大的公交换乘中心，巴黎西部的交通枢纽，如此高密度的岗位集中却没有出现通常困扰商务区的通勤交通拥堵、人车干扰等情形，人车分行是其中原因之一。

新宿交通规划最突出的特点也是交通立体化和人车分离，地铁、公交、停车与步行系统有机统一，组成了一个良好的交通换乘体系。道路交通规划建设采用了立体化的车行系统，这一系统把主要商业设施及新宿车站在空间上连为一体，方便了与周边商业设施的联系。

（4）用地混合开发有利于保持地区活力

商务区周边的土地，建议采用混合型土地利用模式，通过不同的功能区和功能组团吸引不同的产业。合理的商业、商务办公、居住的配置有利于商务区的发展，避免商务区在夜晚成为"死城"。

表3-4 国内外商务区的各种业态开发配置比例

商务区域	居住	商务办公	商业
新宿商务区	42%	42%	16%
拉德芳斯商务区	16%	72%	12%
陆家嘴商务区	36%	50%	14%
深圳商务区	47%	40%	13%

新宿商务区4:4:2的比例代表成熟商务区的正确发展趋势和方向，而拉德芳斯的居住用地过少使得其一度在夜晚成为"死城"，加大与市中心通勤交通的压力。

国际经验表明，高密度轨道交通站点布局以及大运量的公共交通系统是商务区通勤需求的交通支撑，完善的慢行交通网络和良好的慢行环境是商务区高密度客流的品质保证，人车分离的立体交通是商务区高效井然的安全保障，多业态、多类型的混合开发是商务区成熟发展的集约基础。一个集约、高效的交通系统才能保证CBD在高度聚集状态下的有效运作，交通系统的服务水平直接影响到CBD的岗位规模和运作效率，进而关系到CBD的发展水平。

（2016）

▶ PRT：一种新型的交通方式

城市小汽车数量的快速增加引发的城市土地资源快速消耗、生态环境遭到破坏等问题已经勿需多论。"尽管利用小汽车出行所产生的费用明显高于乘用公交车或自行车出行的费用，但对于出行者而言，舒适、便捷、准时的运输方式才是对出行过程满意的真正原因。"越来越多的人选择购买和使用小汽车的发展趋势也反映了对个性化交通方式的需求。虽然近年来电动汽车、混合动力汽车的出现多多少少缓解了一丝对能源危机、环境保护压力的忧虑，但是这类交通工具仍然占据有限的道路空间，也无法消除交通拥堵这一顽疾。开发一种资源节约、环境友好又能满足人们多样化、个性化出行需求的交通工具成为一个愿望。

个人捷运交通系统（Personal Rapid Transit，简称PRT）似乎正是为实现我们的这个愿望而诞生的。PRT是一种由计算机智能控制、清洁能源驱动、无人驾驶、在专用封闭网络上行驶的个性化交通工具。PRT车辆一般可以容纳4人，与轿车的容量差不多，但是非常轻便。每个人都可以在网络上的某个节点上车，或者类似电话叫车一样，将车辆叫到乘车人所在的地点。上车后，指定要到的地点，PRT就可以高速安全地把行人送达。由于采用了智能控制，每辆车都安装有定位系统和传感器，可以自动避让其他车辆，选择快捷路线，高速直达。PRT可以灵活地穿梭于城市楼宇、住宅建筑之间，提供真正的"门到门"服务。可以说，PRT不仅具备私人小汽车便捷、灵活、舒适、私密的优势，又具备轨道交通安全、准点、节能、省地、运输效率高的特点，是一种真正的绿色环保交通方式。

其实，PRT的想法早在1962年时由Robert J. Bartells提

▲ 图3-4　PRT 场站设施

出。1975年，波音公司在西弗吉尼亚大学建造了一条8公里长的轨道，21个座位的车厢，导轨穿过陡峭的峡谷连接原先由16辆穿梭大巴联系的校区，虽然在技术上更倾向于独轨交通，但这是对PRT概念进行的最早实践，目前仍然在正常运行，高峰时每天运送旅客人数达到3万人次。而2009年8月，英国希思罗机场投入使用的ULTra.（Urban Light Transportation）系统则是完全基于PRT理念设计的，并被评为代表未来世界创新科技的典范。该系统采用车辆跨座式轨道，并以电池为动力来源，系统实现无人驾驶，所有车辆的运行及调度都由中央计算机管控，乘客只要在触控屏上输入目的地，控制系统便会自动记录并将信息发送给车辆，随后车辆便沿着电子传感路径迅速将乘客载到目的地。希思罗机场ULTra.系统的规划线路总长22英里，共设60个车站，运行47辆小型车，每车可载客4人，平均时速可达25英里，运量约为20000人/日。一期已经

投入使用的线路长 2.5 英里，共有 18 辆车，始末端分别为航站楼和停车场，约有 80% 的乘客一出机场，无须等待就可上车，即使在高峰时段，95% 的乘客等待时间也不会超过 1 分钟。

国内关于 PRT 的研究也已经起步，北方工业大学成立了 PRT 研究课题组，主要研究计划包括第一阶段的 PRT 直轨道测试、第二阶段的 PRT 环形轨道测试以及以车辆开发和轨道整体测试试验为主的第三阶段，在理论研究和实践探索方面均取得了丰硕的成果。在规划实践方面，唐山曹妃甸国际生态城提出了建设 PRT 系统的思路。2010 年初，美国 Jpods 公司在云南签订建设新螺蛳湾"Jpods"悬挂式轨道交通系统的框架协议，拟建设全球首例以太阳能为驱动力的 PRT 系统，每车可搭载 4~6 人，采用完全自动化控制，在轨道顶部安装太阳能板，为系统提供全部的动力来源。每块板每天收集到的电力可供车辆行驶 5000~12000 英里，即使遇上连续阴雨天，太阳能蓄电池储存的能量也能保证车辆运行。

▲ 图 3-5　希思罗机场 PRT 实景图

▲ 图 3-6　北方工业大学测试轨道

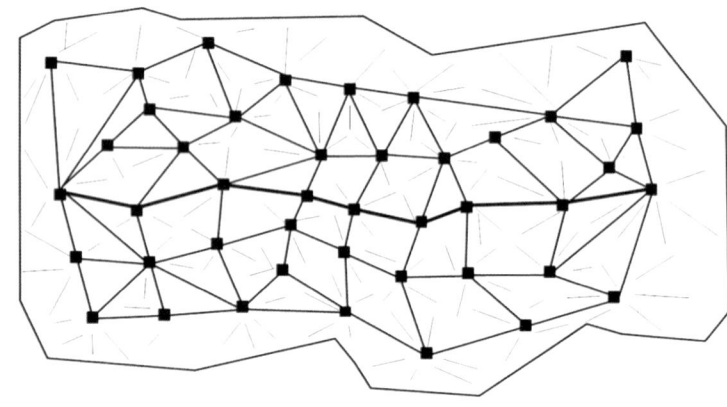

▲ 图 3-7　PRT 的网络化组织

从在城市中实施的可行性来看，PRT 系统由于占地面积小，设施建设几乎不影响现有交通设施；PRT 导轨狭窄，转弯曲线半径小，支路相交的交叉口也可以满足其转弯的要求；通过栅栏、围墙或者铁路等障碍物时，可以将导轨建在高架上。因此，现有的城市肌理并不会对 PRT 的建设产生障碍，随着技术的成熟，PRT 走进我们的日常生活，成为我们的主要交通方式或许并不是不可能。而一种新型主导交通方式的出现往往会影响我们的生活方式，改变我们的城市形态，鉴于这一点，作为规划者而言，有必要就 PRT 对城市产生的影响这一课题进行探索和研究。笔者在这里先抛出 3 个方面的问题与读者共思考：首先，PRT 会对城市形态产生怎样的影响？用地组织如何与之相适应？PRT 对建筑形态又会产生怎样的影响？其次，如果在未来 PRT 成了主导的交通方式，那么我们现有的道路资源是不是富余了？道路的功能定位是不是需要重新审视？甚至是否需要考虑重新设计我们的交通体系？第三，如果要在中国推行 PRT 建设，哪些区域最为适合首先进行试点？交通枢纽、旅游景点、商务区，还是其他区域？会产生哪些问题？相应采取怎样的应对措施？

（2011）

▶ "大"立交的"微"思考

道路立交是交通工程领域的一项伟大设计，它将原本处于二维空间的相交道路向第三维度延伸，用空间分隔的方法消除道路平面交叉车流的冲突，旨在实现交叉道路直行车辆畅通无阻和转向车辆的连续行驶。从1928年美国新泽西州第一条苜蓿叶立交诞生之日起，各种形状的立交就带着"减少交叉口延误、提高车辆通行效率"的使命被发达国家的规划师或工程师们推上了历史前台，成为全球各大城市车行道路网络中的常见构造。随着城市框架的拉大，原本在城郊甚至城郊以外的区域公路立交纷纷"进城"；城市快速路的修建则让城市开始主动修建大型立交，意在交叉口处延续道路的设计通行能力。在习惯了政府"大手笔解决大问题"的惯性思维之后，动辄几万平方米的用地和数以亿计的工程造价总会给民众一种乐观的期待。"某某立交桥建成通车，某某地区交通将更加畅通"，诸如此类的城建新闻，在立交桥开始动工时总会在第一时间跃然纸上，带着某种期许，又或是代言着政府的一种承诺。但是，大立交是否真如规划或设计的那样为我们的城市尽心尽责呢？

我们并不否认，通过减少交叉口的延误，立交桥的修建一定会带来相关道路车辆通行能力的增加。然而，城市道路网络容量的提高并非以某条道路或某个节点的通行能力为度量指标，它严格按照著名的"短板原理"为广大出行者提供服务。如果缺乏连续的立交，那么某条路上当前节点的畅通，常常是以该路段下一个节点的车辆短时迅速集聚为代价。如果下一个节点不具备足够的应对能力，那么个别立交桥的修建对缓解某条路段或某个地区的车辆交通拥堵并无多大效用。城市道路设施的连通性和共享性，使得城市中每个道路交叉口上发生的车辆拥堵都有机会按照蝴蝶效应的法则向整个网络扩散。通过牺牲其他路口的基本通畅来换取某一个点的畅通，这种策略从局部看是一种独善其身的良方，从全局看是一种割肉医疮的糊涂。常常被忽视的问题还有：中心城区立交桥的修建往往会给大众积极的心理暗示，会吸引其他通过性交通向此处转移，也变相鼓励更多的人使用个体交通，从而给整个道路网络带来更大的交通压力，加剧周边节点发生拥堵的概率和程度，最终"引火烧身"。

通过大量建造快速路、立交桥来缓解城市交通拥堵是"车本主义"指导思想下饮鸩止渴的行为。如果没有相应的需求管理政策协助，在缓解城市拥堵的期盼中会不断遭遇"理想很丰满，现实很骨感"的尴尬。因为它忽视了交通问题产生的根源和发展规律，是一剂代价昂贵、局部见效迅速但却疗效很短、副作用很强的药方。

也许有人会发出这样的声音：不管用什么手段，城市交通问题都是无解的。大立交虽然不能永久地解决城市交通拥堵问题，但是它能给城市带来现代感。听起来似乎很有道理却又是一个经不起推敲的理由。城市形象是城市综合实力的一个组成部分，也是城市竞争力的重要内容之一。在现代媒体社会的推波助澜之下，"眼球经济"比历史上任何一个时候都要活跃，对城市形象的塑造、包装和宣传理应受到地方政府的重视。但是，这种重视在当下常常带着一种急于求成的"暴发户"心态，把城市形象寄托在大型硬件设施上面，以大求美，以最求名。城市之间暗暗较劲，不断掀起比（占）地大、比楼高、比路宽的竞赛，想方设法把"最"的冠名权揽入所在的城市。在不少城市的形象宣传片中，气势恢宏、错落有致以及夜晚被灯光打扮得流光溢彩的立交桥常常是镜头中不可或缺的主角之一，与国外城市重视自然人文的形象宣传理念形成了鲜明的对比。不说各地的立交都大同小异，都是用冷冰冰的钢筋混凝土，给行人和骑行人士制造了大量的视觉和通行障碍，给城市交通拥堵的恶化增加潜在的贡献主体；也不说城区交叉口立体化改造后留给两边小区的滚滚灰尘和隆隆噪音，给居民带来身心健康的困扰，让城市离宜居性远离一步；更不用说城市大立交阴影之下普遍存在的脏乱差现象，与桥面之上的光鲜形成强烈对比；单说这些花费巨资打造的"现代化城市美景"，普通民众当中有几个人能有机会、有途径去欣赏全景、体验其壮观？外来游客又有几人会因为这样的建筑物而对城市留下深刻的好印象？高楼大厦、巨型设施与现代化没有必然联系，城市形象可以有不同的表达方式。为城市打下烙印并且使人难以忘怀的是它深厚的历史文化底蕴、充满人情味的设施环境和活力洋溢的公共场所，没有人从伦敦回来后会大谈特谈英国的高速公路，也没有多少人从纽约回来抱怨它的街道狭窄。从欧洲很多小镇旅游归来的人，又有多少人会埋怨他们的城市道路的古老甚至简陋？设施易造人难留，见物不见人的物质设施规划与建设至多让人发几声感慨，难以创造"诗意栖居"的魅力场所。依赖如此这般的构造物来提升城市形象、改善投资环境，在很大程度上只是一种狭隘的自恋情结在作怪。

一个巴掌拍不响。很多工程师和设计师似乎也非常乐于接受复杂立交设计的挑战，想方设法提高立交的设计艺术感，力图使立交建成之后能够满足地方政府"出形象"的迫切需求，对出行者能否在快速行驶中识别、能否真正通过这样的路径提高进出交叉口效率缺乏考虑，却在满足基本导流功能之后便放松甚至忽略了。一些城市的立交桥走法、立交桥攻略等不能不说是对这种艺术性的某种嘲讽。也有民间人士针对互通立交普遍存在的占地大、人行不便等弊端发挥奇思妙想，设计出各种各样新奇有趣的立交形式。几乎每一种方案都声称能彻底解决交通问题，其中不乏发明专利的获得者。然而，这些林林总总的方案能够落到实处的寥寥无几。在应对城市发展产生的种种问题时，我们鼓励各种思考、各种尝试，但是，我们不倡导夸大并依赖某一种"救世主"式的手段。

有关"城市内该不该修建大型道路立交"与"城市内该不该大量修建高速公路"不只是一个交通话题，某种程度上是对大众生活方式和生活质量改善的思考。关于这个问题，早在20世纪50、60年代，时值美国高速公路大举扩张而且深入城市中心之际，刘易斯·芒福德大师就给出了他的答案。但是，这位城市理论家的声音没有能够冲破利益集团的屏障，最后只能无奈地讥笑苜蓿花（形容有4个匝道的立交桥）堪称美国的国花（据《采访本上的城市》，王军著）。同一时期在这方面与他观点一致，并且通过实际行动阻止高速公路进城的，还有一位让美国规划界先恨后爱的先锋知识分子，《美国大城市的生与死》的作者——简·雅各布斯。

（2012）

我国出租车发展问题的探讨

出租车发展至今已有 400 多年历史，根据相关资料记载，早在 1588 年欧洲就出现了承揽出租业务的四轮马车；1620 年，伦敦出现了第一家四轮马车出租车队，车夫们身穿统一的制服驾驶马车行驶于街道上；1654 年，英国议会颁布了出租马车管理法令，并给出租马车主发放营业许可证；1897 年，世界上第一家具有现代意义的出租车公司在德国斯图加特成立。我国的出租车业发展也有超过 100 年的历史，以上海为例，上海出租车的出现可以追溯到清末时期，在早期主要为人力三轮车，后来逐渐出现了出租汽车，至 1928 年成立上海出租汽车同业联合会时，参加的车行达到 46 家，拥有出租汽车 500 余辆。中华人民共和国立后，我国的出租车行业稳步发展，特别是经过 30 多年改革开放的快速发展，出租车业已经成为我国城市不可缺少的行业，各等级城市都发展了一定规模的出租车。出租车提供了高质量的客运服务，也从一个方面代表了城市形象，有着"城市文明的流动窗口"或"城市名片"的美誉。但是，近年来全国多个城市出现了出租车罢运事件。2015 年 1 月，长春、济南、成都、南昌、沈阳、南京等多个省会城市相继发生了出租车罢运事件，是近年来较大规模的出租车罢运事件，引起了社会各界的广泛关注。出租车罢运事件的产生是长期以来各种矛盾交织的结果，具有其特殊性和复杂性，本文从出租车经营权、出租车经营方式、出租车运营等方面对我国城市出租车发展中的相关问题进行探讨，希望能够为促进我国城市出租车发展提供一定参考。

1 出租车经营权的问题

出租车经营权问题是我国出租车行业发展中面临的最直接和最重要的问题，也是多年来出租车行业的矛盾焦点所在。我国出租车经营权先后经历了通过审批的无偿发放阶段、通过拍卖的有偿使用阶段和通过公开招投标的出租车经营权授予阶段。

1988 年之前出租车经营许可证是通过行政审批进行无偿发放的。在审批制中，由于政府与出租车公司之间的特殊关系，容易出现政企不分的问题；而出租车公司与出租车司机之间的关系则表现为出租车公司收取的费用与提供的服务不对等，经营风险基本由司机承担，出租车公司则是旱涝保收。通过审批无偿发放经营许可证造成行业利润没有合理分配，政府不能通过特许经营权得到应有的收益，出租车公司依托特许经营权获得比较丰厚的利益，而出租车司机不堪重负。

1988 年，深圳市政府公开拍卖出租车特许经营权，开创了我国出租车经营权通过拍卖进行有偿使用的先河。通过拍卖的有偿使用具有显化特许经营权价值、防止腐败和体现公平竞争、有助于出租车总量控制、可以开辟新的资金来源等优点，在我国许多大中城市都相继得到了推广使用，并在各地形成了不同的模式。通过拍卖有偿使用经营许可证的做法在其发展初期确实产生了一些积极效果，但是在其发展后期出现了一些比较尖锐的矛盾。例如，由于对经营许可证数量的严格管制、二级市场转让和炒作等问题，导致经营许可证价格畸高，一些大城市的出租车经营许可证价格达到上百万元，大量资金的投入需求导致只有一定资金实力的出租车公司才能参与其中。而出租车公司获得出租车经营权后，又以"挂靠""承包"等名义将巨大的经营成本和风险转嫁给"食物链"末端的出租车司机。

随着拍卖制弊端的逐渐显现，国家对出租车经营权的管理进行了规范。2004 年 7 月实施的《中华人民共和国行政许可法》将出租车经营权纳入行政许可范畴。2004 年 11 月 12 日，国务院办公厅发文要求"各地人民政府要立即组织建设、交通、财政、发展改革（计划）、价格、工商等部门，对出租汽车经营权有偿出让进行专项清理整顿。所有城市一律不得新出台出租汽车经营权有偿出让政策。"自此，通过拍卖的有偿使用制度被全面叫停。随后，按照行政许可的要求，各地通过公开招投标的方式发放出租车经营权。2006年，江苏省人民政府办公厅发文提出："要大力推行以服务质量为主要竞标条件的经营权公开招投标方式，重点考核申报单位的服务能力、服务质量、服务水平。对有偿出让费的标准，要进行严格测算，公开组织听证，努力减少经营从业人员的负担。"出租车经营权的公开招投标实施至今已有10年时间，由于缺乏比较规范的招投标评价体系和透明化的操作程序，一些地方的出租车经营权招投标工作引起了参与投标的出租车公司的质疑甚至诉讼。

出租车经营权是出租车行业中最核心的资产，其本身是一个巨大的垄断利益，所以成为出租车行业的矛盾焦点所在。从世界各国城市来看，出租车经营权主要有通过直接签发的免费使用和通过拍卖的有偿使用两种方式。由于出租车经营权的特殊性和我国市场的规范性尚待完善，在我国将其作为行政许可进行公开招投标仍将持续较长的一段时间；随着未来市场的逐步完善和规范，适应出租车作为一个完全自由竞争的服务性行业的特性，比较理想的模式应该是逐步由行政许可制向自由备案制转变，放松行业管制，促进自由竞争，开放市场，服务市场，繁荣市场。

2 出租车经营方式的问题

出租车经营方式是在出租车经营权基础上形成的出资者、经营者、劳动者之间的不同关系，出租车经营方式主要包括企业经营、挂靠经营、个体经营3种。

企业经营即出租车公司承担出租车车辆购置费、经营许可证使用费、税费等相关费用，出租车司机向公司上缴承包款并作为公司员工享受相应的权利和义务。由于专业化程度较高，有助于提高企业知名度，建立现代企业制度和规范市场，一些经营较好的大型出租车公司也会形成规模效应。

挂靠经营即车辆所有权归出租车司机所有，出租车司机利用出租车公司的"壳"资源比较方便地获得经营资格。挂靠经营模式使得出租车公司表面上有一定的规模，但是实际上无法进行规模经营。挂靠经营方式在出租车市场发展初期具有一定的合理性，但是如果作为一种主要的经营方式，其产权问题必然会成为很大的不稳定因素。

个体经营即自主经营、自负盈亏，这与出租车行业劳动密集型和个体劳动的特点相符合，所以在出租车行业发展过程中一直占有重要地位。

3种经营方式在现有市场中都占有一定的份额。通过对国外出租车经营方式的总结分析可知，国外城市出租车营运证一般包括个人营运证和公司营运证两种形式。东京、纽约、新加坡、中国台湾、中国香港等城市采用个人营运证与公司营运证相结合的方式。公司营运证一般是长期有效和可以转让的；而个人营运证有一定的期限，经过政府同意可以续期但不能转让，并且营运证不得在公司与个人之间转让。多伦多、伦敦、曼彻斯特等城市采用个人营运证的方式。营运证发放给符合发证规定的特定从业者，运营证可以续期，而对于是否可以转让则不同政府有不同的规定。根据中国社会科学院的相关研究，因为驾驶出租车属于个体劳动性质，而且这个行业不需要高新技术投入，也不需要巨额资金运作，所以比较适合个体经营，也有一些专家认为把营运证发给个人更有利于管理。

由于出租车经营权在相当长时期内仍将作为行政许可进行公开招投标，所以出租车经营方式在短期内仍将维持企业经营与个体经营并存的局面，对于挂靠经营则需要在具备一定条件时逐步取消。随着经营权向自由备案制的转变，经营方式将会自然而然地向个体经营转变。在管理上，政府需要加强对出租车司机资质的审查管理和市场运行的监管，出租车司机可以组建行业工会来进行管理。

3 出租车运营的问题

（1）出租车规模

出租车的运输需求与供给是一对相互联系、不可分割的概念，若供大于求，则出租车空驶率较高，造成道路资源浪费，也会导致出租车行业的不稳定；若供小于求，则会产生打车困难的情况，给出租车乘客造成不便。我国出租车规模先后经历了自由发展阶段、限制性发展阶段、通过拍卖经营许可证的数量严格控制阶段。目前，各地通过经营权公开招投标投放的出租车数量比较有限，各地政府仍然严格控制出租车数量；当然也有一些地方政府专门为举办具有影响力的大型活动投放较多数量的出租车，结果在活动举办后出现运能过剩和车辆闲置等问题。总体而言，由于缺乏对出租车市场需求的全面掌握，政府对出租车数量控制的随意性较大，我国不同城市出现了出租车规模与市场需求不匹配的现象。

我国城市出租车拥有量指标主要依据《城市道路交通规划设计规范》(GB 50220—95)，但是其仅给出了出租车拥有量的下限，即大城市不少于2辆/千人，小城市不少于0.5辆/千人，中等城市取中间值。一方面，规范指标的不明确性给各城市控制出租车的发展规模与速度带来了困难；另一方面，规范出台的时间较早，随着城市经济发展、人民生活水平提高、对出行质量的要求提高，规范指标是否偏低仍值得探讨。一些学者研究提出了出租车规模的测算方法，主要包括经济学方法、微观方法、工程方法3类，其中工程方法实用性较强，可操作性较好，是出租车规模预测中常用的方法。工程方法主要包括供需平衡法等方法，供需平衡法从出租车所完成的城市居民和流动人口出行周转量入手，考虑出租车空驶率，对城市出租车拥有量进行计算。供需平衡法从城市实际客运需求出发，根据调查结果确定相关参数，预测结果相对比较准确，但是所需调查的工作量较大。

目前在城市综合交通规划、公共交通规划等相关规划中对出租车规划方面的内容关注较少，对于出租车规模一般根据城市人口和拥有量指标进行简单测算，需要从城市实际客运需求出发，利用供需平衡法等方法进行出租车规模预测，并综合考虑确定合理的规模。总体而言，出租车规模的管理应考虑以下原则：①总量平衡。结合出租车运输需求对出租车总量实施有效调控，使出租车市场稳定有序。②小步勤走。根据市场需求少量多次调整出租车数量，避免大的起伏波动。③兼顾多方。出租车规模的确定必须兼顾需求、供给、投入效益三者之间的关系，兼顾多方利益。④经济调节。充分利用经济杠杆，致力促进供需均衡。

（2）出租车定价

出租车定价包括运价和经营许可证使用费、税费等费用，出租车定价与市场供求关系、城市经济发展水平、政策因素、运输成本等因素直接相关。运价是出租车定价的外在综合表现，出租车经营证使用费、税费等内在费用的变化一般都会最终通过运价的形式表现出来。出租车定价应考虑以下原则：①科学评估。对经营许可证使用费、税费等费用标准应进行严格测算和科学评估，使其维持在一个相对合理的水平上。②让利于民。在运价的确定上合理让利于民，让经营者有钱可赚，让老百姓有能力乘坐。③弹性调控。对于出租车运价可以适当放开，出台指导性价格；④统筹综效。通过合理的定价实现经济效益和社会效益的有效统一，促进出租车行业的健康发展，方便服务群众。

（3）打车软件和"专车"服务

由于出租车客运需求大多是随机出现和分布的，所以出租车服务具有较大的随机性，这就造成了出租车空驶率普遍较高，根据相关统计，一些城市的出租车空驶率在30%左右。随着出租车运营调度技术的发展，一些城市推出了出租车电召电话服务，取得了良好的效果；而随着打车软件、"专车"服务等新技术或新型服务方式的兴起，给出租车市场带来了新的冲击。根据北京交通发展研究中心发布的《打车软件对北京市出租汽车运营影响分析》报告：打车软件、"专车"服务的推广对出租车运营产生了一定的影响，包括运营效率提高、"扫马路"里程减少、出车时间提前等，但也出现了短距离服务减少等情况；总体上影响幅度并不显著。"专车"服务的一个核心争论是"专车"服务是创新还是非法运营？北京、上海、广州等城市认定"专车"服务为非法运营，而交通运输部认为"专车"服务是创新型服务形式，提出"专车"服务应根据城市发展定位与实际需求，与公共交通、出租汽车等传统客运行业错位服务，开拓细分市场，实施差异化经营；并且"专车"服务应当遵循运输市场规则，禁止私家车接入平台参与经营。交通运输部的表态对"专车"服务作为一种创新型服务形式进行了肯定，但是仍然未触及最核心的实质问题——出租车经营权问题，所以"专车"服务带来的影响仍然是悬而未决的。另外，出租车司机使用打车软件容易分散注意力、酿成交通事故，并且其加价功能、违约问题、给老人等弱势群体造成的不公平等问题也备受关注和质疑，在部分城市打车软件被叫停或封杀。打车软件、"专车"服务等新技术的出现或新型服务形式必将撬动传统出租车市场，这是一个不可回避的问题，对出租车经营权、出租车经营方式的影响仍然需要持续深入观察，但是可以肯定的是总体发展方向是营造一个开放、公平、有序的市场环境。

4 结语

我国各级政府对于出租车行业管理的基本模式是行政许可经营、数量控制、价格管制，总体上表现为计划经济的行政垄断管制模式，这与出租车自由竞争的服务性行业的特征不符，也与市场化的发展大趋势不符。对于出租车行业的核心问题——特许经营权并不应该是被限制的关键因素，真正需要严格把关的是出租车司机。以伦敦出租车司机为例，伦敦出租车司机是世界优秀出租车司机的典范，伦敦出租车驾驶资格证与律师资格证一样难以取得。伦敦的每一位出租车司机堪称当地的"活地图"，申请者首先需要通过"伦敦知识"关，要求熟悉1.8万多条街道的名称、各种建筑物的位置和形状、各个纪念碑所在的地点以及各地铁车站的站名等信息；然后需要经过严格体检和个人经历审查，证明身体健康、无犯罪记录者才能获得一份伦敦地图和内有400多条行车线路的"蓝本"。申请者必须熟记这些行车路线经过的街区及其周边建筑，并且能够以最快的速度找出两地之间最短距离的路线，以节省乘客的时间和金钱。这种严格把关保障了伦敦出租车司机的素质和服务水平。随着未来出租车市场的逐步完善和规范，在条件成熟时可以实行比较理想的模式——自由备案制，放松行业管制，允许个体自由申领出租车经营证进入市场经营；自由备案制和个体经营方式有助于通过市场调节出租车规模和出租车定价，并最终实现出租车市场的自动平衡和良性发展，打车软件和"专车"服务等新技术和新型服务形式的影响也将迎刃而解。在自由备案制和个体经营中，政府的职能主要是加强对出租车司机资质和市场运行的管理，出租车司机也可以通过组建行业工会维护自身的权益。

（2015）

▶ 治堵，请以人民的名义！

堵车是坏事吗？"治堵"是理所当然的吗？奇怪的问题，堵车当然是坏事，谁愿意被堵在路上呢？不过，凡事皆有两面，堵车还真未必是坏事。

"理所当然"的事情往往最具有迷惑性，就如同曾经的"天圆地方"被认为是真理一样。因此，笔者也较真问一句，为什么要治堵呢？在众多可罗列出的"治堵"好处中，"提高交通效率"是最为主要的回答。但治堵真的提高效率了吗？或者说提高了谁的效率？在流行"举栗子"年代，笔者也举个真实的例子。某城市市中心最主要的交叉口，也是最繁忙、最拥堵的交叉口，为了"治堵"，被拓宽改造、设置了右转专用车道……。治堵成功了吗？效率提高了吗？确实如此，如果以"车"的通过能力衡量的话。但这个交叉口处于市中心，行人、非机动车非常密集，交叉口改造之后，我们看到了要小跑过街和滞留在安全岛上的行人，在漫长信号灯中滞留等待的自行车……。如果以"人"的通过能力衡量的话，剧情是不是要反转呢？"提高效率"中的"提高"一词，按语义理解，不应该是"净效率"的提高吗？而不是牺牲一部分人的效率，并转移成为另一部分人的负担。如果总效率下降了，我们就不能再用"提高""提升"等诸如此类具有明显偏向性的词语，更不能断言"拥堵得到改善"。

"车本位 VS 人本位"在业界并不是一个新话题，却又是一个永远值得关注的问题。虽然我们一直在提倡"以人为本"，但车的速度、流量、饱和度等等却仍然大行其道，成为衡量城市交通性能的核心指标。好在我们已经开始转变并付诸行动，将城市交通的目标从"车的快速移动"切换到"人和物的快速移动"上来，毕竟交通设施资源是有限的，运送更多的人和货物才是目的。再举个"栗子"，以前我们把"车均延误"作为拥堵治理成效的一个关键指标，但我们渐渐发现"车均延误"降下来了，但"人均延误"却上来了，于是我们鼓励公交优先、鼓励绿色出行，并将"人均延误"作为一个替代的衡量指标，于是，"拥堵"有了新的定义，"治堵"也有了新的举措。如果"车均延误"降下来了（车不堵了），"人均延误"却上去了（人更堵了），这样的拥堵，不治也罢。

但是，"人和物的快速移动"真的是我们想要的吗？剧情还会反转吗？举个或许有些科幻但能说明问题的"栗子"，物理学家设想未来用"虫洞"作为太空旅行的捷径，假设从地球上到达遥远的星体A，以光的速度要花100年，如果利用"虫洞"，以二分之一的光速，仅需要10天，前者的移动速度更快，而后者却更省时间。这对于城市交通而言也是一样的，交通出行衍生于人的活动，到达目的地完成想要的活动是真正的"目的"，"快速移动"仅仅是"手段"。若将"手段"作为"目的"，会局限视野。再举个"栗子"，为了降低每"人·公里"的时间成本，或者说提高人移动的快速性，我们修建快速路、快速公交等等，确实我们发现速度更快了，但很快又发现了另一个问题，每"人·公里"的时间成本降下来了，"人·公里"的总量却上来了，两者相乘，交通出行的总时间不减反增，这是我们想要的吗？我们想要的不是更省时间的到达目的地吗？速度提上来了，却拉长了出行的距离，这样的"人和物的快速移动"还适合作为城市交通的目标吗？造成这种现象的原因并不仅仅存在于理论中，恰恰相反，在现实中广泛存在，城市功能分区、飞地式开发、商务园区、大规模的住宅小区、不明就里的单行道……，太多太多造成了出行距离的增长，却又花大力气寻求快速移动来克服这种距离。"人和物的快速移动"迷惑了原本的目的。

从"汽车交通"（traffic）到"机动性"（人和物的快速移动，mobility），再到"可达性"（accessibility），在城市交通问题的解决方案上，我们不断接受新理念的洗礼，尽管行动上仍然滞后。"可达性"拓展了解决城市交通问题的思路，不仅将"治堵"从解决"车堵"更换为解决"人堵"，更将城市用地布局纳入城市交通拥堵治理的范畴（通过调整用地布局从根源上减少出行的距离），也将单行道等传统交通管理手段重新审视，是城市交通所应该关注的"真实目的"。

道理虽然浅显，但真正实施起来却阻力重重，历史上的博弈可见一斑。当20世纪初，小汽车率先进入美国城市的时候，交通事故急速上升，于是人们请来了工程师。工程师们认为道路属于公共资源，按"最小成本办最多事"的原则认定小汽车占用空间资源最大，优先级次序上应排在步行、有轨电车等交通方式之后。20世纪20年代，小汽车销售滑坡，似乎已经达到了市场饱和的"天花板"。当认识到真正的天花板是"道路容量"时，汽车制造商、配件生产商、水泥生产商等利益共同体联合起来，恰如其当的找到"自由、冒险、开拓"的国民精神这一突破口，小汽车以"自由"的名义成功上位。并提出"道路供给"应像普通商品一样，遵循市场经济的"供需定律"，满足小汽车交通这一大众选择产生的市场化需求，于是开始了"道路扩大供给—需求增长—道路扩大供给"的循环。尽管我们知道，对于免费的商品而言，谈需求是无意义的，就像超市里的面包，如果免费供给，需求会有多少？同样，道路使用是免费的，需求的极限在哪里？至今，这一"供需定律"还在发挥着统治性的作用，汽车在路上自由奔跑是理所当然的。

既然认为道路应遵循"供需关系"，是一种普通商品，不妨也按"商品"的逻辑。为了便于阐述，将步行、自行车、公共交通这类占地少的方式归为"人"的阵营，与小汽车这一"车"的阵营对垒。道路建设来自公共财政，"人"出了钱，"车"出了钱，但是买的空间却是不一样的，"车"占用的空间是"人"的数倍。同样的钱买了差别如此之大的物品，这显然不应该是"理所当然"的。按照市场、商品的逻辑，"车"无端霸占了原本属于"人"的地盘，应该给予补偿吧。补偿的方式应该是这样的："车"向"人"提出购买路权，"人"同意后，付钱给"人"（拥挤收费、公交补贴等）；如果"人"不同意，还应该归还路权，而不是应该理所当然的占用。如果以"治堵"的名义让"车"既多占了空间，又不让其付出经济上的代价，岂不是"劫贫济富"？"人"应当理直气壮地说：先还我基本路权，再谈钱的事！

"治堵"花的是人民的钱，也请以人民的名义，让人民公平受惠，这才是人民所期待的剧情。

（2017）

▶ 借鉴"治堵"经验，缓解交通困局

2010年9月17日晚高峰，北京全市140余条路段拥堵，打破了北京堵车路段的纪录，成为名副其实的"首堵"，也使城市交通问题再一次成为社会关注的焦点。虽然北京有关部门在"治堵"这一难题上一直采取了多样化的措施，如尾号限行、封存公车、提高停车费、降低公交出行费用等等，但效果似乎并没有如其所愿。北京机动车保有量的飞速增长正持续给城市交通压力"加码"，根据相关统计数据，2007年5月、2009年12月北京市机动车保有量分别突破300万辆、400万辆大关，而从400万辆到450万辆，也仅仅用了几个月的时间。根据预测，2015年北京机动车保有量更将达到700万辆，不难预料，如果继续保持现有交通发展政策不变的话，今天的"大堵车"势必将成为明天的常态。而江苏省的一些城市似乎也正在走向北京模式的"拥堵之路"，车越来越多，路越来越堵。南京市机动车保有量已经突破100万辆大关，苏州市更是已接近200万辆，年增长率超过20%，道路交通拥堵也正逐年呈现"由点到面"式的扩散。其实交通拥堵也绝不单单是一个社会性话题，其经济账算起来也相当可观。根据相关文献资料，曼谷仅因交通拥堵导致的运输效率下降就使其损失三分之一以上的国内生产总值；日本东京每年因交通拥挤造成的时间损失相当于123000亿日元；欧洲每年因交通拥堵造成的经济损失约为5000亿欧元。而相关数据表明，在2002年时我国因交通拥堵造成的经济损失就已经达到1700亿元人民币，相当于我国当年GDP的1.7%。尽管我国城市机动车保有量水平与一些发达国家或地区相比尚有一定的差距，但是部分特大城市、大城市的交通拥堵程度已然不亚于世界上任何一个大城市，这一点是需要引起我们重视的。

堵车是一个全球性的问题，世界上许多国家和城市也试图通过各方面的努力来减弱交通拥堵带来的负面影响。不同国家或城市的发展经历、发展阶段有所差异，"治堵"的方式和策略也各有不同，归结起来主要有几个方面：①经济调控。利用经济杠杆作用来抑制交通需求是一些发达国家或地区最为常用的手段。如伦敦在内环线21平方公里内，对私人汽车、货车征收拥挤费。根据伦敦交通局的监测报告，该政策在减少交通总量和缓解交通拥堵方面发挥了很大作用，政策实施后，收费区域交通拥堵拥挤减少40%，区内交通量减少16%，排队减少20%～39%，车速提高37%。②规划引导。最典型的当属荷兰的"ABC"企业选址策略。根据交通产生和吸引的强度差异，将企业的用地位置划分为A、B、C三种区域。A地区主要集中在公共交通发达的中心车站附近，适宜安排就业密度高、上下班交通量大且通勤出行对私人机动车依赖性小的企业；C地区主要集中在高速道路的立交和进出口附近，适宜安排就业密度相对较低、通勤出行对私人机动车的依赖性较高的企业；B地区介于A地区和C地区之间，公共交通和小机动车交通都较方便，离公交车站和高速道路的立交较近的地区。由于上下班交通量大的企业被安排在公交中心车站附近，可以极大地提高公共交通的利用率。而对私人机动车依赖性大的企业，因为被安排在高速道路进出口及立交附近，既可以最大限度地缩短出行距离，又能减少货车进入市中心区，从而进一步减少了交通拥堵的发生。③倡导公交。瑞士苏黎世在应对日益恶化的城市交通拥堵方面所采取的主要措施不是扩大道路的通行能力，而是将城市道路路权重新分配并向有轨电车、公共汽车和自行车倾斜，成功地打造出了欧洲最有效的地面公共交通系统。路权的

保障使得绿色环保的出行模式比开小汽车出行还要方便和经济，虽然苏黎世是欧洲最富有的城市之一，但其市民60%乘坐公交上班，20%骑自行车或步行上班，只有20%的人开车上班。④严限私车。新加坡政府通过拥车证制度严格限制私人购买小汽车，在该制度的限制下，想要购买新车的人必须在注册车辆之前标购一张拥车证，其发放数量由政府控制，购车者以竞标方式获得，拥车证价格依市场供求关系上下浮动。政府在综合考虑上年汽车总数、每年固定的增加额度、报废汽车数量等因素的基础上，计算出当年的拥车证配额。拥车证制度的推行成功地将车辆增加数目控制在一个可以承受的水平上，也实现了对道路交通拥堵发生的控制。⑤文明意识。巴黎同北京一样，人多车多，所不同的是巴黎虽然汽车拥有量和道路车流量比北京更大，但交通拥堵现象却不像北京那样严重，究其原因，除了交通法规森严、监测手段先进、道路管理规范等方面的因素外，大众的文明出行公德意识也是至关重要的。巴黎驾校的考试之严格是非常有名的，而在经过苛刻训练的巴黎司机眼中，安全礼让绝不是一句空洞的口号，他们很清楚地知道，让别人如同让自己，大家有秩序地行进，哪怕车速不快，也远比你争我夺挤成一团行得快，即便是道路很堵、大家都想早点去上班的早高峰也是如此。

治理交通拥堵本身就是一个系统工程，当然，各国或城市治理交通拥堵的措施也是多角度、多样化的，笔者这里也仅仅是就各个城市典型的治理措施进行了举例。而江苏省城市土地资源紧张，不可能将大量的土地用于道路网络及停车设施的建设，一些特大城市、大城市正在或将面临"交通拥堵"这一世界性难题之际，有必要理性地借鉴他人之"治堵"经验，缓解我之困局。第一，需要加强教育与宣传，培养文明出行意识。这一点的重要性虽然被普遍认可，却在执行实践中又往往被忽视。"文明出行，从娃娃抓起"，不仅要在驾驶培训时加强这方面观念的教育，而且应从幼儿园、小学就要对文明出行教育给予高度重视，逐渐培养形成自觉文明的交通意识，让其从小就深刻意识到，只要人人遵守秩序、文明礼让，方便的不仅是别人，获益的更是自己。第二，重视从城市规划设计方面来控制交通流量分布和交通方式的使用。调整城市空间发展结构，合理处理交通区位与各类性质用地之间的匹配关系，重视用地的集聚和混合发展模式，避免就业地与居住地的割裂，从城市空间布局上减少交通拥堵发生的几率；对于江苏省一些城市的宽马路、大街坊而造成的路网密度低、结构不合理的现象应予以重视，在规划中应注重路网的加密和级配的优化，而对于那些优化余地不足的区域，应注重从交通组织及管理角度来弥补。第三，从交通结构优化角度，采取各种有效措施优先发展公共交通，形成以公共交通为骨干的城市客运交通系统。虽然在公共交通发展起来之前会不可避免地经历阵痛，但是要充分意识到，只有选择坚持发展公共交通才是城市交通发展的最好出路。第四，按照交通发展战略和出行方式结构要求，优化路权分配，鼓励以绿色交通方式出行；并通过高科技手段，借助科学化、现代化交通管理，充分、有效地利用现有道路资源，最大化发挥交通设施的功效，提升路网容量，以进一步减少交通拥堵发生的几率。

（2010）

从规划视角看"治堵"

1 由突袭式限购引发的思考

2014年12月29日17时40分左右,深圳市交通委召开临时新闻发布会,宣布正式出台小汽车限购政策。随后,深圳市政府发布官方消息,将从2014年12月29日18时起,在全市实行小汽车增长调控管理政策。关于这次被人们斥为简单、粗暴的突袭式限购,深圳市人民政府作了相关回复:

拥堵形势严峻——中心城区晚高峰时段的平均交通拥堵时长从2012年的38分钟上升至2014年的55分钟。

机动车增长快——机动车近5年年均增长16%,2014年增速更高达20.9%,根据每公里道路所折算出的车辆密度已是全国第一。

尾气污染严重——机动车尾气排放占全市本地排放源的41%,已成主要大气污染源。

泊位缺口过大——当前停车位总计约104万个,而机动车总量约314万辆,缺口达三分之二。

实际上,为应对不断加剧的拥堵,深圳市已经先后出台了交通白皮书、治理拥堵24策、综合治理8大策略等政策措施,但不断加大政府的投入却仍然跟不上需求的增长,交通拥堵和环境污染仍日趋严重。

限购,看似是不得已而为之。事实上,国内的很多城市也正面临着同样的境况,深圳也只是至2015年为止国内第8个实施限购的城市(其他城市为上海、北京、广州、贵阳、石家庄、天津和杭州)。根据2015年荷兰TomTom公司发布的全球拥堵城市排名,在全球最拥堵的100个城市中,中国大陆就有21个城市上榜,不知道是否还会有其他城市要下猛药来治拥堵。

然而,治堵犹如治水,宜疏不宜堵。治堵的关键是要把握拥堵的成因和源头。城市功能布局失衡、公共交通和慢行交通缺乏吸引力、对小汽车增长预测和调控的预见不足等多种因素都是造成拥堵的原因。因此,以调控小汽车增长为主要目标的限购也绝不应是治堵的最后锦囊。

2 治堵的源头在于协调交通与用地

交通拥堵是由于交通流在时空分布上的失衡引起的,而小汽车出行更占优势的长距离出行总量过大,以及通勤出行在时空上的过度集聚是城市常发性交通拥堵的根源。

根据2015年初百度发布的"全国50城市上班距离及用时排行榜",北京以19.2公里的平均单程距离居首,南京以14.14公里居第7位;根据高德公司2014年第二季度中国主要城市的交通分析报告,北京和上海最拥堵的路段均出现在大型居住社区和大型办公区连接的道路。

城市疏散也许是缓解拥堵的良策。但很多城市疏散大多只是疏散了居住,而非就业岗位的同步疏散。因此,随着城市的蔓延,产生了更多的长距离通勤交通,更加剧了拥堵。根据市场规律和国际经验,在服务业占主导的城市,其市中心的就业岗位会持续集聚,而地价增长又会导致居住进一步分散到中心区的外围。事实上,不只是就业岗位的集聚分布会吸引人群向城市中心集中,其他的诸如学校、医院和体育设施等城市功能资源的分布也是如此。

由此看来,治堵的源头在于如何协调交通与用地发展,以及如何优化城市空间和功能布局。因此,如何将TOD理念转化为实际行动,实现城市的精明增长,是从规划视角来实现治理拥堵的根本对策。

3 规划要掌握治堵的主动权

城市交通拥堵涉及公共决策、规划设计和运行管理等多方因素，因此治理拥堵既非一门之力，亦非一日之功，但各方的共识是发展公共交通，这的确是交通拥堵的解决之道。在运输效率方面，公共交通的效率比小汽车更高，如运输1000人约需250~1000辆小汽车，却只需约15辆公共汽车或1列8车厢的列车。此外，从能源、安全和社会公平性等方面来看，公共交通也的确是更可持续的机动化方式。在城市化和严峻的拥堵形势并存的背景下，当前也许是发展公共交通，以及妥善处理小汽车问题的最佳时机，而规划部门应掌握调控的主动权。

城市是一个社会交互系统，机动性和城市功能要素布局对于促进这种交互性具有同等重要的作用。因此，在限制小汽车的同时，应为城市提供其他的替代出行方式。于是在拥堵的背景下，各城市纷纷开始了大规模的公共交通特别是轨道交通项目的规划和建设。截至2015年4月28日，国内共有39座城市获得国家级批准建设城市轨道交通，其中江苏省以获批6座城市而占据数量前茅。

然而，公共交通系统的建设运营并不等同于其对出行真正具有吸引力。即使是在以轨道交通为主的日本和欧洲的一些大城市，轨道交通（门到门）的出行时间也要比小汽车的出行时间长3%~23%。因此，如何使公共交通的服务和城市的发展实现良性协调，提升公共交通的吸引力，同时实现公共交通系统自身的可持续发展，才是实现拥堵治理的根本。

4 实现前瞻性的公共交通与用地协调

要实现公共交通与用地协调应把公共交通服务和城市建设形态紧密地结合在一起，例如在如何吸引人们乘坐轨道交通和公共汽车方面，提高公交走廊沿线的开发密度更有效，而混合式的土地使用也利于鼓励人们选择公共交通。同时，世界范围内的实践表明，实现公共交通引导城市协调发展要做好前瞻性的发展规划和保障措施：

（1）利用有限资源改善公共服务应是公共交通与用地协调的基本价值判断

城市发展的根本目的在于增加社会互动的可能性，而不是减少人的出行。因此在资源约束的背景下，仍应维持甚或是促进某种程度的社会互动性，这就要求有限的城市资源应向更高效率、更可持续的出行方式倾斜，充分重视市场的资源优化机制，这应是最基本的价值判断。

（2）多层次的协调机制是公共交通与用地协调的实施主体

要实现公共交通与用地协调的可实施性，应建立多层次的公共交通与用地协调机制：做好决策部门、开发主体和公众之间的协调；合理界定各级政府的事权，界定市场和行政的边界，进行完善和可行的协调制度设计；建立高度透明的协调决策信息平台，为公众参与协调的全过程提供信息化支撑；探索将各种协调发展战略和策略有效地转化为可操作的具体措施和计划的机制。

（3）连续的数据分析是公共交通与用地协调的基石

在许多规划体系中，在交通与用地协调方面，至少我们对交通出行率和交通承载力这2个指标的使用是缺乏坚实依据的。此外，交通需求预测中的4阶段方法在逻辑上看似比较科学，但是分解开来看，我们在每个阶段中对相关数据的把握都不能做到全面和准确。而在我们当前所处的数据环境下，城市中的各类智慧传感器为我们提供了连续观测城市运行特征的可能。因此，应进行基于公共交通与用地互动的数据积累，并建立基于数据分析的协调量化机制。

5 结语

小汽车不是洪水猛兽，交通拥堵亦非无药可解，关键在于如何对其进行引导和调控，以及治堵举措本身是否合理合法。以公共交通为导向的发展模式已经被公认为是最可持续的土地开发模式，从世界范围来看，很多城市都开始制定致力于改善交通拥堵的发展战略，旨在提高公共交通的吸引力和运输能力，提高空气质量和节能减排。如何实现公共交通引导城市发展，实现交通与用地的互动协调，不仅是治理拥堵的对策，更是实现城市可持续发展的方向。

（2015）

▶"治堵",期待智能交通

2010年12月23日下午,北京市政府召开新闻发布会,公布了《关于进一步推进首都交通科学发展 加大力度缓解交通拥堵工作的意见》,将实行综合措施治理交通拥堵。这项被称为"史上最严治堵新政"的意见中提出将"以全面提高对路网运行的调控和快速反应能力为目标,建设新一代智能交通运行协调指挥和管理系统"。智能交通系统(简称ITS)的概念并不陌生,其早期构想在20世纪60年代由美国提出,其实质是利用高新技术对传统的运输系统进行改造而形成一种信息化、智能化、社会化的新型运输系统。目前,世界上已形成了美国、日本、欧盟三大ITS研究开发基地。

日本在利用智能交通系统改善交通运行环境方面为我们提供了很多值得借鉴的经验。日本于1996年制定了《日本ITS框架体系》,在该框架的指导下,日本警察部门进一步制定了新交通管理系统(UTMS),由一个高智能化为核心的综合交通控制系统和包括公交优先系统、交通信息系统、安全驾驶辅助系统等在内的10个子系统组成。基于这些系统,日本全国47个都、道、府、县都设有交通控制中心,实现了对所有道路交叉路口的监控和信息自动处理。如日本首都东京共有17000多个交叉路口,控制中心根据道路交通流量状况,对全市14447个信号控制路口中的7247个进行预先的信号配时方案确定,并根据流量检测结果,由控制中心计算机对收集的流量信息进行自动处理,再对信号控制路口的信号配时进行实时调整,同时还通过遍布全市道路范围内的信息显示板和7个广播电台、160多个路侧广播实时发布道路交通信息,从而达到优化交通组织、改善道路通行状况的目的。在智能交通系统的支撑下,日本又在汽车上普及安装导航系统,如出现堵车,导航系统也会按拥堵程度提醒司机是否选择绕路行驶,而司机如果想中途停车,导航系统会显示附近停车场是否有空位,以减少不必要的绕行,因堵车引起的空气污染也相应得到减少。根据日本相关方面的预测研究,采用智能交通系统后,2025年交通事故将减少50%,平均车速将提高10公里/时,减少每年56亿小时的时间损失和7635亿元的经济损失,燃油消耗降低25%,二氧化碳排放降低15%,氮氧化合物排放降低30%。

我国对智能交通系统的研究起步较晚,1994年,我国部分学者参加了在法国巴黎召开的第一届ITS世界大会,为中国ITS研究的开展揭开了序幕;1999年"九五"国家科技攻关重点项目《中国智能交通系统体系框架研究》工作全面展开,2001年通过国家科技部验收;2002年4月,科技部正式批复"十五"国家科技攻关"智能交通系统关键技术开发和示范工程"重大项目正式实施,北京、上海、天津、重庆、广州、深圳、中山、济南、青岛、杭州10个城市作为首批智能交通应用示范工程的试点城市;2007年10月,第十四届ITS世界大会在北京举行,加强了中国在ITS领域的对外交流。目前我国一些城市的智能交通系统建设也已取得了一定的成就,如广州亚运期间,三大智能交通指挥系统就发挥了很大的作用:①交通流量检测及交通诱导系统。在亚运通道以及城市主干道等重点路段设置260个交通流量检测点用于检测交通流量,其中100个采用的是线圈检测点,160个是微波检测点。同时,在亚运通道以及城市主干道等重点路段路口安装95块可变情报板,第一时间向司机提供准确的路况信息,让市民根据实时路况选择绕道行驶。② SCATS交通信号控制系统。这套SCATS交通信号控制系统控制的路口达到700个,SCATS交通信号控制系统能够自动测算道路交通流,并及时调整红绿灯时间,相邻路段的绿波带或路口间交通信号的同步通行,使每个路口的绿灯时间得到最大限度的利用,从而大大减少车辆停车、启动的次数,提高了道路交通运行效率,降低了因交通拥堵引起的碳排放。③交通事件检测及车牌识别系统。通过安装智能电子警察,可以自动识别车牌号码,自动比对套、假牌车,对于违规进入公交专用车道的车辆也能够自动拍摄、上传违章信息,进一步为公交优先发展的实施增加了保障。

从江苏省的ITS发展情况来看,早在2004年,江苏省就开展了《江苏省ITS体系框架与规划》项目研究,首次针对省这一层面系统开展ITS体系框架和规划的研究,提出了完整的江苏省ITS服务体系和江苏省ITS产业化战略与政策,对江苏省智能交通系统规划建设起到了一定的指导作用。近年来,南京、苏州、无锡、昆山等城市也正在逐步建立智能交通系统发展框架,并在一些技术上进行了应用,如昆山交通状况实时监测系统向公众全天候发布实时路况、交通管制等信息,在缓解交通拥挤、提升出行效率方面发挥了一定的作用。但相比来看,江苏省的ITS研究工作虽然开展较早,但在应用方面与发达国家和地区,甚至与国内城市广州、深圳等相比仍然有一定的差距。近年来,江苏省一些城市交通量的快速增长已经接近现有设施的通行能力,交通拥堵也正在由点及面式蔓延,在城市用地紧张、设施建设难以缓解交通供需矛盾的情况下,更应该重视智能交通系统的构建和应用,以充分挖掘和最大化利用现有交通设施的服务能力。但值得注意的是,智能交通系统的开发成本也十分昂贵,每个城市交通拥堵的特征与原因也存在着差异,城市智能交通系统的开发建设也应根据自身需求来制定实施计划,力求把智能交通这块"好钢"用在"刀刃"上,盲目地跟风也是不可取的。

(2011)

城市交通思辩
Thoughts and Debates on Urban Transportation

▶ 拥堵费：免费午餐终将成为过去式

最近，媒体关于南京启动拥堵费研究的报道刺痛了一些人的神经，紧接着南京市交通部门小心翼翼地给予澄清：媒体的误读。言外之意是，不好意思，让大家受惊了，研究研究而已。在这件事情上，南京市交通部门为什么如此"弱势"呢？难道真是理亏吗？新加坡等城市的"拥堵费"到底是一种什么样性质的费用？

在收"拥堵费"这件事情上，最让大家不能接受的或许是，我们已经为道路的建设出了钱，凭什么还来收费？的确，羊毛出在羊身上，道路建设的费用是财政出的，没有理由再收取任何费用。但这里需要区别"建设费"和"使用费"。建设费包括道路及其附属设施等工程费用，"拥堵费"作为一种使用费则主要是针对"负外部性"的。什么是"负外部性"？举个简单的例子，企业家为开设一家化工厂购置土地、建设厂房、雇佣工人从事生产，一切费用都是企业家自己承担的，他需要对工厂给环境带来的污染负责吗？答案是显然的，如果不需要负责，那么所有的企业将毫不犹豫地过度排放，因为这样可以大大节省成本。政府要治理这些污染，需要一笔不菲的开销，而这笔钱是因为工厂的排污带来的成本，是企业污染的"负外部性"，或者说"外部成本"。为了矫正这种现象，国家出台严格的环保规定，违反规定就会受到处罚。企业为此需要投入一笔资金购买净化设备来满足环保要求，当然企业的生产成本会上升。这样，企业排污的"外部成本"就"内部化"了，是由企业自己承担，而不是由全社会来承担。

道路"拥堵费"存不存在"负外部性"呢？答：看情况。如果道路是非常通畅的，交通流中多加入一些车辆但不影响其他车流的运行（包括速度、舒适性、安全性等），这时就不存在"负外部性"。随着车流的增多，多加入一些车后开始显著影响道路运行，速度下降，尾气排放增多，驾驶员和乘客变得情绪焦躁，车辆碰擦导致的安全事故增多，"负外部性"或者"外部成本"就比较明显了。根据北大国家发展研究院2014年的研究结果，北京因交通拥堵每年约造成700亿元的损失。显然，就像排污的企业一样，这些由拥堵带来的巨大成本应该由汽车使用者来承担，只有这样，才能激励汽车使用者重新审视自己的出行行为，对是否改变出行方式、是否改变出行时间，甚至是否要购买车辆作出理性决策，以避免对道路的过度使用带来的效率损失。"外部成本内部化"是一种"用者自付"原则下的正向激励措施，"拥堵费"正是基于这样的原理。

社会之所以关注"拥堵费"的另一个关键点是公平问题。"拥堵费"会不会把一部分人排除掉呢？开车会不会成为富人的特权？不能否认，收取"拥堵费"后，不同收入阶层的人作出的反应肯定是不同的，不过这与不同收入阶层在商品方面的消费差异没有本质的区别。难道高收入者能买高档商品就说明存在不公平吗？恐怕很少有人认同吧。但"拥堵费"还有其特殊之处，与其说"拥堵费"是排除了一部分开车的人，还不如说排除了一部分需求。我们都清楚，每件事情在心中的重要性是不同的，比如你要赶时间去机场外出参加一项关键会议就很重要，你平常去理发就不一定非得定在某一天，或者说不那么重要。同样，出行只是社会活动的派生，出行者也会根据事情的重要性（或者说在出行者心中的估值）选择合适的交通工具，如果要带老人去医院看病，就会更愿意选择小汽车，尽管可能会支付"拥堵费"，但是针对这一次用车需求来说，小汽车"门到门"的服务省去了周折，是值得的，尽管他收入并不算高；

对于一个较高收入者来说，面临"拥堵费"也会放弃一些事情的用车需求。因此，"拥堵费"会过滤掉一些需求而不是固定的一部分人，那些对舒适性、门到门的便捷性要求较低，对经济性看得更重的需求会"减少"，而那些载着老人看病的、有笨重行李等情况对小汽车更需要的需求则会留下来。因此，"拥堵费"可以起到过滤需求的作用，同时也利人利己，让最着急使用小汽车的人留在畅通的道路上。

当然"交通需求"不会减少，只会转移，因为很多事情总是要出门办的。"拥堵费"开征的前提条件是提供多样化选择的交通系统。简单地说，就是提供良好的公交、慢行系统以供选择。大家根据要外出所做事情的重要性，以及各种交通方式的便捷性、可靠性、舒适性、经济性来选择合适的交通工具。只有可选择方式多了，"拥堵费"才会起到明显的效果。以前我们治理拥堵以修路、拓路为主，但实际上对于一个拥堵的城市而言，公交服务水平才是决定道路拥堵与否的关键。逻辑大致如此：道路拥堵的时候，如果公交可以保证服务水平，会吸引部分不堪忍受的小汽车使用者，拥堵状况变好；如果公交没有什么吸引力，甚至与拥堵的交通一样变差，就不可能吸引小汽车使用者和改善拥堵。因此要真正缓解一个城市的交通拥堵，监测和保持较高公交服务水平是最重要的，而不是紧紧盯住道路拥堵指数和拓宽道路。实际上，拓宽道路已经使得道路变得越来越堵。做个简单的逻辑说明：假设10辆小汽车占用100个单位的道路空间，20辆自行车仅占用20个单位的道路空间，现在小汽车拥挤了，要压缩自行车10个单位的道路空间变为小汽车空间，变成了20辆自行车在10个单位空间中，当然仅仅是短期的，长期更多人忍受不了变差的自行车环境，要转移到小汽车上，即使是只有5辆自行车的转移，现在的供需关系是：10+5=15辆小汽车争夺110个空间单位，20-5=15辆自行车共存于10个单位的空间。与开始相比，每辆小汽车和自行车的空间都变少了！越来越堵了！这样的事情过去发生不少，现在也有不少正在发生。

说到这里不免有人会问，既然公交效率高，占地又省，那为什么不将所有出行都移到公交上呢？当然这是不现实、不经济的。小汽车优势是舒适、私密性好、门到门服务，而公交无法达到与小汽车竞争的所有条件。当公共交通达到一定供给水平后，再提升服务也是不经济的，如果要达到可以满足所有门到门的服务水平，恐怕需要每人一辆公交车了，这种解决方案当然没有每人一辆小汽车划算。因此，公交的供给水平提升也要分析成本因素，当公交车比小汽车对缓解拥堵的边际成本更低时，选择公交方案；当超过小汽车时，选择小汽车方案；两者相同时，选择任一方案是无差异的。

还有人会说，公交一直在受"补贴"，既然"用者自付"，就不应该给补贴，或者说小汽车多占点空间是应该的，因为已经给了公交补贴。如果真算起来，给小汽车补贴要更多。除去个人支付的成本外，来自公共的成本中，公交的成本主要包括道路、车辆、场站、附属设施等（C1）；小汽车的主要成本包括道路、停车、附属设施、拥堵成本、环境成本等（C2）。两者的差值C2-C1要远远超过给予公交的那点"补贴"（不容置疑的事实是，小汽车运输一个人比公交占用的空间资源要大得多，此处成本按人均资源来算）。所以，真正受到补贴的是小汽车，只不过是隐形的、暗中的罢了。或许还有人谴责地铁的造价那么高，补贴那么多，该不该修地铁？地铁的造价是高，但还有其他更好的解决方案吗？例如北京的小汽车和地铁分担比例都在30%左右，如果全部靠修路来消化30%的地铁出行，几乎需要将北京的路网规模翻倍，这个代价会比修地铁低吗？包括昂贵的道路用地成本及拆迁成本等。因此，对于一些城市而言，建设地铁的机会成本已经算低的了，已经没有更优的解决方案了。

或许社会关注的并不是"拥堵费"应不应该收，而是不能重复收费以及收费的用途，如果"拥堵费"的收取能替代原来的部分税收，并用来弥补隐形中多补给小汽车造成的公交发展费用的差距，于情于理都是可以接受的。免费的午餐吃习惯了突然要收费，或许一时不能接受，但如此下去，付出的代价可能要比那点费用大得多。

（2018）

▶ 关于"交通拥堵收费"的思考

2010年4月26日,住房和城乡建设部副部长仇保兴在"建设情况通报"第15期撰文《缓解北京市交通拥堵的难点与对策建议》中提到"研究实施交通拥堵费问题",指出:"用经济手段调控城市中心区交通需求效果明显。当前,对进入城市中心区的机动车收取拥堵费在国际上有扩大的趋势,这是体现社会公平、资源合理使用的有效措施。"并建议北京市尽早研究交通拥堵收费和相应的配套措施。其实"交通拥堵收费"这个概念并不陌生,我国一些特大城市已经相继开展了相关研究,如2009年7月下旬,《广州市城市交通改善实施方案》历时3年规划,获得全国专家评审通过,在该规划中提到"交通拥堵收费"是缓解广州市交通拥堵现状的重要措施。

"交通拥堵费"是指在交通拥堵时段对部分区域道路使用者收取一定的费用,其本质上是一种交通需求管理的经济手段,目的是利用价格机制来限制城市道路高峰期的车流密度,达到缓解城市交通拥堵、提高整个城市交通运行效率的目的。收取"交通拥堵费"的做法最初来自20世纪70年代的新加坡,1975年,新加坡在市中心6平方公里的控制区域,对进入的车辆每天收费3新元的"交通拥堵费",公交车除外;2003年,英国伦敦开始对市中心的车辆征收"道路拥堵费",伦敦对进入市中心的小汽车征收道路拥堵费后,每天进入市中心的小汽车减少20%~30%,公交车因此较以前提速25%,2007年2月,伦敦更将征收道路拥堵费的范围扩大到伦敦西部的肯辛顿、切尔西等富人区;2008年3月,美国纽约市议会表决通过了在曼哈顿区征收交通拥堵费的提案,提案规定:从早6时至晚6时,纽约市曼哈顿区60街以南到华尔街商圈路段将加征拥堵费,收费标准为轿车每天8美元,卡车每天21美元,出租车多收1美元附加费,上述路段居民的车库免税优惠同时被取消。

对于我国城市收取"交通拥堵费"的做法,相关专家存在分歧。一种观点认为,"交通拥堵费"的收取有利于缓解城市交通拥堵难题,通过交通拥堵收费可以达到调节路权、缓解交通压力的目的,一旦实施,将大大改善城市的道路交通环境以及城市空气质量,而拥堵费的全部收费所得又可以用于发展公共交通,尤其是地面公共交通的配套设施建设。而另一观点则认为,收取"交通拥堵费"未必处处有效,一方面是因为学术界对于交通拥堵费的研究本身还远远不够成熟;另一方面,收费设施投资大、场地也难以保障,还涉及相关法律问题需要解决,并认为不能只依赖收费和控制机动车数量来缓解交通拥堵,更应该从交通管理上找答案。

值得一提的是,缓解城市"行车难"不能仅仅依赖于"交通拥堵收费",公交优先发展才是解决问题的主要途径,这一点也可以从实践中得到印证,如新加坡、伦敦、斯德哥尔摩、纽约等实施"交通拥堵收费"的国家或地区,其公共交通系统的发展也是非常成功的。可以说,一方面"交通拥堵收费"能进一步优化公共交通的发展环境,另一方面公共交通的优先发展也为因"交通拥堵收费"而放弃采用私家车出行的居民提供一种可以接受的选择。因此笔者认为,公共交通优先发展与"交通拥堵收费"是相辅相成的,一个完善的公共交通配套服务体系是开征"交通拥堵费"的前提,对于北京、上海、广州等特大城市而言,不仅仅要依赖于公交优先的大力推进,公交优先与交通拥堵收费二者的搭配可能会更为有效地缓解城市"交通堵、停车难"的难题。

对于江苏省而言,一些城市也正在经历着"路越来越堵,停车越来越难"的痛楚。如苏州市2009年私人小汽车拥有量比2008年增长了24.8%，私人小汽车拥有水平居江苏省首位，而2009年苏州市区主要道路的平均行程车速为25.7公里/时，比2008年降低了5.6公里/时，下降幅度近20%；市区近40%的路段平均行程车速低于20公里/时，古城区80%的路段行程车速低于20公里/时，拥堵情况严重。虽然江苏省在落实公交优先发展战略方面一直走在全国前列，但私人小汽车快速发展带来的冲击在全国也是最为强烈的，一些城市依赖于小汽车出行的习惯正在形成，依目前的发展态势，小汽车对城市交通带来的负面影响已经毋庸置疑。因此，笔者认为，对于江苏省苏南的一些发达城市，可以开展"交通拥堵收费"的相关研究，对其可行性、实施效果进行评估，一方面更加有利于落实公交优先和节能减排发展战略，另一方面也为缓解城市交通难题提供一种可能的解决途径。但是拥堵收费的实施能否达到预期效果，受到多方因素的影响，与城市的类型、规模、路网条件、公交发展程度以及开征时机等有着密切的联系，我国的国情、省情也决定了不可能照搬照套国外的经验，因此针对江苏省城市的实际情况，对"交通拥堵收费"进行多方面的评估、论证后，制定有针对性、兼顾公平与效率的政策与措施，才能做到有的放矢，最大限度地发挥"交通拥堵收费"的功效。

（2010）

▶ 交通拥堵的背后——莫斯科考察的感想

莫斯科是俄罗斯最大的城市和经济、文化、金融、交通中心，面积约1081平方公里，人口占全国人口的1/10，约1400万人。莫斯科是典型的"环形+放射式"城市布局结构，从内向外分别为街道环、园林路环、大莫斯科环城铁路和莫斯科环城公路4个环路，每个环区建筑风格各不相同，反映了莫斯科的不同发展阶段。8条地铁线路网呈辐射状和环状遍布全市，在城市客运交通运输中的份额接近40%。

如同中国的北京一样，莫斯科也是名副其实的"首堵"，不论是白天还是夜晚，街道上永远是拥挤的车流，堵车随时随地都在发生，可谓"时间全天候，空间全覆盖"，也正如本地人所感慨的那样——莫斯科一天只堵一次车，从早堵到晚。众所周知，交通拥堵已成为世界上大城市所面临的共同难题，造成的危害越来越被深刻认知，例如北京雾霾天气一度将交通拥堵推上风口浪尖。虽然交通拥堵已经成为一个世界性问题，但莫斯科式的拥堵却也实属罕见。莫斯科拥堵的表象下又有着怎样的原因？笔者莫斯科一行后抛出几点浅薄见解，囿于能力及见识，未必中的，期许能对我们的城市规划、城市交通规划带来些启发。

1 丰富的能源支撑了小汽车的高拥有和多使用

俄罗斯是公认的能源储备大国，石油、天然气尤为丰富。俄罗斯是世界第二大石油生产国，年产石油5.5亿吨左右，仅次于沙特阿拉伯，探明储量65亿吨，占世界探明储量的12%~13%；俄罗斯是世界上天然气资源最丰富、产量最多的国家，已探明蕴藏量为48万亿立方米，占世界探明储量的1/3强，有"天然气王国"之誉，丰富的能源储备是莫斯科私家车高拥有、多使用的坚实后盾。莫斯科的私人小汽车拥有水平约600~700辆/千人，与美国整体水平不相上下，加油站中的汽油要比超市中的矿泉水还要便宜，停车收费也不多见，车辆也不存在报废制度，上述种种因素都诱使了小汽车的大量使用。莫斯科强大的地铁系统支撑人均每日乘坐1次的流量，但如果按照日人均出行次数约2.5次估算，50%~60%的出行仍然依赖小汽车。

2 供应大于需求的规划及管理理念

莫斯科主要街道之宽度也是令人叹为观止，用"道路宽得超高速"来形容恐怕也不夸张，双向14、16车道的道路有，单向12道的道路也有；停车更是自由，大多数停车设施为免费。美国加州伯克利大学的Donald Shoup教授曾经总结过免费停车的8大灾难：① Skew travel choices toward cars——诱使小汽车成为出行首选工具；② Distort urban form——扭曲城市形态；③ Degrade Urban design——降低城市设计品质；④ Impede reuse of older buildings——阻碍旧建筑物的再利用；⑤ Raise housing costs——抬高房价；⑥ Limit homeownership——限制家庭自有住房率；⑦ Damage the urban economy——伤害城市经济；⑧ Harm the environment——破坏环境。上述总结不再一一展开论述，详细可参见 The High Cost of Free Parking 等 Donald Shoup 教授的相关文章。有趣的是，美国人总结出来的经验，大多数在莫斯科得到了很好的验证，免费停车产生的影响处处可见。

▲ 图 3-8　莫斯科的白天与夜晚

▲ 图 3-9　莫斯科停车现状案例

3　盆地式的城市人口密度分布

在城市的交通模式上，一直存在着密度决定论的观点，即城市人口密度决定了所采用的交通模式：小汽车导向型、公交导向型、慢行导向型。尤其是对于大城市、特大城市而言，主要在小汽车导向型和公交导向型两种模式之间进行抉择。例如公交导向型的东京、中国香港等城市的人口密度超过 10000 人 / 平方公里，而小汽车导向型的旧金山、洛杉矶等城市的人口密度则低于 2000 人 / 平方公里。人口密度是决定城市交通模式的主要指标，而莫斯科特殊的人口密度空间分布对认识人口密度与城市交通模式之间的关系方面带来了另类的启发。

根据前世行总规划师阿兰·柏图的研究，莫斯科人口密度的分布特征与伦敦、巴黎等城市有着迥异的差别，伦敦、巴黎等城市人口密度的空间分布曲线梯度是负值，即随着与城市中心距离的由近及远，人口密度总体上来说是下降的，而莫斯科的人口密度则恰恰相反，其人口密度的空间分布曲线梯度是正值，属于典型的"盆地式"结构，在向心式交通流为主导的情况下，像莫斯科这样的城市人口密度分布特征使得其出行距离比伦敦、巴黎要长得多。

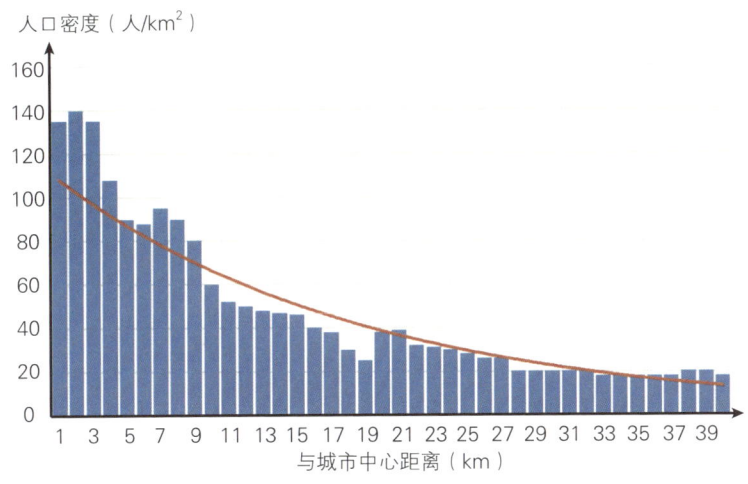

柏 林

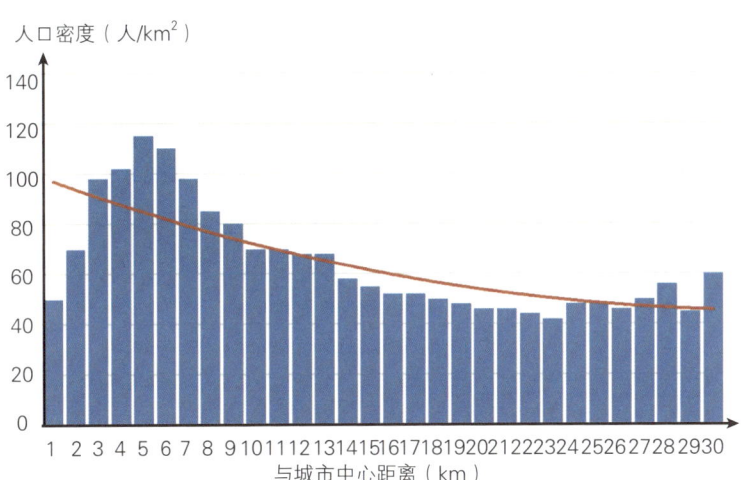

伦 敦

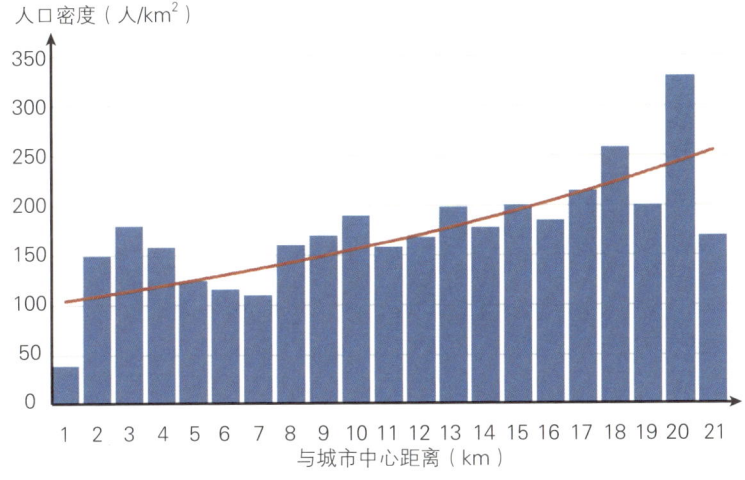

莫斯科

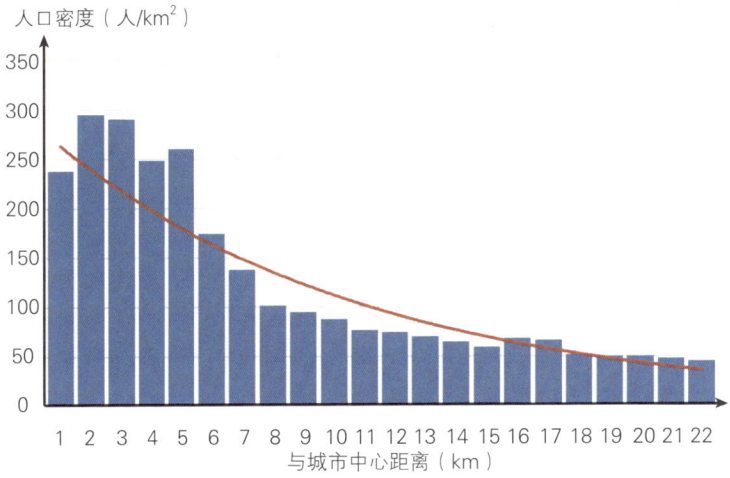

巴 黎

▲ 图 3-10 莫斯科等城市的人口密度空间分布示意图

为便于说明起见，可以简单地进行如下抽象：如果人口密度是均匀分布在一定半径的圆内，则城市人口到达城市中心（假定为圆心）的距离平均值正好落在2/3半径处，如图3-11（a）所示；如果人口密度随着与城市中心的由近及远逐渐衰减，则城市人口到达城市中心的距离平均值落在2/3半径之内，如图3-11（b）所示；如果人口密度随着与城市中心的由近及远逐渐递增，则城市人口到达城市中心的距离平均值落在2/3半径之外，如图3-11（c）所示。显然伦敦、巴黎、柏林属于b类结构，而莫斯科则属于c类。在向心式交通流占主导的情况下，莫斯科特殊的人口密度分布无疑会使得出行距离额外加长，加长的距离带来的则是道路交通流量的增加。虽然莫斯科拥有值得骄傲的地铁系统，但是其拥堵状况也同样闻名于世，这种特殊的人口密度分布"贡献"恐怕不小。

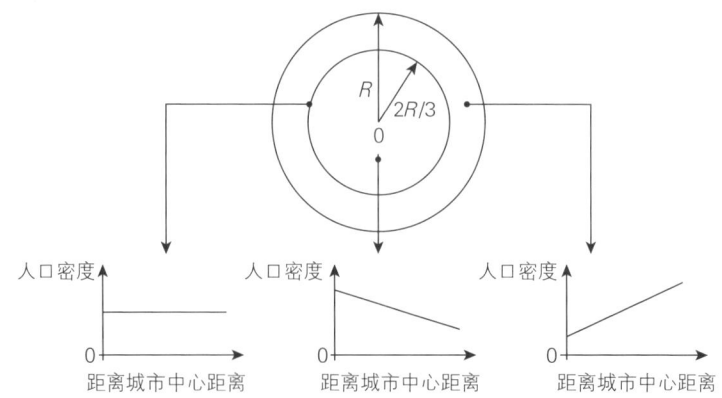

（a）人口密度均匀分布　（b）人口密度分布递减　（c）人口密度分布递增

▲图3-11　城市人口密度梯度分布示意图

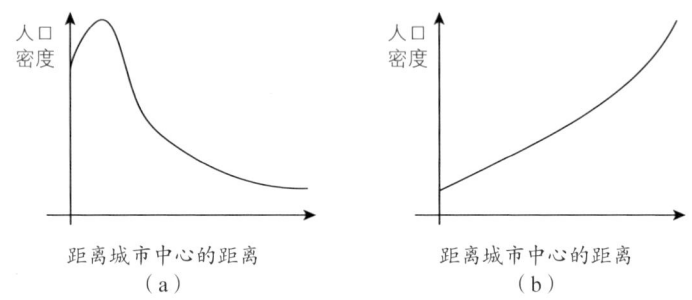

▲图3-12　巴黎与莫斯科人口密度梯度的抽象比较

那么莫斯科为什么会出现与伦敦、巴黎、柏林等城市不一样的人口密度分布呢？我们知道，苏联时期莫斯科经历了70多年的计划经济时代，而在计划经济中，土地没有价值，市场作用失效，对用地需求较高的城市中心区内土地利用强度即使比较低，也不存在按照市场规律的土地更新机制，例如一些占地规模大、用地不集约的国有企业长期占据按照市场规律来看应被置换的区位上；苏联解体后，虽然市场化经济在推动，但由于城市空间结构的惰性，这一"盆地式"人口密度分布的改变并不明显。或许有学者认为，"盆地式"结构应归因于历史城区的保护，但同样承担历史城区保护任务的伦敦、巴黎，其人口密度分布随着与城中心距离的增大先增加后迅速衰减，总体趋势上密度梯度还是负值，如图3-12（a）所示，而莫斯科人口密度分布梯度总体上则呈现正值，因此，历史城区保护并不应是莫斯科特殊人口密度分布的主因。在这一点上，值得我们思考的是，在我国城市规划编制体系中，对开发强度起关键作用的在控规阶段，而城市局部地块控规显然对城市整体的密度分布失去控制，部分城市甚至出现控规全覆盖人口数量远超过总规的现象就是很好的例证。我国的城市是否存在像莫斯科一样的"盆地式"结构？似乎很少有人进行考量。人口密度的分布、就业岗位密度分布的影响对城市交通系统构成、运行效率的影响巨大，城市总体规划对人口、就业岗位的密度分布的是否应该进行控制？从莫斯科的教训中，显然我们不应该再考虑"是否"的问题，而是如何去引导、控制的问题。

简要归纳，莫斯科的拥堵带给我们3点启示：①俄罗斯能源储备望尘莫及，其小汽车发展政策更是不可复制，我们也不可能走这样的道路；②事实再次证明，再多的交通设施供应也无法满足需求，交通引导、以供定需应是我们对待交通规划、交通管理的基本原则；③交通的规划管理对治堵很重要，城市的空间布局更重要，如何协调交通与土地利用已有很多方法，但是如果不能很好地安排城市的人口、就业分布，治堵就只是治标不治本。

（2013）

▶ 对"有效速度"的看法

业界学者 Paul J. Tranter 教授在文章 "Effective Speeds: Car Costs are Slowing Us Down" 中提出了有效速度（Effective Speed）的概念，引起广泛讨论，并多次被引用来证明相关观点。根据有效速度的定义：速度 = 距离 / 有效时间。其中"有效时间"是——the total time devoted to the mode of transport, including the time spent at work to earn the money to pay all the costs created by the particular mode of transport（意译：指花费在该种交通方式上的所有时间，包括为了支付使用该种交通方式而花费的工作时间）。例如，假设你每天开小汽车上下班的时间是 40 分钟，但需要花费 2 小时的工作来支付使用费（包括汽车购买、保养、燃油、停车等相关费用），那么"有效时间"是 2 小时 40 分钟，据此计算"有效速度"。在该定义下，小汽车的速度迅速失去了吸引力，图 3-13 为独乘小汽车情况下澳大利亚首都堪培拉几种小汽车车型与公交车、自行车的有效速度对比，可以看出，福特汽车的有效速度仅与自行车相当。在这种计算方法下，购买和使用小汽车似乎很划不来。

Paul J. Tranter 教授强调通过有效速度可有助于更深入地了解小汽车的使用价值，并会影响对小汽车的拥有和使用的决策。小汽车销售商一般会告知消费者该汽车的速度、能耗、排放等方面的性能，消费者一般会对汽车的动力性能、经济性、环保性进行权衡。但如果消费者了解每种车辆的"有效速度"的话（可能连自行车都不如），他可能会在买哪种车、要不要买车的问题上改变自己的决定。

"有效速度"的视角非常独特，也让我们对小汽车这一交通工具有了更全面的了解，对减少小汽车的使用是有积极意义的。

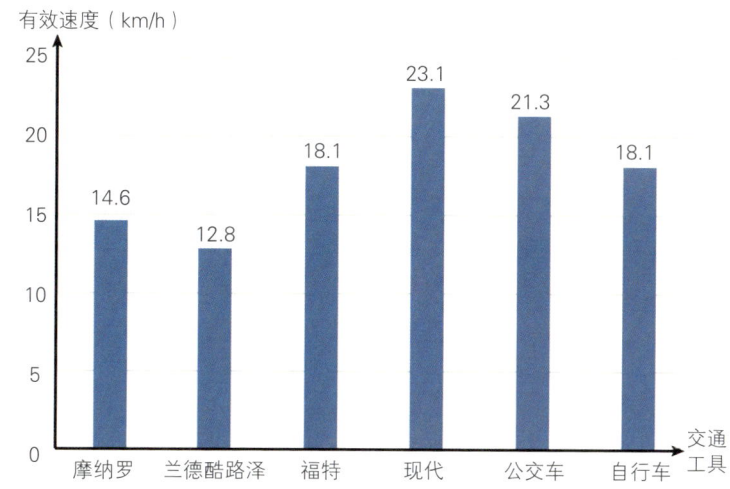

▲ 图 3-13　堪培拉几种交通工具有效速度对比

但是仔细一想似乎又不是那么有道理，当对一位劳斯莱斯拥有者说你的车的使用价值连自行车都赶不上的话，更像是一个笑话。原因在于，选择小汽车不单单是速度问题。小汽车作为一种消费品，其吸引人的地方在于快速、安全、舒适等多方面特性，在中国还是身份地位的象征，其所能带来的体验是多元的，而不仅仅是对速度和时间节约的追求。"有效速度"正是从小汽车这些众多的属性中将速度提取出来并进行了放大，而忽略了其他因素的影响。举个例子来说，假定到一个地方去度假，时间是 3 天（消费），但是这 3 天花费的费用需要工作 3 个月来支付（付出），是不是说明这样的消费就是很不合算的呢？又比如说你买了个面包，3 分钟就吃完，但需要工作 30 分钟来赚取这个面包的费用，是不是说明买这个面包吃就不值得？虽然这两个例子有些蛮不讲理，但是笔者的意思是说，小汽车之所以受到大家的青睐，有太多的节约时间之外的原因，即使告知每种车辆的"有效速度",恐怕在消费者眼里也并不只有速度。

虽然笔者认为"有效速度"并不会像期望中那样有力地影响对小汽车拥有和使用的决策,但是还是可以看到其积极意义和对公共交通发展的启示。如笔者上述所言,选择小汽车在于其众多的优点,其中舒适性是非常重要的一方面。而提高公共交通服务的舒适性是提高公共交通相对小汽车的竞争力的重要环节。反过来看现有公交有哪些不舒适的地方,就笔者体验而言——不准点、等车时间长、拥挤、车内环境不好、需走较长的距离乘车、易受天气影响。我想,大多数公交乘客有着类似的体验。在这些表象的体验背后是公交设施(尤其是专用道)、公交网络、公交车辆、公交运营等方面的不足和需要努力提升所在:①首先,在速度体验上不能输给小汽车,至少不能输太多。保障公交优先设施成网,包括城市轨道交通、快速公交、有轨电车、公交专用道等有专有路权的各类公共交通方式。只有公交优先路权网络化,才不至于在某一段上被"噎住"使得整条线路的速度、准点性打折扣。越拥堵的路段才是更需要公交专有路权的地方,也是可以更好地体现公交优先优越性的地方,像一些城市纯粹为了凑公交专用道里程数,将最需要的公交专用道的路段提供在最不需要的路段上,既无效果,更引起社会对公交优先的质疑。②要体现便捷性。保障路网密度和公交线网密度,减少步行距离。高密度、高连通度的路网是公交优先的基础,如图3-14所示,两种不同形态、密度的网络状态下,同一走向的公交线路的300米的步行覆盖范围具有相当大的差距。公交优先要体现便捷性就必须保障足够的可及性,路网的密度、形态要做出改变以适应公交网络的高密度化。

③重视乘车环境的舒适性。包括车外环境、车内环境。车外环境方面,到离公交站点的步行环境是影响城市公共交通吸引力的重要因素,应在做到起码的步行路权保障的基础上改善道路行走环境,减少受到不良天气的影响。此外,等车环境也是改善的重要环节。车内环境方面,是否有空调、车内异味重等也是部分人不选择公交的理由之一,应予以重视。

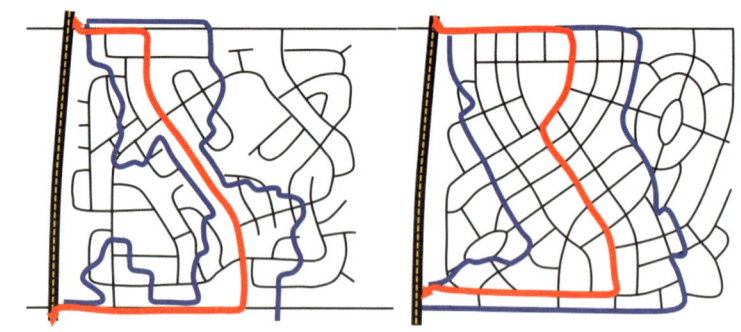

▲图3-14 不同道路网络状态下公交线路覆盖区域对比

当然,公共交通乘车环境再怎么样改变也可能无法企及小汽车,但如果在速度、准点上相对小汽车有一定优势,就可以弥补公共交通在非门到门的服务、需要换乘以及乘车环境方面的不足,也只有在多元化的体验中不过多地输给小汽车,才有可能在与小汽车使用的PK中胜出。如此说来,也只有让公众在速度、环境、服务等方面真实体验到公交的好处,才能算是真正做到了"公交优先"。

(2014)

▶ 关于路网密度低致因及对策的思考

我国城市道路网密度低（主要是支路网密度）是一个普遍存在的现象，我们也经常将交通拥堵的主要原因归咎于此。国内不少学者、规划师均提倡高密度网络，并进行了大量的理论论证和实践研究来支撑这一观点。但是在城市规划、建设的落实中却屡屡碰壁，一些纯粹"从无到有"城市新区的路网密度指标也难以达到这一要求。主要原因何在呢？

路网密度与街区尺度存在密切相关性。为了定量化描述两者的相关性，对长、宽均为1公里的地块进行4、9、16、25、36、49、64、81、100、121、144等分，研究标准化方格网路网结构下，街区边长与街道密度的关系。如图3-15所示，从中可以看出几个关键节点的数据关系：当街区边长为100米时，对应的街区面积为1公顷，街道密度为20公里/平方公里；当街区边长为200米时，对应的街区面积为4公顷，街道密度为10公里/平方公里；当街区边长为333米时，对应的街区面积为11公顷，街道密度为6公里/平方公里。这一数值大致与我国相关规范对道路网密度的要求相当。可以看出，街区尺度直接决定了路网密度的大小。有学者对我国居住小区的规模进行了研究，通过对入选《中国小康住宅示范工程集萃》和《中国城市居住小区建设试点丛书——规划设计篇》中的城市居住小区进行统计的44个案例中，开发规模在10公顷以上的占了82%，对应的街区尺度大约为320米。实际上在各级城市中，规模超过10公顷的居住小区比比皆是，这也大致解释了为什么我国的城市路网间距在400米左右，路网密度低于5公里/平方公里甚至更低的原因。由于习惯了传统的封闭式的居住小区模式，不能接受开放式的在欧洲等国家大量采用的"街区模式"，在居住小区尺度的制约下，所提倡的高密度网络难以落实也就不难理解了。

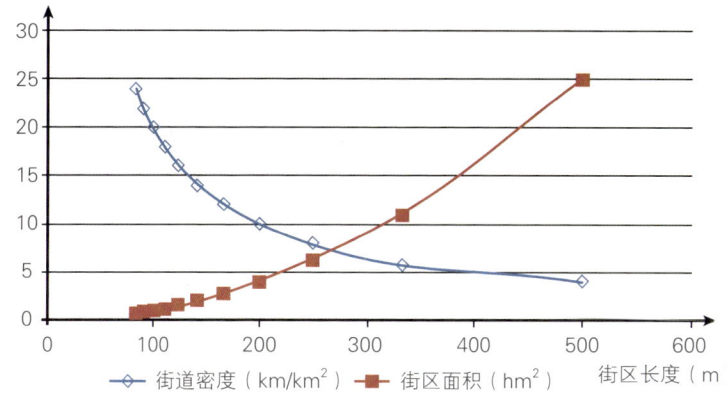

▲ 图3-15　方格网状态下街区长度与街区面积、街区密度的关系曲线

但是路网密度低或街区尺度大的确给城市交通组织带来了很多难题：一方面，由于支路的缺乏，城市主、次干路不得不承担支路汇集功能，通过性交通和出入性交通交织严重，降低交通运行效率，也更容易发生交通拥堵；另一方面，公交站点的有效覆盖范围有限，在路网间距为400米的情况下，公交站点300米半径的基本可达100%，看似满足指标要求，但实际上由于街区尺度大，公交步行到、离站往往需要绕行较长的距离，也即公交站点300米的实际步行可达范围要远远小于300米半径的圆所覆盖的面积，过长的步行距离会降低公交吸引率，制约公交优先的发展。

如果不能减小地块的规模，路网密度指标不可能提上去；路网指标提不上去，交通组织困难、公交优先的制约就不可避免。那么在小尺度街区推行困难的情况下，问题是不是无解？借用一句不算名言的名言："既然不能改变环境，就改变自己。"

笔者认为，可以尝试改变交通结构、交通组织来适应路网不足的现实。①复兴自行车交通。400米的街区尺度固然不适宜步行，但自行车速度约为步行的3倍，对自行车而言这一尺度并不是障碍。我国曾经是自行车王国，但是自行车出行比例近年来遭遇了较大的下滑。根据2014年7月北京市统计局、国家统计局北京调查总队公布的"北京市民对城市环境和资源的评价和期待"调查结果，自行车出行的比例从2010年的25.7%降至2014年的17.8%。自行车出行比例的下滑一方面与经济、机动化的快速发展有关，另一方面也与自行车骑行环境的恶化有很大关系。根据对常州、苏州等地区的调查结果，对自行车骑行的环境选择"比较满意""满意"的不足40%，"自行车道窄""自行车车道被占用导致骑行空间不连续""受到机动车的各种干扰"则是不满意的最主要原因。在步行尺度过大，骑行环境恶化的情况下，一些短途出行不得不选择转向私人机动车方式。因此，既然难以改变城市街区大尺度的肌理，何不大力发展可以适应这一尺度的自行车交通，以解决路网密度缺陷导致的"步行绕行距离不能承受""公交站点步行距离长"等问题，这对交通结构的绿色化、公交优先的推进都有利无弊。当然，这既需要战略上重视，也要在路权分配、设施配置等具体措施上入手，将以前从自行车空间划出的领地再收复回来，否则难免空谈。②削足适履，开辟迷你公交服务。我国多数城市开行的公交车辆均为标准型，主要行驶在主、次干路上，可以利用有限的支路网，开设小型公交作为补充，让公交服务能延伸至家门口，以弥补大尺度街区情况下公交站点实际步行可达范围缩水的不足。

对于小尺度街区，我们仍要提倡，但是在理想难以实现的情况下，紧抱着不放也不能解决问题。自行车曾经是最大众、最普及的交通工具，现在来看，当我们在提升机动化运行效率上绞尽脑汁却仍问题不断的时候，在我们抱怨城市尺度不适宜行人的时候，不妨回归传统，回顾那些自行车川流但却没有堵车的过去，或许我们可以更加肯定，我们城市肌理仍需要自行车这一传统的交通方式来发挥更大的作用。不管是复兴自行车，还是开设迷你公交，虽然从严格意义上来讲是一种妥协情况下的非"最优解"，也没有地铁、有轨电车那样"高大上"，但只要能解决问题，何必管它是"白猫"还是"黑猫"。

（2014）

▲ 图3-16 迷你公交与普通公交车辆的对比

▶ 美国对城市停车问题的反思

美国小汽车拥有量在历史的各个时期一直处于世界最高位，2000年美国的小汽车拥有水平已超过750辆/千人，当时新西兰为698辆/千人（相当于美国1982年的水平）、日本651辆/千人（相当于美国1977年的水平）、英国511辆/千人（相当于美国1967年的水平）、墨西哥189辆/千人（相当于美国1926年的水平）、中国11辆/千人（相当于美国1915年的水平）。美国对城市交通问题的处理方法曾被广泛借鉴，但小汽车的超前领先也最先暴露了城市发展中的各类问题，美国也最开始对各类问题进行研究和探索新的途径。停车问题就是其中关注的焦点之一。

美国城市是渐渐从马车时代过渡到汽车时代的，从一开始小汽车拥有率较低逐渐发展到较高水平。最开始的时候，小汽车可以在街道边随便免费停放，并不会引起交通问题，但随着小汽车拥有率逐渐增长，停车也逐渐变得困难。在这一过程中，免费停车形成了习惯，沉淀为共识，停车也被普遍认为是政府应该提供的交通基础设施，是一种公共物品。习惯并不意味着合理，在目睹了小汽车侵害城市的过程后，美国学者也最先展开了对城市停车问题的反思，以Donald Shoup为代表。

首先是从认识上，停车不是公共物品。公共物品有两个基本特性：一是非竞争性，多一个消费者不会影响其他消费者的消费水平，例如街道上的路灯，行人共同使用，互不影响；二是非排他性，不能排除使用者不支付费用的消费，一方面是由于技术上做不到，即使做到，排他成本也会远高于排他收益。同样以路灯为例，很难对使用者按照使用量的多少进行收费，即使设置围栏，配置收费设施，所花费的代价比不收费会更大。由于公共物品服务的提供难以获取利润，一般由政府免费提供。但停车泊位并不满足公共物品的属性，一是每个车位被使用时，其他人就不能使用；二是停车易被收费。但由于历史传递下来的停车位属于"公共物品"的观念一直广泛存在，一旦予以否认，往往会上升为一个政治问题。美国一些城市在尝试给停车费定价的时候也曾遇到激烈争执，大众将目光盯紧在跟自己利益密切相关的停车费率上，反复博弈都无法得到认同。此后，政府提出了停车供给服务的目标——85%的使用率，即不管是路边停车，还是路外停车，总能保证在任何时候都有15%的空位，这样停车者随时可以找到车位，也保证了停车供给的服务水平，至于价格交给市场在供需关系中决定。这样一来，大众讨论的焦点就放在了85%这一数字是否合理上，并顺利和逐渐开展了停车收费的实施工作，停车位作为公共物品的认识也逐步被扭转。

其次，对建筑物停车配建标准的制定进行了质疑。停车配建指标曾是美国城市规划、建设的强制性指标，各类建筑物必须提供不低于配建标准要求的停车位数量，其基数一般采用建筑面积。看似并没有什么问题，但这种做法的前提假设是，对于相同使用性质的建筑而言，停车需求仅与建筑面积有关。事实是否如此呢？Donald Shoup进行了多城市、多地点、多建筑类型的调查研究，并指出美国停车率手册中存在的荒谬问题。如美国停车生成率手册（1987年第二版）中对快餐店停车生成率的说明：对18个案例进行了调查研究，每1000平方英尺（约93平方米）停车高峰生成率在3.35~15.92之间，平均为9.95个泊位。18个案例停车生成率与建筑面积的回归方程中，R^2为0.038，说明了停车生成率与建筑面积无相关性可言。美国对各城市建筑物配建指标来源的调查也颇有意思，当询问停车配建指标是如何制定的时候，主要的回答是"借鉴其他城市"。学者 Rex Link 对美国南加州的 117 个城市分别在 1975 年、1993 年进行了两次调查，结果表明，各个城市的停车配建指标越来越接近平均值。1975 年，办公建筑的停车配建指标均值约为 4 个泊位 /1000 平方英尺，而至 1993 年，在 1975 年时低于该数值的城市中，65% 的城市提高了这一指标，其他城市保持不变，高于该数值的城市中，80% 的城市降低了这一指标，其他城市保持不变，即停车配建指标值越来越趋同。尽管建筑分类越来越细，指标精确程度越来越高，但没有理由的互相借鉴说明了停车配建指标理论根据的缺乏。Donald Shoup 将其比作一个古老的天文话题——地球中心说。在地球中心说的假定下，当时的天文学家发现了很多不符合规律的现象，并试图通过各种假定、学说来解释，但由于其理论根据是错误的，即使进行怎样精细化的弥补仍难以自圆其说。同样，停车配建标准与建筑面积相关的理论基础是存在问题的，就算分类越来越细致，指标值数值越来越精密，但根据前面停车位不属于公共物品的论断，停车的供需关系可以通过市场调节，对停车需求影响最大的不是建筑面积，而是停车费用。

最后，免费停车是罪魁祸首。正是由于免费停车，才导致了停车需求过大，才导致停车供应过大，就如同免费的商品，需求被无限放大；免费停车解决了暂时的局部问题，但到最后却引发了整个城市的疾病。Donald Shoup 将其类比为一个医学上的铅使用事件。医学上曾经将铅作为一种药物对一些疾病进行治疗，也确实起到了一时效果，但铅在身体中慢慢积累会致命。但当时没人意识到正是作为药用的铅反而是夺走了更多的生命，却在很长一段时间内被广泛使用。同样，免费停车虽然解决了一些局部问题，但是却引发用地蔓延、交通拥堵、环境污染、停车困难等一系列整体问题。从无到有，由少积多，出发点是为了解决问题，却带来更大的问题。此外，路边停车免费产生的寻找停车位的交通量也是惊人的，由于路外市政停车场一般是收费的，驾车者在寻车位时间、燃油费与路外停车场的收费中权衡利弊。根据美国对一些地点的调查，路内免费停车情况下，高峰时段寻车位的车流占道路交通量比例高达 20%~70%。而路内停车免费或低收费在江苏省的城市是非常普遍的。

我们是不是还在认为停车位是政府应该提供的公共产品？是不是仍一味依赖提高停车配建标准来解决停车问题？是不是仍反对停车收费，或者在面对停车收费提高时的第一反应是激烈反对？美国曾经的困惑、曾经的问题，我们是不是感觉很熟悉呢？

（2014）

▶ 城市交通的自我救赎——两种停车观点摘述

"停车难"早已成为大众眼中的焦点、管理者手中的烫手山芋、学者身体中的那根敏感神经。尽管学者在这个话题上可谓费尽口舌，管理者在治理措施上层出不穷，但在大众看来，停车好像越来越难了。笔者撰写本文旨在按照原意介绍两位学者对停车问题的观点，以期给我们带来启发。

这两位学者从不同的角度对停车的一些认识现状进行了批判，他们共同的观点是，城市停车就像被打开的潘多拉盒子，带来现在的种种灾难，但如果换一种思考方式，则如同把这些灾难重新回收到盒子中一样，神奇地拯救整个城市交通。一位学者名叫 Donald Shoup，另一位叫 Hermann Knoflacher。

"小投入，大改变"，在 Donald Shoup 看来，停车收费或许应该按照市场价格的收费就如同阿基米德眼中那根可以撬动地球的杠杆和那个合适的支点一样管用。Donald Shoup 认为目前对于停车的认识存在如下问题：①停车需求被高估。目前的停车需求是在停车收费远远低于其停车成本（含机会成本）甚至免费的情况下来估计的，就如同试图去预测一种免费商品有多大的需求量一样是没有意义的。并认为，因为民众都在叫嚷停车难所以就认为停车存在问题、就应该增加停车位供应的逻辑是不对的，是典型的"会哭的孩子有奶吃"的不公平逻辑。停车用地与其他城市用地在空间利用上存在竞争关系，但不能因为停车用地的"哭闹"就多分配停车空间而不考虑那些没有发出"声音"的用地的利益。Donald Shoup 举了洛杉矶的一个例子，校园中教室的扩建遇到窘境，在教师反映停车困难的情况下，停车占据越来越多的空间，甚至由于空间的短缺，1 周只能上 15 分钟的体育课。停车供需应该由价格来调控，而不是一味的依赖供应。②试图回答"城市应该配建多少停车位就足够？"的想法是荒谬的。Donald Shoup 举例，在城市的 CBD 区域，已经破产的底特律每个工作岗位拥有的停车泊位是 0.71 个，而对于纽约，这个数字是 0.06，前者是后者的 10 倍之多。如果说前者"不够"，为什么后者可以"够"？显然无法回答城市的每个建筑物到底需要多少停车泊位，也不可能有统一的标准可以使用。停车需求往往按照用地性质来计算，但是实际上需求量受到停车收费价格的影响更大，这一点往往被忽略。③停车的高昂成本被低估。现在的停车收费价格与停车泊位的价值本身并不相符，前者明显要低于后者。停车用地与其他用地相比所创造的利润是最低的，也就是说如果将停车用地转变为其他用地，理论上讲都会获得更大的效益。因此停车用地的机会成本是很高的。此外，停车还会导致诸如空气环境、空间环境恶化等方面的问题，这些成本在收费中都应体现。否则就如同将个人私有物品（例如 1 台电视机）没有代价或者以极低代价方式地占据公共空间一样，是不合理的。④停车收费对停车供需调控的衡量标准是保证大约 15% 的停车泊位是空余的，就如同货架上的商品一样，货主希望永远都会留有一定的储备量。Donald Shoup 认为，通过按照市场价值规律的停车收费可以解决"停车位永远不足"以及所带来的一系列问题。

Hermann Knoflacher 则认为改变停车供给方式就可以改变现状的一切。Hermann Knoflacher 认为，与出行的发生地、目的地紧密结合的停车供给方式是错误的，虽然这一做法被普遍认为是理所当然的，例如住宅建筑就应该提供地下停车位。正是这一理所当然的认识将每个人变为潜在的小汽车使用者，也正是这种停车服务的方式使得公共交通与小汽车交通相比一开始就处于一种不平等的竞争环境中。并认为在治理城市交通方面诸如拥挤收费、智能交通管理等一系列措施仅仅是"隔靴搔痒",并没有抓住问题的根源所在,而改变停车供应方式则会使得整个系统发生改变。图3-17为Hermann Knoflacher从世界不同国家的出行数据中总结的一般规律(仅为曲线形态,而非绝对数值),除了公共交通方式之外,其他交通方式的出行时耗曲线呈现惊人的一致性,这种一致性实际上存在两点重要的暗示:①当道路条件改善后,小汽车交通出行速度得到一定的提升,出行时间也得到一定的节约;但随之而来的是向小汽车出行方式的转移,出行距离的增长,最终的结果是小汽车的出行时耗又回到与步行等其他方式一致,出行时间也并没有得到节约。其实在国内城市的统计数据中也显示存在类似的现象。②由于公共交通出行环节中的到、离站时间占整个出行时耗的相当比例(国内一般为30%~40%左右),使得公共交通在与小汽车交通的竞争中处于劣势。Hermann Knoflacher提出了通过改变停车供给方式来改变出行选择行为的观点,即不再将停车服务于出行的发生地、目的地来提供,而是建议进行集中供应,停车步行距离也不得小于乘坐公共交通的方式到、离站的距离,否则就应通过停车高收费的方式给予惩罚,以使得公共交通和小汽车交通对于出行者的决策而言一开始就处于公平的位置上,如图3-18中由图(a)模式向图(b)模式的转变。

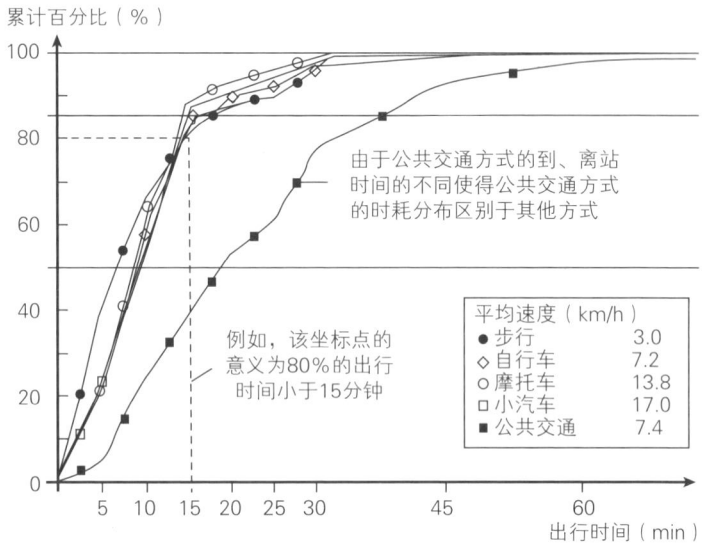

▲ 图3-17 不同交通方式的出行时耗分布

上述两位学者对城市停车的认识都是非常深刻和新颖的,都在试图改变我们对停车问题的传统认知。两者共同点是,我们对停车问题的一些理所当然的认识是导致一些错误应对方式的根源,包括对停车需求及停车配建标准的认识,也包括对小汽车本来就应该提供"门到门"的服务的反思,打个或许并不恰当的比喻,就像中国古代"天圆地方"、西方的"地球中心说"一样视谬误的理所当然的认识为真理,一开始就走向了一条错误的道路。面临困境的时候,往往只有彻底改变原有观念才能找到新的出路,两位学者的观点可接受程度、实施难度姑且另当别论,但理论上确实是一条解决问题的途径。

(2014)

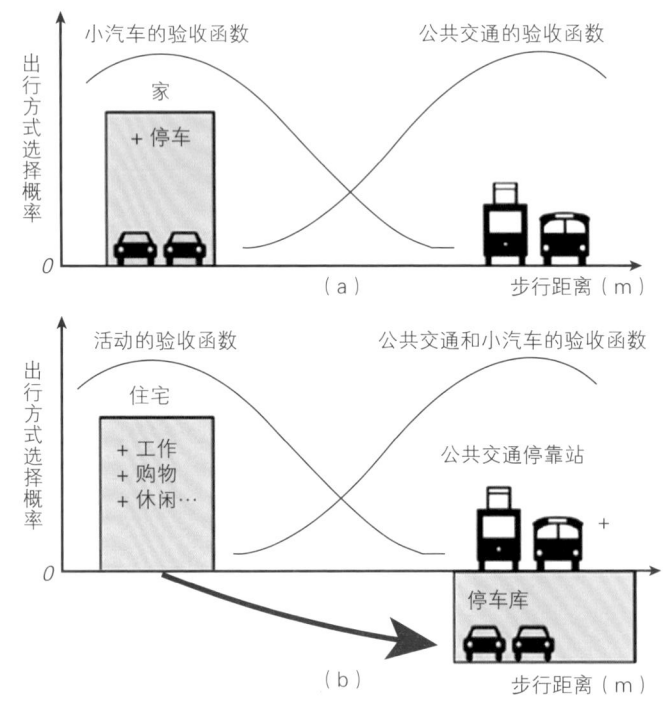

▲ 图3-18 Hermann Knoflacher对改变停车供应方式的建议

解读《江苏省城市停车设施规划导则（试行）》中的"调控理念"

随着城市机动车拥有量快速增长，城市停车供需失衡矛盾日益突出，城市停车问题越来越成为城市政府和社会各界关注的一个热点和焦点。发达国家对停车问题和停车设施规划方面的研究也相应较早，对停车设施的认识也从早期的"被动满足需求"转变为"交通需求管理"，相比而言，国内对城市停车设施作用的认识和利用还有所不足，停车设施对土地利用、交通组织的调控作用没有得到合理发挥。2010年3月1日，江苏省唯一的关于城市停车设施专项规划的指导文件《江苏省城市停车设施规划导则》（简称《导则》）在全省设市城市试行。《导则》在文本大纲、编制技术指引中强调坚持"供需统筹，以供定需""区域差别化"的发展理念，并明确在城市停车设施规划编制中应进行停车分区划分和制定相应的政策。可以说，"调控型"的规划理念和方法是《导则》不同于其他对停车设施规划编制的指导文件的一大特色。归纳起来，《导则》提出的"调控理念"可以用"四分"来简单概括，即分区调控、分类调控、分时调控、分价调控。

1 分区调控

"分区调控"强调通过区域差别化的停车设施供应对策来对小汽车的使用进行调控，是对"以供定需"理念的贯彻。根据交通特征、用地功能特征等因素划分的停车分区可以分为限制供应区、平衡供应区和扩大供应区3类，3类区域制定差异化的停车供应政策。①限制供应区。限制供应区制定停车设施指标的上限，停车设施需求调整系数取0.8~0.9，对某些特殊区域可取0.8以内。对该区域限制供应自备车位，可以调控车辆拥有的空间分布；限制供应公共车位，可以调控车辆使用的空间分布。通过限制停车设施的供给规模，使人们减少小汽车出行，更多地选择公共交通、自行车或步行等绿色交通方式，达到调控交通、调整土地利用的目的。②平衡供应区。平衡供应区制定停车设施指标的区间值，取0.9~1.1。对该区域要按照供需平衡的要求建设停车设施，达到平衡城市交通和土地利用强度、平衡道路交通和停车交通、平衡自备车位与社会空间的目的。③扩大供应区。扩大供应区制定停车设施指标的下限，停车设施需求调整系数取1.1~1.3左右，停车设施供应适度超前。通过停车设施的扩大供应引导小汽车的拥有和使用向该类地区集中，均衡城市交通流，并在交通空间上改善公交不易覆盖区域的机动性。

2 分类调控

"分类调控"就是要在"分区调控"的基础上，合理确定各个分区的路外公共停车设施、路内公共停车设施、建筑物配建停车设施等各类型停车设施的比例和规模。①路内与路外的平衡。路内和路外停车设施往往会出现两个极端：一方面路外停车发展缓慢，路内随意停车现象严重；另一方面只重视发展路外停车，不加区别地一律限制路内停车。路内、路外停车设施的发展需要根据城市道路条件及交通状况、停车设施建设情况等综合考虑确定，要在保证城市道路通畅和交通秩序良好的前提下设置路内停车泊位。②公共与配建的平衡。配建停车设施主要面向主体建筑物内部人员使用，使用对象的单一性导致了配建停车位的使用效率明显偏低，特别是在主体建筑物停车高峰以外的其他时段，车位资源浪费现象严重。在城市公共停车设施供应短缺，而配建停车设施又大多利用率不高的情况下，应鼓励其向社会开放，既可以有效地缓解停车供需矛盾，又有助于提高配建停车位利用率，还可以合理获得直接经济效益，使现有的停车设施资源得到充分利用。

3 分时调控

"分时调控"就是根据不同出行目的的停车需求时间分布特征，针对停车设施利用率时间差异性较大的特点，明确不同时段的停车设施供应对策，以调控道路交通流的峰谷值，并提高停车设施利用率。①车辆停放的分时调控。车辆停放的高峰和平峰的差距大，则停车设施利用率会受到较大的影响。车辆停放的分时调控，就是通过调节停车需求时间分布，使停车设施利用在高峰和平峰更加均衡，从而实现停车设施资源的充分利用。②收费价格的分时调控。在高峰、平峰时段收取不同停车费用，将导致停车者择时停车或缩短停车时间，因此收费价格的分时调控又可以分为按停车时长调控和按停车时段调控两类。如在城市中心区，应鼓励短时间的停放，提高停车泊位的周转率，因此对短时间停放的车辆可定低价或不收费，对长时间停放的车辆定高价；而通过"高峰时间高收费，非高峰时间低收费"的分时段定价策略则可以影响小汽车在不同时段内的使用。③停车泊位的错时使用。不同的土地利用性质，在1天或1周中会有不同的停车需求高峰，这使得相邻用地之间泊位共享成为可能。在城市停车设施规划中，如能将停车需求高峰时刻不同的一些用地相邻布置，统一规划停车设施错时使用，从而最大限度地实现停车泊位之间的共享，将能提高停车设施利用率，并节约停车设施总用地。

4 分价调控

"分价调控"又可以分为不同地区的分价调控、不同类型的分价调控、不同车种的分价调控3种策略。①不同地区的分价调控。对限制供应区应采用高费率，拉开与其他地区的停车收费差距。充分发挥停车价格杠杆作用，调节限制供应区的停车需求，鼓励出行者使用便捷的公交系统；对平衡供应区停车收费价格的制定应综合考虑车位建设的投资回报、停车经营盈利和使用者的经济承受能力，使停车建设与经营成为市场经济行为，并充分运用价格杠杆调节停车需求，提高各类停车设施的运转效率，达到停车需求和供应的相对平衡；对扩大供给区应拉开停车收费与以上两类区域的级差，综合采用计时收费和计次收费相结合的收费方法，部分地区应执行停车低收费和计次收费的方法，鼓励停车换乘。②不同类型的分价调控。根据不同的停车费率，可将停车设施分类为低费率停车设施和高费率停车设施，一般而言，高周转率的停车设施高收费，低费率停车设施满足长时间的停车需求。同一停车设施的停车费率也可变化，例如，可大幅提高路内停车泊位白天的停车收费，进行分时和分价的双调控；也可针对不同区域拉开停车收费差距，进行分区和分价的双调控。③不同车种的分价调控。根据城市功能布局和路网容量，通过采取不同车种的分价供应对策，对某些类型的车辆在规定的时间、路段或区域进行分离，可以净化车种，提高停车设施及道路的利用效率。

"分区、分类、分时、分价"是不同的调控手段，但目的是相同的，都是通过调控停车行为来调节城市交通。其中，分区调控又是最基本、应用最普遍的，是"四分"调控的总策略，分类、分时、分价的调控都应在"分区"的基础上进行才能更加合理有效。

（2010）

▶ "停车调控"理念与落实——新版《江苏省城市规划管理技术规定》解读

伴随机动化的快速发展，城市停车供需矛盾日益突出，停车成为制约城市交通健康发展的关键问题之一。究其原因，笔者认为还是在于对"停车调控"理念的认识与落实不到位。以往对待停车问题的思路以解决眼前问题为主，采用满足需求的供应模式，但很快就发现城市停车需求的膨胀越来越难以招架。"停车调控"的理念逐渐得到大家的认可和重视，但其效果还远未显现。停车调控的内涵在总体上可以表述为"以供定需，供需平衡"，即抛弃片面地通过不断增加停车泊位的供应来解决日益突出的停车供需矛盾的传统做法，发挥停车设施供应对停车设施需求的影响和制约作用，进行停车供需关系的双向调节，实现停车设施供需的总量平衡和动态平衡。在"停车设施"的落实上主要有两条途径：一是通过建筑物停车位的配置对小汽车的"拥有"和"使用"进行调控，具体而言是通过居住建筑配建停车位对小汽车的拥有进行调控，通过公共建筑配建停车位对小汽车的使用进行调控；二是通过公共停车设施的配置对小汽车的使用进行调控。公共停车设施的配置主要可分为集中和分散两类布局，"集中而大规模"的停车设施的调控作用主要是通过降低停车设施的可达性，提高公共交通的竞争力，进而优化交通结构，一般适宜在道路交通压力小的城市中心外围区采用；"分散而小规模"的停车设施的调控作用主要是通过提高停车设施的可达性，提高停车设施的周转率，调控道路交通流的均衡分布，一般适宜在容易发生拥堵的城市中心区采用。为了推动"停车调控"理念的贯彻与落实，江苏省制定了《江苏省城市停车设施规划导则》(以下简称《导则》)，继而修订了《江苏省城市规划管理技术规定》(以下简称《技术规定》)。《导则》与《技术规定》两者的共同点是都落实了停车调控的理念，但是由于作用不同其表达形式也有所差异，《导则》具体指导停车设施的规划和配建停车位指标标准的制定，《技术规定》则主要是明确"停车调控"的理念要求，并照顾到全省各市情况而提出建筑物配建停车位指标的弹性控制要求。《导则》与《技术规定》两者有差别但并不矛盾，在使用时不能相互混淆和替代。为了更好地说明《技术规定》的意图与作用，笔者在与上版《技术规定》比较的基础上，对"建筑物停车配建"部分的内容略做解读。

1　建筑物分类

针对上版《技术规定》中建筑分类较粗的问题，本次修订为满足全省各城市规划管理的总体要求，对建筑类别进行了细分，给出了主要建筑物类型及其建议指标。但是总体而言，《技术规定》对建筑物的分类仍然相对较粗，这主要是考虑到《技术规定》的任务是指导全省各城市的建筑物停车位配建，但在全省各城市交通发展差别较大的背景下，照顾到各城市的实际情况，因此采用了相对弹性的"粗分类"方法。为此，《技术规定》鼓励各城市制定自己的建筑物停车位配建标准并根据城市实际情况细化建筑物分类。需要注意的是，在细化建筑物分类时应该符合相关法规要求。例如，根据《国务院关于深化改革严格土地管理的决定》，国家严禁高档别墅类房地产项目用地的审批，此分类就不应出现在配建指标中。

2　建议指标值

2011年，南京、苏州、无锡、常州四市的私人汽车拥有量都已经接近或超过了100辆/千人，达到了较高的拥有水平。上版《技术规定》中各类建筑物配建停车位指标明显偏低。在本次修订中，一方面，考虑到江苏省各城市目前和未来一段时期内机动化的快速发展趋势及其存在的差异，总体上普遍提高了建筑物配建停车位指标；另一方面，在落实停车调控理念的基础上对不同类别建筑物的配建停车位指标值采用了不同的调整策略。①对于居住类建筑，本次修订适当提高了各类居住建筑的机动车停车位配建指标。居住建筑物配建停车主要服务于居住在该建筑物的私人车辆停放和探亲访友等目的的车辆停放，其停车泊位配建应根据具体供需关系确定。对于比较高档的住宅区应采用高配建指标，对于一般的公寓住宅应采用适中的配建指标，而对于经济适用房、廉租房、公共租赁住房等现状小汽车停车需求相对较小的居住建筑物，可以采用相对较低的配建指标，但同时也应该考虑到未来存在一定停车需求的可能。②对于公共建筑物，需要同时满足停车的刚性需求和弹性需求，本轮修订中对不同类型的公共建筑根据其性质与功能采用了不同的调整策略。对于行政办公、医卫等建筑，刚性停车需求大且对停车调控的敏感度较低，在本次修订中对这类建筑的配建停车位指标进行了相对较大幅度的提高；对于商业等建筑，弹性需求较大且对停车调控的敏感度较高，本次修订对其配建停车位指标提高幅度相对较小。

3 停车调控系数

针对上版《技术规定》中未考虑城市不同区域差异的问题，本次修订重点贯彻落实了"停车调控"的理念，给出了不同停车分区停车调控系数的建议值。关于《技术规定》中的停车调控系数，需要做几点说明：①先划交通分区再制定停车调控系数。交通分区是城市交通发展政策的总纲，停车调控政策制定应符合交通分区的总体要求。因此，各城市应在可持续交通发展目标的引导下先行明确城市交通发展政策，划分交通分区，对不同交通分区制定不同的交通发展策略与调控政策，在此基础上明确停车调控系数。②注意区分《技术规定》与《导则》中的调控系数。两者并不是一回事，《技术规定》中的调控系数是针对建筑物配建停车位而言的，调控系数幅度较大；而《导则》中的调控系数是针对不同停车分区停车设施供需总量的调控，包含路外公共停车设施、路内停车泊位和建筑物配建停车位，所以其调控系数总体幅度较小。③《技术规定》中"建议指标"与"停车调控系数"应配合使用。《技术规定》所给出的建筑物配建停车位建议指标是调控前的指标，也不是为任何一个城市量身定制的，各城市在使用时必须将"建议指标"与"停车调控系数"配合使用，以调控后的指标来指导不同停车分区建筑物配建停车位的规划管理。④各城市在具体使用调控系数时，应注意城市发展阶段的差别和城市内部功能区的差别。《技术规定》鼓励各地自行制定建筑物停车位配建指标，其实上海、北京、广州等国内一线城市以及江苏省的南京、苏州、无锡、昆山、江阴等城市都已经制定了自己的停车配建标准。江苏省各城市在交通发展方面存在较大的地域差别，处于不同的发展阶段，也理应制定各自的建筑物停车配建标准。例如，苏中和苏北地区小汽车发展处于导入期，而苏南地区小汽车发展已经进入了高速增长阶段。2011年，苏南城市私人汽车千人拥有量整体上约为苏北城市的2~3倍。同时，由于各城市交通基础设施建设和管理水平等方面存在差异，同一城市内部不同功能区的建筑物其停车需求也存在一定的差别，也需要根据不同的停车分区采用不同的调控系数。

总而言之，本次主要从建筑物分类、建议指标值、停车调控系数 3 个方面对《技术规定》中的建筑物配建停车位指标进行了修订，在修订过程中明确了"停车调控"的理念。在根据《技术规定》确定建筑物配建停车位指标时应该注意配建指标与调控系数配合使用，更为理想的做法是，各地在《导则》和《技术规定》的指导下，根据自身实际情况落实停车调控理念，自行制定符合自身要求的建筑物停车位配建标准。

（2013）

由城市建筑物停车配建指标说开去

私家车的快速增加使得对城市停车设施的关注越来越多。在我国的停车设施供给体系中分为3类：路内停车、路外公共停车、建筑物配建停车，其中建筑物配建停车的份额应占到75%~85%成为共识。对于建筑物配建停车做法的借鉴来源于美国，其出发点是建筑物配建停车应满足自身停车的需求，不能因为停车位不足而溢出到周边地区尤其是紧邻道路上。这一点要求看起来似乎并不存在什么问题，但是细究起来就有疑问了：作为城市停车泊位供给的主体，建筑物配建停车指标的确定仅仅是满足自身的停车需求？停车配建指标所吸引的车流量与周边道路交通网路容量的关系是什么？与建筑物所在地的公交服务水平的关系是什么？建筑物配建停车既是城市综合交通系统的一部分，但显然又与其他交通系统存在着脱节，其指标值的制定回避了上述问题并具有武断性。国内大大小小城市的建筑物停车配建指标大多类似，并多采用最低配建要求，例如以办公建筑配建指标为例，苏州市"各级政府办公楼""其他行政办公、金融、外贸、企业总部办公楼""普通办公楼"的配建指标（分其他区域/古城区）分别为1.5/1.5、1.5/1.0、0.6/0.6个/百平方米建筑面积，上海"办公楼"的配建指标0.5个/百平方米建筑面积。

我们对建筑物配建停车标准的认识来源于美国，但是对于美国近二三十年来对停车认识的变化似乎又视而不见。以公共交通发达的纽约市为例，20世纪70年代的空气清洁计划提出了通过控制、削减停车位来抑制小汽车交通需求的想法，开始也受到各方面抵制，小汽车使用者担心影响自己的出行，商家担心缺少了停车位会影响商业机会，开发商则担心会影响房地产的销售。但是最终在决策中选择了站在减少交通拥堵、提高空气质量的一方，由原来的建筑物最低配建标准改为最高配置标准，并实施了CBD地区停车泊位冻结计划，即不再新增停车位。所制定的配建指标更是低得惊人，纽约CBD地区配建停车位为0.06/岗位，这一数字在香港、东京分别是0.03、0.04。假设每个岗位所占的建筑面积按照20平方米计算，那么纽约、香港、东京CBD地区办公建筑每百平方米配建分别为0.3、0.15、0.2。如果按照我们的逻辑，属于严重缺乏配建停车的区域。但是作为世界级的CBD，其活力受到影响了吗？显然是否定的。纽约之后美国很多城市也加入了减低建筑物配建指标标准，采用最高限配的机制，即在不超过配额限制的情况下由开发商决定配置多少。这与国内一些城市以提高配置指标为先进的做法和认识形成强烈反差。

对建筑物停车配建指标认知态度的变化折射出来的是对整个停车系统认知态度的变化。建筑物配建停车是停车设施供应的主体，主要为定向人群服务，也就是说是停车资源具有私有性，但是对于停车泊位的需求却是公共性的，这种"私人拥有"和"公共需求"的矛盾使得市场调节作用大打折扣。例如道路资源属于公共设施，对道路资源的使用属于公共需求，当道路空间资源紧张时可以采用拥堵收费等经济手段进行调控，但是建筑物停车配建属于私有物品，供需关系不受市场调节影响。这对于协调整个交通体系、提高整个交通体系的效率来说都是难点所在，也使得建筑物配建停车与整个城市交通的运行、管理脱节。当一种商品对价格变动不敏感时，试图采用价格策略来实现对需求的调控是难以获得满意效果的。以纽约为代表的诸多城市对停车设施供应、管理尝试了很多措施，其实质是推动"停车资源使用的公共化和市场化管理"。例如：①实施建筑物停车最高配建指标制度。比如住宅，如果开发商觉得房源可以卖出去，就算零配建也可以。②路内停车采用咪表管理。按照市场规律分时段进行收费，提高公共停车资源使用效率，其价格可以实时调整，目标是85%的使用率，以保障有人需要停车时可以不必绕行就可以找到停车位。③停车共享。强制建筑物配建停车必须以一定的比例作为公共停车使用。④创建PBD区域，即在该区域内停车带来的税收用于改善公交、步行等环境，等等。其实，最为理想的一种停车供应状态是取消所有的私有配建停车泊位，全部采用公共停车供给的形式，像道路系统一样对所有使用者全面开放，实现停车资源拥有公共性和需求公共性的绝对匹配。采用停车集中供给方式还有几点好处：一是停车进出点集中起来，减少了分散情况下与其他交通流线的交织，优化了行人环境。二是共享停车非常容易实现，可以大大提高停车设施的利用效率，减少停车泊位总供应量。三是停车集中供应拉大了停车步行距离，更有利于公共交通的发展。只是我们胆小怕事，对于诸多新区建设也无一尝试之勇气，倒是在建筑物配建指标上以"供应不能满足需求"为由不断地"提高一点，再提高一点"。

不得不提的是，一直以来我们都奉行私人小汽车"鼓励拥有，限制使用"的政策，暂且不讨论这与我国汽车工业化战略的关系，但确实给规划师带来了不小的困惑。图3-19为纽约曼哈顿核心区家庭小汽车拥有情况，2009年户均拥有小汽车数量仅仅为0.26个，纽约CBD地区的住宅按照区位的不同其最大配建指标限制在0.2~0.35/户之间。可以看出，纽约公交主导的交通模式下实际上对小汽车采取的是限制拥有的策略。由于受到雾霾、拥堵等诸多不良刺激影响，北京、上海、天津、杭州等特大城市对于小汽车发展的态度已经发生明显改变，限牌、摇号等实际上都是一种限制拥有的措施。那么对于我们一直提的"鼓励拥有，限制使用"的态度是否应该坚持，还是在不同城市采取差别化的态度？此外，尤其重要的是，我们对小汽车拥有水平鼓励到什么程度需要与城市的道路供给水平、公交发展水平建立因果关系，只有这样，所提出的停车配建指标、交通管理措施才能有的放矢。

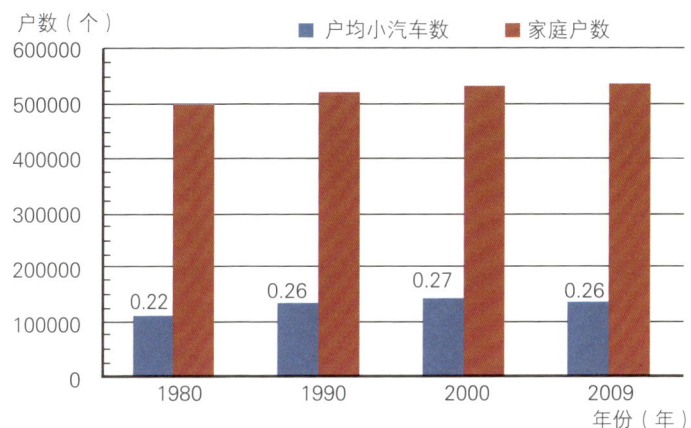

▲ 图3-19 纽约曼哈顿地区家庭小汽车拥有水平

（2014）

路内停车的进与退

汽车在创造现代时尚生活的同时也给城市建设与管理带来了许多难题。在很多大中城市,"行车难,停车难"已经成为相关部门工作报告中的"口水词",常常引发电视、网络等各种媒体的广泛讨论。尤其是近两年,近4000万辆从生产线上流入千家万户的小汽车犹如冬天里一场突然来袭的暴雪,在一夜之间覆盖了城市的大街小巷,不仅引发了众多争议,也给城市管理者增添了很多烦恼。尽管"大力发展公共交通"已经成为共识,但咄咄逼人的机动车增长形势却成为施政者近期不得不关注的焦点。一边是公交让城市交通更美好的理想,一边是家用汽车嗷嗷待停的现实,忽视任意一边选择都会让一部分群体很"受伤"。如何让理想照进现实,将近期应急之策成为实现长远目标的铺垫,应该成为城市规划和建设者们关心的一个话题。

路内停车的负面影响主要表现在6个方面:①减小通行能力。路内停车产生的车道净空损失会直接造成道路通行能力的损失,不规则停放的车辆则容易形成路段瓶颈。②干扰动态车流。停放车辆的驶入、驶离会对路段上的动态交通流产生直接或间接的干扰,导致车行延误甚至交通阻塞。③阻断行人路线。一些路内停车位侵占了非机动车、步行空间,阻断了步行和骑行路线,令后者产生障碍感甚至敌视。④影响公交车辆进站。很多支路上公交停靠站的站前空间被路内停车挤占,给公交车辆进出站和上下客都带来不便。⑤增加安全隐患。贴近交叉口的路内停车会遮挡车辆和过街行人的视线,造成安全事故。⑥引起邻里纠纷。小区内占道停车会减少居民的公共活动空间和绿地,引起无车居民的不满,给社区和谐氛围的营造蒙上阴影。

鉴于此,城市交通规划理论坚持将路内停车方式定位为建筑物配建、路外公共停车的一种补充,并竭力将路内停车泊位控制在总泊位的10%以下。如何实现?一方面通过提高建筑配建指标、增加路外公共停车场,为路内停放需求提供可以转移的场所,另一方面则通过经济杠杆、交通管理等手段对路内停车行为进行管理和管制。双管齐下,逼迫车辆离开道路,让出空间。但是,这种模式要面临政府、投资者、交通管理部门以及车辆拥有者等多方面的协作和博弈,要形成共识并转化为实际行动还有待时日。因此,在非重点管治路段,路外停车场(收费)里空荡荡、路边路内停车排长龙的现象处处可见。人力的欠缺、技术的落后以及法不责众观念的根深蒂固,让管理部门变得力不从心甚至束手无策。

但是,大量的路内停车问题总是要解决的。解决并不意味着绝对的否定。既然正面交锋的手法行不通,是不是可以试试以柔克刚的招式?不妨换个角度来看待路边停车。

从管理者的角度而言:① 路内停车易于实施。只需要在道路红线内进行简单的标线设置,便可以将现成的道路空间转换为可用的停车资源。② 路内停车能调控资源利用。车辆停放时,道路空间暂时转化为静态空间,车辆离开时路内停车空间可以还原为通行空间。这种关系恰好与停车高峰需求和行车高峰需求的互补特性一致,符合资源高效利用的基本原则。③ 路内停车灵活性强。路内泊位可以随着交通量、交通组织、公交线路、周边用地性质等改变而变化,表现为建设快、调整起来也很方便。

相比路外公共停车场,城市道路好比"近水",对缓解短期暴涨的停车需求可以发挥立竿见影的灭火功效。而且,道路建设主要由政府主导,推进起来要比由市场主体推动的路外专用停车场容易很多。用繁密的支路网在激增的停车需求与短缺的专用泊位供给之间建立一道缓冲带是减缓停车高压冲击的有效措施。以支路网密度4公里/平方公里计算，1平方公里范围内支路长度为4公里，路边总长度是8公里，如果有60%可以用于路边停车，可以停放800辆车。按照人均建设用地100平方米的指标，仅城市支路网就可以支撑80辆/千人的小汽车保有量。对外比较，这个数值仅仅是国际上很多发达城市的零头；对内衡量，国内很多饱受停车之痛的大城市还没达到这个标准。可惜，几十年来学界有识之士对增加路网密度的呼吁大部分都没能成为现实，道路网络建设的欠账正在以"利滚利"的方式给城市交通添堵。否则，随着网络密度的增加，支路边界展开长度就越长，可以"吸附"的车辆就会越多，停车的压力自然不会骤然增加。当然，要放大支路网络化解停车需求的功效，仅加大支路网密度是不够的。如果城市用地功能区分得太明显，停车泊位的交换和共享难以实现，那么停车需求也会随昼夜时差呈现钟摆形式，导致停车压力不均衡集聚，从而让支路网络的"药效"降低。

对于机动化出行者而言，路内停车最大的优点就是方便。如果允许车辆在紧邻目的地的路内停放，可以大大缩短出行者下车后步行抵达临街目的地的时空距离，为短时业务往来、餐饮娱乐和接送需求提供了极大的便利，同时还可以减少因找寻空闲停车场产生的无效交通量。如果车主对社会治安以及路人的素质非常有信心，那么在路边长时间"露宿"也会成为一种选择。毕竟，路内停放的车辆和乘客都会受到"街道眼"的看护。相比之下，在背离公众视线的路外停车场，尤其是地下停车场内，使用者们的安全感依然严重缺失。通过各种强硬措施将车主们赶出路内，显然很难得到他们由衷的支持。

承认路内停车的优点并在道路建设的过程中主动兼顾路内停车需求，并不意味着对个体机动化出行的纵容。因为中国国情决定了在近十年甚至几十年，想要让人们放弃小汽车出行并不是一件现实的事情。但是，我们也必须清醒地认识到"慢行+公共交通"才是城市交通发展的方向。如果说禁止或限制路边停车是交通管理的一种"进"，那么对路内有序停车的包容就是一种"退"。不过，这种退让只是对城市居民出行多样选择权的一种尊重和维护，绝非倡导。所以，一方面必须坚持合理的停车收费政策；另一方面，也是常常被忽略、迫切需要有所改变的一个方面，就是在允许路内停车的路段，必须首先保护好公共交通使用者的权利，同时给予步行和骑行群体充分的关照，避免路内停放的车辆给这些方式的使用者带来不便甚至安全隐患。通过城市道路精细化设计和管理，满足少部分自驾出行者的合理诉求，同时提高步行、自行车和公共交通使用者的尊严感和积极性。在潜移默化中，减缓小汽车使用群体增长的速度，为路外停车设施的建设和管理水平提升争取更多的时间，也为城市公共交通的发展赢得更多的支持者和使用者。

（2013）

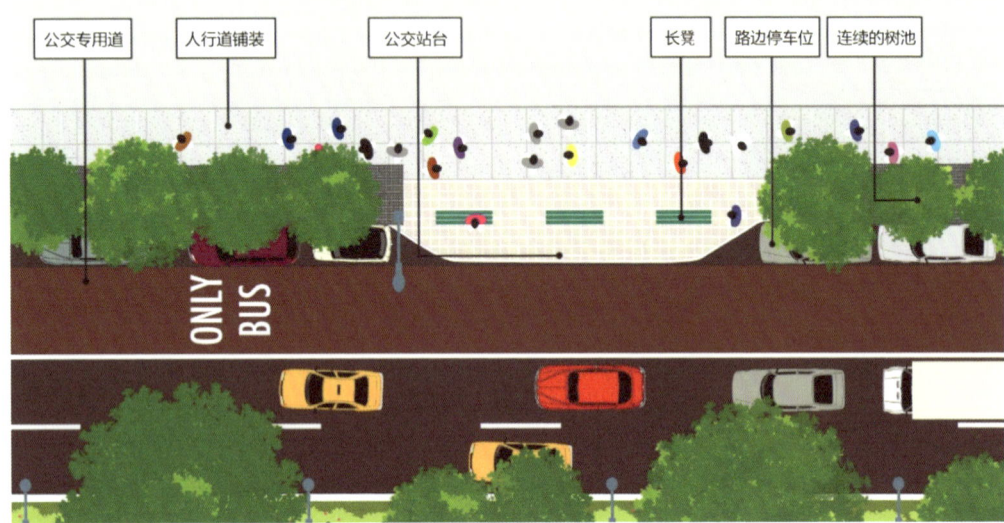

▲ 图 3-20 纽约主干道（局部）设计示意

▲ 图 3-21 欧弗莱克主干道（局部）设计示意

▶ 关于南京路内停车问题的思考

目前,在路内停车方面我们面临太多的疑惑:现行的路内停车管理政策,究竟是在迎合需求,还是在进行调控管理?目前价格调控的单一化对策,如何应对多样化的路内停车需求?有关路内泊位管理的规划、执法、管理和运营等职能应如何进行协调整合?路内泊位设置与慢行交通之间的冲突应如何在规划中进行协调?泊位需求特征数据的统计应如何与大数据分析技术实现对接?当越来越多的路内停车泊位与我们的出行环境发生冲突的时候,路内停车将不再仅仅是一个交通问题,而将会得到更多的社会关注。因此,我们必须对此做出前瞻性的应对措施。

城市道路内汽车停车泊位是公共停车设施的一种有效补充形式,在路外公共停车设施和配建停车设施不足的前提下,合理设置路内停车泊位可以作为城市机动车停车设施的补充,这对于缓解停车泊位供需矛盾是较为有效的。但由于日益增长的机动车规模和较为滞后的泊位供给之间存在矛盾,以及受停车管理水平不高的制约,南京市的路内停车问题仍较为突出且呈逐步恶化的趋势。总结起来存在的问题主要有以下几点:

(1)缺乏明确的机动车发展政策,导致紧张的路内空间资源逐渐被日益增长的停车泊位挤占

与国内外城市采取的限牌、限行和拥堵收费等措施不同,南京仍未采取较为明确的机动车发展政策,导致机动车的增长速度较为迅猛。而由于停车供给未能跟上停车需求的增长速度,预计在未来几年内,停车供需矛盾仍将较为突出。实际上,如果没有明确的机动车限制发展政策,城市道路交通拥堵的增长态势也将日益严峻。从欧美等国家的停车发展历程来看,停车政策的发展大致上都经历了一个由事后应对向事前诱导的过程,而且停车政策也不仅是针对停车问题本身,它同时还被作为整个城市规划和交通政策的一部分加以利用。欧洲很多城市采取差别化泊位设置的方法,在市区范围内设置泊位上限,停车泊位只减不增。如德国汉堡市中心的停车位数目自1976年以来不再增加;瑞典哥本哈根市的中央商务区停车位每年减少3%;瑞士苏黎世市中心停车位数目自1996年不再增加。日本的《停车场法》规定汽车上牌前必须找好路外停车位,具备"停车证明",租车位则需要有1年以上的停车位租约,经验证后再上牌。

(2)对南京市路内停车泊位的分类需求特征仍缺乏足够认识,导致在泊位设置方面缺乏有针对性的对策

对于泊位需求特征的相关数据仍是通过较为粗放的统计方式获取的,对于不同区域、不同用地类型、不同时段和不同停车目的等详细的、动态的停车特征仍缺乏相应的数据支撑。商圈、学校周边、居住区、大型公共活动场所等机动车出行和吸引特征存在较大差异,而这些特征区域也将呈现出差异化的停车需求。另外,在不同路段的泊位停放周转率(当前国家规范一般取7~9车次/日)的测算方面也存在较大的偏差,而这一指标是直接评价和预测停车泊位需求的关键因素之一。此外,不同时段的需求特征,包括高峰时段和非高峰时段、日间和夜间的停车需求也需区分对待。

(3)停车秩序较为混乱,泊位设置缺乏统一的统筹和规划,且停车梯度价格在某些区域往往难以发挥有效作用

目前路内停车泊位大多设置在支路、次干路上,影响了道路交通微循环系统的运行;现有慢行通道被泊位挤占的现象较多;路内泊位的设置影响了慢行通道规划的落地;在交叉口、公交车站附近设置的路内泊位影响道路交通安全。此外,对居

民区集中区域的路内停车收费的指导目标不清晰，此措施究竟是希望使停车更加规范化，还是希望对附近居民的停车需求进行调控？若是后者，由于这部分需求是刚性需求，因此采取价格调控手段效果并不明显；若是前者，是否一定需要通过收费的方式来解决。此外，在商业集中区域的路内停车价格相对这些区域并不能产生明显的阶梯效应，部分程度上只是将这部分路内停车需求疏导到供应相对较为充裕的路外停车场内（而诸如新街口的商场，大多会对购物的用户进行停车费用补贴，且新街口周边大型商场的停车泊位配建过高），因此并未从根本上减少进入这些区域人群对小汽车的选择使用，且造成这些区域泊位周转率不高。

（4）停车泊位设置形式和停车管理手段较为单一，不能满足多样化的停车目的需求，也导致泊位利用率较低

首先停车和泊位的概念是不同的。停车是指驾驶员不离车，为乘客或货物上下车做短暂停留；泊位是指驾驶员熄火离车时间较长甚至过夜。因此，指示标识应区分多种停车形式，如"禁停/禁泊""禁泊不禁停""不同时间段禁泊"等。

在路内泊位的调控管理方面，目前只是根据不同的区域和道路等级来制定差异化对策，并据此制定路内停车价格。实际上，这一措施在很多区域的实施效果大打折扣，如CBD区域的购物中心往往对购物娱乐性的停车行为有补贴政策，而能否对CBD区域内路内和路外泊位实施总量调控才是关键。此外，对具有根本性差异的停车需求也未区别对待，如居民区的停车需求和CBD区域的停车需求应采用不同的管理对策，而不是单纯采取价格调控手段。欧美一些城市在居民区附近的道路实施居民停车许可制度，保障居民的基本停车需求，许可证通常是根据居民的类别分为常驻居民、居民访客、暂住居民等多种形式。

（5）建设和管理路内停车泊位部门职能缺乏统筹协调

2012年以前，南京市停车设施建设和管理长期统在市级层面，经费管理融不进区级财税体系，形成了条与块的分离。而在实施停车设施改革调整后，管理体制上又形成了市级层面主要实施业务指导，区级为建设和管理主体的机制。从2012年1月1日起，南京机动车设施管理工作由市公安局移交市城管局（道路执法权仍然在交管局）。但是，现在这种管理职能划分机制，造成了区一级的停车管理机构具有尽可能多地增加泊位供给的动力，而无法从全局角度综合考虑城市道路内的泊位需求管理。

从南京市道路路内停车存在的问题来看，建议采取以下对策：

（1）尽快明确机动车的发展政策

若要实现有限路内停车资源的高效利用，既需开源亦需节流。首先要从源头上控制机动车的增长速度，同时也要采取多样灵活的手段提升泊位使用效率。不应仅为满足当前需求而盲目扩大路内泊位供给，再到未来取缔路内停车。

（2）采取有效手段，实施差异化的停车调控措施

在重点区域需严格控制总量供给，甚至要着手做减量，并辅以价格调控手段。在停车泊位供给形势严峻的老城区，适当鼓励配建停车场向社会开放，并尽可能挖掘泊位使用效率。在居民区可采用居民停车许可制度，满足居民的基本停车需求，同时规范停车秩序。

（3）采取多样化的停车泊位设置形式，且综合考虑慢行交通和交通安全的关系

区分停车/泊车的泊位设置；设置分时/分段、临时/固定等多种形式的泊位；区分不同区域或路段的设置形式（如景点、商业、居住）。泊位设置应综合考虑停车与慢行流线的关系，且

应重视其对道路交通安全的影响分析。

（4）鼓励应用信息化的手段实现对现有泊位潜力的挖掘，以及对停/泊车特征的数据统计

鼓励使用信息化的手段实现停/泊车的诱导；进行泊位周转率和实际使用数据的调查。以上两种实现方式应该从企业视角和管理部门视角分别实现，但最终应实现数据的共享和互通。

（5）进一步细化停车收费对策，并明确路内泊位管理相关部门的职能

一般来说，价格只对弹性的需求行为影响较大，因此应制定相关调查，具体分析对不同价格敏感的各层次群体的需求特征，从而实施有针对性的价格调控对策。此外，应进一步厘清路内泊位的规划、建设和管理职能，停车收入可进入区级财政，但路内停车泊位的规划必须要从市级角度进行统筹。

（2015）

城市交通供给侧改革——"自备车位"研究

随着经济社会的快速发展,越来越多的家庭拥有小汽车,解决好小汽车的"行"和"停"是城市健康有序发展的重要保障。对于出行停车需求,可以通过停车收费、限制车位供给、引导公交出行等方式进行调控;对于基本停车需求,规划管理中更多的是强调"一车一位"配给。但在实际操作中,配建车位更多的是按照小区户数进行一定的折减,这与实际的拥车数必然会发生错位,导致夜间街头的停车乱象;同时,"无限地扩大供给满足需求"本身也是不切实际的。本文首先对日本的"自备车位"政策进行分析解读,之后对在我国施行"自备车位"难点及解决对策进行了相应的考虑,期望为当前的交通供给侧改革提供借鉴。

1 日本"自备车位"解读

日本在1962年6月开始实施《车库法》,《车库法》的核心内容就是拥车者必须提供停车泊位证,否则将无法上牌。《车库法》的实施,有效的控制了危及城市道路正常运行的违法停车(特别是夜间泊车),同时由于可以以租用车位申请停车泊位证,极大地提高了社会资本对停车场建设的投资热情,促进了停车的产业化发展,在日本可以见到各种形式的路外公共停车场,如电梯式停车场、摩天轮式停车场等。

日本停车泊位证制度的基本内容为:①拥有汽车者必须提供汽车保养场所的证明文件方可申请牌照;②自备车位必须在公司所在地(或私人住所)500米(1991年前)到2公里(1991年后)范围内;③自备车位必须为路外车位,可以是自家车库、空地,也可利用住所附近停车场中的固定泊位,但必须由停车场出具证明;④分阶段实施"自备车位"政策,在东京京都中心9公里范围先实施,10年后推广至全国其他地区。

日本推出《车库法》有其必然性:一是小汽车的快速增长,由违停导致的交通事故逐年攀升,之前推出的《停车场法》《停车场法实施令》《道路交通安全法》等法规收效不佳,无法有效控制小汽车违停;二是日本土地为私有化,政府不能像国内一样在合适的地点进行停车场的建设,要想推动路外停车场建设,必要要从政策层面进行引导。同时,考虑到《车库法》对于汽车产业可能的影响以及实施的难易程度,法规初期只在6大都市圈实施(东京都、大阪府、京都府、兵库县、爱知县、神奈川县),其后再逐渐推广至全国。

当然,初期的《车库法》有很多不完善的地方,政府通过不断修改(最近一次修改在2004年),强大的执行力保障,从生效初期至今,为城市交通的健康运行做出了巨大贡献;同时也促进了城市空间的集约化利用,城市中可以看到很多利用零散空间建设的停车泊位。

▲ 图3-22 日本路外停车场(左为电梯式,右为摩天轮式)

▲ 图3-23　利用零散空间建设的停车场

2 "自备车位"如何在国内落地

20世纪90年代，国内部分城市就展开了"自备车位"政策研究。但直至目前，"自备车位"更多的仍然作为储备政策，并没有实际执行，一方面是因为施行的难度较大，包括前期准备和后期管理；另一方面是社会影响比较大，包括舆论、经济等方面。但是，实际上给车置办"户口"，本身就应该是购车消费的一个组成部分；而且随着小汽车的不断增加，城市停车不断侵蚀公共资源，想要实现城市可持续发展，相对于摇号限牌，"自备车位"是一种更加温和的弹性限制小汽车增长的措施。笔者认为，"自备车位"政策在国内的实施可以分解为5个步骤：

（1）信息入库

实行"自备车位"，最重要的前提就是停车位普查，城市管理者需要首先了解自己的"家底"，在数据库中将每个车位进行编号，作为发放停放证的依据。"十三五"期间，交通管理强调科技化、创新化，很多城市都在建立数据库，停车泊位信息应作为重要的组成部分。

（2）政府开放竞拍车位

在居住区周边1公里范围内，政府统筹提供部分泊位，在科学论证的基础上，以不响应交通安全为前提，选择部分道路施划路内临时泊位。通过竞拍的方式发放使用权（夜间时间段），竞拍所得可以用来补贴相应的管理及设施维护。

（3）申领泊位证

购车者可以凭借自有车位证明、泊位使用证明去相关部门进行泊位证的申领。其中，泊位使用证明可以通过竞拍获得，也可以通过租借周边路外公共停车场、小区内人防车位获得。对于周边公共停车场泊位的使用权租用费，应以市场化调节为主，以促进停车产业化发展，可以预见这部分的管理将是最大的难点之一。

（4）发放泊位证

数据库的停车编号与泊位证应该一一对应，需要对数据库中的停车信息不断更新，严格审查新加入的停车泊位，保证"一号一证"。

（5）信息登记

凭泊位证购车后，使用者应至交管部门进行车辆信息登记，车牌号与泊位证对应，保证"一证一牌"。

值得注意的是，上文提到的"自备车位"，主要面向的是新增车辆，对于存量车，笔者期望通过本政策推进停车产业化发展，预留3~5年的过渡期以完成存量车的"自备车位"。

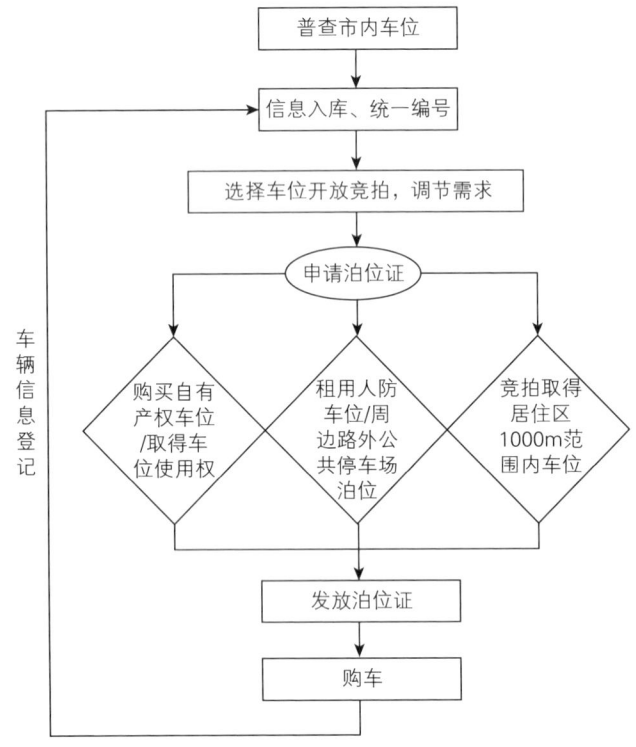

▲ 图 3-24 自备车位实施流程示意

3 结语

在实际操作中遇到的情况必然会比预计的更加复杂，日本的《车库法》也是经过多轮修改才逐渐趋于完善，在推行"自备车位"政策时，一方面需要加强管理监督，不断完善、杜绝漏洞；另一方面，需要大力发展绿色交通，提供出行替代方式，实现城市可持续发展。

（2017）

推进停车产业化需解决社会资本盈利难题

2015年8月,国家发改委等七部委联合发布《关于加强城市停车设施建设的指导意见》(简称《意见》),明确提出面对停车设施供给不足问题,吸引社会资本、推进停车产业化是解决城市停车难问题的重要途径。《意见》强调,要充分发挥价格杠杆的作用,逐步缩小政府定价范围,全面放开社会资本全额投资新建停车设施收费。

事实上,在《意见》出台之前,包括广州、杭州、郑州、重庆等地的地方政府都曾先后发文,鼓励社会民营资本投建停车场,然而实际效果却不甚理想。以杭州为例,2011年至2013年主城区公共停车场建设社会资本仅占全部投资的五分之一,大量公共财政资金的投入为政府带来巨大经济负担。造成这种状况的原因是多方面的,包括场地资源受限、行政审批复杂、投入回报周期较长等。鼓励社会资本入场是停车产业化的基本原则,但资本的逐利性决定社会资本能否入场,归根到底还要看是否能够盈利。

调查显示,目前已有的一些民营停车场经营效果并不理想,非但不盈利,反而成为一笔亏本买卖。有投资商计算,以目前的形势来看,建立一个公共停车场,实现盈利甚至需要100年,这导致了地方停车场的市场化迟迟没有进展。而在国外发达城市,停车场是城市基础设施中少有的盈利项目之一。美国停车产业每年收益约260亿美元,日本经营2~3个泊位的收入就相当于一个公务员的收入水平。为什么在国内停车位紧缺的情况下,社会资本进入反而不盈利?最重要的原因还在于相关配套法规不健全,导致停车场建设投入成本大、回报周期长。因此,在产业化过程中,政府应当明确自己的角色和任务,重点解决社会资本盈利的难点问题,就必须做到以下几点:

(1)政府要明确公共停车设施产权与属性

在国土资源部《划拨用地目录》中,城市基础设施用地并未包括公共停车场用地,使其用地只能通过招拍挂等有偿出让方式获得,土地成本较高,同时停车设施产权不清晰,尤其是地下停车库产权办理困难,停车设施不能分割转让,使得社会资本投资不能迅速回收,极大地影响了社会资本投资积极性。从某种程度来说,公共停车场具有服务公共性和效益间接性的特点,作为实现城市交通出行必需的物质基础,停车场应被定位为城市交通基础设施,土地可无偿划拨,减少企业投资成本。公共停车场的投资单位可依法向国土和住建部门申请办理土地登记和房屋登记手续,投资单位在取得公共停车场的所有权,并报政府批准同意后,可将其进行整体转让或整体抵押;政府有责任制定相应的政策措施和鼓励办法,减少企业投资建设成本。

(2)完善政府配套政策服务措施

审批流程长、土地使用费高等是制约社会资本进入停车设施建设的主要因素。需要建立部门协调机制,统一各部门在停车设施规划、建设、经营、管理中的理念和行动。规划、公安、城管、建设、国土等相关部门按照各自的职能分工协助管理,建立联席审查机制,所有公共停车场项目进入审批绿色通道,开展项目并联审批,提高停车设施建设行政审批效率。从土地使用、商业开发、经营权年限、停车费收缴、建设资金补助、启用及收费、优化运营环境、经营期财政补助等方面出台停车产业化鼓励政策实施细则,并建立贯彻落实机制,降低停车设施建设成本,提高企业投资内部收益率。

(3)统筹路外路内停车收费与监管

目前停车收费标准普遍较低且收费结构倒挂,路内低于路外及配建，导致路内停车使用率明显高于路外。从调整导向看，政府主要负责调整路内停车收费标准，采用计时收费方式，提高收费单价，以适当高于停车设施的市场化建设费率为标准，并体现短时停车和长时停车差别；根据产权构成和项目区位不同，公共停车场收费标准由原来的政府统一定价向市场定价转变，体现供需关系，并积极调动市场积极性。很多城市停车场建设缺少监管，导致停车资源分散且管理混乱，很多消费者图方便，更愿意选择路边停车，这种乱停车现象使很多既有公共停车场利用率偏低，停车场盈利难以保障，从而影响了社会资本投资建设公共停车场的热情。而国外一些发达城市，对违章停车都规定了明确的处罚办法和高额罚金，路边随意停车比停在公共停车场要贵得多，而且监管到位。因此，要解决这些问题，必须出台与停车场地相关的法律法规，协调停车场的规范建设和管理，同时提升监管能力，严格规范和约束城市乱停车现象。

（4）拓展投融资渠道，打破产业与资金瓶颈

目前社会资本进入停车设施领域普遍面临着拿项目难、成本高、融资困难等问题，从深化金融和投融资体系改革创新的角度来看，组建车库联盟和停车产业基金是在停车设施建设领域推广PPP模式的一种尝试与创新。成立车库联盟，可以市场为导向，把分散的资金和资源进行整合形成合力。车库联盟的成员包括产业投资者、停车系统供应商、停车设备生产商、停车运营专业机构、建设施工单位和规划设计单位等产业链相关企业，也包括专业投融资机构。车库联盟不仅可集中各个联盟成员的意见和建议，统一与政府部门沟通解决，还可统一组织项目批量与设备厂商、施工单位等对接，通过集中采购、集中招标方式降低成本。停车产业基金的设立则可为停车产业发展提供持续充足的资本支持。停车产业基金可根据项目融资需求和投资主体的偏好，通过优化项目融资模式和产品结构设计，使项目与资金合理匹配。未来，停车产业基金还有望通过资产证券化和上市等方式与资本市场对接，实现产业的保值增值。

停车产业化是一个系统工程，要想高效利用城市空间资源，吸引更多社会资本进入，必须正确处理好停车中的政府、市场、个人关系，政府主要负责制定市级层面停车发展政策，编制停车规划，预控停车设施用地，有序引导停车设施建设，规范设置和严格管理路内停车，制定路内停车设施和政府建设的路外公共停车设施价格，并负责协调各区及相关职能部门停车发展政策；市场根据政府引导，建设路外公共停车设施，并根据市场化调节自主制定停车价格；个人承担车辆的保有和使用费用，并承担获取固定停车位和使用停车位的费用。通过政府、市场、个人的统筹协调配合，以实现停车资源建设的有效性和科学性，最终形成停车产业化。

（2016）

停车费大涨能否缓堵

交通拥堵与大气雾霾是当前社会关注的热点问题和面临的共同困境。对于大多数一、二线城市，拥堵已成为让人闹心的顽疾，正如温水煮青蛙一样逼近人们忍耐的极限。纵观发达国家走过的历程，这也许是城市化和机动化进程中必经的阵痛，城市蔓延和郊区化发展使得相当部分群体出行对小汽车产生较强依赖。如何探寻破解之道，正考验着管理者的治理能力和研究人员的智慧。停车收费作为交通需求管理的策略之一，通过静态交通引导动态交通，在治堵战役中起到多大作用？是否是治堵的良方有待日后见分晓。

1 舆论引起的争议

差异化停车收费是指对城市不同区域的路内、公共停车泊位征收不同标准的停车费，通过价格杠杆调节停车需求，已成为政府管理部门治堵的常态化策略。近年来各地方陆续出台停车新规，如广州、南京、深圳等城市，停车收费迎来集体大涨价，原有不收费或低收费的福利时代一去不复返。交警部门采取"扣分+罚单"的严格执法的手段，迫使违章乱停现象无路可逃。这样的停车调控组合政策使得不少开车人体会到在城市中心区停车难、停不起。

一石激起千层浪。社会上对停车费涨价的讨论不绝于耳，不少人谈钱色变，对提高收费表示不可接受，质疑提高停车费就能治堵？若不能治堵为何还要涨价？反对者认为征收停车费是事关民生的公共决策，在城市公共交通还不完善的情况下一味提高停车费只会增加开车人的成本和引起出行不便。同时停车费涨价应通过必要的程序，收费标准延续计划经济思维且缺

▲ 图3-25 违停执法现场（照片来源于网络）

乏依据，涨多涨少不能想当然。巨额的停车费收入去向说不清、道不明。根据民意调查报告，以广州市为例，对于提高停车费不赞成的比例达51%，明显多于赞成的38%。在民众和舆论的频频追问下，准备提高停车费的城市管理者也倍感压力。

2 涨价能否真治堵

首先，涨价能否真治堵这个问题不能一概而论，得具体问题具体分析。以北京的经验是提高收费能减少10%~15%中心城区的拥堵，但3个月之后效果反弹了。由此可见，交通拥堵产生的原因是多方面的。目前，停车收费最高的区域主要针对交通供需矛盾最为突出的城市中心区。供给有限的停车泊位相当部分属于公共资源，特别是路内停车资源，应该统一管理向公众开放实现共享，而不是少部分群体专用。原有城市中心区路内停车等公共泊位资源在缺乏收费管理的情况下，主要被沿街门面、周边单位员工和居民所占据，获取规则为"先来先服务"的原则。停车的低门槛往往导致车主一停就是一整天，真正来办事的车主找不到车位，加剧了交通拥堵。停车收费管理通过统一明码标价、按时计费、规范管理，让车位资源流动起来，路内临时停车和基本车位等公共资源可得到更合理、更公

平地利用。从这个角度来说，停车收费管理确实有利于缓堵。经验表明，公共资源的免费或低收费会惹来大麻烦，造成资源的过度使用，诱发"公地悲剧"的发生。

其次，反对声音也质疑涨价带来的是治堵还是制堵？受涨价的利益驱动，不少街道和道路上新增划线，在本来拥挤的道路上划设收费停车泊位，将非机动车和行人通行挤压到机动车道。随之而来的交通问题就越来越明显，原来拥挤的道路变得拥堵不堪了。若是将停车收费作为获利的工具圈地收钱，那只是打着涨价治堵的幌子谋私利而已。

最后，对于停车收费，我们必须认识到涨价只是缓堵的微创手术，停车收费难以从根本上解决停车难和交通拥堵问题，但通过市场化的手段来降低机动化出行是大势所趋。

▲ 图3-26 利益驱动下的停车收费

3　乱象背后是什么

探究由于停车引起的拥堵问题，不得不从乱象背后的缘由说起。当前产生的停车及拥堵问题究其根本与缺乏小汽车拥有、使用及配套管理政策有关。我国城市传统交通模式以慢行交通为主（自行车和步行），短短10年间，小汽车快速普及进入家庭，汽车时代的迅速来临配套措施来不及跟上，产生了诸多不适应的社会问题。主要表现在：一方面，由于历史遗留问题，老城区在城市建设当初没有预留一定规模的停车空间，老小区、公建等未考虑停车泊位配建，在公共空间缺乏严格管理的情况下，乱停乱放的车辆比比皆是，侵占绿化、道路等公共资源，最后"法不责众"成为如今混乱的常态化；另一方面，在国家鼓励小汽车发展政策下，小汽车低门槛地进入千家万户，忽略了拥车所需要的社会外部成本，导致产生的外部效应（拥堵、乱停乱放、尾气排放等）成为社会和政府的包袱和负担。

4　结语

停车和拥堵问题已不仅仅是一个交通矛盾问题，更涉及老百姓的民生、公平和权益。一味地通过停车收费措施解决交通拥堵只是权宜之计，要根本地改变交通状况，必须从改善城市建设、完善公交网络、提升管理水平、健全体制机制等方面共同入手。没有规矩不成方圆。首先，应建立公正、公平的交通出行环境，尊重市场规则，建立补偿互馈机制；其次，转变观念，有偿使用，合理定价，停车及用车所产生的外部成本（交通拥堵、尾气排放、停车占地等）由开车人支付；最后，根本上还得依赖公交导向的城市建设模式，促进形成发达的城市公交网络系统，使得大家摆脱小汽车依赖症。

（2015）

4 第四部分
规划设计技术

引言

随着社会发展阶段、城市规划理念的变化，规划设计技术也在进步，特别是大数据、互联网、共享经济、生态文明等引发了广泛的社会生活方式的转变，城市交通的规划设计技术也需做出相应转变。本部分内容一是从规划内容、层次、实施方面的合理性、逻辑性，以及规划对未来不确定性的应变能力等方面存在的问题进行论述，在借鉴国内外先进经验和技术的基础上探讨当前规划范式存在的问题及建议；二是针对城市重点区域、重点问题进行讨论，如老城区的交通改善方法、城镇连绵区的交通问题处理方法等；三是就规划的模型和数据分析技术进行探讨，包括交通与用地一体化模型技术、交通大数据技术、交通仿真技术、交通影响评价分析技术等；四是对道路交通设计的新理念进行介绍和实践，包括交通稳静化技术、道路精细化设计技术、道路交通安全设计技术、完整街道设计技术、海绵道路设计技术等。本部分内容希望通过对城市交通规划技术层面热点的梳理，丰富规划的技术"工具箱"，提高交通规划设计工作的科学性。

中小城市交通综合治理体系框架与关键技术方法研究

1 中小城市正面临着突出的城市交通发展问题

随着城市化进程加快、机动化程度的迅猛提升，城市交通需求得到了快速增长，城市人口、资源、环境正面临着十分严峻的考验，尤其是规模较小、设施发展滞后、建设资金不足、管理理念技术相对落后的中小城市。

（1）规划缺失，保障不足

当前我国数量众多的中小城市普遍存在着规划体系不完备、重要规划编制不及时、规划建设相脱节、规划落地无保障等诸多问题，城市建设发展缺乏科学合理的顶层设计。主要归咎于中小城市规划编制经费不足，规划编制水平、技术研究力量不足，政府管理理念、技术水平落后以及监督保障机制不健全等原因。

（2）发展粗放，路径不明

国家的大交通体系规划建设往往更关注区域超特大城市的发展需要，中小城市的土地空间资源承担与经济效益收获存在较多不对等，加上中小城市普遍缺乏规划的顶层设计支撑，造成了中小城市发展方向不明、路径不清、有限财政利用低效、模式粗放的局面。

（3）千城千面，错综复杂

中小城市所处的地形地貌、空间环境，以及城市经济发展水平、人口规模、产业结构、历史文化、居民出行特征、交通管理水平等方面存在较多、较大的差别，城市面临的交通发展问题也是千差万别、千城千面。

（4）管理低效，乱堵难辨

一方面，中小城市同大城市一样，存在由于道路网级配呈现"倒三角"或者"纺锤"形，尤其缺乏支路建设，并且次干路、支路多不成网络，从而导致交通供需功能错配、运行效率低下；但另一方面，中小城市居民出行范围小、距离短、普遍依赖个体交通，加之路权划分不清，交通运行高度混杂，严重降低了道路通行能力。

2 研究目标

总体目标：实现中小城市"协同、创新、低碳、智慧、创新"发展。

子目标：深化城市交通治理体制机制改革；促进中小城市融入城市群协同发展；构建环境友好、资源可持续发展模式；立足本源，重塑特色精品；智慧交通管理平台搭建与技术提升。

3 技术路线

研究技术路线如图 4-1 所示。

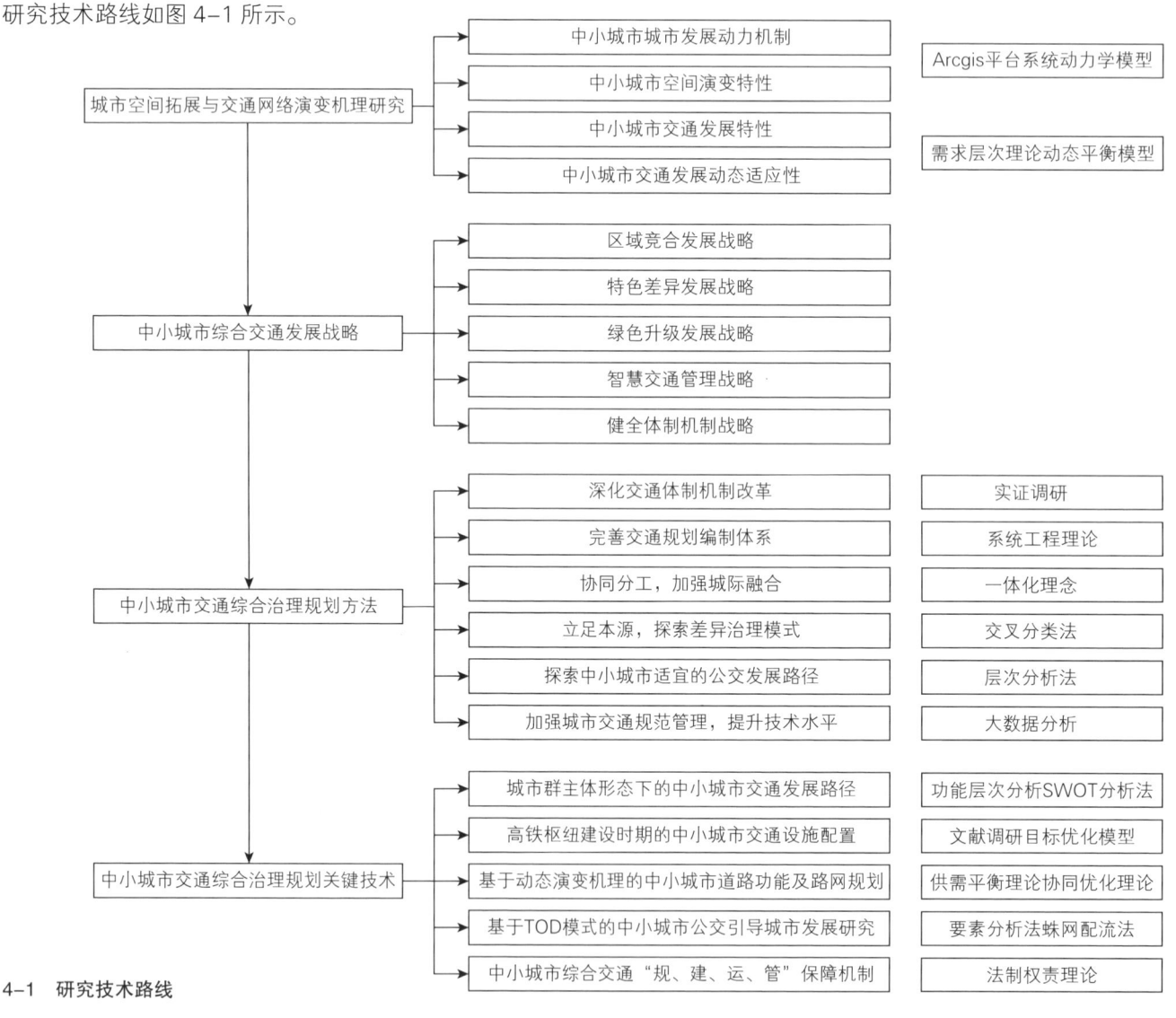

▲ 图 4-1 研究技术路线

4　中小城市交通综合治理体系框架

（1）交通体制机制

交通体制机制的建设与完善是中小城市交通综合治理规划推进实施与取得成效的基本制度保障。包括城市交通规划监督保障机制、城市交通管理运行机制、交通建设发展投融资机制、公共交通服务改革提升机制、交通政策法规建立完善保障机制等一系列有利于城市交通"规、建、管、运"综合协调发展保障机制。

（2）交通政策法规

既有包括城市交通规划编制立项安排、规划编制内容的法令化要求，还应在诸如城市机动化发展政策、城市停车发展政策、城市拥堵收费政策、城市交通运行管理等方面加强政策法规制定。

（3）治理标准体系

中小城市多存在城市人口规模、规划编制经费、规划研究水平等因素的局限性，规划编制的标准化、规范化一直缺乏足够的重视，严重地影响了规划的科学合理性以及"规、建、管、运"的协调统一性，中小城市交通综合治理的具体实施效果也难以得到保障。

（4）设施规建体系

一方面，应着眼于城市群主体城镇化形态下中小城市的综合交通运输体系的共建与共享；另一方面，要紧抓国家高铁枢纽、航空枢纽统筹布局的战略机遇，从优化交通设施规划布局与建设的角度出发，结合中小城市自身发展需要，谋划有利于城市空间拓展、经济社会发展能力水平提升、综合交通运输体系完善的中小城市交通综合治理路径。

（5）交通管理体系

中小城市交通管理体系的构建是交通综合治理规划方法施行的实施保障，包括中小城市交通管理体系的精细化设计、管理手段的规范化执行、管理技术的智能化提升等，充分运用于城市道路交通管理、城市公共交通管理、城市停车管理等交通综合治理环节。

（6）能力评估体系

建立健全中小城市交通综合治理能力评估体系是中小城市交通综合治理方法实践的检验与有效性反馈。包括交通综合治理规划方法的经济性、实施效率，针对各种交通出行方式运行状态的评估；公共交通发展政策、交通与土地利用协调政策、交通需求管理政策、交通建设投融资政策等一系列政策制定实施的评估。

5　中小城市交通综合治理规划方法

（1）深化交通体制机制改革

建立规划、建设与管理分层统筹、协调统一的交通系统管理机制，避免条块混合或以条为主的管理架构。

创新城市交通综合治理体制，发挥政府主导作用，并鼓励和支持社会各方面参与；坚持依法治理，加强法制保障，依法决策，完善法治交通实施体系；完善地方相关部门之间的协调机制，建立中小城市交通运输一体化管理体制；加快交通投融资机制改革，创新金融服务，放开市场准入，逐步建立多元化、可持续的交通综合治理资金保障机制。成立改革领导小组，以市主要领导或分管领导任组长，交通管理、发改、规划、建设、城市管理、公安等部门领导为成员。

（2）推进交通政策法规制定

研究推进公共交通、停车管理等地方立法。针对中小城市特色的城乡一体化公交系统，研究制定《中小城市公共交通管理条例》；结合国家停车产业化发展最新政策，研究制定《中小城市停车管理条例》等法规。

研究推进包括新能源汽车发展、共享汽车、互联网约租车、拼车等新型交通方式、技术产业的立法工作，适应并规范新型交通发展。

（3）完善规划编制技术内容

在健全交通体制机制，深化改革的基础上，重视交通基础设施支撑作用和交通运输引导作用，建立健全的中小城市交通综合治理规划体系，明确规划要素内容，完善规划编制手法，加强规划与城市发展之间的协调性，落实规划管理的监管。

（4）加强城际融合与协同分工

首先，从战略全局角度分析区域社会经济发展的整体形态，厘清与城市群内部超特大城市、其他中小城市、小城镇之间的竞合发展关系，辨识利于自身经济社会、交通体系建设发展的因素；其次，在城市内部结合重大交通设施建设，深挖关键节点或地区潜力，并以此为中小城市参与城市群竞合发展的重要抓手，积极发挥城市自身的力量；同时，在全面建成小康社会的战略目标下，构建城乡一体的交通运输体系，包括城乡公路网、城乡公交系统、城乡物流体系等。

（5）立足本源，特色差异治理

探索个性化、差异化的中小城市交通综合治理模式，分别整理总结适合旅游城市、工业城市、山地城市、平原城市、东部沿海、西部内陆等特色、特征明显的中小城市交通综合治理规划路径方法。

（6）探索中小城市适宜的公交发展路径

中小城市发展公交的突破口多在于城镇公交，即把公交运营和发展的范围从城区扩大到广大城镇地区，大力开发建设城镇公交线路，建立城乡公交一体化格局，以此作为公共交通新的增长点。

此外，中小城市应结合城市规模和功能布局，把线网布局、换乘枢纽、公交专用道、场站布局、用地规模和建设计划等作为城市规划的重要内容，并制定相应的发展规划。

（7）规范交通管理，提升管理技术水平

推行交通需求管理，逐步建立"以供定需"的理念，加强对机动车使用的引导和控制，引导居民出行方式。制定差异化停车收费标准，严格停车管理，加大违法停车执法力度。合理调控私人机动化工具，规范电动车、摩托车管理，限制污染严重的黄标车的通行。

系统推进道路交通节点、重点拥堵片区交通挖潜。建立高效的智能交通系统，实现运行监测、安全管理、应急指挥、决策支持和信息服务功能。

（8）建立完备的交通发展能力评估体系

以中小城市交通综合治理的体系框架为评估内容，分别从体制机制、政策法规、标准化体系建立、城市交通基础设施体系规划建设、系统运行状态、交通管理成效等方面进行评估，作为对交通综合治理规划方法的检验与反馈。

（2017）

▶ 转换规划范式，需探底黑箱

2014年3月中旬国家发布了《国家新型城镇化规划（2014—2020年）》，对新阶段的城乡发展提供了纲领性要求，其中提出了7大原则，即"以人为本，公平共享；四化同步，统筹城乡；优化布局，集约高效；文化传承，彰显特色；市场主导，政府引导；统筹规划，分类指导"。虽然这些原则中没有提到转型，但实际上均是针对现状存在诸多问题与矛盾所提出的转变要求。另外，据悉2014年中国城市规划年会拟定的核心议题也是"规划改革"，转型、改革已然成为城乡规划的必然趋势。而城乡规划的改革既涉及理念的改革，更应触及支撑这些理念落实的规划范式、规划方法、规划技术的改革。

规划方法一直寻求改变，但总体上可以总结出如下套路："现状调查—目标设定—发展预测（或经验借鉴）—方案制定"。这一范式在20世纪60年代之前为西方所广泛采用，也是我国一直沿用的主体范式。上述范式在我国长期占据主导地位有一定的客观原因，在城市的快速化发展和计划赶不上变化的大背景下，即使在国外一些已经比较成熟的技术手段也失去了效力，也是我们一直在强调重视技术，最后却又抛弃技术、依赖经验的重要原因。但是随着城市经济社会发展由粗放向精细的转变，这一范式暴露出的问题越来越多，也制造着越来越多的矛盾。

1 不确定风险与确定结论的矛盾

规划原本就是对未来的设想和实现设想的筹划，而经验和教训告诉我们，实现设想的过程存在着太多的不确定性，反过来，这些不确定性又直接影响着目标的实现。我们的做法是把不确定性的因素以某种理由确定化，通过"科学"的分析得出唯一的结论，其他的不确定性因素都被认为是毫无影响地抛弃了。但是很快我们发现，很多不确定性因素并没有因为我们的抛弃而免于风险的发生，甚至改变了城市的发展方向与目标。由于缺少对诸多不确定性因素的充分分析和合理评估，也就缺少了相应的风险预防机制。各类城市病甚至社会病的集中爆发在一定程度上与缺少风险评估和预防机制有关，例如几乎在所有的城市规划中我们都提到了"生态"的目标，但持续不断的雾霾告诉我们，对于无关短期经济发展，甚至影响经济发展的生态环境，我们实际上并没有足够重视，对雾霾的主要来源争议也说明了我们对这一风险的严重忽视。

2 功能的系统性与分块切割的矛盾

一部机器的运行需要各个部件功能、功率的匹配，如果过分追求发动机的功率则会导致其他部件的快速损耗和机器的整体崩溃，城市亦是如此。在之前很长一段时间的唯GDP发展观指导下，众多工业园区的建设成为实现经济发展目标的引擎，一些城市仍然在计划建设数量惊人的工业园区。这些园区就如同被过于放大了的机器功率，虽然在一定时期内带来了可观的经济效益，但是其负面效应也在逐渐显现。在现有范式下，我们往往会从空间、产业、交通、环境等方面都去切块分析，虽然在规划过程中进行了协调，但是这些组合效果如何？是否真的是实现了1加1大于2？对于各块的协调只是定性的分析，但是对于相互之间内在协调机制上的剖析并不具备说服力，如同各自承担了某一部件的生产，但如果对需要精密配合的各个部件的接口却马虎大意了，即使每个部件做地再精致，也无法组装成为一个具备完备功能的新设备。从某种意义上讲，组合的协调性要比各组件更为重要。交通拥堵、雾霾、内涝等等在一定程度上都是城市各功能组件不匹配的结果。2013年城市规划年会聚焦于"规划协同"，恰恰反映了以往我们对协同的忽视。值得说明的是，做到"协同"绝不是简单的对接或者同步进行，而是对一种非常复杂关系的表达，只有对事物内在的工作机理、逻辑关系、发展规律给出清晰的解释才能做好"协同"，城市规划中的空间、交通、生态协同仍然停留在原则性阶段，而没有真正理解协同的机理和建立协同的机制，城市功能的系统性也就难免存在"某一部件功率"被过于放大的现象。

3 动态生长与静态蓝图的矛盾

规划依赖于静态的、目标式、终极式的控制指标，而城市的生长是渐进的、动态的、协调式进行的。也就是说，城市是动态增长的，而规划结论是蓝图式的，要走向这个蓝图可能有成千上万种途径，不同路径不一定会有相同的结果，那么我们又如何确定实现既定的目标呢？甚至对既定的蓝图、目标有没有路径可走也没有进行事前的评估。如果对于目标如何实现交代得很潦草，可能永远无法到达终点。规划不仅要设置目标，对路径的解答更为重要，因为如何实现目标才是支撑目标是否合理的根本依据，才是规划所要解决的核心问题。

上述一切矛盾在于我们对城市空间与城市活动的相互作用、反馈机制的潦草处理。城市规划关注城市物质空间，这一点并没有错，但问题在于仅仅通过研究空间来规划空间。城市空间是城市活动的投影和结果，城市活动是"因"，物质空间是"果"，跳过城市活动来直接对城市空间做手术的规划就成为一种"无因之果"。虽然"以人为本"我们已经吆喝了好多年，但笔者并不认为城市规划将"人的活动"真正纳入到了空间规划的核心。此处"人的活动"指的是微观的行为反应机制，是支撑宏观集计结果的"黑箱"，而不是利用一些统计分析、趋势外推、人均指标等"科学方法"对宏观经济活动的解释。宏观的结果是微观的集成，微观机制是受到一系列条件影响的，一旦影响条件发生改变，其反应结果也会发生改变，宏观集计的结果也随之发生变化。例如水会在100℃时沸腾，我们一直奉为真理，但其前提是在标准大气压的环境之下，一旦改变气压条件，水的沸点也会发生变化。我们习惯于将宏观的"合计""集计""外推"作为空间规划的数据支撑和主要依据，其前提是假定支撑于背后的微观反应机制不发生改变。但是实际上，经济行为、人的活动的外部条件并不像大气压一样稳定，而是经常变化的。例如电子商务的快速发展改变了人的活动行为、活动方式，对商业的空间需求产生了直接的影响；又如城际轨道改变了人的时空观念、活动范围，将对空间的需求由城市拓展到城际，等等。如果搞不清楚人的活动与城市空间的供需机理，依赖对以往微观反应机制的固化结论并通过宏观"指标""经验"来对空间进行决策，当经济活动行为的外部条件发生变化时，统计、外推等宏观分析手段将会失去效力，就很难说我们做出的是正确的决定。

当对一个事物机理不能做出合理解释时，对于事物好或者坏的判断也就失去了衡量尺度。笔者认为，要转变规划范式，须先探底"黑箱"，将人的活动与城市空间的关系纳入城市规划研究的核心。笔者在总结前人经验的基础上，尝试提出新范式的3个转向：①情景规划。要认识到城市规划面临太多的不确定性因素，尤其是一些重大的不确定性因素，每项因素都存在风险，规划应对这些不确定性因素产生的后果进行评估，即对不同假设条件下的不同情景进行解释，并对风险提出相应的应对机制。就如同我们一直强调环保，但是当雾霾来袭的时候，发现提出的环保措施仅仅是提提罢了,对其影响的评估没有,更谈不上措施的合理性。②过程规划。重在表达如何实现规划目标的措施和过程,而不是仅仅绘制一张蓝图。需要解释目标实现的途径及支撑途径实现的各种政策,还要分析这些政策对哪些人、哪些活动产生正面或者负面的效应,带来什么样的效益,产生怎样的问题和矛盾,通过哪些措施去应对这些规划产生的问题与矛盾。③模型规划。必须要转变不重视调查、不重视数据积累、不重视模型,依赖经验和静态指标的观念。弄清活动、交通、空间、环境之间的作用机制是实现前两个转向的基础,是情景规划、过程规划的技术支撑。

(2014)

▶ 关于城市交通规划 3 个细节的疑问

作为一个长期从事城市交通规划的技术人员，笔者对规划中几个惯性认识或做法时感困惑，现抛之以求解。

一是关于交通需求的疑问。交通需求预测一向被认作为城市交通规划的核心支撑，是制定和评估规划方案的基本依据和手段，但在规划实践中对于交通需求、交通需求量的认识上是值得思考的。"需求"在经济学中的解释为："在既定的价格水平下，消费者愿意并且能够购买的商品数量。在某一价格下，消费者愿意购买的某一货物的总数量称为需求量。"上述定义不难理解，需求量是受既定的价格水平和消费者消费能力约束的。同样，交通需求量也存在着对应的外在约束条件，即交通服务的使用成本和使用者的交通消费支付能力。在交通需求分析中往往关注交通需求量有多少，但对于在什么"价格"条件下形成这样的需求量却不加考究，这会使得我们的分析产生偏差甚至错误，从而导致决策失误。例如小汽车使用的综合成本是很高的（包括使用者个人支付的内部成本和由社会承担的外部成本。相关研究表明，美国私人小汽车外部使用成本约占总成本的 38%），而实际上使用者并没有为社会成本负责，这样就导致了在使用成本过于低廉情况下需求过于"旺盛"的现象，而这一现象又往往诱导我们理所当然地在使用资源的分配上倾向于小汽车。显而易见，小汽车需求之所以如此旺盛是因为小汽车使用的"价格"过低，扩大供应只会进一步降低小汽车使用成本而诱发更旺盛的需求，不关注"价格"条件下的需求能否作为交通规划的依据自然也是显而易见的。又比如，在进行停车设施规划的时候常常采用停车生成率调查作为停车需求计算的依据，但如果所调查的对象本身为停车成本较低情况下的

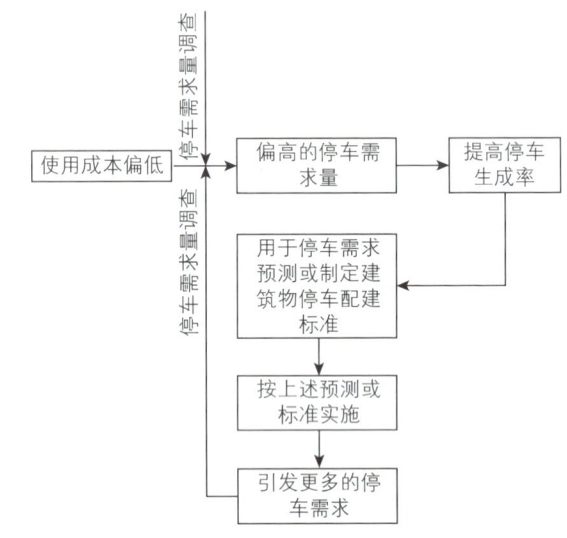

▲ 图 4-2 停车生成率调查过程示意

停车量，那么就会产生如图 4-2 所示的问题：成本"偏低"的情况下我们调查到"偏高"的小汽车停车需求量，从而得到了"偏高"的停车生成率并作为停车需求预测或者建筑物停车配建指标确定的依据，"偏高"的供应产生更多的停车需求，驱使我们重新考虑对停车生成率进行修订，并使我们陷入停车需求越来越旺盛的认识误区，而没有考虑小汽车停车成本过低才是停车需求量过于旺盛的根本所在。因此，交通需求量预测必须要考虑外在的依存条件，脱离了这些条件"预测"得到的需求量是没有实际意义的，更不应作为交通规划决策的依据。

二是关于公交站点覆盖率的疑问。我国规范中对于公交站点覆盖率的一般要求是 300 米、500 米半径的覆盖率要达到 50%、70%（《城市道路交通规划设计规范》(GB 50220—95)），这一看似没有问题的数字如果与道路间距、道路级配联系起来就值得推敲了。《城市道路规划与设计》是目前高校常用教材，书中关于干道网络的间距"一般认为干道的适当距离为 700~1100 米，相当于干道网的密度为 2.8~1.8 公里 / 平方公里"。在实践中对于次干路我们通常按照 400~600 米控制，主

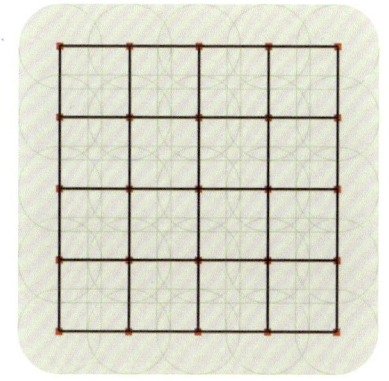

▲ 图 4-3　公交站点 300 米半径覆盖率示意

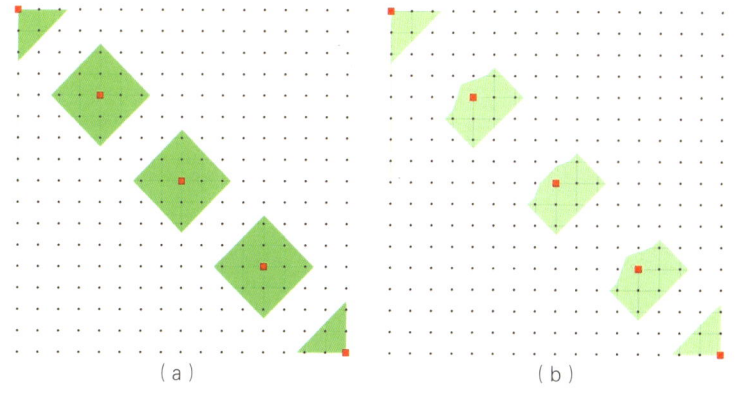

▲ 图 4-4　公交站点 300 米距有效覆盖面积示意

干路按照 800～1000 米控制。不难判断，如果按照这样的间距，只要次干路上设置了公共交通线路，300 米半径和 500 米半径覆盖率几乎可以达到 100%，显然这样的覆盖率要求失去了意义，因为如果达不到 100%，就意味着连次干路上都不能保证通公交线路。图 4-3 所示为按照 500 米道路间距布设公交线路、站点间距按照 500 米设置情况下的公交站点 300 米半径覆盖率，已完全可以达到 100%。可以认为，在公交优先发展战略要求下，只要干道网络间距达到 400～600 米，公交站点 300 米半径、500 米半径覆盖率的要求是没有多大意义的。在实践中我们经常测算得出公交站点覆盖率超过 90%，但是问卷调研又显示步行到、离站时间过长影响了公交的使用，这就使得我们对公交站点覆盖率对这一指标能否反映公交设施供应水平产生质疑。笔者认为采用公交站点有效覆盖率更有意义——以公交站点为核心进行路径搜索，将按照 300 米的网络路径距离所覆盖的区域定义为公交站点 300 米半径的有效覆盖面积，所占比例则为有效覆盖率。有效覆盖率的定义可以通过图 4-4 中的案例来说明。图 4-4（b）与图 4-4（a）相比仅存在着路网上的差别，图（b）中中间 3 个站点处的路网减少了两条连接道路，两者在公交站点有效覆盖面积上有着明显的差别，但如果采用传统的 300 米半径圆的覆盖率，图（a）、（b）两种公交站点可达性存在明显差别的路网则是完全相同的。因此，采用公交站点有效覆盖率来考量公交线网密度、站点密度不仅更有意义，同时也对支路网密度、路网形态提出了考核要求，更有利于公交优先的发展导向。

三是出行调查中关于出行定义的疑问。出行一般定义为："凡居民出行步行 5 分钟（距离 400 米以上），或采用交通工具完成一次有目的的出行活动"。笔者认为这一仅局限于超过一定距离的出行的定义不仅忽略了出行之间的相互作用、替代关系，也将交通与用地的关系割裂开来，与我们提倡的混合土地利用、TOD 理念也是不相符的。居民一天中的出行次数主要与出行目的相关，也就是说出行的目的总数量决定了出行的次数。在完成既定的出行活动时，是长距离的出行还是短距离的出行主要取决于土地利用的状况，混合土地利用的情况下短途出行较多，否则长途出行较多。例如，在既有的出行定义下假定通过调查得到的居民出行强度为 2.5 次/日（出行距离超过 400 米），但当我们考虑提高土地利用混合程度时，由于短距离出行的增加，按既有出行定义出行强度则应会降低（如降低到 2.0 次/日），若仍按照 2.5 次/日的出行强度来考虑，显然长距离的出行总量将会被高估，机动化出行的比例、总量也会被高估，为机动车服务的交通设施自然也会超额配置，结果是诱发更多的机动化出行。因此，出行活动具备一定的系统性，长距离出行和短距离出行视土地利用状况存在着替代关系，理应将短距离出行或者说将所有目的的出行纳入进来，以更好地分析出行特征，考量交通与土地利用的协调程度。此外，我们常常将 TOD 模式限定为围绕公交站点 400~500 米的混合开发，如果按照既有的出行定义，TOD 的内部出行将大多被忽略掉，又如何评估 TOD 的内部出行需求和相关的交通设施配置呢？实际上，既有出行的定义是从美国引进的，而这一定义的美国时代特征是主要关注小汽车的出行而将短距离出行忽略掉了，但随着对土地蔓延式发展的反思和多样化交通方式的重视，短距离出行也正得到他们越来越多的关注。我们一直倡导高密度、高混合度开发模式，难道不更有理由对既有的出行定义反思吗？

（2013）

交通需求预测模型的历史与展望

"大数据"是眼下规划界的一个热点词语,大家对"大数据"为城市规划、交通规划技术及方法变革带来的机遇也充满了期待。自20世纪80年代交通模型技术引入我国以来,经过30多年的发展,北京、上海、天津、广州、南京等城市逐渐建立了各自的交通模型,在出行需求预测、道路规划、公交规划、轨道交通建设等方面发挥了积极的作用,但也在模型建立与使用的规范性、数据的可靠性等方面受到诸多质疑,甚至成为食之无味、弃之可惜的"鸡肋"。大数据时代的到来无疑为改变这一尴尬的现状带来了希望,司空见惯的"无数据式忽悠"产生的审美疲劳开始敦促变革,很多城市正在着手建立数据库和交通模型。笔者借"大数据"之东风,回顾交通需求模型这个老话题,并对模型的发展谈一点想法。

1 交通需求模型的产生与发展

1962年,美国制定的联邦公路法规定,凡5万以上人口的城市必须制定以城市综合交通调查为基础的交通规划,方可得到联邦政府的公路建设财政补贴。该项法律直接促成交通规划理论和方法的形成和发展。20世纪70年代初,欧美一些发达工业国家为了满足大规模城市道路交通规划及建设的需要,开始研究"四阶段"交通需求预测技术;至70年代末、80年代初,交通工程和交通模型被引入中国,并迅速应用于交通规划和建设中。"四阶段法"是交通需求预测模型中最基本也是应用最广泛的方法,其将交通需求预测划分为出行生成预测、出行分布预测、方式划分预测以及交通分配预测4个阶段,依次回答产生多少交通量、空间分布如何、采用什么样的出行方式、行走什么样的路径4个问题。"四阶段法"理论层次清晰,相对简单易用,在世界范围内得到了广泛的应用。但由于模型以交通分析小区为信息统计单位,以"均值"作为整体特性的表征,不仅抹杀了出行的个体特征,而且其理论基础的科学性也受到质疑。

对"四阶段法"模型缺陷的认知催生了新的交通需求预测模型的研究和应用。基于活动链的出行需求预测模型主要针对

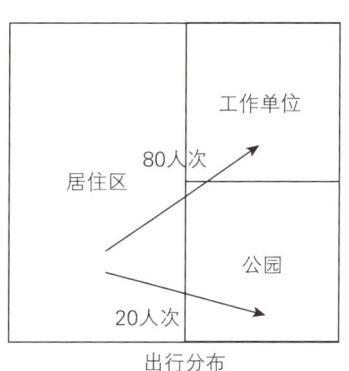 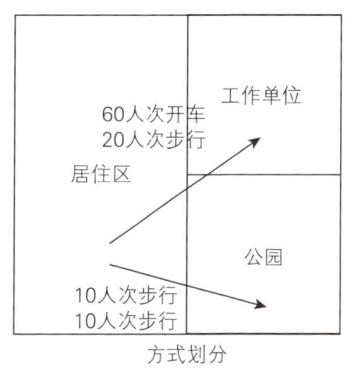 

图4-5 "四阶段法"示意

四阶段模型的缺陷进行改进。这一类研究开始于20世纪70年代对人们出行行为的研究领域。其研究对象主要是个人在一段时期内的出行活动，往往以1天为基本周期。而1天的各项出行活动可以时间和空间为轴线表达为一种活动链，这一链体不仅包含个人的时空物理移动，同时也包括与活动和出行有关的影响因素，如活动目的、出行方式等。将个人1天的活动抽象为活动链来表示有助于将活动的各个要素进行独立研究，同时可以利用各要素之间的关联性将活动作为整体进行研究。虽然基于活动链的出行需求预测模型在建模的理论基础上更具有优势，但是也存在着模型标定复杂、应用受限的瓶颈。目前活动链模型的应用也主要与四阶段模型结合使用。

2 我国交通需求预测模型存在的问题

在我国，交通需求预测模型在广泛应用的同时也面临着多样化的问题。结合实际工作经验，笔者认为以下3大问题最为突出：①在发展阶段差异对模型要求的特殊性方面认识不够。首先，与发达国家城市空间、经济社会特征已经相对稳定而言，我国城市发展迅猛，建成区逐年扩大，加上小汽车的迅速发展，城市交通供应系统、交通需求构成、交通政策甚至对于交通服务的理解和观念都处于较大的变化之中，这就要求对交通模型的标定以及使用上的处理要更为谨慎，在应用中不宜简单的移植现状模型至应用，对于诸如时间价值等因素应该进行预估和合理性论证。其次，应体现我国公交优先发展战略要求和慢行交通出行比重高的特性，如路阻函数中一般不考虑非机动车的影响，也很少对非机动车行驶特性进行研究和应用，导致在自行车王国却没有为自行车交通服务的模型。②对模型参与决策的信心和重视不足。一般的交通规划项目都要求建立相应的交

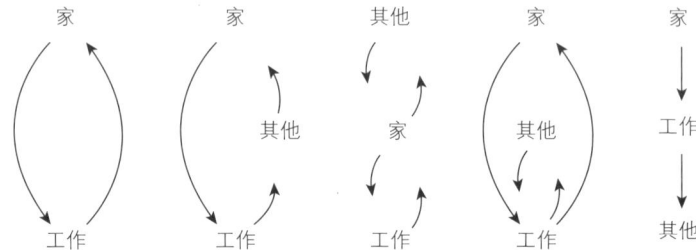

图4-6 活动链示意

通模型给予规划方案以定量支持，方案和模型相互反馈，不断优化。而目前多数规划中的交通模型不是对方案进行优化的工具，而仅仅起着对事先制定方案进行生拼硬凑佐证的作用。笔者认为，原因有三：一是专业技术支撑不够。交通建模工作是一项烦琐、繁重且相对技术性要求高的工作，需要对模型工作原理、各块逻辑关系甚至存在的固有缺陷等有着透彻的了解，同时还需要专业技术软件如TransCAD、EMME甚至编程语言的熟练操作以及长期实践的经验累积。否则潦草地建立一个模型看似像那么回事，但是就如同赝品一样，仅仅具有逼真的外表，却没有相应价值。二是投入不够。用"罗马不是一天建成的"来表达交通建模工作再合适不过了，决策者往往急于求成，但是不合理的时间内干出漂亮的工作的结果多数是存在隐患的"豆腐渣"。交通建模需要长期投入，包括时间和人力。美国华盛顿的交通模型一做就是10年，而在紧迫的时间要求中，今天给出方案，或许明天就要模型的预测结果，那除了拍脑袋，也只能拍大腿了。三是对模型的理解和评价标准存在误区。局外人一般用模型预测的准不准来对模型进行评价，但实际上，正如某大牌的某名言——"所有模型都是错误的，但是有些很有用"，针对不同的目标要求，对模型的要求和评价标准也不同。如果是进行近期实施项目的辅助决策，则更偏重于模型结果与现状的吻合；如果是进行长期的、战略性的决策工作，那么更注重模型对战略环境变化的敏感性，这种情况如果过于追求前一情况的效果，反而适得其反，丧失长远预测的性能。③缺少模型的建立维护机制支撑。假设某城市将建设地铁，在线网规

划阶段设计单位 A 中标，A 在该城市投入大量的精力开展交通调查并建立交通需求预测模型，在与当地政府多轮方案论证后最终顺利评审。1 年后，当地政府展开第二轮轨道交通建设规划工作，设计单位 B 中标，囿于各单位之间相互数据保密，B 所获得的有限信息并没有多大价值，只能花大价钱重新建立模型（项目成本提高，周期延长），于是新一轮的交通调查展开了。当建设规划论证完毕，该城市也有了两个交通模型。这还没完，预工程可行性研究、工程可行性研究等一系列后续规划正排队候着呢。这个例子告诉我们：一个城市应当需要一个且最好只有一个不断维护和更新的交通模型为所有相关项目服务，道理就好像有两块显示不同时间的手表就不知道现在几点一样。同时，交通模型的拥有权和使用权应掌握在政府部门手中，规划项目要以这个模型为基础，同时也要反馈其中来不断提升模型的性能，不仅提高模型的科学性和可信度，规划编制单位也可以缩短工作时间，对于政府而言也可节约调查成本、建模成本。

3 对交通需求预测模型发展的建议

笔者认为未来的交通需求预测模型，应当呈现出这样一系列形态：①在理论上形成具有我国城市和交通发展特征的模型体系。所谓我国城市和交通发展特征，即对传统模型进行改进，使之适用于我国城市和交通特色。具体改进措施既包含对模型的结构重新审视，也包含诸如家庭分类等一些模型细节的考虑。②在技术上建立多层次、可拓展的客户端云操作系统。所谓多层次，即根据规划的对象差异建立有层级的模型体系，如全国的交通战略规划可将每一个省作为一个交通小区，道路只考虑高速公路以及低等级国道；省域交通规划则将省内的每个城市作为交通小区，道路涵盖省内的国、省、县道；城市级交通规

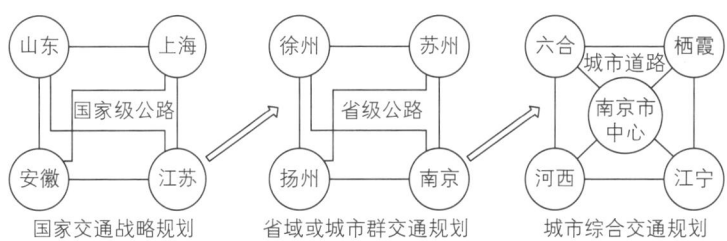

▲ 图 4-7　多层次示意

划以市域范围为边界划分交通小区，市域内的公路作为道路网；再到中心城区，甚至市中心地块，可以一直细分下去。这里面需要注意各层次之间数据的包含关系、兼容关系。所谓可拓展，即模型除了交通需求预测外，还拥有其他派生功能，如地图查询、GIS 分析、道路流量监控、交通调查统计、交通建设项目管理、投资估算等。所谓客户端云操作系统，即对模型进行软件封装，模型部分（交通小区、路网、算法等）由相关部门在服务器上管理和更新维护，而软件的操作和数据的输入输出由用户通过客户端实现，这样既保证了模型的安全性和稳定性，又降低了用户的操作难度，易于推广。③在使用上采用分级授权的双向有偿使用形式。所谓分级授权，即根据规划深度和对结果的要求向用户开发数据和模块权限，通过市场化的运作保证软件的可持续发展。所谓双向有偿使用，即一方面用户有偿使用软件，另一方面设计单位或地方机构可以向软件开发方有偿提供更新的经济社会数据、交通调查数据、道路流量数据等。

处于大数据、信息化时代，我们却仍然面临不能像发达国家一样信息共享的尴尬，这对需要海量数据的城乡规划工作不能不说是一种遗憾。但让我们乐观的是，更多的政府部门、高校和设计单位越来越重视交通模型：大量的建设项目为建模人员积累了更多的实践经验，决策者开始关注方案背后的数据支撑；网络论坛和群里的大神们也乐于分享他们的经验，交通建模者开始形成网络社团，等等。一言以概之，前景很美好，道路亦曲折。

（2014）

规划的科学支撑与规划支撑模型

早在2002年的中国城市规划年会上就对规划的科学性进行了讨论,当年在大会上邹德慈院士就"论城市规划的科学性与科学的城市规划"做了报告,对"赋形"式规划做了批判——"城市空间结构的内容,包括土地的利用、功能的配置、城市中心的设置、道路交通系统、绿地水系系统等,都存在于一个有机的整体中。它的任何局部,都不能脱离城市整体结构来主观地确定,因此,那种简单地只从构图出发,只从'模式'出发的做法,是不够科学的。"虽然距离那次大讨论已经近10年了,但这段话对于现阶段的城市规划而言似乎更有意义,尤其是对于我省一些经济发达的城市或镇,用地已经非常紧张,甚至马上就面临着无地可用的局面,城市发展的矛盾也不能再依赖用地的大规模增加来解决,而是在维持既有的发展空间基本不变的情况下如何实现城市内部系统的有序整合和效能提升,很多城市也已经来到了这一转型的岔路口。城市的转型发展不仅要求规划者对城市发展的特征要有更为清晰的认识,也对规划手段提出了更高的要求,这好比绘画的过程,先画轮廓后画细节,在画轮廓的时候讲究的是构图的比例协调、色彩的整体搭配,而在画细节阶段则需要在微观尺度上更加精细和恰到好处,不论是对于绘画的技巧还是画笔的选择上两个阶段都有明显差异。目前我们的很多城市"轮廓"已经基本清晰,"换掉手中的画笔,改变绘画的技巧"也是必然和必须的,最近国内有学者提出"内涵型"规划,针对的也正是目前所面临的这种情况。

我国的城市规划编制方法是借鉴苏联城市规划理论而来的,其核心思路是一种指标导向的规划方法,即在先行制定的规划指标要求下,通过简单的换算关系来表达城市人口、用地及经济发展之间的规律,是一种机械的、静态的编制方法,尽管规划者在面临不同区域、不同城市的时候在指标选取上会有所差异,但是终归来讲还是局限于"经验学"的方法,显然这样的编制方法无法很好地体现一个城市的特殊规律,尤其是很难解释城市转型的动态过程。也有人将现存的这种规划编制方法归因于城市发展的复杂性,诚然,城市规划是一门综合的学科,涉及经济、社会、政策等方方面面的领域,城市发展也不仅仅是一种按照自然规律变化的纯客观的行为,也包含了一些政策因素的影响。但是由于对城市发展运动规律解释上的欠缺,规划方案的优与劣也就缺乏了让人信服的衡量标准,甚至出现"基于形式的直观判断成为衡量规划设计好坏的标准,以规划是否'方、圆'来评判方案的荒谬境地",规划的科学性也就打了折扣。

规划支撑模型开发的主要目的就是解释城市动态的生长规律,为城市规划决策提供科学分析的工具,这对于国内的规划师而言其实并不陌生,只是由于我国城市所处发展阶段和所面临的复杂环境,城市快速发展对规划编制时间的要求往往也非常紧迫,再加上国内专注于开发规划支撑模型的也是凤毛麟角,所以一直以来规划支撑模型在实践中也就鲜有应用。但是在发达国家或地区,规划支撑模型却是城市规划必不可少的工具。目前大多数土地利用规划模型都是在20世纪60年代至70年代的经济地理学基础上发展起来的,如比较熟悉的汉森模型、劳瑞模型,20世纪80年代后,土地利用、交通、环境一体化的综合模型在实践应用中逐渐走向成熟,至今在欧美等发达国家和地区的规划中应用较为广泛的模型就有几十种。这类模型的一大优点就是可以分析不同的发展政策下城市空间的

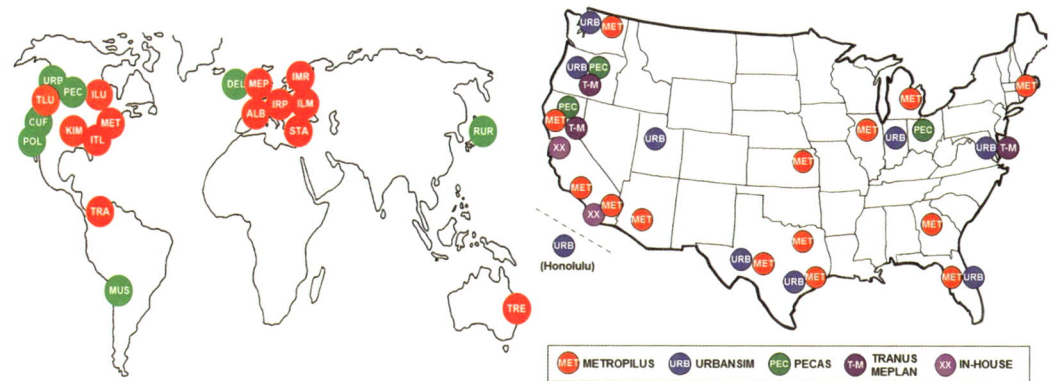

▲ 图4-8 世界主要土地利用规划模型开发地分布及在美国应用的分布情况

发展差异，简单的说就是可以模拟和对比城市空间发展转型不同路径的优与劣。如近几年来在美国越来越广泛使用的 UrbanSim 模型，是一套基于城市土地开发综合分析和城市交通需求模拟分析的新型城市发展仿真系统，旨在协调土地利用规划、交通运输规划和环境保护三者之间的关系，可通过模拟城市发展中出现的诸如城市蔓延等问题来为规划提供决策依据。在这一庞杂的模型系统中又主要包含人口发展模型（Demographic Transition Model）、经济发展模型（Economic Transition Model）、住户变动模型（Household Mobility Model）、就业岗位变动模型（Employment Mobility Model）、住户选址模型（Household Location Model）、就业岗位选址模型（Employment Location Model）、地产开发模型（Real Estate Development Model）以及地价模型（Land Price Model），这些模型之间的相互作用表达了城市中各系统之间的动态关系。UrbanSim 模型在美国的盐湖城、西雅图以及中国台北等都市区增长的仿真模拟和城市管理政策效果评估应用中对城市未来发展的多种可能性进行了分析与比较，为城市发展政策的制定提供了有力的支撑，这种多路径、多情景的动态分析方法是值得我们借鉴的。

虽然目前的多数模型不一定完全适用于我们的城市，要掌握这些模型的机理和操作也需要有较为深厚的技术背景，短期内的应用与推广还需要一个循序渐进的过程。但是不可回避的是，随着城市发展由"粗放"到"集约"式的转变，对规划手段的科学性要求也越来越高，我们也必须做出积极的应对。一方面，我们应重视对目前这种以指标为导向的、静态规划方法的反思和总结，重视对系统的、动态的规划方法尤其是可操作性模型的研究与开发，从模拟城市生长的角度来寻找城市转型发展中可能存在的问题及对策；另一方面，要重视城市土地利用及交通发展数据库的建立，重视通过城市发展的历史数据以及对各种数据关系的分析来寻找一个城市内在的发展规律，案例的借鉴固然可以带来一定的启示，但是这些案例往往在发展阶段、具体国情市情方面与我们有较大差别，更无法解释我们城市的自身规律与特征，如果过于倚重这种"经验"，显然是本末倒置的。

（2012）

新加坡陆路交通规划编制的经验借鉴

新加坡自1965年建国后经济迅速发展，逐步成为新兴的发达国家，被誉为"亚洲四小龙"之一。2014年，新加坡土地面积718.3平方公里，常住人口547万人。新加坡先进的交通系统是世界各大城市学习的典范。与我国城市比较而言，新加坡小汽车拥有率达到了101辆/千人的较高水平，但是其道路网络在大部分时间内都保持了畅通。新加坡与东京、巴黎、伦敦、香港、首尔、斯德哥尔摩、哥本哈根一起被称为世界八大公交都市。新加坡拥有由152.9公里地铁和28.8公里轻轨构成的轨道交通网络；310多条巴士路线，约4000辆巴士车辆，另外还有27000多辆出租车。2012年，新加坡早高峰公共交通出行比例在机动化出行中占63%，并且其小汽车拥车证制度、道路电子收费系统等交通需求管理手段的应用也是非常成功的。新加坡交通发展所取得的成绩绝大部分归功于新加坡兼具前瞻性和实践性的交通规划以及其切实落实，本文以新加坡主要的3份交通规划文件为分析范本，对新加坡综合交通规划的发展历程进行综合分析，并对其经验进行讨论，为我国城市综合交通规划的编制提供参考。

新加坡在1996年发布了交通白皮书《打造世界一流的陆路交通系统（1996）》(简称1996年白皮书)，提出了新加坡建设世界一流陆路交通系统的目标，并指出实现这一目标的核心是打造一个世界一流的公共交通系统，并明确了私人交通必须为享受通畅、无拥堵的出行"付费"。1996年白皮书制定了交通与土地利用一体化规划、打造综合的道路交通网络、加强道路交通需求管理、改善公共交通服务4个关键策略，并计划用10~15年的时间完成陆路交通系统的建设。1996年白皮书是对新加坡城市交通发展理念和策略比较早期的阐述。新加坡在2008年发布了《新加坡陆路交通总体规划（2008）》(简称LTMP2008)，对新加坡的陆路交通发展策略和措施进行了细致的规划，首先对在1996年白皮书的指导下新加坡交通系统10年的建设成绩进行了总结，提出当时新加坡交通系统所面临的增长的交通需求和有限的土地资源、下降的公共交通分担率、人口结构的变化与交通需求的多样化三大挑战；并明确LTMP2008的规划目标是建设一个以人为本的综合交通系统，为实现这一发展目标，提出了优先发展公共交通、有效管理道路使用、满足不同群体的需求的三大关键策略。2013年发布了最新一版的《新加坡陆路交通总体规划2013》(简称LTMP2013)。LTMP2013针对LTMP2008提出的关键策略在2008—2012年的落实情况进行了评估，提出当前新加坡交通发展面临不断提升的期望、增加的人口和出行需求、有限的土地资源、轨道交通更加容易发生拥挤四大挑战，并明确了LTMP2013的规划目标是利用陆路交通系统安全、高效、可靠、舒适地到达目的地。为了实现这一目标，提出了实现更好的通达性、提供更好的服务、建设宜居和包容的社区、减少对私人小汽车交通的依赖4个关键策略，并对这些关键策略的具体内容进行了详细的阐述。

新加坡城市交通规划的科学规划和有序推进，为我国城市交通的发展提供了比较丰富的经验，以下将从4个方面分别进行探讨。

1 交通规划与城市规划的良好配合

新加坡城市规划采用概念规划和总体规划的二级规划体系，在这两个层面上分别以交通战略规划和陆路交通总体规划进行支撑，概念规划和交通战略规划在宏观层面上突出战略性和远景化，总体规划和陆路交通总体规划在中微观层面上突出实施性和具体化。新加坡城市概念规划、总体规划在规划内容上分别对应于我国的城市总体规划和控制性详细规划。对于我国的城市规划编制体系而言，与城市总体规划相对应的是城市综合交通规划，城市综合交通规划主要考虑城市交通发展的宏观和中观层面的问题；在控制性详细规划层面上则没有相应层次的交通规划与之对应，城市综合交通规划的落实一般是通过编制专项规划来实现，例如道路网规划、公共交通规划、交通管理规划等，在控制性详细规划中主要是对不同交通专项规划提出的交通设施进行用地的落实和安排。另外，一些城市在城市总体规划之前会进行城市发展战略研究，在城市发展战略中会对城市交通发展战略进行讨论。总体而言，一方面，目前我国的城市交通规划体系层次结构并不清晰，城市综合交通规划的战略性和关键策略与各专项规划的实施性未能有效统一，存在错位或脱节现象；建议将我国城市主要的交通规划纳入到法定规划范围，以保证城市交通发展理念和措施的贯彻落实。另一方面，新加坡LTA全面负责对陆路交通的规划、发展、实施和管理，根据城市交通发展理念提出综合的策略和措施，并且在一个部门内通过垂直的机构设置来促进各项政策措施的统一落实。以LTMP2013的规划文本结构为例，其按照规划关键策略来划分章节，在每个章节中综合了不同交通方式的建设和管理方面的内容。我国少数城市成立了交通委员会来统筹城市交通的发展，但是绝大多数城市的交通规划、建设、管理等职能由规划局、建设局、交通局、公交公司、交警等部门分别承担，平行的机构设置和多头管理容易造成部门之间职权不清，规划的执行力较差，无法推动规划的有效落实。因此需要对城市交通进行统筹管理，有条件的城市成立交通委员会或者联合协调机制，统筹城市交通发展的各方面事务。

《新加坡概念规划（1971）》是新加坡建国后的第一版概念规划，该版概念规划吸收了霍华德的"田园城市"思想和佩里的"邻里单元"思想，将公共交通与城市空间结构紧密结合起来，利用"放射状"大容量轨道交通支撑"环状+两个带状城市走廊"的城市空间结构，确立了公共交通在引导城市发展中的重要地位。《新加坡概念规划（1971）》提出了新加坡城市规划最重要和最基本的原则，即土地利用和交通规划必须始终是一个统一的综合体。轨道交通网络与TOD模式的良好配合在其后的历版概念规划中都得到了延续并不断完善，新加坡被誉为"全世界公共交通与土地利用规划结合得最有效率的地方"。新加坡城市空间的静态组织结构表现为市区—新市镇—社区—邻里的多层次中心体系，每一级的中心与一定的腹地范围相对应；交通系统的动态结构表现为快速轨道交通—公共巴士—出租车—自行车—步行的有序优化；由轨道交通和公共巴士组成的综合公交网络将各等级中心衔接起来，依靠动态结构的有效组织以及动静组织结构的相互耦合，建立了每一等级中心与腹地之间的集中与扩散关系，所有的交通出行都是内敛和向心的。新加坡围绕轨道交通站点进行了集住宅、工业、商业的高密度、多功能的开发，建立了促进就近出行的城市功能体系，新加坡超过85%的公民和永久居民居住在新市镇内。一方面，实现了就业与居住的耦合，每一个新市镇通过在周边布局低污染的工业区为居民提供就近就业的机会；另一方面，实现了配套设施与居住的耦合，在新市镇中心提供配套设施，如学校、公园、诊所、图书馆、体育设施、商场等。目前，我国正在大力推进公交都市建设，在继续加大投入、提升公共交通运力和服务质量的同时,更重要的是在规划中强化建立与公交优先发展相适应的城市空间结构和用地布局,通过长远的城市空间结构规划和严格的控制落实为城市的健康发展和交通的高效运行奠定良好的基础。

2 一体化交通发展战略的统筹优化

新加坡多年来坚持了"拉(PULL)+推(PUSH)"的发展策略,即在改善公共交通的同时限制小汽车的使用。

(1)大力推进公共交通建设

1997年新加坡早高峰时段的公共交通出行比例为67%,2004年下降到63%,并在2008年下降到59%。下降的公共交通分担率成为LTMP2008提出的三大挑战之一,并采取了一系列措施来提升公共交通的吸引力,经过5年的努力,2012年早高峰公共交通出行分担率增加到63%。而其发展目标是到2020年、2030年高峰时段公共交通分担率分别达到70%和75%,为了促进这一目标的实现,新加坡多年来坚持地铁、轻轨等轨道交通的建设,轨道交通线网规模在2012年达到178公里,未来的发展目标是在2020年和2030年分别达到280公里和360公里。对于轨道站点覆盖率,LTMP2008提出的发展目标是在中心区域出行者平均可以在5分钟内到达轨道交通站点,即在中心区域基本实现轨道交通站点500~600米半径范围的全覆盖;LTMP2013对轨道交通站点覆盖率提出了更高的要求,要求全岛范围内80%的家庭在轨道站点10分钟步行距离范围内,即轨道交通沿线约1公里范围内约覆盖全岛80%的居住人口,轨道交通对人口的广泛覆盖促进了交通与用地的良性互动。

(2)努力控制小汽车增长

目前,新加坡机动车保有量约97万辆,其中小汽车约62万辆,小汽车拥有率为101辆/千人,达到了较高的小汽车拥有水平,约为采取类似小汽车拥有政策的香港、上海等城市的小汽车拥有水平的2倍。新加坡通过车辆限额制和道路收费系统等措施严格控制小汽车的拥有和使用。新加坡从1990年开始对小汽车拥有实行拥车证制度(COE),车辆增长率由7%降低到3%。拥车证制度的实施有效控制了车辆增长,但是高额的拥车证费用可能反而刺激车主高强度使用车辆。为了减少这种影响,LTMP2008提出需要考虑将费用调控方式由拥有权向使用权转移,并适当降低拥车证费用。新加坡随后将车辆增长率逐步调低,2013年车辆增长率控制在0.5%。LTMP2013指出,新加坡将坚持拥车证制度的基本原则不变,并寻求长远的可行措施来实现拥车证数量的稳定供应。

新加坡多年来坚持一体化的交通发展战略,"胡萝卜"与"大棒"并举,改善公共交通与限制小汽车拥有和使用同步推行,这种持之以恒并不断完善的综合的、系统的交通发展战略产生了良好的整体效应。我国大多数城市也提出了城市交通发展战略,并提出了一系列的对策与措施,但是在实施过程中往往会产生政策措施相互抵触或者含混不清的情况,最终导致贯彻和落实的力度往往不够。

3 高密度城市交通系统的高效配置

新加坡是典型的高密度城市,如果按照建设用地面积计算,其人口密度高达15194人/平方公里,低于香港的人口密度,但是约为上海人口密度的2倍。经济发展和人口规模扩大带来了出行需求的迅速增加,新加坡出行需求从2007年的890万人次/日增加到2012年的1250万人次/日,年均增长率达到7%。根据LTMP2008和LTMP2013,预测2020年和2030年的出行需求将达到 1430 万人次／日、1875 万人次／日。高密度城市大量的交通需求必须通过城市交通系统的高效配置来支撑，以下分别从新加坡道路网络和轨道交通线网两个方面进行分析。

新加坡现有各等级道路约 3300 公里，道路网密度为 4.8 公里／平方公里，如果按照建设用地面积计算则其道路网密度高达 10 公里／平方公里，高于香港的道路网密度，约为我国上海、苏州工业园区道路网密度的 2 倍。新加坡道路网络的另一个特征就是层次结构分明、等级有序优化，实现了不同车辆的分流；并且采用曲线道路（环形支路）和非连续道路（T形交叉口、尽端路）相结合的道路模式，控制组团内部的机动车行驶速度及穿越交通量，采用宜人的步行尺度规划居住区道路，引导人的出行方式，鼓励慢行交通。

新加坡构建了以轨道交通为主导、轻轨和公共巴士为接驳的多模式综合化公共交通系统，并通过设施一体化、票制票价一体化、运营管理一体化等措施鼓励乘客在各种公共交通方式间换乘出行，促进公共交通的使用。2012 年新加坡按建设用地面积计算的轨道交通线网密度约为 0.5 公里／平方公里，2030 年轨道交通线网密度约为 1 公里／平方公里，高于香港、上海、苏州工业园区的轨道交通线网密度。

新加坡的城市规划主要关注两个问题：一是使土地的利用最优化，使有限的土地资源满足所有需求；二是保持经济增长与城市发展的平衡，提供一个很好的生活和工作环境。这两方面的要求促使新加坡不得不进行高密度开发，而为了支撑其高密度开发进行了高效的交通系统配置。目前，我国城市部分区域进行了较高强度的开发，但是在交通建设和管理上往往还采用传统的分析方法，需要在控规阶段对具有较高强度开发的区域内的用地性质、开发强度与交通容量的耦合关系进行整体分析，在进行高密度开发的同时配置高效的交通系统，并采用一系列整合、有效的交通政策措施，以保证高密度区域的有效运行。

4 以人为本的交通理念的全面落实

新加坡多年来的规划都坚持"以人为本"的理念，从 1996 年交通白皮书，到 LTMP2008 和 LTMP2013，逐步从基础设施建设转向运营优化、服务提升，并提出建设宜居社区；从功能方面来考虑，城市交通系统从最初的交通功能逐步扩展到服务功能，并在 LTMP2013 中考虑了交通系统更加广泛的整合社会的功能。

新加坡以人为本交通理念的一个直接体现就是十分重视公

表 4-1 新加坡 3 版综合交通规划应对策略的比较

	1996 年白皮书	LTMP2008	LTMP2013
出发点	建立一个世界一流的公共交通系统； 私人交通必须为享受通畅、无拥堵的出行"付费"	建设一个以人为本的综合交通系统	利用陆路交通系统安全、高效、可靠、舒适地到达目的地
应对策略	一体化交通与土地利用规划； 打造综合的道路交通网络； 加强道路交通需求管理； 改善公共交通服务	优先发展公共交通； 有效管理道路使用； 满足不同群体的需求	更好的通达性； 更好的服务； 宜居和包容的社区； 减少对小汽车的依赖

众的充分论证和参与。新加坡交通规划以开放和透明的规划程序，向公众解释各个地区的规划前景，让公众有机会参与和了解更多详情。新加坡LTA通过公众咨询、问卷调查、公众讨论、公共电话、电子邮箱等手段来收集公众意见。LTA在2012年回复了约200000个电子邮件，通过全年全日无休的热线电话回复了超过100万个电话。LTA通过各种方式收集到的反馈意见从2009年的90万条增加到2012年的120万条，平均每25秒就有公众提出一个意见。为了编制LTMP2013，LTA收集了1700多份关于"我们怎样提高你的出行体验"的反馈意见，在2012年的5个月内与大约400人进行座谈，并从日常工作中收集的3500份反馈意见中了解公众的想法。基于这些调查和座谈了解公众最关注的问题，提出了LTMP2013的几个关键策略。新加坡交通规划的策划、修编、实施、管理的每一阶段、每个环节都鼓励公众积极参与规划进程和提供反馈意见。

以人为本的发展理念和鼓励公众参与政府的交通决策，可以提升规划的合理性并促进规划工作的成功实施。我国目前在规划中引入了意见征求会、专题讨论会、规划公示等方式来广泛听取民意，但是，我国公众参与规划各阶段的层次还不够深入，意见征求的范围还不够广泛，意见征求的形式和程序还有待进一步完善。需要将规划过程中的公众参与环节制度化、规范化，健全公众参与的运行机制和保障机制。另外，我国的规划政策及其具体实施在制度上还需要进一步完善，需要保证有完备的法律、政策以及制度和标准，切实做到有法可依。

新加坡陆路交通发展受到有限的土地资源和日益增长的出行需求的双重压力，在构造了合理的城市空间结构的基础上，确立了综合的、系统的一体化交通发展战略，持之以恒并不断完善，通过多种政策措施的逐步推动产生了显著效果，造就了新加坡高效的陆路交通系统，也产生了良好的经济社会效应。我国应在学习新加坡城市交通发展成功经验的基础上，努力探索适合我国城市交通发展的政策和措施。

（2015）

城镇连绵发展地区公路功能层次体系的拓展和规划展望

公路是综合交通运输体系的重要组成部分，是经济社会发展的重要基础设施保障，相应的公路网规划也是城乡规划和综合交通规划的重要内容。在新型城镇化发展要求下，公路面临从"增量拓展"转为"存量优化、结构优化以及精细供给"的转型发展要求。现状公路规划布局和工程设计还是以传统的行政等级、技术等级形成的功能层次体系为主的方法，在转型发展要求下，特别是在城镇连绵发展地区，已经不能适应公路发展的客观要求。

1 现有公路功能层次划分及其问题

根据《公路工程技术标准》（JTG B01—2014），公路按交通功能分为主要干线公路、次要干线公路、主要集散公路、次要集散公路、支线公路。对不同功能等级公路的定义如表4-2所示。

现有的功能层次体系主要从公路交通功能和联系节点的行政等级或规模进行划分，在全国范围具有一定的普适性，但在江苏的城镇连绵发展地区已经不能适应公路网布局要求。主要表现在以下3个方面。

首先是和公路服务客流的需求特征不相适应。城镇连绵发展地区客流需求层级多，包括城镇群之间、内部中心城市之间、中心城市与次中心城市、次中心城市之间、各级城市与乡镇以及乡镇与农村地区等多个层级，尤其相邻次中心城市间联系日益频繁，公路不再单纯作为集散公路向中心城市汇集客货流量，而是应更多考虑公路如何更好地为相邻城际间交通服务。

其次是公路网布局和城镇、城市空间布局关系缺乏衔接。现有分类方法将城镇作为统一的一个节点，未能体现新型城镇化对于差别化、精细化发展的要求。随着城市规模的扩大，城市呈现出开敞式多组团格局，公路规划布局应该对城市不同组团进行更为精细化的考虑，注重与城市发展范围、空间结构关

表4-2 不同功能等级公路的定义

公路功能等级	定　义
主要干线公路	连接20万人口以上的大中城市、交通枢纽、重要对外口岸和军事战略要地；提供省际及大中城市间长距离、大容量、高速度的交通服务
次要干线公路	连接10万人口以上的城市和区域性经济中心；提供区域内或省域内中长距离、较高容量和较高速度的交通服务
主要集散公路	连接5万人口以上的县（市）、主要工农业生产基地、重要经济开发区、旅游名胜区和商品集散地；提供中等距离、中等容量及中等速度的交通服务；与干线公路衔接，使所有的县（市）都在干线公路的合适距离之内
次要集散公路	连接1万人口以上的县（市）、大的乡镇和其他交通发生地；提供较短距离、较小距离、较低速度的交通服务；衔接干线公路、主要集散公路与支线公路，疏散干线公路交通，汇集支线公路交通
支线公路	以服务功能为主，直接与用路者的出行源点相衔接；衔接集散公路，为地区出行提供接入与通达服务

系的处理。

第三是公路交通和城市交通特别是城市道路网布局缺乏协调。公路与城市道路网的衔接需要差别化、具体化对待，公路与城乡公交、慢行交通的运行需要协调，既要考虑公路层级和承载功能的不同，也应考虑城市规模、空间布局、城市交通体系的差异。

2 新形势下公路发展趋势和要求

在新型城镇化发展要求下，总结城镇连绵发展地区公路发展趋势和要求的变化，主要体现在出行需求、与城市布局关系、与城市道路网衔接方面。

公路自身出行需求将发生显著变化。首先，客运需求总量增加但增速放缓。2013年宁镇扬、苏锡常地区城镇化率超过70%进入城镇化后期阶段，根据发达国家和地区经验，客运需求总量将持续增加，但增长速度放缓。其次，公路平均出行距离变短，地区内部城际出行需求占比增加。江苏全省公路平均出行距离从2007年的69公里缩短为2014年的62公里；苏锡常地区内部城际交通占比从2007年的13%增加为2014年的35%，年均增速达13%，高于同时期苏锡常地区对外交通11%的增长速度。同时期宁镇扬地区，南京与仪征、句容、扬州、镇江之间的城际交通量的增速达20%。再次，出行方式选择发生变化，随着江苏干线铁路、城际铁路以及都市圈轨道的加快建设，轨道交通覆盖地区交通出行面临从公路向轨道的转变，公路发展应考虑与轨道交通等其他交通方式的协调，差别化错位发展。

公路与城市布局关系将趋于稳定。在城市进入内涵发展、质量提升时期，公路应改变过去线路层层外绕的做法，而是要成为约束城市增量拓展和"摊大饼"式蔓延的边界。

公路网与城市道路网的衔接组织将更加重要。在公路线路基本稳固的基础上，公路与城市道路网的关系应根据公路承载功能的差异，确定更为合理的衔接方式，既能促进城市交通和公路交通的双网融合，也要差别化对待以保证区域交通快速高效运行。

3 公路功能层次划分建议和规划应对

根据城镇连绵发展地区对公路功能需求，拓展公路功能层次体系，建立与多元化、多层级公路交通需求相适应的功能层次划分，并以此为基础，明确各层级公路选线与城市布局的关系、与城市交通的衔接、沿线规划管控要求以及规划设计标准等方面建议。

（1）建立5个层次的公路功能层次体系

根据城镇连绵发展地区交通需求层次，重点考虑该地区日益增长的城际交通需求以及不同交通方式的运行要求，将公路划分为5个层次：区域性干线、城际性快速干线、城际性主干线、城乡道路和乡村道路。其中，区域性干线承担城镇群之间、城镇群内部中心城市之间的交通联系；城际性快速干线承担城镇群内部城际快速化、机动化交通联系；城际性主干线承担城镇群内部城市之间的普适性交通联系，满足公共交通、慢行交通通行需求；城乡道路承担县市与乡镇间的交通联系，便捷与城市综合枢纽或公交枢纽联系，便利城乡公交运行；乡村道路承担乡镇、镇村间的交通联系。

（2）公路选线与城市布局的关系处理

不同层次公路因承载功能差异，对不同规模城市的服务差异，公路选线应该差别化对待。区域性干线建议选线在城市外围或城市组团间交通廊道上，尽量减少对城市用地、城市交通的干扰；城际性快速干线建议选线在城市组团间交通廊道上，以方便服务城市不同组团；城际性主干线建议选线在城区内部交通走廊上，方便客流以及慢行交通流的汇集。

（3）不同层次公路与城市交通的衔接建议

区域性干线与大城市及以上级别城市通过城市快速路进行衔接，与中小城市通过交通性主干路进行衔接；城际性快速干线与城市交通利用快速路、交通性主干路进行衔接，对于通过性的小城镇，建议选线在城市外围，通过主要对外道路衔接；城际性主干线与城市交通通过主干路进行衔接；城乡道路和乡村道路通过城镇对外道路进行衔接。

（4）公路沿线规划管控要求以及规划设计标准

区域性干线严格控制沿线用地开发，通常采用高速公路或严格控制出入的一级公路建设标准；城际性快速干线较严格控制沿线用地开发，允许部分节点适度开发建设，通常采用高速公路或一级公路建设标准，城区段采用高架或地面主辅道建设形式，外围段采用地面建设形式；城际性主干线采用一级公路或二级公路的建设标准，采用地面建设形式，城区段适度增加机动车道数量，断面设计充分考虑公共交通、慢行交通的通行需求；城乡道路采用二级公路或三级公路建设标准，采用地面建设形式，优化乡镇区段的断面设计；乡村道路采用三级公路或四级公路建设标准，采用地面建设形式。

（2016）

都市区高快路设施一体化规模测算方法研究

随着我国城镇化进程的不断加快和深入，以及城市规模的不断扩张，都市区化成为大城市发展的趋势，在区域内形成了具有较强社会经济联系的高度城市化地区。城市空间的不断扩展使城市外围的高速公路不断纳入城市道路范畴，城市外向交通服务功能逐步被内部交通服务所取代，道路功能和服务模式的变迁使得高速公路与城市快速路的界限逐渐模糊。高速公路原本服务过境交通和出入境交通的功能逐渐与满足大都市区内部组团间长距离快速出行的功能相重叠，国内很多城市取消了都市区范围内高速公路收费或进行快速化的改造，使其能够更好地实现交通功能。同时，高速公路和城市快速路（简称高快路）共同构成了大都市区快速道路交通的骨架，引导着市域城镇体系发展、都市区城市空间结构调整和土地开发利用。

统筹考虑都市区范围内高速公路和城市快速路的规模，使二者有机地统一在一起，实现协调一体化发展，能够更好地服务都市区交通，提高运输效率，支撑起合理的高快路设施一体化布局。

1 高快路交通需求分析

都市区组团间出行需求量日趋增大，随着中心城工业和居住地的外迁，近郊区人口和产业的进一步增加，远郊区内交通组成单一，与中心城的联系主要是通勤交通；城乡交通一体化发展趋势明显，通勤客流出行时间分布主要是早出晚归，出行的随机性也有上升趋势，"公路客运公交化"趋势日益明显；过境交通和出入境交通需求增加，随着区域城市一体化发展和城市职能的变化，城市间交通出行结构发生变化，城际间交通需求也将有较快的增长，城市间客运向便捷化、高速化、舒适化转变。

从道路使用功能上看，高快路网络既承担着结点的过境交通、出入境交通的组织，又承担着部分市内交通的组织。其交通量由三部分组成，其一是过境交通需求，即外部周边市区间的交通联系而产生的过境交通量；其二是对外交通需求，即市区与外部周边市区的交通联系而产生的出入境交通量；其三是市区交通需求，即作为服务于市区及城市边缘各区之间交通联系而产生的交通量。各项交通需求计算式分别如下：

（1）过境交通需求

过境交通需求的计算公式如下：

$$N_{EE}=\sum_{i=1}^{n} \lambda D_i^{EE} \mu_i \tag{1}$$

式中：

N_{EE}——过境交通需求总量（pcu/h）；

λ——高峰小时系数；

D_i^{EE}——第 i 种车型过境交通总量预测值（pcu/d）；

μ_i——第 i 种车型的车型换算系数（pcu/veh）。

（2）出入境交通需求

出入境交通需求的计算公式如下：

$$N_{EI}=\sum_{i=1}^{n} \lambda D_i^{EI} \mu_i \tag{2}$$

式中：

N_{EI}——出入境交通需求总量（pcu/h）；

λ——高峰小时系数；

D_i^{EI}——第 i 种车型出入境交通总量预测值（pcu/d）；

μ_i——第 i 种车型的车型换算系数（pcu/veh）。

（3）市内交通需求

对于大城市来说，白天高峰小时的内部交通出行主要是由客车组成，而且很多快速路白天禁止货车通行。内部交通需求主要指居民的日常出行需求，城市内部交通需求计算式为：

$$N_{II} = \sum_{j=1}^{m} \frac{\lambda E f_j \mu_j}{r_j} \quad (3)$$

式中：

N_{II}——市内交通需求（pcu/h）；

λ——高峰小时系数；

E——城市居民及流动人口出行总量[（人·次）/d]；

f_j——第j种交通方式的出行量占出行总量的比例（%）；

μ_j——采用第j种交通方式的典型车型的换算系数（pcu/veh）；

r_j——第j种交通方式典型车型的平均实载（人/veh）。

综上所述，高快路网络中高速公路高峰小时交通总需求为：

$$M_G = k_{GEE}\sum_{i=1}^{n} N_{EE} l_i^{GEE} + k_{GEI}\sum_{i=1}^{n} N_{EI} l_i^{GEI}$$

$$= k_{GEE}\sum_{i=1}^{n} \lambda D_i^{EE} l_i^{GEE} \mu_i + k_{GEI}\sum_{i=1}^{n} \lambda D_i^{EI} l_i^{GEI} \mu_i \quad (4)$$

式中：

M_G——高速公路高峰小时交通总需求[（pcu·km）/h]；

k_{GEE}——高速公路对过境交通的吸引系数；

l_i^{GEE}——第i种车型过境交通在高速公路网络上平均行驶距离（km）；

k_{GEI}——高速公路对出入境交通的吸引系数；

l_i^{GEI}——第i种车型出入境交通在高速公路网络上平均行驶距离（km）。

高快路网络中快速路高峰小时交通总需求为：

$$M_K = k_{KEE}\sum_{i=1}^{n} N_{EE} l_i^{KEE} + k_{KEI}\sum_{i=1}^{n} N_{EI} l_i^{KEI} + k_{KII}\sum_{j=1}^{m} N_{II} l_j$$

$$= k_{KEE}\sum_{i=1}^{n} \lambda D_i^{EE} l_i^{KEE} \mu_i + k_{KEI}\sum_{i=1}^{n} \lambda D_i^{EI} l_i^{KEI} \mu_i + k_{KII}\sum_{j=1}^{m} \frac{\lambda E f_j l_j \mu_j}{r_j} \quad (5)$$

式中：

M_K——快速路高峰小时交通总需求[（pcu·km）/h]；

k_{KEE}——快速路对过境交通的吸引系数；

l_i^{KEE}——第i种车型过境交通在快速路网络上平均行驶距离（km）；

k_{KEI}——快速路对出入境交通的吸引系数；

l_i^{KEI}——第i种车型出入境交通在高速公路网络上平均行驶距离（km）；

k_{KII}——快速路对市内交通的吸引系数；

l_j——采用第j种交通方式在快速路网络上的平均出行距离（km）。

以上相关参数的说明：

（1）高快路网络的交通吸引系数。可根据城市的形态、规模、交通路网布局、交通管理政策，不同城市道路设施的等级结构、高快路在路网体系中承担的交通比例存在差异，需要从城市的调查数据中分析获取。

① 过境交通是干扰城市内部交通的重要因素，将过境交通引入高快路网络，使过境交通通过高快路网络快速疏导，起到屏蔽内部交通的功能，是城市过境交通组织的重要原则。

② 出入境交通方面，高快路网络的功能之一就是使出入境

交通得以分流疏散，高快路网络对出入境交通的吸引力是比较大的。

③ 内部交通方面，根据快速路网络的交通特征，对城市内部长距离交通的吸引力较大，主要服务于主城区和外围新区，以及新区之间的交通联系。

（2）高快路网络车辆平均行驶距离。过境交通、出入境交通各种车型在高快路网络上的平均行驶距离和内部交通各种交通方式在高快路网络上的平均行驶距离，可根据城市形态规模、道路网络布局、交通量调查等因素综合分析确定。

2　高快路设施供给分析

（1）高速公路供给特性

高速公路的年平均日设计交通量宜在 15000 辆小客车以上，至少为双向四车道，具有重要的政治、经济和国防意义，专供汽车分道高速行驶并全部控制出入。高速公路的平均技术车速约为 80~120 公里 / 时，一条四车道的高速公路一般通行能力可达 25000~55000 当量小汽车 / 日，相当于 7~8 条普通公路的通行能力，六车道或八车道的高速公路可达 70000~100000 当量小汽车 / 日。

设计通行能力是指道路根据使用要求的不同，在不同服务水平条件下所具有的通行能力，也称服务交通量，通常作为道路规划和设计的依据。根据《公路工程技术标准》（JTG B01—2014），高速公路设计通行能力采用三级服务水平。表 4-3 为高速公路路段不同服务水平分级下的通行能力值。

表 4-3　高速公路路段服务水平分级下的通行能力值

服务水平等级	v/c 值	设计速度（km/h）		
		120	100	80
		最大服务交通量 [pcu/(h·ln)]	最大服务交通量 [pcu/(h·ln)]	最大服务交通量 [pcu/(h·ln)]
一	v/c ≤ 0.35	750	730	700
二	0.35 < v/c ≤ 0.55	1200	1150	1100
三	0.55 < v/c ≤ 0.75	1650	1600	1500
四	0.75 < v/c ≤ 0.90	1980	1850	1800
五	0.90 < v/c ≤ 1.00	2200	2100	2000
六	v/c > 1.00	0~2000	0~2000	0~2000

表 4-4　快速路的基本通行能力与设计通行能力

设计时速（km/h）	100	80	60
基本通行能力 [pcu/(h·ln)]	2200	2100	1800
设计通行能力 [pcu/(h·ln)]	2000	1800	1400

（2）城市快速路供给特性

快速路宜采用 60 公里 / 时、80 公里 / 时、100 公里 / 时的设计车速，辅路设计车速宜为 30~40 公里 / 时，路段改变设计车速时应设置过渡段。快速路在城市主城区受到用地条件的限制，一般采用高架或隧道的形式。快速路连接各城市外围组团，以及和高速公路衔接时，设计车速可设置为 100 公里 / 时。

城市快速路交通流连续，但出入口间距比较小，交通流的交织较高速公路频繁，使交通流存在较大的差异，影响通行能力和车流密度，高峰时期会出现过饱和交通流状态。根据《城市快速路设计规程》（CJJ129—2009），快速路设计通行能力采用三级服务水平。表 4-4 为快速路的基本通行能力和三级服务水平下的设计通行能力值。

（3）高快路容量分析

路网容量是指单位时间内，对应于一定的饱和度，道路网络系统所能通过的最大车公里数。计算公式如下：

$$\begin{cases} R_G = \sum_{i=1}^{n} \alpha_G C_G f_P f_{Gi} L_{Gi} N_{Gi} \\ R_K = \sum_{j=1}^{n} \alpha_K C_K f_P f_{Kj} L_{Kj} N_{Kj} \end{cases} \quad (6)$$

式中：

R_G——高速公路网络容量 [(pcu·km)/h]；

R_K——快速路网络容量 [(pcu·km)/h]；

α_G——高速公路设计服务水平下的饱和度；

C_G——高速公路 1 条车道的理论通行能力（pcu/h）；

f_P——驾驶者总体特征修正系数；

f_{Gi}——高速公路第 i 条道路车道数修正系数；

L_{Gi}——高速公路第 i 条道路长度（km）；

N_{Gi}——高速公路第 i 条道路车道数；

α_k——快速路设计服务水平下的饱和度；

C_k——快速路 1 条车道的理论通行能力（pcu/h）；

f_{Kj}——快速路第 j 条道路车道数修正系数；

L_{Kj}——快速路第 j 条道路长度（km）；

N_{Kj}——快速路第 j 条道路车道数。

以上相关参数的说明：

依据《公路路线设计规范》(JTG D20—2006)，驾驶者总体特征修正系数 f_P 取 0.95~1.00；高速公路和快速路车道数修正系数 f_{Gi} 和 f_{Kj}，四车道道路取 1.0，六车道及其以上道路取 0.98~0.99。

3 基于供需平衡的高快路设施一体化规模测算

目前，我国的高速公路和城市快速路的规划建设、保养是分别由不同部门实施的，从整体交通组织的角度，客观上要求高快路网络能够实现一体化，共同承担城市结点对外交通组织、过境的快速交通组织，为城市结点的发展提供高品质、高可靠性的交通支撑体系。从路网供需平衡的角度，高速公路和快速路的交通需求应该与高速公路和快速路的容量分别相匹配，应满足

$$M_G \leq R_G \quad (7)$$
$$M_K \leq R_K \quad (8)$$

即：

$$k_{GEE} \sum_{i=1}^{n} \lambda D_i^{EE} l_i^{GEE} \mu_i + k_{GEI} \sum_{i=1}^{n} \lambda D_i^{EI} l_i^{GEI} \mu_i \leq \sum_{i=1}^{n} \alpha_G C_G f_p f_{Gi} L_{Gi} N_{Gi} \quad (9)$$

$$k_{KEE} \sum_{i=1}^{n} \lambda D_i^{EE} l_i^{KEE} \mu_i + k_{KEI} \sum_{i=1}^{n} \lambda D_i^{EI} l_i^{KEI} \mu_i + k_{KII} \sum_{j=1}^{m} \frac{\lambda E f_j l_j \mu_j}{r_j} \leq$$
$$\sum_{j=1}^{n} \alpha_K C_K f_p f_{Kj} L_{Kj} N_{Kj} \quad (10)$$

由公式（9）和（10）可求出满足容量匹配要求的高速公路和快速路规模，高快路规模满足整体交通需求。高快路网络供求指数 X 判别供需平衡情况，X 计算公式为：

$$X = \frac{M_G + M_K}{R_G + R_K} \quad (11)$$

X 值所对应的供需状况分别为：

$$\begin{cases} X < 0.85 & \text{供给富余} \\ 0.85 < X \leq 0.95 & \text{基本匹配} \\ 0.95 < X \leq 1.05 & \text{良好匹配} \\ 1.05 < X \leq 1.15 & \text{基本匹配} \\ X > 1.15 & \text{供给不足} \end{cases}$$

当现状 X 值达到 1.1 以上时，需要采取交通需求管理和交通系统管理策略，一方面引导居民出行向集约化交通方式发展，抑制小汽车出行；另一方面适量增加道路设施供给量。

供需平衡法适用于城市发展的各个阶段，通过调节网络供求指数，使高快路规模适应城市的发展。在城市快速发展期，空间扩张蔓延，居民出行距离有所增加，高快路交通需求在出行总量和中长距离出行比例增加的双重带动下变得更大，供求指数的取值适当降低，可以取值 0.8~0.9，使供给富余，满足未来中长距离交通量增长的需要。在城市发展成熟期，空间结构趋于稳定，居民出行呈现规律性特征，交通需求变化较小，供求指数可以取值 0.9~1.0，使规划年交通供需基本平衡。

4 结束语

高速公路与城市快速路一体化发展是都市区空间结构拓展和产业布局重构的有效支撑。确定适应大城市都市区远期预测的机动车需求发展的高快路一体化网络规模，为高快路路网一体化布局规划提供依据。文中高速公路和快速路分别吸引过境、出入境和市内交通的能力系数，以及过境、出入境交通在高速公路和快速路的平均出行距离，需要在调研城市交通数据的基础上进一步研究得出。

（2017）

古城保护优先的交通改善规划探讨
——以"苏州古城12、13号街坊"为例

世界各国对历史文化遗产的保护"经历了长期的发展和演进,由保护可供人们欣赏的艺术品,保护各种作为社会文化发展见证的历史建筑与环境,再进而保护与人们当前生活休戚相关的各历史地区乃至整个城市"。但随着城市经济的高速发展和机动化的快速推进,具有丰富历史文化遗产的古城受到了巨大冲击,大量的出行需求与有限的道路供给产生了尖锐的矛盾,如何协调古城保护与交通改善的关系变得十分重要。

在谈如何处理古城保护与改善关系前,首先应该了解古城交通的特征,笔者选取苏州古城12、13号街坊(位于苏州古城西北角,毗邻拙政园和平江路两大历史街区,内含狮子林、北半园,外倚拙政园、忠王府、苏州博物馆,下文简称"基地"),总结古城交通的几点特征。

▲ 图4-9 基地区位图

特征一：多重功能重叠

与传统的旅游型或生活型古城不同，苏州古城内除了丰富的历史文化资源，还有大量的原著居民（基地内原著居民和就业人口与日均游客量相当），这使得古城交通兼具旅游和通勤的双重功能；同时，由于区位因素，古城内部分贯通性道路仍承担相当量的区域通勤交通（如干将路、人民路等），导致过境与到发交通功能重叠。多重功能的重叠无疑使古城交通雪上加霜。

特征二："活力 VS 通畅"

苏州古城可谓国内古城保护的典范，尽管如此，人口老龄化、功能业态失衡等导致基地内城市活力有所降低。就业机会的引入和老旧设施的更新有助于古城活力的恢复，但同时又诱增了新的交通需求，这似乎又与古城交通改善的初衷背道而驰。

同时，旅游人口的流入给古城注入了新的活力。但大量的旅游车流进一步激化了古城交通问题，尤其是旅游旺季，停车需求高达平峰的3倍之多，为了缓解停车难问题，一些极具价值的文化资源被破坏，典型的就是丰备义仓。

特征三：需求大而渐稳

尽管苏州古城承担了大量的通勤、旅游交通出行，但庆幸的是这些需求已经趋于平稳，并有律可循。根据相关统计资料，基地范围内本地居住人口基本稳定在5600人次，就业人口约3000人，日均游客约为7500人次。对于交通设施的改善而言，需求规模、分布和活动路径的可控意味着能够更准确地定位改善方向，更有效地服务改善规划。

特征四：设施少而陈旧

道路路幅较窄、街道空间不足、公交覆盖不高、停车供给有限等设施问题已是几乎所有老城区的通病，而这些通常是由历史原因造成的，改进空间和解决途径不多。与非保护类旧城相比，古城保护的背景使得这些"历史欠账"更加难以弥补，使得规划无从下手，只能另寻他法。

在上述复杂而又艰巨的问题为前提的情况下，古城保护背景下的交通改善规划应该如何开展？笔者总结了规划4个主要理念，即"整体思想、底线思维、设施优先、管理主导"，具体策略如下。

策略一：整体规划，明确交通发展模式

首先应当明确的是古城仅是城市的一部分，而历史街区或街坊又是古城的一个子集，对于古城交通改善规划不应局限于规划范围内的一隅之地，应从城市总体出发，明确古城的功能定位和规划要求。苏州古城自1986版城市总体规划就提出了"开发新城，保护老城"的定位，从城市整体层面奠定老城保护的基调，而对交通规划的影响在于否定了"大刀阔斧式"的道路改造模式；2013版古城保护规划中提出了6个交通理念（公共交通、人本交通、绿色交通、智慧交通、可控交通和特色交通），并明确了控制交通需求总量、协调风貌与道路网络、提供高质量公交服务、打造安全舒适的慢行系统、差异化停车调控和特色旅游公交5大策略。

古城12、13号街坊的交通改善规划应以上位规划为基础，明确绿色、人本、智慧、可控的交通发展理念，避免大拆大建，

▲ 图 4-10　基地现状建筑评价图

同时又不应一味守旧保护，应以提升居民和游客出行品质为目标，指导古城的精细化设计、系统化组织和智能化管理。

策略二：保护基线，约束交通，改善边界

古城保护的交通改善规划需要具备"底线思维"，而规划的"底线"具体指的是什么。笔者通过对现状建筑年代、质量、风貌和层数的叠加分析，结合各大文化资源的既定保护边界，确定空间可更新范围和对象，形成规划设计的工作底图。在工作底图可更新范围内进行路网的疏通、设施的整合和挖潜等调整工作，这样才能确保改善方案的实用性和可操作性。

策略三：设施优化，挖掘系统承载能力

设施优化是古城改善的前提和基础，只有合理的设施设置才能进行后续的组织和管理。这里的设施泛指路网（包括道路、街巷、断面）、公交、慢行和停车，具体的优化措施应当遵循上位规划要求，如在工作底图上进行街巷的疏通，加强街巷与城市道路的衔接，关键节点的渠化设计等；街巷断面设计应遵循自然街巷的肌理，协调建筑风貌与道路的关系，避免简单粗暴的"双线"控制模式；公交和慢行设施的设计应以人的活动路径为基础，引导设施集中布置，便于居民和游客的使用；停车设施的设计应该区分旅游和居民的需求，旅游停车应遵循"集中、就近、协调"的原则，居民停车应遵循"分散、就近、整合"的原则，归并既有闲散停车资源，充分挖掘街巷富裕空间，在有条件的区域就近设置小型立体停车设施等。通过空间设施的优化设计，提升交通系统的承载能力。

▲ 图 4-11　基地慢行公交设施规划图

▲ 图 4-12　基地旅游慢行游线规划图

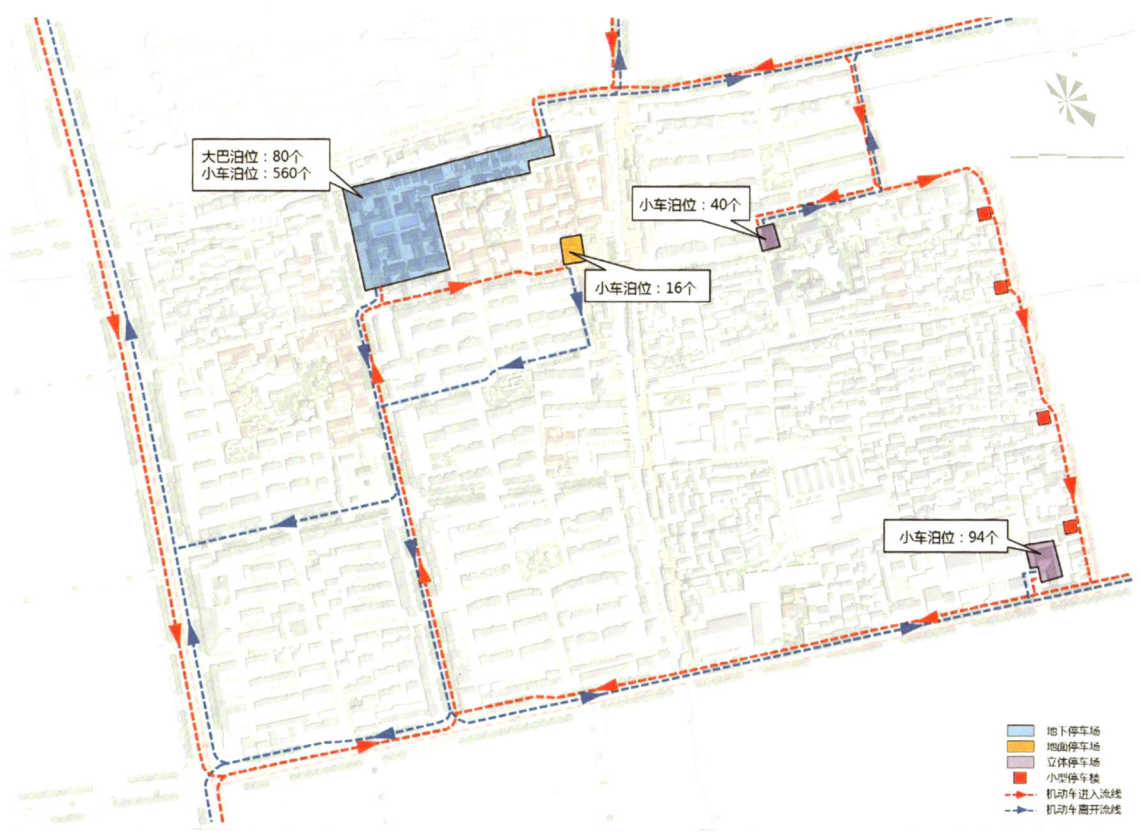

▲ 图4-13 基地停车设施和交通流线示意图

策略四：组织管理——引导交通需求分离

设施优化带来的系统承载能力提升是有限的，因此古城保护下的交通改善关键在于交通系统的组织和管理。苏州古城12、13号街坊的机动车组织参照园林造景中"通而不畅"的设计手法，地块交通地位总体强调限制机动车交通，规划将机动车交通分为双向车行道及限时单向车行道，通过路径引导和时空管制，有效地分离旅游交通和通勤交通；结合主要景点和基地出入口，设置游客步行游玩路径等。

在需求管理上，建议采用"价格杠杆"+外围停车换乘等手段，控制高峰时期进入基地的机动车数量；通过停车诱导和实时路况信息发布，引导基地内车流空间均匀分布等，进一步提升交通系统的通行能力。

古城保护一方面要尊重历史文化发展规律，避免"大刀阔斧式"的极端改善和消极式的一味保护，应当坚持可持续发展的原则，充分体现历史文化传播价值而不被时代遗忘。笔者试图从古城交通的特征及问题出发，探讨古城保护背景下的交通改善规划理念和方法，将历史文化风貌的保护与开发结合起来，让历史文脉得以延续，既保留了城市活力，又能保证交通系统的正常运行，取得古城保护的双赢效果。

（2018）

关于建设项目交通影响评价的几个技术性疑问

交通影响评价源于20世纪70~80年代的美国，随后英国、日本等国家或地区也各自制定了全国统一的交通影响评价技术标准或指南。从理论上来讲，城市中任一新建或者改建项目所生成的交通流都会改变城市交通系统中的供需关系，对交通系统的运行秩序产生影响。交通影响评价则是针对这些影响进行评价并制定相应的对策，削减建设项目交通影响的技术方法。我国最早开展交通影响评价研究的是1991年对上海静安区作为城市副中心开发建设的影响评估，之后北京、上海、南京、哈尔滨等城市先后制定了交通影响评价技术标准。2010年，住房和城乡建设部颁布了《建设项目交通影响评价标准》(以下简称《标准》)，对全国范围内交通影响评价工作起到了推动和规范作用。该《标准》发布后，部分省、市及地区积极响应，先后对建设项目交通影响分析工作的技术标准、审查要求进行了地方性细化。如2012年10月，江苏省住房和城乡建设厅、江苏省公安厅联合发布了《关于加强城市规划交通影响评价工作的通知》和建设项目交通影响评价编制要点，明确了交通影响评价编制的技术要求和审查工作要求。不可否认，交通影响评价对改善城市交通也发挥了一定的作用，工作技术方法、工作机制也正逐步完善。但不管是从国内20多年交通影响分析工作实践历程还是现在的实践情况来看，对交通影响评价的地位、作用甚至必要性一直都存在着质疑，部分地区已经取消了交通影响评价工作，技术层面存在的问题则是其中一个重要的原因。

四阶段法是目前国家、省及各市建设项目交通影响评价技术指南中所推荐的主要的技术方法。其主要的思路是分别计算评价年限建设项目新生成的交通量和评价范围内的背景交通量，并进行叠加分析。其中背景交通量是指在评价年无该建设项目情况下评价范围内的交通量，主要由评价年过境交通量、评价范围内现状已建成项目评价年交通量和评价范围内其他新建项目评价年交通量组成。评价年评价范围内过境和现状已建成项目的交通量，可采用类比法、趋势分析法、回归分析法和四阶段交通预测法等进行预测。评价年评价范围内被评价建设项目和其他新建项目所产生的交通量则建议采用四阶段交通需求预测方法进行交通生成量的预测。虽然四阶段法已经是非常成熟的交通需求分析方法，但也有其适用的范围和条件。目前四阶段法在交通影响评价的实践中仍然普遍存在着一些不合理的做法，要更加科学地使用四阶段方法，需要厘清现有做法中的几对特殊矛盾。

1 交通流系统性、全局性与交通影响分析对象局部性的矛盾

在进行建设项目交通影响分析的过程中，往往需要划定评价范围，但其实这里应该注意两个概念的区别，即评价范围和影响范围。评价范围是指需要进行交通影响分析评价和提出改善措施的区域的范围，而影响范围则是项目产生的交通流的空间覆盖范围，一般应覆盖90%以上的项目产生的交通流的端点数量。而在国内很多交通影响评价的做法并不区分这一概念，仅仅采用评价范围代替影响范围，这一错误做法使得四阶段法模型失去应有的效力。如果采用评价范围来建立四阶段法模型，由于评价范围相对较小，项目对外交通流的实际出行距离将被截断和用较小的值来代替，作为影响交通分布的重要因素的交通阻抗也就人为减小，在阻抗失真的情况下，交通分布模型的

结果自然也是不可信的。图4-14为公式按照gama阻抗函数 $f(d)=1934 \times d^{1.45} \times e^{0.052d}$ 绘制的阻抗曲线，其中 d 代表出行距离，横坐标代表距离，纵坐标代表相应距离下的阻抗，距离越大，阻抗越大。若选择建设项目的评价范围为项目周边2公里的范围（如图4-14中 A 点所示）的话，超过研究范围之外出行的阻抗将被出行距离为2公里时的阻抗所代替，交通分布的结果失真现象将非常突出。

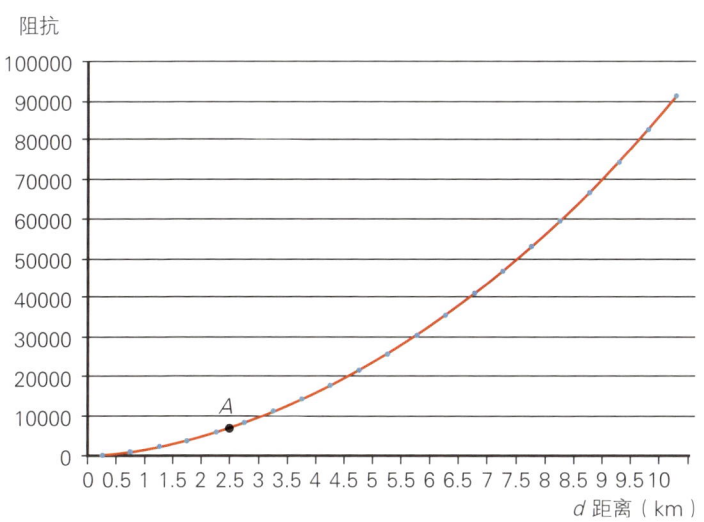

▲ 图4-14 路阻函数案例示意图

交通方式划分模型的运用也具有同样的道理，在交通影响评价过程中经常假定项目产生的交通需求的结构，但交通需求结构也是与出行距离密切相关的，不区分距离分布特征而一律采用同样的交通结构的做法也是不合适的。因此在进行建设项目交通影响评价时应对交通评价范围和交通影响范围予以区分。更合理的做法是，在交通影响范围内使用四阶段法模型，然后截取研究范围并针对研究范围内的交通运行进行评价，而不是仅仅将模型的建立局限于评价范围内。至于研究范围的选取可根据建设项目的类型、区位，必要情况下进行市场调查来判断和确定，对于像交通枢纽这样的大型建设项目有必要以全市作为影响范围，这就对用于交通影响分析的交通需求模型提出了很高的要求，目前大多数城市没有长期维护、公开化的模型，出于服务具体项目需要而仓促建立的模型又往往经不起推敲，这也是影响交通影响评价可靠性的重要原因。因此要提高交通影响评价的科学性，不仅要关注交通影响评价本身，其背后交通数据库、交通模型完善程度和可靠性更具有决定性。

2 交通流的网络性、动态性与流量叠加方法的静态性的矛盾

交通网络中的交通流是动态的、系统的。按照wardrop第一分配原理，网络中的交通流量达到最终的平衡状态时，被利用的各条路线的走行时间相等并最小。目前建设项目交通影响分析中项目产生交通流量与背景交通流量叠加的方法并不是一种遵循wardrop原理的均衡分配方法，这一方法将项目的背景流量固定下来，然后再让项目流量来选择路径，而背景流量和项目产生的流量是同步发生的，在线路选择上是相互影响的，目前的做法不能反映路网流量分布对于路网服务水平的自我调整机制，叠加方法下产生的交通拥堵点在平衡分配机制下可能就通过自我调整消除了，因此不建议采用流量叠加的方式，而是采用OD叠加的方式，让背景OD与项目OD进行同步分配。

3 交通影响分析的微观分析要求与宏观分析手段的矛盾

交通影响评价所关注的交通问题既包括宏观层面，也包含

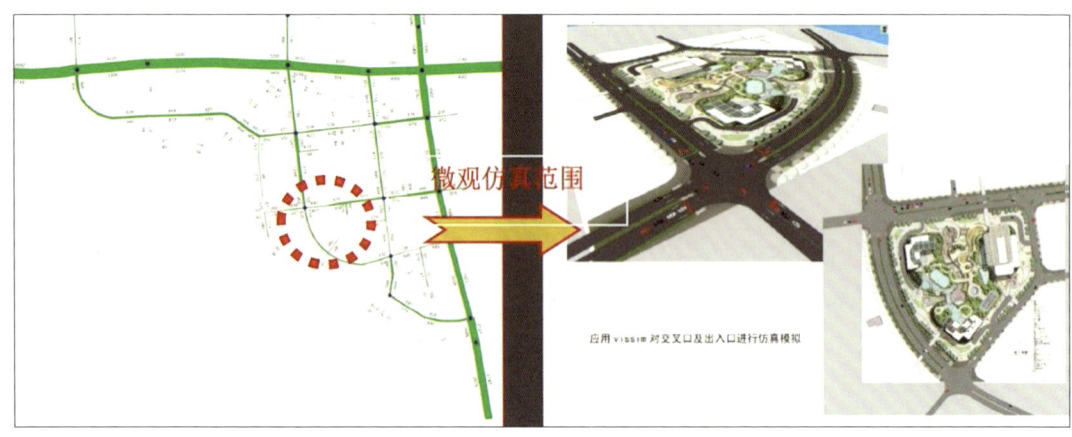

▲ 图 4-15　宏观与微观相结合的技术方法案例

微观层面，这要求在技术手段上与之匹配。目前多采用宏观、中观分析手段为主，难以完全评价交通影响程度和交通改善后的效果，例如，交叉口的渠化、人行通道设置等等。因此，建设项目交通影响评价应采用宏观与微观相结合的交通分析方法，宏观上用于交通流的空间分布、交通方式结构的分析，微观上用于对关键节点的改善措施、交通流线组织等方面进行评价。

交通影响评价工作在国内开展 20 多年来，对于改善城市交通状况、促进交通减量和加强环境保护起到了一定的成效。随着城市土地资源紧缺与交通需求激增矛盾的逐渐凸显，交通影响评价作为协调交通和土地利用关系的手段也将会承担更重的责任。尽管目前在交通影响评价的编制、实施环节上还存在一些问题，导致交通影响评价的地位受到质疑，作用发挥受限，但只有积极面对问题、修补漏洞才是解决问题的出路，因噎废食、彻底否定交通影响评价价值的回避态度是于事无补的。

（2013）

城市日常性慢行走廊交通系统设计要点

《江苏省城市步行和自行车交通规划导则》中依据功能类型将步行道网络分为日常性步行道网和休闲性步行道网,将自行车道网络划分为日常性自行车道网(包括自行车主通道和自行车集散道)和休闲性自行车道网。本文研究的日常性慢行走廊主要包括自行车主通道和部分日常性步行道网。

1 功能定位

城市日常性慢行走廊是区别于城市休闲性慢行走廊,以服务通勤、通学为主的慢行交通,串联城市功能区,承担相对大流量、相对长距离的步行和自行车出行的廊道。

日常性慢行走廊的优化设计对于改善城市步行和自行车交通环境,促进交通节能减排,发展绿色交通,真正实现交通以人为本具有重要意义。

2 案例借鉴

(1)纽约百老汇步行走廊

2007年,纽约市长布隆伯格宣布要建设"更绿色、更宜居的纽约"。纽约通过多种策略提升城市街道所有人群的出行环境。这一愿景集中体现在百老汇大道(Broadway),通过一系列迅速且成本不高的试点项目,在百老汇大道沿线新增4.5万平方米的公共空间。通过一系列迅速且成本不高的试点项目,在百老汇大道沿线新增4.5万平方米的公共空间。改造后行人数量增加11%,交通事故率减少63%,沿线地段在2008年金融风暴致使纽约地产贬值6.5%~36.5%的前提下逆势增值29%。

▲ 图4-16 改造前与改造后的纽约百老汇大街街道场景

▲ 图4-17 改造前与改造后的自行车道

▲ 图4-18 改造前与改造后的百老汇大街与第五大道交叉口

鉴于所取得的良好效果，纽约加快了城市街道改造力度，启动了包括曼哈顿滨水岸线改造、曼哈顿下城区公共空间改造、交通性主干路改造为林荫道等多个系列项目。

（2）哥本哈根自行车走廊

自行车文化是哥本哈根的一张城市名片，哥本哈根在各类全球生态城市排行榜中名列前茅，发达的自行车系统是其中的一项重要因素。哥本哈根市政府规划在首都周边建设26条自行车高速公路，鼓励人们骑自行车进出哥本哈根。第一条自行车快速路是2015年4月开通的，城市规划者们喊出了"让自行车道超过州际公路"的口号。

这些举措既创造了良好的步行环境，也为城市的休闲娱乐活动提供了条件。其表现一是大幅降低了市中心机动化交通量，使得自行车出行比例保持在较高水平，2012年达到37%且呈逐年上升趋势；二是有了第一条自行车快速路以后，该路段骑车人的数量增加30%，每年节省7000吨的二氧化碳排放量；三是提升了慢行出行安全程度，每年节省约3亿丹麦克朗的医疗费用。

▲ 图4-19 哥本哈根自行车快速路及市内自行车道

▲ 图4-20 路侧式与路中式自行车专用道

3 设计目标与原则

慢行走廊交通系统的设计目标主要包括提高慢行出行安全性、提高慢行出行效率、提高慢行出行舒适度三方面。

慢行走廊交通系统的设计原则主要包括三方面：快慢分离，即机非分离、人非分离；用户友好，即设施完备、尺度合理；精细设计，即空间怡人、标识完善。

4 交通系统设计

（1）自行车走廊

■ 路权形式

自行车走廊的建设形式主要包括自行车专用道和自行车专

▲ 图4-21 德国自行车高速路及普通自行车专用路

用路，其中专用道主要分为路中式和路侧式，专用路分为普通自行车专用路和自行车高速路。以上4类走廊的适用性和交通特征存在较大差别，应合理选择使用。

表 4-5　两种自行车专用道走廊比选

自行车专用道	推荐自行车道宽度 路段车速通行能力	适用性	优缺点
路侧式	推荐宽度 3.5～6.5 m； 路段车速 15～20 km/h； 通行能力 3600～7200 辆	普适性最高	优点：自行车汇入、流出方便； 　　　交通组织简便 缺点：受沿线进出交通影响大，车速受影响； 　　　沿线机动车进出对慢行交通造成一定安全隐患
路中式	推荐宽度 3.0～5.0 m； 路段车速 >18 km/h； 通行能力 3600～7200 辆	用于沿线自行车汇入和流出较少、自行车快速通过为主的路段； 多配合公共自行车使用	优点：沿线进出交通影响小，车速可达到较高速度； 　　　自行车优先性得到体现 缺点：通过过街进入自行车专用道； 　　　若自行车出入口处无过街设施，则自行车需要由路中自行车专用道过街后占用人道到达讫点，与行人有交织，因此多配合公共自行车使用以解决此问题

表 4-6　两种自行车专用路走廊比选

自行车专用路	推荐自行车道宽度 路段车速通行能力	适用性	优缺点
自行车高速路	推荐宽度 3.0～6.5 m； 路段车速 20～25 km/h； 通行能力 4500～9000 辆	服务自行车中长距离出行； 适用于需要快速可达起讫点，国外主要用于卫星城与主城间的通勤； 与普通自行车专用路的最大区别在于出入口的控制，间距较大	优点：自行车优先性最高、安全性高； 　　　可实现高车速 缺点：投资较大； 　　　与周边相交道路的处理，多采用高架或者下穿形式； 　　　若为高架形式，上下匝道设计坡度对于自行车上下舒适度有影响
普通自行车专用路	推荐宽度 2.5～6.5 m； 路段车速 >18 km/h； 通行能力 4200～8400 辆	国内除绿道外自行车专用路较少见； 主要适用于受道路红线宽度限制机非分流的路段； 适用于沿线无小汽车开口路段	优点：自行车优先性高、安全性高； 　　　可实现较高车速 缺点：现实中沿线无小汽车开口路段少，较难实现

■ 断面设计

● 分隔形式

机非分隔形式主要有地面画线隔离、护栏隔离和绿化硬质隔离，3 种方式对非机动车的保护等级由低到高。对于非机动车走廊，应选择较高的隔离等级，采取护栏隔离或绿化硬质隔离措施。人非隔离形式主要有铺装隔离、绿化隔离和高差隔离，3 种方式对非机动车的保护等级由低到高。对于慢行走廊，应选择较高的隔离等级，采取绿化隔离及以上隔离措施。

● 自行车道宽度

自行车净宽 0.6 米，左右摆动约 0.2 米，故一条自行车带宽为 1.0 米，两侧路缘各需 0.25 米的缓冲区间，故两车道的路宽需 2.5 米。据对上海独立非机动车道的观测，建议将自行车廊道的路段通行能力统一取 1000 辆 /（小时·米），又因其高峰期单向流量一般大于 2000 辆 /（小时·米），通常小于 5000 辆 /（小时·米），故自行车廊道单向净宽不应小于 2.5 米，具体应根据自行车规划高峰小时交通量、服务水平以及自行车道通行能力，综合确定自行车道宽度。

表 4-7 日常性自行车网络单侧自行车道宽度

类型与等级		宽度（m）	
		推荐值（m）	低限值（m）
自行车走廊	自行车流量 ≥ 2500 辆 /h	4.0~6.0	3.5
	自行车流量 < 2500 辆 /h	3.4~4.5	2.5

■ 交叉口设计

交叉口设计的重点主要包括自行车等待区、自行车信号及道路转弯半径几个方面。通过完善道路交叉口的设计，可使骑行者能够安全、快速、优先通过，主要包括以下几个方面：

● 自行车停车线前置

将自行车道延伸至交叉口处，并在交叉口将自行车停止线前置，将其位于停止等候的汽车前。

● 自行车流线精细设计

在交叉口运用能见度高、色彩鲜明的自行车道，对自行车道进行精细设计，如在禁止机动车转向的路口，对自行车不设限。

▲ 图 4-22 自行车路权标识及停车区优先设置

● 自行车信号优先

将自行车绿灯信号提前，并在自行车流量大的交叉口延长信号周期；调整信号灯周期，为骑行者而非为机动车提供"绿波"。根据道路的不同，通常假定的骑行时速为 14~22 公里 / 时。

（2）步行走廊

■ 步行道宽度

人行道包括建筑前区、行人通行带、设施区、自行车停车区和绿化带。其中，行人通行带是指可供行人正常、安全行走的通行空间，是人行道的有效宽度，由若干条人行带组成。应根据行人客流量和人行带通行能力确定人行带条数，根据人行带条数确定行人通行带宽度。不同区域城市道路行人通行带宽度可参考表4-8，仅当设置条件困难时采用最小宽度。目前国内许多设计中人行道最小宽度并未考虑其非交通性功能，即未考虑设施区、自行车停车区和绿化带的宽度，因此在实际中许多人行道连行人基本的交通活动要求都难以满足，这一点应引起重视。

■ 分隔形式

对于步行走廊，人行道与自行车道之间应采用物理隔离，人非共板模式仅仅适用于自行车交通量很小的情况。

■ 沿线空间

沿街立面应尽可能实现友好、多样性、有吸引力的界面，并注重街墙塑造和围合感塑造。

■ 机动车出入口

步行走廊与机动车道路的平面交叉应通过交通控制措施保障步行的安全和优先通行。在旧金山对于小汽车交通对于生活质量的影响表明，重度机动化即日均通过16000辆小汽车时，朋友与熟人数由轻度机动化时的3人和6.3人锐减至0.9人和3.1人，沿线居民归属、场所感亦随交通量的增加而降低。因此，许多城市已开始控制市中心车流量与车速以保护社区活力。同时有研究表明，仅有步行改善的"胡萝卜"政策，而无限制小汽车过度发展的"大棒"措施，步行交通系统难以保障高质量。因此，在与步行走廊平面相交处，机动车出入口均应设置减速坝等减速设施来降低机动车车速，并设置让行标志，体现步行优先地位。

5 小结

慢行走廊的规划设计首先应确定其建设形式，针对不同形式的专用道和专用路系统，进行慢行精细设计，包括过街设施、停租设施、慢行环境、慢行优先等方面的设计。此外，还应进行用地系统设计，包括宏观的用地布局和微观的空间设计，以及景观系统和生态系统的规划设计等。

（2018）

表4-8 不同区段行人通行带推荐宽度和最小宽度建议值

单位：（m）

道路等级	区段类型			
	推荐宽度		最小宽度	
	一般情况	商业中心区、大型公共建筑、枢纽等客流集聚区	一般情况	商业中心区、大型公共建筑、枢纽等客流集聚区
主干路	4.5~6.0	5.0~8.0	3.0	5.0
次干路	3.0~4.5	4.0~6.0	2.0	3.0
支路	1.5~3.0	3.0~4.0	1.5	2.0

▶ "绿色"道路设计及实践

据住房和城乡建设部2010年对351个城市进行的专项调研结果显示，2008年至2010年间，全国62%的城市发生过内涝，其中57个城市的最大积水时间超过12小时。北京、广州等一线城市更是成为内涝的重灾区，2012年北京"7·21"大雨夺走了70多条生命。"雨季到城市来看海"成为流行语。

发生内涝的重要原因之一是城市地面硬质化改变了雨水的自然管理过程。在纯自然状态下，当降雨发生时，雨水的"流程"如下：部分雨水被自然植被截留下来，部分雨水降落到地表。降落到地表的这部分雨水又分为两部分：①渗透过土壤部分。其去向是被土壤、植物根系吸收利用或成为补充地下水的水源。②最后超过土壤渗透量的雨水。其去向是形成地表径流汇入河流等水体中。而在现代城市中，原来的自然地表被大量的硬质化不透水铺装所代替，包括道路、停车场、广场等等，同时城市中一些绿地标高往往高于路面标高，绿地边界或者道路绿化也往往通过高于道路路面的路缘石进行围挡，使得这些绿化用地不再具有接收、容纳与暂存雨水的功能，当降雨发生时，各种雨水径流大量、迅速地汇聚到道路上，对城市雨水管网产生巨大压力，造成雨水排出不畅和局部内涝。同时，由于雨水径流过程中冲刷溶解大量污染物，对城市水体带来环境威胁。这样一来，原本要渗透入土壤的那部分雨水成为地表径流。根据美国环境保护署（U.S.EPA）的实验结果，同强度降雨发生时，自然地表情况下只有10%雨量形成地表径流，50%雨量形成下渗，而在城市建成区则高达55%形成地表径流，只有15%形成下渗，地表径流量的显著增加给城市排水带来压力。城市道路占城市建设用地面积近1/5~1/4，城市道路也往往是

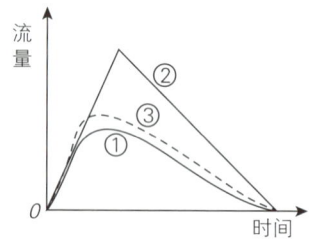

▲ 图4-23　不同条件下雨水径流曲线示意

雨水"内涝"的集聚区，若可以充分利用城市道路绿化用地来排水，增加雨水渗透量，减少地表径流，将有助于缓解内涝。"绿色道路"的产生正是基于对这一问题的考虑。

绿色道路主要是对道路横断面形式、道路纵横坡度、绿化设置形式进行改变，在不影响道路交通功能和安全的前提下，使得道路绿化设施有效滞留净化雨水，削减峰流量，提高汇水区域的综合排水能力。从原理上来讲，绿色道路通过将道路的不透水铺装及附属绿地建设成具有雨水管理功能的绿色景观空间，以植物、土壤等自然元素管理雨水，恢复自然界的雨水循环过程。如图4-23所示，①为自然状态下雨水的径流曲线，较为平缓；②是通过城市管网直接排放下的径流曲线，也是目前大多数城市所采用的形式，其峰值明显高出自然状态下的曲线；③采用"绿色道路"低冲击开发模式下的径流曲线，曲线的形态与自然状态下的较为接近。绿色街道改变了雨水管理的观念，不仅具有减少路面径流量和内涝的作用，而且对补充地下水资源、净化雨水水质、减少城市热岛效应、提升道路景观功能也有一定的贡献，是一种充分尊重自然、利用自然的生态发展模式。

第四部分
规划设计技术

▲ 图 4-24 传统道路与绿色道路对比示意

▲ 图 4-25 绿色道路要素设计示意

绿色道路是对道路绿化用地的全面改造，包括对中央分隔带、机非分隔带、行道树种植池、交通环岛以及街角绿化等等。图 4-25 为绿色道路要素设计示意图，图 4-26 为道路改造前后示意图。另外，绿色道路是城市低冲击开发模式的一方面，是"绿色基础设施"的一部分。美国规划协会对绿色基础设施作了如下定义："它是一种由诸如林荫道路、湿地、公园、林地、自然植被区等开放空间和自然区域组成的相互联系的网络，能够以自然的方式控制城市雨水径流、减少城市洪涝灾害、控制径流污染、保护水环境。在这个网络系统共同作用下，城市的雨水循环过程接近于自然状态条件"。

我省镇江市在借鉴了美国等发达国家或地区的先进经验基础上，结合城市自身的自然生态条件，探索、总结了绿色道路的设计方法，提供了很好的实践案例。目前镇江市要求新建及改造道路均采用绿色道路标准，已经通车的如金山湖路等，图4-27为部分实拍照片。该条道路设计时，不仅考虑了道路本身的"绿色化"，还考虑了道路排水与周边金山湖水系的关系，未来目标是将建立整个区域"接近于自然状态"的生态水系网络。

（2015）

▲ 图4-26 道路改造前后对比示意

▲ 图4-27 镇江市金山湖路"绿色道路"实拍照片

▶ 热岛降温，道路先行

很多人喜欢把天气与一个人的脾气相类比。如此说来，全球变暖就等同于一个人的整体脾气在变坏，爱生气，爱发怒。在以热为主题的七八月份，今年持续的高温与洪涝一样，已经被归并到灾害的行列。很多城市的日最高温度屡破纪录，让人体、植被和农作物备受煎烤的同时也让无数人困惑，困惑城市的美好是不是只是停留在口头上、静止在画面里；困惑众多争相标榜"宜居""幸福"的城市有没有应对极端天气的长效措施。毕竟，城市居民不是可以选择最佳体验时段的游客，而是长期与城市共生共存的主体。庆幸的是，至少大部分地区不是年年如此、月月如此，我们依然还可以看到阴晴圆缺，感受温度的变化，体验季节的更替。这或许是在提醒我们，如果能够尊重自然，顺应自然变化的规律，也许可以减少极端天气发生的次数，或者在无法避免其恶脾气肆虐的时候，设法降低它对人们的伤害程度，而不是选择成为它的帮凶。遗憾的是，这样的帮凶在城市中几乎放眼就能寻着，城市道路就是其中之一。

那么城市道路是怎样成为高温推手的呢？

首先，是路面铺装的材料对太阳光热的辐射。这是最直接、最直观也是最容易被大众感知的一个方面。为了方便施工和行车，城市道路大量使用水泥、沥青等比热容低但传导率却很高的材料，它们在烈日下不停地吸收太阳光热的同时，也在持续向城市散发热量，与城市建筑一起，通过热量的反复传递与反射，不断提高空气温度。据报道，常州气象台在今年7月14日午后，对不同垫层地表温度进行监测显示：同一时间，沥青地面温度高达52.5 ℃，水泥地面温度50.8 ℃，而当天预报最高气温是34 ℃。除了在白天对高温推波助澜以外，这些基础设施还会在夜晚日晒减弱时，持续向空气中释放自身存储的热量，将高温时段延长。在新型透气材料、新的铺装方法推广之前，有效的树荫遮盖可以直接解决这一问题。行道树通过遮挡阳光直射、蒸腾作用等可以显著降低周边空气的温度。实测表明，有无树荫遮盖的路面温度相差6~20 ℃不等。但在实践中，新建和改建道路的宽阔常常让有限的乔木树冠枝长莫及。

其次，干线道路没有与城市夏季主导风向协调。"穿堂风"是很受人喜欢的天然纳凉方式，像是大自然对高温扰民的一种补偿，相信很多有过农村生活经验的人都有切身的感受。当然，穿堂风不只是农村独占的资源，城市也有，只是被不合理的空间和建筑给化解掉了。或是受既有道路脉络的影响，或是受城市水系走向的制约，又或是规划师在进行道路网规划时根本就没有考虑这一因素的影响……最终造成城市干线性道路的走向没有能够与城市夏季的主导风向一致，或是主要通道在某处被建筑截断。在自然高温时节，外围的空气无法顺利穿过城市，带走城市内部产生和积蓄的热量。打开门窗只有阵阵热浪扑面而来，人们只能选择把自己关在房间里，依赖空调进行温度调节，不仅增加了电能消耗，也讽刺性地成为城市热岛效应的贡献者。封闭的空间与并不洁净的过滤气体，也给人体的健康埋下了很多隐患。

第三，城市道路功能的偏见。俗话说"会哭的孩子有奶吃"，高峰时期哪怕只是一辆车意外抛锚，也可能引发附近几个街区的交通堵塞。壮观的场面总是能获得媒体的青睐，很容易触动城市管理者敏感的神经。因此，在近十几年的城市道路规划和建设中，机动车通行的需求被赋予了极高的优先级，行人喊破了嗓子也难争取到充分平等的权利。谁也无法否认每一次出行都以步行开始，也以步行结束，可就是这样伴随绝大多数人一生的交通方式却没有得到应有的、持续的尊重。在用机动车可达性来衡量城市道路设施水平的理念主导下，道路上只剩下呼啸而过的车流。随之增加的是街区的尺度以及由每个地块累积起来的出行距离，导致人们越来越依赖车辆完成必要的出行。而在烈日炎炎的季节，车辆就好比城市中人为投放的流动发热器，给高温天气"火上浇油"的同时，也在不停地驱赶着胆敢上路的步行或骑行者。

对道路只管通车、行人，不管驻留、休憩的做法，不可避免的减少了沿路公共开敞空间和自然小气候的营造，让高温下的纳凉需求由少积多，由分散走向集中，由派生走向纯粹。不仅给政府本身增添了新的压力，也同步招致新的矛盾和隐患。虽然今年很多地方政府通过开放防空洞、学校和会议中心来应对的担当之举广受媒体好评，然而纳凉者却褒贬不一。距家远使用不便、功能单一太枯燥、人群习惯不同有冲突等等，更重要的是，纳凉的途径仍然是以空调调控、风扇吹风等方式为主。虽不用自己掏电费却也同样容易引发身体不适。相比之下，更多的人喜欢在门前屋后的树荫、就近可达的街角绿地、公园和水边去寻找大自然给出的解决方案。

城市热岛效应直接或间接的原因很多，不合理的道路网络规划与建设导致的热效应只是其中的一部分。但是，道路是城市空间的开拓者，在城市规划方案中享有优先落地的特殊权利。因此，改变必须首先从道路着手，让热岛效应带来的危害或其本身由大化小、由小化了。笔者认为以下方面可供参考：改变道路只是城市基础配套设施的定位，重新思考道路网络布局对城市用地布局，进而对居民生活方式的影响；与本地自然地貌相协调，优化主要道路的走向使之适应城市夏季的主导风向，并对沿线建筑朝向和格局提出要求；严控新建或改建道路的红线宽度，让硬质路面在夏日能够完全被寻常树种的树荫覆盖；打开沿路宽阔的"制式"绿带，让人们能够进入花草围合的空间，享受林木遮蔽的自然野趣；将步行和骑行体系规划纳入城市道路网络专项规划，同步解决人和车、快和慢的协调，还原道路本来的面貌，等等。

对于沿海沿江城市而言，酷暑已经离去，但如果我们不吸取教训，着手改变，难保夏季甚至秋季高温灾害不会再次发生。增加洒水次数、拉闸限电是无奈，而非良策，不一定每次都能奏效。忽视城市建设和管理的细节，容易让问题由小变大、由量变引起质变，直至超出我们掌控的能力范围。如果我们无法直接对抗大自然的恶，那就应该想方设法去弘扬它的善。今年的高温，只是大自然的又一个提醒。

（2013）

浅谈多专业协同的精细化城市道路设计

在过去的近一个世纪里,以私人小汽车为核心的道路系统一直是国内外进行道路交通规划与建设的基本出发点。然而,随着私人机动化交通负面影响的日渐显现及对可持续发展的需求,越来越多的地方政府要求道路的规划设计和建设必须满足各种功能的要求。事实上,当今的城市变得越来越多样化,城市中的每条街道都呈现出不同的交通特征与空间特征,在一条街道上可以友好共存的交通方式到了另一条街道上可能就显得格格不入,大部分街道都需要有专门的、具体的解决方案,而且这些方案必须具有对应于更大空间尺度的整体观念。因此,如何将地方的局部利益和整个城市的功能优化结合起来,是设计者们不得不思考的问题,城市道路的规划、设计、建设和管理等诸多方面也有必要由"粗放"向"精细"转变。

▲ 图4-28 国内外常见城市道路街景比较

1 传统道路设计方法的拷问

（1）街道功能的狭义化

传统的道路设计片面地强调其单一交通功能,而忽视了街道本身作为一个多功能空间载体的事实。街道在城市中的功能主要体现在交通运输功能、经济功能、景观功能、认知功能以及交往功能5个方面（凯文·林奇）。街道任何时候既是道路又是场所,把街道看成交通工具的通道很自然,但它作为场所的功能却被大大忽视了（克利夫·芒福汀）。

（2）设计团队的模式化

传统的道路设计团队,主要以道路专业的设计师为主。各项设计要素满足既有规范要求成为道路设计的主要内容,缺乏多专业的统筹与协同,仅追求形而上的配合,而没有真正意义上的整合设计。城市道路设计时仅注重"就事论事",通常忽略了系统性的考虑;偏重"实用性",而忽视了舒适性、美观性的要求。

（3）功能设计的车本位

在城市规模扩大与城市机动性不断加强的双重背景下,城市街道的规划设计越来越受制于交通系统的组织原则,即如何最大限度提高交通通行能力这一目标。城市的布局结构依据的是流体力学的原理,城市功能首先依附于通行能力最强的主干路,随后是与之连接的次干路及支路,通过这一等级系统将人员和商品配送到其最终目的地。这种模式与水、电或燃气的管道系统完全相同。道路仅仅是人和车辆移动的通道,一种工程构筑物。设计师们更多考虑的是如何使车辆能够快速通过,如何减少行人对行驶车辆的干扰。"以车为本"的设计观念导致了单调的道路断面，冷漠的交通环境，剥夺了行人与车辆本应公平的道路使用权。

2 精细化道路设计"精"在何处？

（1）功能完整的街道

完整街道的理念要求从交通、空间、景观和市政四方面出发，对道路景观、道路线形、道路断面、市政管线、出入口设置等内容进行引导和融合，为所有方式的交通出行者提供一个公平的道路交通系统。完整街道整合了一些较新的规划设计理念，如可持续发展、智慧增长、新城市主义、交通稳静化和交通需求管理等。完整街道设计是一个实施更多元化交通系统和更宜居社区的切实可行的办法。

（2）系统最优的视野

所谓系统最优，旨在摒弃"就道路论道路"的设计习惯，强调道路设计与城市空间、土地利用、城市景观、多元交通方式以及市政设施之间的协调。城市道路属于"线性"构筑物，沿途环境不一，有必要引入"差异化"的思路来替代传统的"一种标准""一种断面"走到底的惯性思维。

（3）最低影响的开发

低影响开发的基本原理是在人工系统的开发建设活动中，尽最大可能减少对自然生态系统的冲击和破坏。低影响道路利用道路绿化带在收集、储存、入渗、净化雨水径流方面的功能，将道路绿化带建设为植生滞留槽的形式，道路雨水径流通过孔口道牙汇入绿化带，实现自动收集、自然入渗、生态排放。

表 4-9　完整街道与传统道路设计理念对比

	传统道路设计	完整街道设计
总体交通目标	流动性——物理性出行（主要是机动车出行）	可达性——人们获得期望的服务和进行活动的能力
交通规划目标	出行速度最大化	总体可达性最大化
性能指标	道路服务水平、平均速度、交通延误等	多方式服务水平、不同人群获得服务或进行活动所需的时间与费用
优先设计考虑	车辆行驶速度、流量	容纳多种交通方式
设计速度考虑	保证机动车快速行驶	实现快慢分离
道路网类型	道路网连接程度较低	道路网连接程度较高并且包含人行道

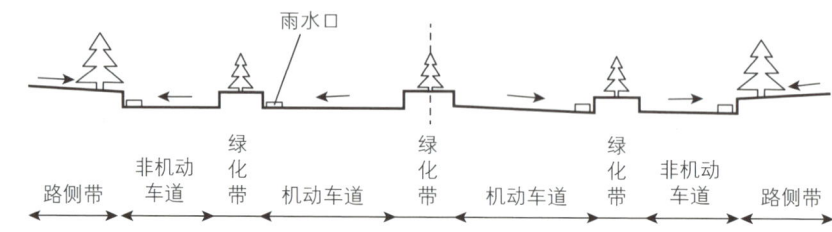

（上）传统排水设计模式

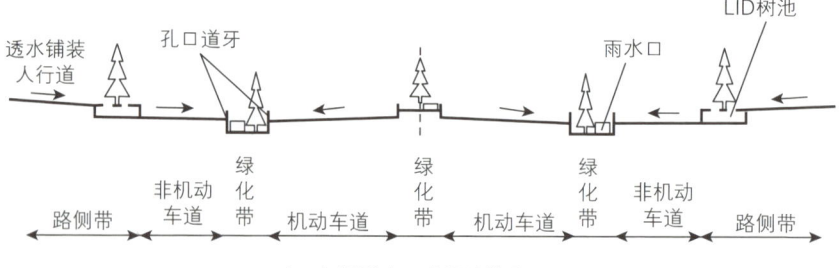

（下）低影响开发设计模式

▲ 图 4-29　传统排水设计模式（上图）与低影响开发设计模式（下图）比较

▲ 图 4-30　结合用地性质的路段功能划分

▲ 图 4-31　结合开发强度的路段功能划分

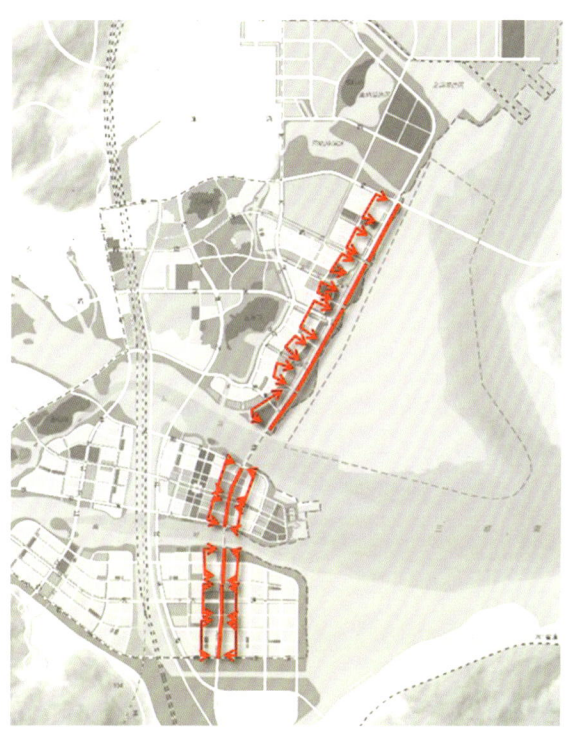

▲ 图 4-32　街区化慢行空间示意

（4）多专业融合的设计团队

精细化道路规划设计主体更强调多专业的融合，需要城市规划师、交通工程师、景观设计师、市政工程师、街道管理者、道路使用者等相关方的协同规划设计。

3　设计案例

（1）空间功能分析

■ 用地性质与开发强度

用地性质决定交通服务对象。宁德市滨海大道的设计根据用地性质，将道路划分为4类路段，分别为生态景观路段、居住用地路段、公共设施路段和产业用地路段。

用地开发容量影响交通需求强度。根据用地容量，将道路划分为4类路段，分别为低强度开发路段、中低强度开发路段、中高强度开发路段和高强度开发路段。

■ 街区化慢行空间设计

强调慢行与功能性空间（尤其是广场等开敞性空间、小学、幼儿园、养老院、居住社区中心）的串联。通过慢行连线将生活节点串联起来，形成完整的慢行空间。

■ 路段设计指引

生态景观路段，强调绿化景观结合滨水区的设计，滨水部分考虑增加慢行廊道；居住用地路段，以休闲活动为主，增加步行空间和步行道宽度，注重设计的人性化、易用性；公共设施路段，以商业活动为主，步行与车行并重，可考虑辅道设计；产业用地路段，以生产活动为主，重点加强车行空间设计。明确每一类路段的断面空间及控制要求。

（2）交通功能分析

■ 机动车通行功能

机动车通行功能主要考虑未来机动车交通需求、与整体城市路网的协调关系两个方面。城市道路承载的交通需求与其本身的道路功能等级相关，在不同的城市交通发展模式背景下，道路功能与机动车道需求量应通过城市交通仿真模型反复测试。

■ 公共交通功能

在梳理现状公共交通线网和站点布局的基础上，结合上位规划的要求，明确设计道路建成后对公共交通的影响。具体表现在公交线网和站点的协同设计。提出新增或改线公交线路的建议，在设计阶段预留港湾式公交站台的空间，协调好公交站点与过街设施、景观出入口、重要城市节点等的关系。

■ 慢行交通功能

在上位规划中明确设计道路慢行通勤和休闲的要求，结合沿线空间功能的差异，对各段慢行空间深化控制指引。各段道路在非机动车道和人行道的空间安排上可以"各取所需""因地制宜"，进而得出各段的道路横断面。

（3）景观功能分析

■ 景源分析

道路沿线景源分析是道路景观设计的基础。宁德市滨海大道设计强调的是山海之间，步移景异。东望山海环抱，红树林生机盎然，山海交融之美景与红树林独特的生态系统成为独具魅力的风景名片。西望山湖相通，翠峰连绵起伏。上位规划通过空间廊道的梳理使众山相连，四水相通，宛如山水长卷。

■ 景观系统

道路作为景观系统中的一个重要因素，应发挥其独特的作用。宁德市滨河大道的景观定位为山海间的纽带，城市与自然间的阳台。消除阻隔问题，延续山海脉络，消除大堤与道路建设造成的空间割裂问题，保持城市特有的山海空间特征。构建景观通廊，实现空间跨越，通过道路的竖向变化与人行天桥的设计，使车辆与行人都能"亲近"大海。

■ 景观节点

道路景观节点的塑造是城市景观的重要组成部分，也是彰显城市特色、提升道路沿线环境品质的特殊载体。景观节点的打造需要与沿线城市功能和土地利用的要求相结合，与自然环境相契合，满足景观系统的要求。

（4）市政功能分析

■ 低影响开发雨水系统

按照低影响开发的要求，根据路段周边用地性质、水系、绿地布局，将路段低影响开发雨水系统划分为3类。

近水区域结合湿地适当布设，径流通过道路两侧的转输型植草沟、道路绿化带滞留池将汇集的雨水输送至湿地中，进一步蓄、滞、净。面源污染严重地区重点采用加强型生物滞留池，以及"植草沟+下凹式绿地"组合的技术措施，通过雨水的下渗过滤及生物降解达到径流污染控制目的。商住用地周边低影响开发措施重点结合景观效果实施。路面径流先经滞留池、植草沟+下凹式绿地（雨水花园）净化，然后和超标雨水通过管

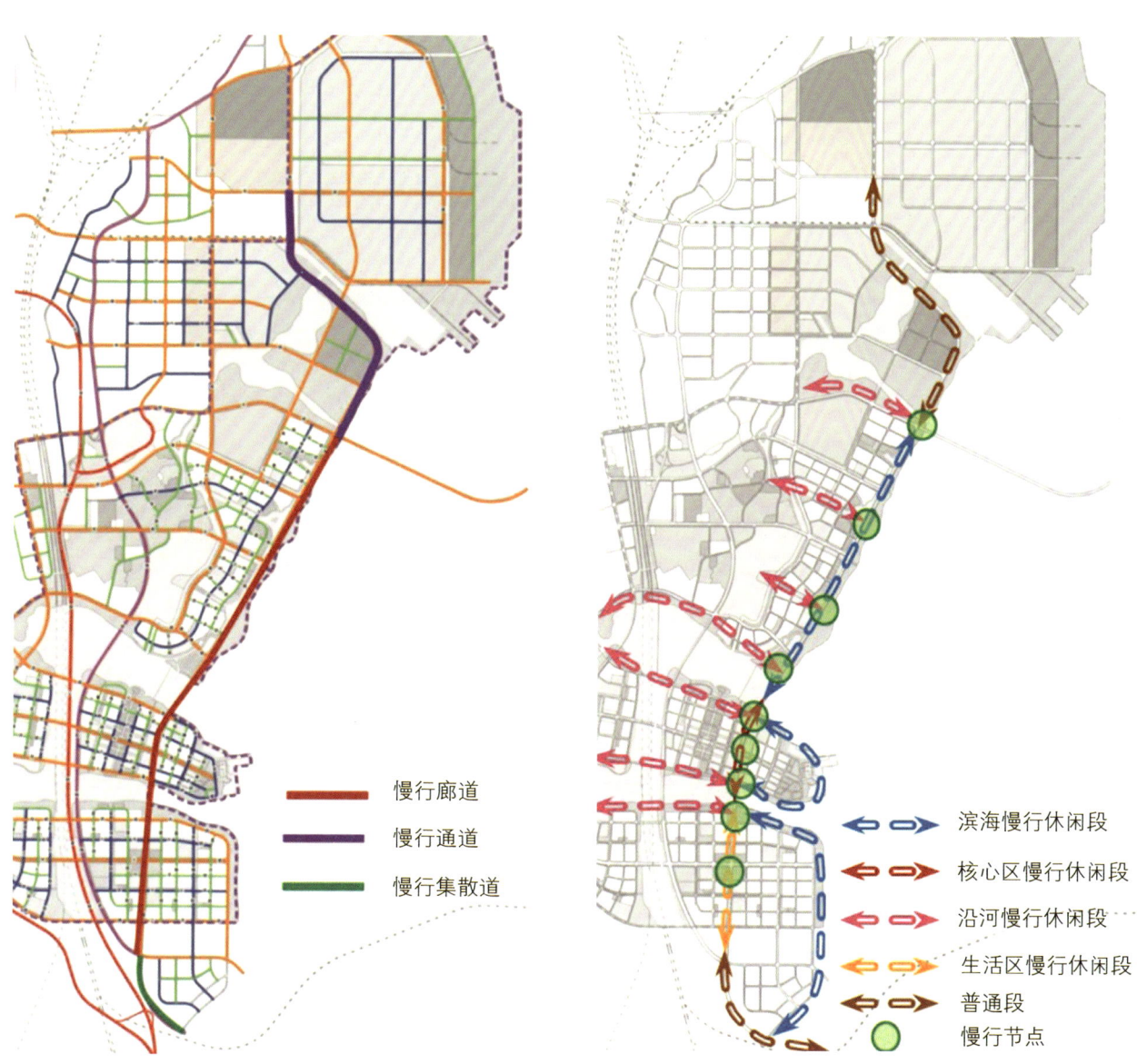

▲ 图 4-33 宁德市滨海大道设计慢行空间分段细化分析

▲ 图 4-34 滨海大道设计景源分析

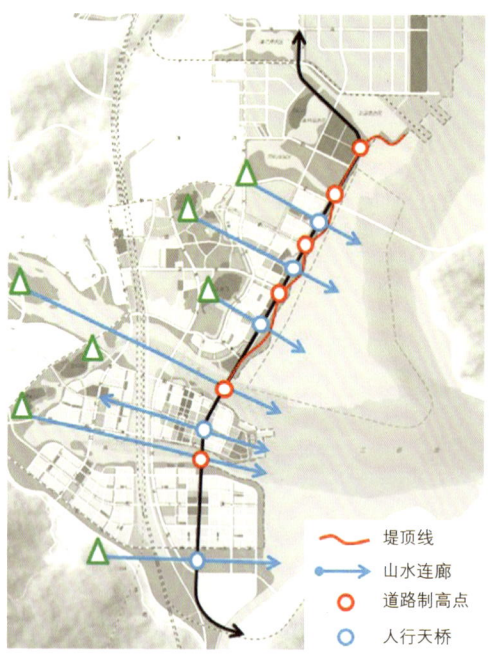

▲ 图 4-35 滨海大道景观系统构建

▲ 图 4-37 滨海大道景观节点识别

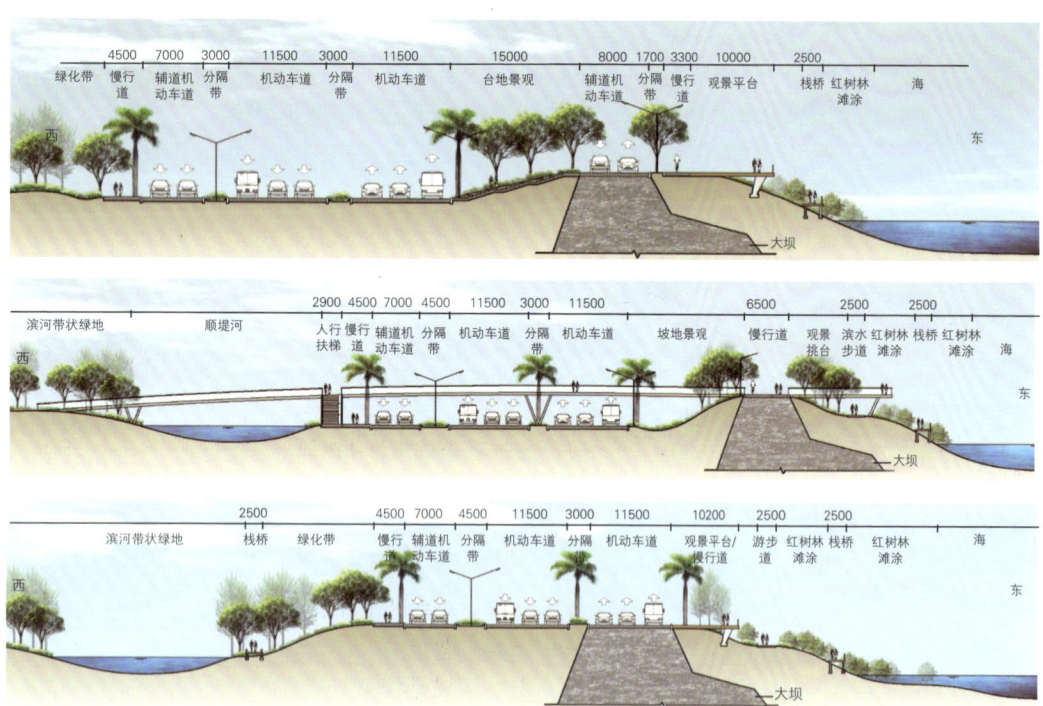

▲ 图 4-36 滨海大道分段景观断面示意

网排出，同时雨水花园兼具较好的景观效果。建议人行道采用透水铺装设计，减少雨水径流量，提高慢行品质。

■ 综合管廊

综合管廊是一种有效、先进的管道综合技术。综合的管道包括：给水、污水、雨水、电力、通信。综合管廊适用于城市新建区域或新建道路，当沿线所有管道直埋无法达到规范间距要求时，解决空间不足的问题，有利于避免拉链马路、保障供水干管的维护以及电力、通信下地，美化市容市貌。

对于适宜采用综合管廊的城市道路，在设计过程中应优先考虑，以满足新型城镇化城市基础设施集约化发展的需要。

4 结语

城市道路是人们最为熟悉的城市空间，反映城市的气质、特征和发展水平。从本质上看，城市道路首先是城市中的一条联络通道，用于帮助我们穿越城市的某一区域，到达那些分布在道路周边的目的地；同时，这一通道也是承载不同类型活动的共享空间。城市道路的功能从来就不是单一的，而不同功能的共存总会造成一些矛盾。多专业协同的精细化设计将城市道路本身及沿线一定范围内的功能均作为设计对象，研究范围扩展到城市系统之中，使得设计结果更能满足新时期对城市建设品质的要求。

多专业协同是一种设计思路与方法，是建立在道路设计满足国家和地方规范基础上的细化、提升，旨在促进交通与土地利用一体化发展，使道路空间设置更加科学、沿线环境塑造更加宜人、城市特色更加彰显。

（2016）

▲ 图 4-38 道路低影响开发设计

基于完整街道理念的路侧停车平面布局研究

1 研究背景

随着城市化、机动化的快速推进，城市停车难问题日益凸显。西宁市 2015 年的机动车拥有率约 167 辆/千人，私人小汽车 16.3 万辆，近 5 年来年均增长超过 20%。根据现状停车调查，西宁市中心城区基本车位需求约 16.3 万个，出行车位需求约 6.9 万个，而停车泊位总供给约 19.6 万个，停车设施的缺失已经严重影响道路交通功能。根据《中华人民共和国道路交通安全法》第三十三条规定，在城市道路范围内，在不影响行人、车辆通行的情况下，政府有关部门可以施划停车泊位。因此，在建设实践中，除了加强配建、路外和路内停车位的建设以外，可以结合建筑后退空间和人行道，适当设置路侧停车泊位，缓解城市停车压力。

2 完整街道

城市道路既承担着小汽车、公交等交通功能，也承担着游憩、购物等生活空间功能。但在长期的规划建设实践中，人们主要考虑道路的交通功能，特别是机动车等快速交通的服务水平，首要目标是如何提高单位时间内机动车的通行能力，而对道路的生活空间功能关注甚少，突出表现在许多道路的慢行空间缺失或不连续，慢行的安全性和舒适性得不到保障。这种"以车为本"的传统设计在一定程度上导致了人们对机动车交通方式的依赖感加强，进而引发交通拥堵、汽车尾气和噪声污染等各种问题。

表 4-10　完整街道与传统街道设计要素比较

街道设计内容	传统街道	完整街道
设计目标	连通性最大化	兼顾连通性与可达性
设计指标	机动车平均速度、服务水平、交通延误	多方式服务水平
设计速度（km/h）	50～80	30～40
典型路网结构	低密度、大尺度街区	高密度、小尺度街区
设计要素优先顺序	机动车 > 公交 > 慢行	慢行 > 公交 > 机动车

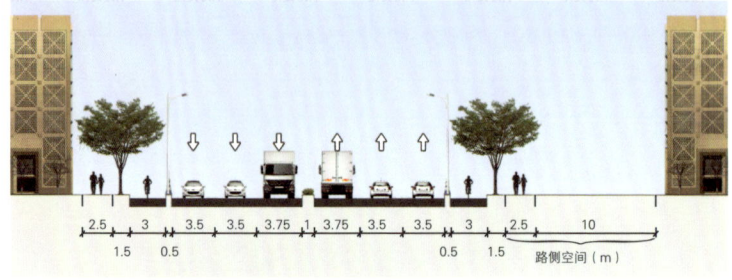

▲ 图 4-39　完整街道与路侧空间示意图

完整街道整合了一些新的规划设计理念，如精明增长、新城市主义、交通稳静化等，认为街道应为所有出行者提供安全空间，满足所有出行者的需求，致力于以人为本，是对以车为本的传统街道的反思和修正。除交通功能设计要素外，还应关注以下要素：①行人设施，包括人行道、人行横道、交通岛等；②交通稳静化设施，包括减速带、纹理路面、蜿蜒道等；③非机动车设施，包括非机动车专用车道、非机动车停车场等；④公共交通设施，包括公交专用道、公交信号优先等。

3 路侧停车平面布局

图 4-39 为一个典型的完整街道横断面示意图，既有满足小汽车交通的机动车道，也有公交车道、非机动车道和人行道，并且在道路一侧有 10 米的建筑后退空间，在停车矛盾较为突出的情况下，结合后退空间和人行道施划路侧停车泊位，是解决停车矛盾的有效途径。

▲ 图 4-40　路侧无序停车现状

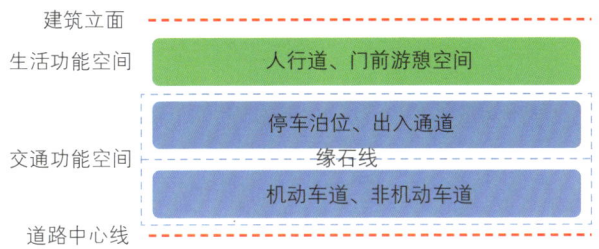

▲ 图 4-41　完整街道的路侧空间功能分类整合示意

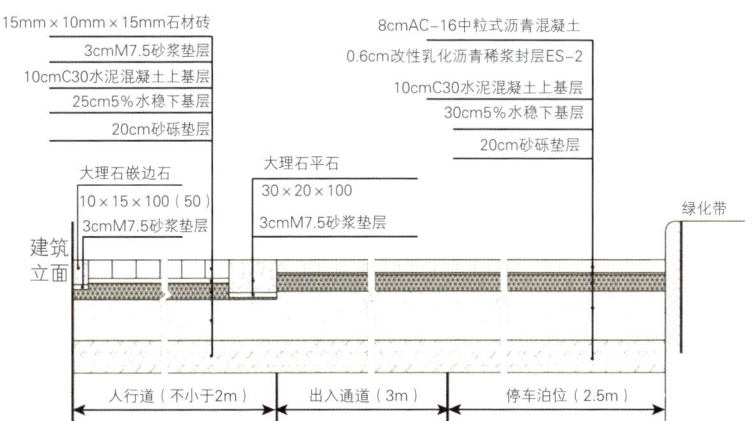

▲ 图 4-42　停车场横断面及结构

在对西宁城区路侧停车现状调研发现，交通功能属性的停车泊位、通道与生活功能属性的人行道、购物游憩空间交织混杂，人车互相干扰，出行体验较差。

基于完整街道理念，在路侧停车平面布局时，对交通功能和生活功能的断面要素进行分类整合，将停车泊位、行车通道靠近道路缘石线一侧摆放，将人行道、建筑门前购物游憩空间靠近临街建筑立面一侧摆放，这样既能保证车辆的顺利停车、通畅行驶，也能保证行人的出行安全、游憩体验，促进人车和谐。

4　实例研究

为了缓解西宁市的停车供需矛盾，2015年《西宁市"缓堵保畅"3年攻坚行动计划静态交通建设管理方案》明确：逐区域逐街道，对城区道路两侧300多个临时停车场、共计1万多个泊位进行整治改造。

本文选取西宁市西关大街海一大厦门前的路侧空间作为实例研究，其建筑立面至路侧绿化带（由于西宁市海拔较高，气候干燥，城区树木存活率低，绿化面积较少，绿化带不可移除或减少）的空间为8.3~14.6米，根据相关停车、道路设计规范，采用垂直式泊位5米×2.5米、平行式泊位6米×2.5米、人行道不小于2米的标准，考虑设置1排平行式泊位，泊位与车辆出入通道靠绿化带一侧摆放，人行道与门前游憩空间靠建筑一侧摆放。

海一大厦路侧空间现状采用6厘米铺砖结构，车辆进出对铺砖反复碾压，造成了一定程度的损坏，对行人和车辆行驶均不利，因此需要破除重铺。停车场横断面及结构如图4-42所示，停车泊位及出入通道采用沥青混凝土结构，人行道及门前游憩空间采用10厘米厚石材砖结构，人行道与出入通道之间采用30厘米宽大理石平石进行衔接。这种断面结构既避免了路面破损，又突出了完整街道不同功能空间的划分，有利于人车分流。

5　结语

本次研究是结合西宁市路侧临时停车场改造工程项目进行的，按照完整街道理念，梳理道路的交通、生活功能空间，为路侧停车平面布局提供了示范，具有较强的理论、实践指导意义，项目也取得了较好的社会经济效益。

（2016）

浅谈面向海绵城市的城市道路设计

依据《城市用地分类与规划建设用地标准》，城市规划建设用地结构中道路广场用地占比为8%～15%。在传统的城市建设模式下，城市道路以不透水硬化路面为主，遇到极端雨水天气，主要依靠管渠、泵站等"灰色"设施排除路面雨水，以快速排除和末端集中控制为主要设计理念，往往造成逢雨必涝，旱涝急转。全国多个省市由于遭到高强度暴雨的侵袭，城市道路积水严重，城市居民的正常出行甚至人身安全受到了一定程度影响，城市规划和建设饱受诟病。城市地面、路面的过度硬化和管网建设不足是重要原因之一。因此，有必要在城市道路建设工程中重视海绵城市理念的应用。

1 传统城市道路雨水处理的反思

在传统的城市道路设计中，雨水沿着道路纵坡方向通过雨水口进入市政雨水管道，这种简单的排水方式强调雨水径流的快速排放。国内许多城市在暴雨过后频频出现内涝灾害，"城市看海"成为常态，但内涝之后城市水资源短缺的问题依然严重。

传统的排水方式越来越不能适应现代城市的要求。主要原因在于，一是城市的快速发展，使得城市地表不透水面积比例急剧增长，造成了雨水下渗量的减少和地表径流量的增加，超过了原有市政雨水管道的承载能力；二是道路雨水径流通过市政管道直接排入附近水系，造成了雨水资源的大量浪费，城市内涝之后水资源却未得到有效补充，同时初期雨水污染严重，未经处理便直接排放，加重了城市水环境的污染和破坏；三是道路绿带本应起到涵养水源、保持水土的作用，但在传统设计中，这些绿带大多缺乏与周边的联系，成为道路中的孤岛，每年需要消耗大量的水资源灌溉养护，这在某种程度上加剧了城市水资源危机。

2 海绵型道路建设技术

传统市政道路排水模式主要目标在于以雨水的尽快排出为根本出发点。降低道路雨水径流的峰流流量，海绵型道路建设运用低影响开发技术，在保证路面不积水的前提下，源头控制雨水水量与水质，控制洪峰和面源污染。

（1）海绵型道路所采用的低影响开发技术主要有下沉式绿地、生物滞留池、植草缓冲带、植草沟等。

① 下沉式绿地即集雨功能的城市道路绿化带，标高低于两侧道路路面，呈明显下凹状。应用于城市道路红线范围内机非分隔带、中央分隔带等。

② 生物滞留设施即采用植草沟、植被缓冲带或沉淀池等对径流雨水进行预处理，去除大颗粒的污染物并减缓流速。生物滞留设施是下沉式绿地的补充，通常应用于道路绿线范围内。

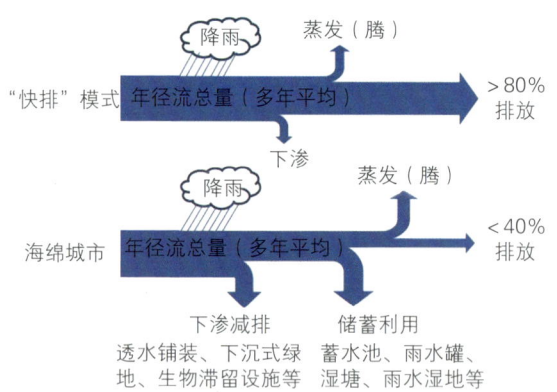

▲ 图4-43 传统快排模式和海绵模式对比

表 4-11 海绵型道路与传统市政道路排水模式比较

项目	传统市政道路排水模式	海绵型道路排水模式
规划设计	点式雨水口收集，管道输送排出	雨水线性排入下凹式绿化带存储和入渗，部分雨水径流管道输送排出
路面材料	非透水路面	透水路面（透水沥青、透水混凝土等）
人行道材料	非透水人行道	透水铺装地面（如透水砖等）
绿化带设计	高程高于路面，路面雨水径流无法自流入绿化带；无雨水存储功能，入渗能力差，无雨水净化功能	下凹式绿化带，以植生滞留槽形式建设；有雨水存储功能，入渗能力强，有一定的雨水净化功能
雨水口设计	路面上	绿化带内，雨水口高程高于绿地而低于路面高程
道牙设计	传统道牙上	泄水侧石、孔口道牙等
排水管道	传统雨水管道	可采用穿孔排水管
应用效果	排出多，入渗少，洪峰流量大，管网负荷大，面源污染严重	入渗多，排出少，可有效削减洪峰和径流总量，控制面源污染
管理维护	较复杂	简单

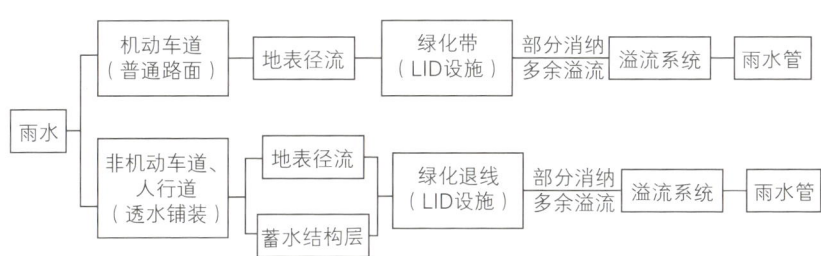

▲ 图 4-44 海绵型道路排水示意

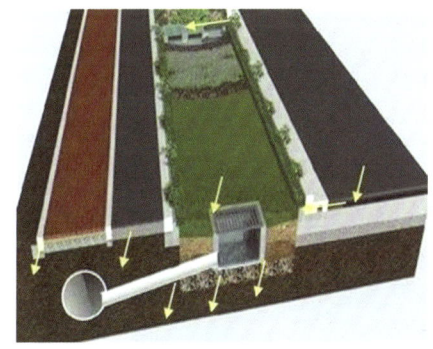

▲ 图 4-45 下沉式绿地

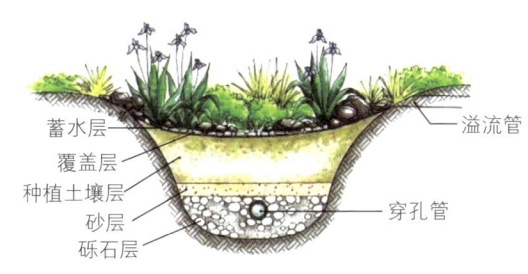

▲ 图 4-46 生物滞留设施

③ 植被缓冲带为坡度较缓的植被区，主要应用于沿河绿线范围。经植被拦截及土壤下渗作用减缓地表径流流速，并去除径流中的部分污染物，植被缓冲带坡度一般为2%~6%，宽度不宜小于2米。

④ 植草沟为绿地中间下凹的沟槽，应用于道路宽分隔带或绿带。浅沟断面形式宜采用倒抛物线形、三角形或梯形。

（2）道路材料方面，主要采用透水人行道铺装、透水性车行道路面。

透水人行道铺装即可渗透水的铺装，主要应用于市政道路人行道及公园道路，透水铺装对道路路基强度和稳定性的潜在风险较大时，可采用半透水。土地透水能力有限时，应在透水铺装的透水基层内设置排水管或排水板。

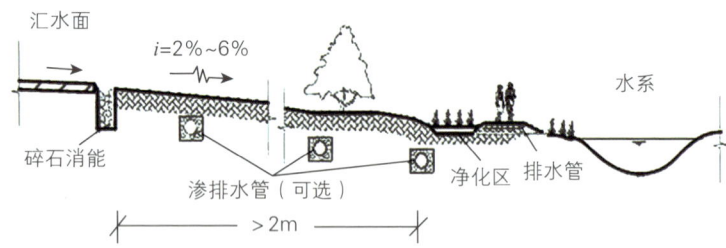

▲ 图 4-47　植草缓冲带

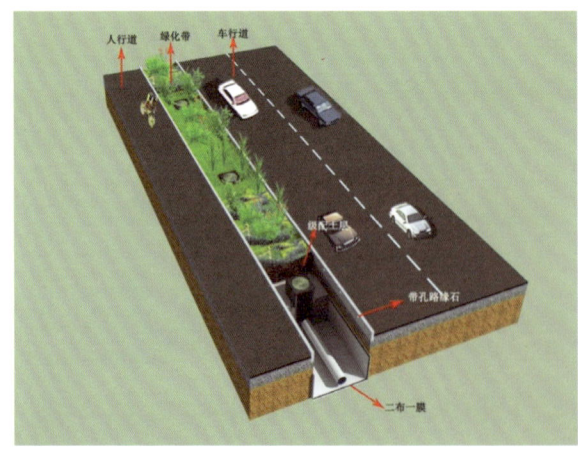

▲ 图 4-48　应用于道路绿化带的植草沟

▲ 图 4-49　透水铺装案例

透水性车行道路面即可渗透水的路面结构材料。面层—多孔沥青混合料（PAC），骨架—空隙结构，粗集料占总质量85%，集料接触面积减少约25%。采用高黏度沥青作为结合料—掺加高黏度改性剂，在SBS改性沥青中掺加高黏度改性剂、轮胎粉或者纤维。基层—级配碎石透水基层，多孔水泥混凝土基层，多孔水泥稳定碎石透水基层CTPB，大孔隙沥青稳定碎石透水基层ATPB，大粒径透水沥青混合料基层LSPM。垫层—粗砂、小颗粒集料或者土工织物构成，具有过滤功能和足够的透水能力。

3 海绵城市"热"的"冷"思考

城市道路低影响开发雨水系统对于缓解城市洪涝灾害、控制径流污染、净化城市水质、补充地下水源具有重要的作用。当下海绵城市建设在全国范围内如火如荼地展开，但规划设计工作者要对各项技术问题冷静思考，使海绵城市的理念真正落到实处，长期发挥其应有的作用。

海绵城市建设不是形象工程和政绩工程，不能只搞一条样板道路或一个示范小区，而应上升到城市总体规划层面，协调各专业制定各专项规划和控制性详细规划，伴随城市的发展持续进行。

海绵城市建设也不能照本宣科，完全照搬已有的建设形式，而应因地制宜，充分调研项目所在区域的地形地貌和降雨量，有的放矢地进行针对性设计。我国南北方气候差异显著，例如下沉式绿地的选用，在部分雨水较少的地区受地形因素限制可能会成为固体废弃物或垃圾的聚集地，影响道路美观。

设计应注重功能与形式相结合。道路绿化景观是人们接触自然的主要场所之一，具有美化道路环境和净化空气的作用。在构建低影响开发功能性景观的同时，兼顾景观的视觉审美，丰富植物的种植形式和群落结构，选择设施中易于存活的植物，提高道路绿化系统的稳定性，并且结合周边地块功能特点和人们的行为需求，打造特点突出、风格鲜明的道路绿化景观体系。

（2016）

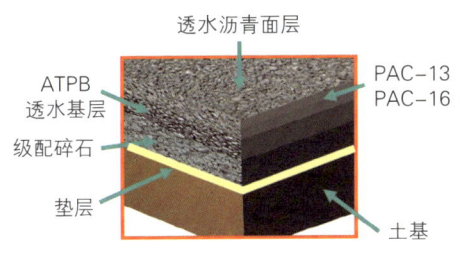 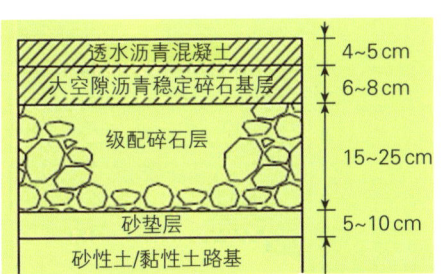

▲ 图4-50 透水路面结构

解密打造海绵城市的设施"透水性路面"

1 从海绵城市说起

什么是海绵城市？海绵城市是指城市能像海绵一样，在适应环境变化和应对自然灾害等方面具有良好的弹性。下雨时吸水、蓄水、渗水、净水，需要时将蓄存的水释放并加以利用。作为打造海绵城市的设施，透水混凝土路面具有透水性，下雨时能较快消除道路、广场的积水现象，集中降雨时能减轻城市排水设施的负担。

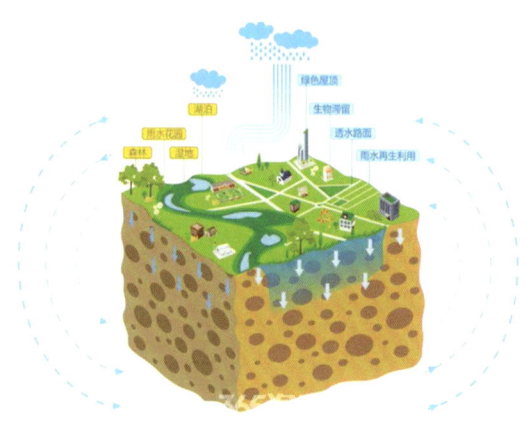

▲ 图4-51 海绵城市模式

在城市建设中，绝大多数的城市道路、人行道、停车场、商业步行街、广场及公园道路的铺装普遍采用水泥混凝土、密级配沥青混合料等不透水材料，这些材料虽然工艺成熟、铺装简单，但不符合"以人为本"的方针，给城市的生态环境带来许多负面影响。一方面，普通混凝土铺筑的路面缺少透水性和透气性，雨水不能进入地下，致使地表植物因为严重缺水而难以正常生长；另一方面，不透气的路面很难与空气进行热量、水分的交流，缺少对城市地表温度、湿度调节改变能力，发生所谓的"热岛"现象。此外，不透水的路面外表容易发生积水现象，大大降低了道路行驶的舒服性和安全性。

2 我国透水路面应用现状

透水路面具有诸多生态方面的优点，早在20世纪70年代，日本和欧美等发达国家就开始研究透水路面。我国透水路面的研究工作起步较晚，到20世纪90年代才着手研究，透水路面在一些城市得到大量应用。

北京：2004年，北京有5个示范区通过采用铺设透水混凝土路面的办法，收集建筑物、庭院和道路雨水用于家庭冲厕、小区绿化和地下水回灌，在暴雨中有效地起到了利用雨水资源、减轻城市河道排水行洪压力的作用。2008年，在奥运会广场、停车场铺设透水混凝土，利用在赛道周边设置截水沟等措施将经过透水混凝土过滤的雨水排入赛道内，实现场馆内雨洪利用，雨水利用率约为85%，节约了赛道补水。

上海：上海市在新建、改建公园中积极推广透水混凝土的应用。2010年，在整个世博园区，60%以上的路面采用了透水混凝土。经过多次降雨监测表明，雨水能迅速渗入地下，路面没有积水，夜间不反光，增加了路面通行的安全性、舒适性，同时，抑制了城市"热岛效应"。

南京：南京在幕府西路建成第1条透水混凝土市政道路，300米长的人行道全部采用透水彩色混凝土铺成。

杭州：杭州金衙庄公园建成首条树脂透水混凝土道路，其防滑性能好，还能够起到很好的吸热降温作用。

▲ 图 4-52　透水砖路面　　▲ 图 4-53　透水沥青混凝土路面

3　透水路面的分类

（1）按照构造形式不同分类

透水性路面按照构造形式不同，可分为两大类，即面层透水、基础不透水的半透水地面和面层、基础均透水的全透水地面。

（2）按照面层透水材料不同分类

透水性路面按照面层透水材料不同，可分为3类，即透水混凝土路面、透水沥青路面和透水砖路面。

透水水泥混凝土路面是指用粗集料、水泥、水和少量的细集料拌制而成，具有较大空隙的混凝土铺制的路面。

透水性沥青混凝土是指用大空隙的沥青混合料铺筑，能迅速从内部排走路表雨水，具有抗滑、抗车辙及降噪音的路面。

透水砖路面的面层是指由一定厚度、孔隙率及分层结构的透水砖构成的透水路面，适合于人行道、自行车道、广场、停车场、步行街巷。

▲ 图 4-54　透水砖路面

4 透水混凝土路面结构设计

以下以透水水泥混凝土路面为例,对透水水泥混凝土路面的分类和结构进行详细介绍。

(1)透水水泥混凝土路面分类

透水水泥混凝土路面分为两类,一类为全透水路面,如图4-55、图4-56、图4-57、图4-58所示结构,主要用于人行道、非机动车道、景观硬质铺装、城市广场,典型的基层结构为多孔隙水泥稳定碎石、级配砾石、级配碎石即级配砾层、透水水泥混凝土基层;另一类为半透水结构,如图4-59、图4-60所示结构,主要用于考虑轻荷载道路和停车场等,典型基层结构为水泥混凝土基层、稳定土基层或石灰粉煤稳定砂砾基层。

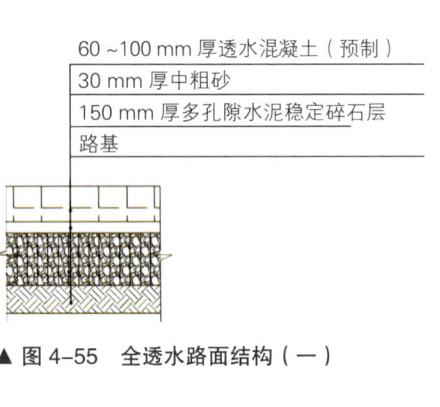

▲ 图4-55 全透水路面结构(一)

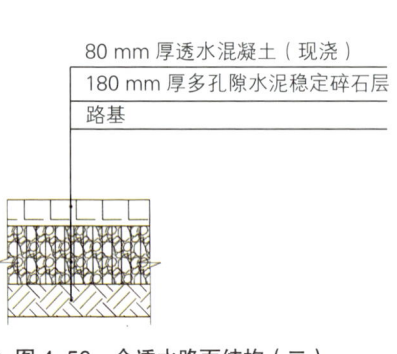

▲ 图4-56 全透水路面结构(二)

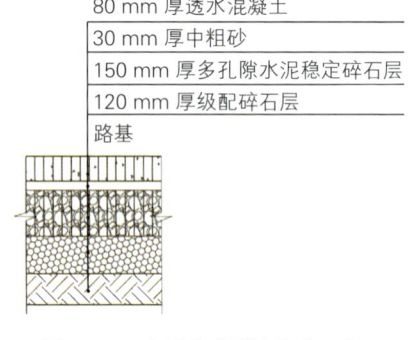

▲ 图4-57 全透水路面结构(三)

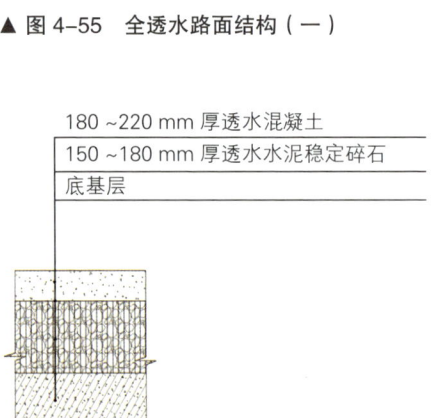

▲ 图4-58 全透水路面结构(四)

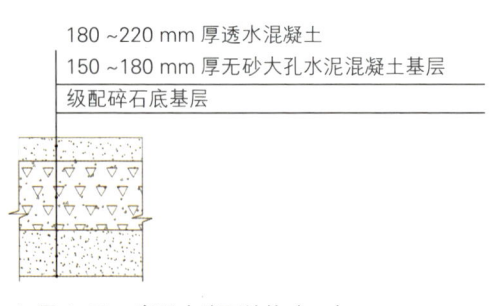

▲ 图4-59 半透水路面结构(一)

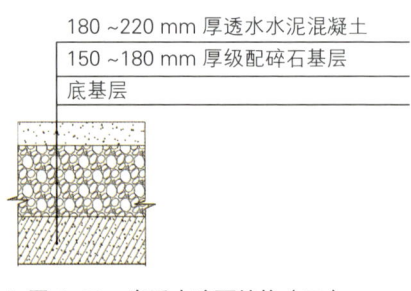

▲ 图4-60 半透水路面结构(二)

（2）透水水泥混凝土结构设计

■ 面层设计

当人行道设计采用全透水结构时，其透水水泥混凝土面层强度等级不应小于C20，厚度不宜小于80毫米。当采用半透水结构时，其透水水泥混凝土面层强度等级不应小于C30，厚度不宜小于180毫米。透水水泥混凝土面层孔隙率不应小于15%，透水系数不应小于1毫米/秒。透水水泥混凝土面层应设计纵向和横向变形缝。纵向变形缝的间距按路面宽度在4.0~5.0米范围确定，横向变形缝的间距一般为3.5~4.5米，划块尺寸不宜大于20米时，面层板的长宽比不宜超过1:3。基层有施工缝时，面层缩缝应与其结构缝位置一致，缝内应填嵌柔性材料。透水水泥凝土地面设置胀缝时，缝内应填嵌柔性材料，宽度小于3米的面层施工长度超过20米应设置1道宽度大于3米的面层。

■ 基层设计

全透水水泥混凝土路面基层宜采用级配碎石等透水性良好的颗粒类材料。用于人行道的全透水结构形的基层，其厚度不应小于150毫米，压实度应大于92%。设计基层全透水结构时，其透水水泥混凝土强度等级不应低于20兆帕，厚度不应小于800毫米。用于其他道路的全透水结构的基层，其厚度应小于350毫米，压实度应大于94%。当采用透水水泥混凝土作为基层时，其厚度不应小于200毫米，强度等级不应小于C20。用于半透水结构道路的水泥混凝土基层，其抗压强度等级不应小于C20，厚度不应小于100毫米。基层上宜采用直径小于6毫米的细碎石找平，其厚度控制在20~30毫米。

■ 路基设计

用于全透水结构人行道的路基，其压实度应大于92%；其他全透水结构道路和半透水结构道路的路基，其压实度应大于94%。路基路面设计回弹模量、压实度，按照城镇道路次干路或支路设计等级要求。具体按照《城市道路路基设计规范》（CJJ 194—2013）、《城镇道路路面设计规范》（CJJ 169—2012）相应条款执行。

5 结论

国内研究出的透水混凝土强度较低，主要应用于强度要求不太高的人行道、大型广场、停车场、树池、体育场及小区和公园景观道路等。我国对水泥混凝土的研究和应用方面不断加大投入力度。透水混凝土路面在生态环保方面有许多优点，但在实际应用中也发现了一些问题，如耐久性差、容易堵塞、不易维护等，对这些问题进行深入的研究与技术改进，是未来应开展的工作重点，这对透水路面大范围的推广应用有着重要的作用。

（2016）

表4-12　各结构层功能表

结构层	功　　能
透水混凝土面层	直接承受荷载、透水、贮水、抗磨耗、抗滑
基层	主要承受荷载、透水、贮水；防止深入路床的水或地下水因毛细作用上升，缓解含水土基冻胀对路面结构整体稳定性的影响
路基	防止渗入路床的水或地下水因毛细作用上升，缓解含水土基冻胀对路面结构整体稳定性的影响

▶ 平面交叉口需要"瘦瘦身"

道路交叉口是城市道路系统中交通冲突的集中点和通行能力的制约点，更是交通拥堵的多发点，提高道路交叉口通行能力是目前很多城市致力解决交通拥堵的措施之一。然而在以实现机动车流畅通为目的的交叉口建设和改造中，我们却制造出了许多"让人生畏"的巨型交叉口。构建以公共交通为主导、多方式协调发展的综合交通体系是城市交通实现可持续发展的有效路径，这一点在当前已经成为共识。在用户需求多样化、交通和谐化的发展特征和发展要求下，交叉口这一汇集了各种交通方式冲突的特殊区域，自然也应该更加兼顾、包容各方利益，而不是仅仅考虑机动车的"感受"。

那么，相比之下，我们的交叉口"大"在哪里呢？①缘石转弯半径。缘石转弯半径越大，车辆的转弯速度就越有保障，但是交叉口占地空间也因此增加明显。粗略估算，在不考虑红线展宽的情况下，相同的十字交叉口分别采用10米和25米的转弯半径，后者增加了近450平方米的用地。而10米的缘石转弯半径却几乎是我国城市道路设计采用的下限（我国规范建议值为10~25米）。相比一些发达国家或地区的规定而言，这一要求明显偏高。美国加州首府的街道设计手册就明确指出，居住区主干路路缘石转弯半径不应超过30英尺（约9米），工业区不应超过50英尺（约15米）。②交叉口红线展宽。除了"平改桥"或"平改隧"外，交叉口展宽渠化是当前最为普遍的设计方法。渠化常常伴随着道路交叉口的红线展宽。展宽的幅度越大，进出交叉口可用的车道数就越多，交叉口处向外膨胀的程度也就越大。③环形交叉口设计。20世纪80、90年代，引自英美等发达国家的环形交叉口受到了很多城市建设者的青睐。明其形，不辨其意的拿来主义，让原本以安全、高效为主要出发点的人性化设计理念跨洋过海后，很快就被异化成显现城市形象的手段。花园、雕塑等纷纷以美化城市之名"落户"环岛。但是，大环岛不论在心理上还是在体力上都成了让行人生畏的沟壑。

交叉口的"肥胖"带来的问题至少也有3个方面。①增加了行人过街的时耗和风险。据统计，60%以上的交通事故发生在道路交叉口，而行人则是伤亡的主体，行人过街的时间消耗和安全风险随着交叉口的增大而增大。同样分别以10米和25米的转弯半径估算，后者的人行过街距离比前者多出了近23米。按1米/秒的正常步行速度计算，需要多花费23秒的时间。对于老人和孩童而言，这并不是个小数字，过街每多花一秒钟，就意味着会多1份风险。②影响了街道界面的连续感和整体性。在必须遵守的视距三角形要求下，交叉口道路红线的展宽迫使位于交叉口处的建筑需要做出与之一致的退让，导致交叉口处的城市建筑或景观界面产生了明显的内凹，影响了城市空间整体性。当我们感叹欧美一些城市优美整齐的街道轮廓，流连于这些城市的大街小巷时，不妨反思一下我们的道路设计问题。③浪费了交叉口土地的使用价值。"金角银边草肚皮"的商铺投资黄金法则，非常通俗地道出了交叉口周边这一特殊地区所蕴藏的开发价值。如果仅仅是为了改善车辆通行效率而过多地侵占交叉口的土地是"不划算的"。因为治理交通拥堵的目的之一是为了改变土地的可达性，提升土地的利用价值，而如果慷慨地把优质的土地资源拱手相让于车辆的快速通行，把本可以营造商业氛围的人气冲散，除了服务于车辆长距离通行的道路，这样的做法不能不说是一种自相矛盾。

交叉口就像一个微型的城市交通系统容器，容纳了行人、自行车、公交车、小汽车等各种交通方式以及它们相互之间的矛盾。对于这些矛盾，我们更需要做的是如何调和，而不是"一刀切"地偏向于车行。因为这样不仅不能解决问题，而且还会制造出更多的麻烦。在"以人为本"的城市建设理念下，大多数服务车行的"臃肿"交叉口确实有必要"瘦瘦身"。

首先，还是从对道路功能认识的改变开始。交通拥堵常常直观地表现为车辆的拥堵，这让我们仍然会自觉或不自觉地就会拐上改善交叉口以服务于车辆通行的老路。虽然屡次面对"头痛医头，脚痛医脚"这一功利模式的失败，却仍然难以自拔。这一切都是因为根深蒂固的"道路就是为车辆而建"的思维在作祟。因此，我们首先要能够分辨城市道路的服务职能，哪些是主要服务于车的，哪些是以保障行人权利为第一位的，只有这样，我们才能区别化地开出因路而异的"药方"，让一些不该"变胖"的交叉口"瘦下来"，甚至在交叉口处不是展宽而是收缩，这并非笔者的创新，而是欧美很多城市早就开始实施的交通稳静化措施之一。这一做法配合路边停车带的设置，将交叉口的路缘石向路段中间凸起，故意制造瓶颈，以达到控制机动车车速与缩小过街距离的双重目的。

其次，对道路网发展模式的认识上也应做出改变。一些大尺寸的交叉口常常源于道路过宽。对于"宽马路，低密度"还是"窄街道，高密度"的选择上已经无须多说，但如果将目前过宽的道路进行"瘦身"用于加密道路网络，不仅可以控制每个交叉口的尺度，而且可以通过单行管理措施保障车辆的通行效率，还能提升土地的使用价值，不可不谓是一举多得的法子。

（2012）

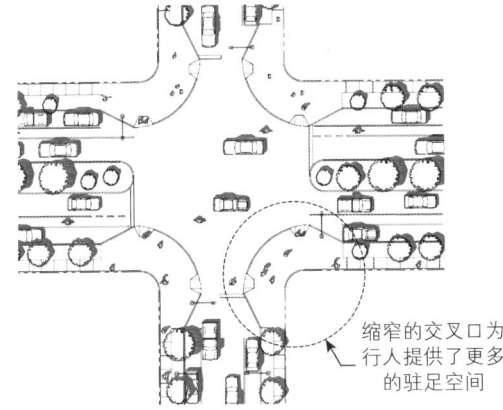

▲图4-61　交叉口缩窄示意

江苏省城市交通数据库建设经验总结

城市交通数据库是城市交通发展战略与政策制定、交通基础设施建设的辅助平台。建立城市交通数据库，科学存储、更新和管理城市交通数据，全面了解城市交通的运行特征和供求现状，可为制定城市交通发展战略、编制各项交通规划、交通基础设施建设决策等提供详实的基础资料和科学的测评手段，对提高城市交通管理水平，促进城市交通数字化、信息化、智能化有着十分重要意义。目前我省苏州、无锡、常州等城市已对城市交通数据库的建设工作进行了一些探索，对相关经验进行总结分析，对进一步推广我省城市数据库的建设具有重要意义。

1 各城市交通数据库建设概况

（1）常州市综合交通数据库

常州市于 2006 年 5 月启动常州市综合交通数据库建设项目，历时 1 年，耗资数百万元，调动工作人员 3000 人，于 2007 年 4 月完成项目建设。常州市综合交通数据库是一套基于 GIS、集交通调查信息和空间地理信息于一体的城市交通规划信息系统。该系统可储存和更新城市交通调查数据，并以此为基础建立了城市交通模型。数据库的建立过程包括常州市交通研究总体策划、综合交通调查与数据分析、城市交通数据库的设计与建立、交通模型的建立前期咨询等。主要功能包括交通调查数据的存储、管理和典型统计分析，交通分析模型等。

（2）张家港市交通基础信息数据库

系统于 2009 年建成，包括交通基础设施数据库、内外网信息发布系统、交通基础设施数据采集和维护系统，实现了对辖区内交通基础设施的数字化管理。数据库包含了张家港市辖区内所有道路、航道、公交线路、汽车维修点、海事、船闸等交通基础设施的数据信息，并实现了各类交通基础设施信息查询、统计、出租车管理、路径查询、公交查询等功能。该系统将 GPS 技术与 GIS 技术相结合，实现交通基础设施图形数据和相关属性数据的一体化处理。系统通过 GPS 技术手段，对张家港市辖区内道路、航道、公交线路、汽车维修点等交通基础设施进行了数据采集，经过加工处理后，存入数据库。在完成交通局内部业务的同时，也可为公众提供丰富的路径查询、公交查询、出租车信息查询等便民服务。

（3）无锡市城市客运智能交通系统

城市客运智能交通系统 2011 年底建立，包括智能公交、出租车智能调度等。智能化的无锡公交平台整合的手机和互联网应用，实现了对 208 条线路、4000 个站点的实时查询功能，提高了公交服务吸引力。从 2011 年 9 月中旬开始，无锡市公交公司向社会推出了电脑、手机上网查询和手机短信发送查询实时公交行驶停靠站台信息的服务，通过 GPS 定位调度、GPRS 和 CDMA 通讯、GIS 地理信息以及计算机、网络、软件等相结合，由营运调度指挥平台、企业资源 ERP 管理平台和公交电子服务星系发布平台综合使用。自 2010 年年底投入使用"智能公交"系统以来，无锡市公交公司不但首末班车辆准点率达 100%、车辆全天运行准点率达 96% 以上外，还同比下降 30% 的事故量以及在 2011 年全年节油 443 万升，达到了社会效益和经济效益双赢的效果。

（4）苏州工业园区

2013 年建成综合交通数据库与智能交通管理系统一期工程。数据库主要包括基础地理信息数据、社会经济数据、土地利用数据、静态交通数据、动态交通数据等几大类。园区设想综合交通数据库的维护部门为测绘中心，主要应用部门包括市政规划处、规划管理处、规划技术处、交通管理处、重点项目处。测绘中心则对综合交通数据库平台进行动态维护和数据更新，并为专项规划输出基础数据。市政规划处主要通过综合交通数据库完成辅助规划管理工作，组织规划设计工作；园区规划管理处、规划技术处、交通管理处、重点项目处都会直接或间接应用到综合交通数据库平台。

2 存在的问题总结

（1）各城市建设数据涉及部门多，难以形成行动合力

各城市建设数据库涉及部门太多，但没有一个统一的机构统筹安排，难以形成协同行动能力。城市交通数据库的内容涉及范围很广，数据散落于各个部门，需要多部门提供数据和信息，如人口数据、机动车保有数据等需要公安系统提供，公共交通相关的信息则需要交通局的支持。各部门间的数据没有统筹起来，各个部门的分工协作与数据共享存在困难，每年做大量的规划，每次调查的数据基本掌握在各个编制单位手中，而各个部门反而没有完整的数据。数据库建设与维护是一项可持续的工作，工作量大，需要制定长期的工作计划，更需要强有力的人力、物力及技术支撑。因此，必须有统一的领导机构统筹安排各项工作，加强数据建设各部门的统一协作。

（2）各城市数据统计口径不一致

由于各部门各自为政，数据库统计的标准未能统一，统计口径不一致导致数据不能有效利用。有的数据是数字形式，有的是空间形式。比如道路网布局、公交站点布局、交叉口渠化，这些都是空间数据。要打破目前各部门数据统计口径差别，更好地实现数据的共享共用，必须建立统一的统计口径。

（3）数据的利用价值未充分挖掘

现阶段各市交通数据的利用以服务宏观预测为主，微观层面的应用比较少，这也导致一些预测精度不会太高。这些数据都可以称为"黑暗数据"（dark data），都是针对单一目标而收集的数据，通常用过之后就被归档闲置，其真正价值未能充分挖掘。数据的价值在于将正确的信息在正确的时间交付到正确的人手中，并将其中的价值充分挖掘。

3 改善建议

（1）建立城市数据库系统保障体系

数据库的建设需要强有力的政策支持，确定机构设置与事权。建议各市成立城市交通数据库领导小组，主要负责数据库各项工作的协调和监督，以确保行政渠道畅通，资料提供及时，被调查者理解配合，调查顺利进行。建库期间需要各类型的专业技术人员，如交通、编程、GIS等，传统的交通规划设计单位在体制和机制方面很难适应建库要求，建议城市规划部门在整合交通、测绘、信息等方面资源的基础上，成立专业部门承担数据库的建设工作，并确定各个部门的事权。

（2）统一数据的标准

建议统一各个辖市的数据库形式，研究数据的精度、格式、分类统计口径等，促进全省城市交通数据库的兼容和整合。研究数据采集的方式方法，数据的标准、更新的机制。要统一所有数据库的标准，预留今后数据库扩展的接口，为今后建成全省各市的数据库网络打下坚实基础。

（3）调动各部门的积极性

数据库的建设要靠各个部门来操作，要调动各个部门的积极性，关键在于数据库的应用上。如果每个部门都觉得这个数据库很有用，大家一起来做，可以通过数据库顶层的设计，把各部门的积极性调动起来，各部门都能够在数据库的建设过程中把思想统一到一起。在数据库的设计阶段就从各个部门的自身需求来建设和逐渐完善数据库的应用，将极大增强建设过程中的推力，将极大提高各部门建设数据库的积极性，从而形成良性循环，进一步将城市交通数据库建设好。

（2014）

▶ 关于大数据的一点思考

社交网络、移动互联、电子商务等现代化信息技术极大地拓展了互联网在经济社会中的应用和影响范围，产生各种各样的数据并迅速膨胀和复杂化。2011年5月，在"云计算相遇大数据"为主题的EMC（美国易安信信息存储资讯科技公司）World 2011会议中，EMC抛出了"Big Data"概念。确切地来说，大数据（big data）是指所涉及的资料量规模巨大到无法通过目前主流软件工具，在合理时间内达到撷取、管理、处理并整理成为帮助决策更积极目的的资讯。维克托在其著作《大数据时代》中指出大数据的4V特点：Volume（大量），Velocity（高速），Variety（多样），Value（价值）。哈佛大学社会学教授加里·金说："这是一场革命，庞大的数据资源使得各个领域开始了量化进程，无论学术界、商界还是政府，所有领域都将开始这种进程。"

当今的城市规划已经不再仅仅着重于城市空间的构图，更多和更深入地涉及城市经济社会的各个领域，研究对象更为复杂，研究目标更为多样，呈现开放式、网络化姿态，对经济社会数据在时间、空间维度上的信息需求量也更大。从这个角度来讲，大数据为城市规划的科学化、定量化提供了前所未有的机遇。从目前大数据在城市规划中的应用情况来看，主要集中在两个方面：一是在采集方法上代替原来的方式。如城市综合交通规划中，传统的通过人工计量法观测道路交通流量逐渐由城市智能交通系统检测器数据代替，不仅消除了人工计数本身的误差，其全样本的数据也消除了抽样误差，如对城市道路一天交通流量的计数中若恰好发生交通事故，则相关路段流量将不具备代表性，这种抽样误差是传统做法难以避免的，而检测器数据的全样性则不会存在此类问题；二是对数据进行二次开发利用。对大数据进行分析能揭示隐藏其中的信息，如传统的居民出行调查，需要对城市居民进行入户访问调查，目前可通过手机数据的获取、分析来判断一天的出行特征。除了这些传统的信息，还可通过逻辑判断获取一天中人口在城市空间上的分布变化及就业岗位的分布情况，尤其是就业岗位数据一直是城市规划中通过各种手段都难以较为准确获得的，获得人口与就业岗位的数据后，又可挖掘职住在空间上的匹配关系信息。

"科技是把双刃剑"，这句话同样适于大数据的应用，在城市规划、建设及管理中也是不能盲目依赖的。

一是关于大数据使用的规范性。数理统计是一门独立的科学，其在城市规划中的应用也是由来已久，大数据的应用也要遵循数理统计的相关原理。大数据的主要特征是数量巨大，但这并不说明其具有数理意义上的代表性和抽样上的随机性。比如通过微博数据来分析问题，但一个人可以有几个微博账号，使用一个微博账号的未必只有一个人。另外，微博使用的群体是什么？在全样本中又是怎样的分布？这些前提都是非常重要的。但是我们经常会见到报告中的说法是，"我们采集了百万计次的数据，结果显示……"，但问题的关键并不在于量的多少，有时候小样本、具有代表性的数据更有价值。因此，大数据的使用也不是信手拈来的，需要规范化，其缺陷和局限需要经过合理的评估、修正后才能应用，否则将致使结论偏颇。

二是关于大数据下的相关关系、因果关系。维克托在《大数据时代》中指出："大数据时代最大的转变就是，放弃对因果关系的渴求，而取而代之关注相关关系。也就是说只要知道'是什么'，而不需要知道'为什么'。这颠覆了我们的思维惯例，也确实在城市管理、智慧城市建设中发挥了一定的作用。

如通过手机定位检测人口集聚情况，及时采取措施来预警突发事故等，在这一过程中，我们并不需要理解人行为的复杂性，只需要通过实时数据来选择相应的、简单的对策——疏散。"这就是维克托所提到的不要因果关系，只需相关关系的道理所在，其理论支撑来自于反馈控制论。在反馈控制系统中，控制装置对被控制对象施加的控制作用，是取自被控制量的反馈信息，用来不断地修正被控制量与输入量之间的偏差，从而实现对被控制对象进行控制的任务，如人工智能并非真正具有了人的智商，而是依赖对周边环境的实时检测、反馈和对行为做出修正。但需要注意的是，反馈控制理论应用的关键是时间周期问题，任何矛盾的演变都需要一定周期，大数据获得的瞬时性使得事情在发生重要变化之前，让我们提前预判和发出预警，这是大数据在城市管理中发挥作用的关键。但对于着眼于中长期的城市规划而言，大数据虽然可以反映城市活动在一定时间内的空间状态，但相对于城市空间演变周期而言，这些时间截面数据只能表达城市活动与城市用地关系的一个表象结果，不可能完整地解释城市内在的运作机制。只有通过长时间的观测来探讨、发现城市活动与城市空间之间的规律，才能上升为规划理论并用于指导规划实践。因此，对于智慧城市中的应急管理，可以只考虑相关关系，但是对于城市规划而言，探讨大数据内在的因果性关系则更有必要。

三是关于大数据在城市自组织活动中的媒介作用。城市活动是在市场经济的框架下各主体（个人、公司等）进行决策的结果，是一种自下而上的组织，在各类决策过程中，需要借助于大量的信息，从这个角度上讲，大数据提供的信息与传统的信息在本质上没有差别，均起到辅助决策的作用。因此，为了便于城市中的各主体做出更及时、更合理的决策，提高城市活动在自组织机制中的"运转"效率，应将适合公开的大数据作为一种公共信息予以发布，让各主体借助这些信息自行判断并做出理性的决策，这恐怕比用大数据本身去解决问题更为有效。

（2015）

行人仿真：微观规划设计的新帮手

行人仿真是20世纪60年代以来，随着计算机技术的进步而发展起来的采用计算机数字模型来反映行人交通现象的分析技术和方法。最早的行人仿真模型是由Fruin在1971年提出的作为分析宏观行人流特性的方法，随着计算机技术的发展和对人的交通行为研究的深入，行人仿真模型及应用得到了长足的发展。近几年来我国城市综合交通枢纽、体育场馆等大型设施正步入大规模建设阶段，同时以文化体育、会展、商业促销活动等为代表的大型活动举办次数也越来越多，这些设施或活动的举办往往集聚了大量的人流，不仅需要对交通设施进行布局优化和最大化利用，而且也要从安全、防灾角度就行人的消散能力、消散路径进行研究。由于行人微观仿真更善于解释行人的多样性、随机性和自组织性，其应用也正在逐步被关注和重视。总结来看，行人仿真在规划设计领域的应用主要体现在修建性控制性详细规划、交通枢纽规划设计及大型文体建筑设计3个方面的交通组织设计中。

修建性控制性详细规划中可以表达诸如建筑联系通道、街角空间、建筑围合广场等元素，而这些元素往往会集中大量的人流。同时，建筑联系通道、广场等元素的人流集散能力与建筑体量、建筑与街道的相对位置等有着密切的关系。通过行人仿真模拟，可以分析人流在这些区域的集聚与消散过程以及方式，从而对建筑布局及体量、通道通过能力及人行交通组织等方面提出反馈性意见，使规划方案更加科学合理。城市商业中心、高校集中区等人流集中的区域应用行人仿真尤为必要。如在某教育园区城市设计中，应用行人仿真软件Vissim模拟早高峰时段学生各类活动步行延误时间以及人流密度分布，对学校宿舍、餐厅、操场、教学楼的布局、规模容量以及联系通道的设置进行测试与反馈，达到了较好的效果。

▲ 图4-62　某教育园区联系通道行人仿真图

行人在交通枢纽内的走行和疏散行为越来越受到重视，而交通枢纽的设计是否符合要求、何处需要改进，往往不可能通过现实的实验来得到验证，而仿真可以较好的解决这个问题。通过行人仿真可以对行人设施以及组织方式，包括付费区域面积、自动扶梯数量、换乘通道宽度、导流栅栏设置、瓶颈入口处设置阻隔障碍等进行量化评估，并提出优化建议。如在北京地铁1号线与2号线换乘的复兴门站，应用行人仿真软件Nomad对高峰时段行人换乘过程进行模拟，得到了不同情景下换乘通道中的行人密度以及乘客在进站、出站、换乘过程中经历的延误等数据，为枢纽交通组织改善提供了科学依据。

对于体育设施、文化展馆等大型场馆的建筑设计，建筑内的疏散通道设置是非常重要的，必须满足特殊情况下一定数量的行人在一定时间消散完毕的需要。通过行人仿真可以模拟不同场景下的疏散效果，为建筑出入口的数量及位置、疏散组织方案提供针对性的优化措施。如在北京奥运会羽毛球馆的设计中，应用行人仿真软件 Legion 对观众散场过程进行模拟，结果发现行人组织方案中存在的问题是观众散场过于集中、流线相互干扰、出口压力不均匀等，针对这些问题，提出了削峰、设置引导员、消除流线干扰等相应的改善措施。对比改善前后仿真结果发现，改善措施可以降低高峰持续时间、均衡出口压力、缓解高密度区域的拥挤，并能预防行人、观众的步行安全隐患。

行人仿真是一门刚刚兴起的科学，国内对其研究目前并不多。但随着人们对城市人行舒适度、安全性关注度的提高以及行人交通仿真研究本身的发展，不难预见，其在城市规划设计中的应用必将越来越广泛，这不仅对提升城市规划设计的科学性，也对帮助优化城市交通组织、最大限度上避免和减少紧急情况发生时人群疏散和逃生造成的损失都具有非常现实的意义。

（2011）

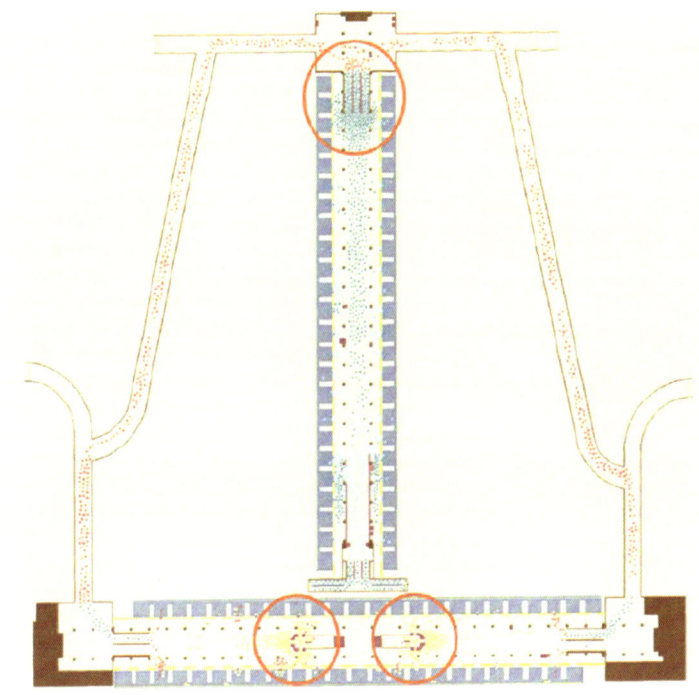

▲ 图 4-63　某客运枢纽行人密度及通道瓶颈仿真

▶ 以人为本，推进落实交通稳静化

根据美日欧长达 60 年对人均 GDP 水平与汽车普及率的统计分析，人均 GDP 和机动车拥有量之间的关系可以划分为 5 个发展阶段：人均 GDP 在 1000 美元以下时，汽车拥有水平约为每 5~10 人 1 辆，城市化水平也较低，私人汽车尚未成为主要的交通工具；人均 GDP 在 1000~3000 美元时，汽车发展进入导入期，拥有水平达到平均每 3~5 人 1 辆，城市第二产业进入快速发展阶段，城市化水平也开始快速发展；人均 GDP 在 3000~8000 美元时，汽车发展进入第一个普及期，拥有水平达到约每 3 人 1 辆汽车以上，城市第三产业开始加速发展，城市化水平进入快速发展阶段；人均 GDP 在 8000~20000 美元时，汽车发展进入第二个普及期，城市第三产业成为主导产业，城市化发展进入基本稳定阶段；人均 GDP 超过 20000 美元时，汽车拥有率达到平均每 2 人 1 辆以上，汽车拥有水平达到饱和状态。而根据《2009 年江苏省统计年鉴》，我省 13 个设区城市中，苏州、无锡的人均 GDP 已经超过 8000 美元，汽车发展进入第二个普及期；南京、镇江、常州、扬州、泰州、南通、盐城、徐州也已经进入第一个普及期，其中南京、镇江、常州的人均 GDP 接近 8000 美元；淮安、连云港、宿迁的人均 GDP 也超过了 2000 美元，汽车发展进入导入期。而从民用汽车增长速度来看，大多数城市的民用汽车年均增长率在 20% 左右。

城市汽车拥有量的快速增长和无节制使用、停放给城市的慢行交通环境带来了冲击。一方面给城市慢行方式出行者带来一定的安全隐患。以小汽车拥有水平较高的江阴市为例，2009 年共发生交通事故 24011 起，其中涉及非机动车的交通事故达 5325 起，占 22% 之多，慢行方式出行者成为城市交通安全中的弱势群体。另一方面，由于小汽车的暴增式入侵，城市空间中以慢行为依托的各种丰富多彩的活动受到抑制，让原本作为城市生活重要场所的街道和广场逐渐变成汽车的世界。从我省大多数城市的出行方式构成来看，慢行出行比例在 50%~65% 左右，仍然是城市交通出行的主体方式。因此在小汽车激增和慢行出行需求仍然旺盛的态势下，如何创造一个"人车和谐共存"的环境，既要约束但又不过分抑制小汽车的使用，又要为慢行出行者提供一个安全的出行环境，成为一个摆在我们面前并需要迫切解决的问题。以往对待人车冲突问题，我们更习惯于采取立体化隔离的措施，但是一味地进行立体化隔离，一方面存在财政的负担和资金的浪费，另一方面也不利于街道生活功能的提升，反而使得人与车更加对立，难以形成人车和谐的交通环境。而国内外大量的实践经验证明，交通稳静化是一种缓和"人车矛盾"、约束小汽车使用、保护慢行环境的有效措施。

交通稳静化是一系列道路工程设计方法的总称，其目的是约束道路交通速度和调控交通流量，以降低机动车使用带来的安全隐患。交通稳静化的理念最早出现于 20 世纪 70 年代的荷兰，其核心思想是在人车共享交通设施资源的基本前提下，对道路结构进行改进，一方面限制汽车行驶速度，另一方面形成更偏向于行人、自行车、公交、游憩、景观等功能的街道结构。目前交通稳静化措施在欧洲、美国、日本等国家的城市进行了大量的实践并取得了良好的效果。如德国从 1970 年后期开始以居住区为实施对象制定了"分区 30"的控制策略，该方案以干路围成的区域为相对独立分区，在必要的路段设置车速缓冲带、隔离栏等限速装置，将区内道路交通速度限定在 30 公里/时以内。目前，该方法已经在欧洲得到广泛普及。英国于 1982 年开始全面实施城市安全工程，实施了包括行人过街、交通控制、主要集散街道交通限速等措施，尽量以低成本的手段来达到改善交通安全的目的。日本在交通稳静化理念方面的实践则以一个完整街区为对象实施了"居住区交通安全样板工程"，各种交通稳静化措施得以尝试和落实。由于交通稳静化措施对提升交通安全、缓解人车矛盾方面有着较为显著的作用，同时实施成本也较低，因此在世界各地得到了广泛推广。目前交通稳静化的措施已经多达30种，包括凸起型交叉口、交叉口瓶颈化、织纹路面、曲线行车道、弯曲交叉口等等。

虽然我省城市交通规划理念逐步由"以车为本"转向"以人为本"，但是，一方面，理念在实践中的落实并逐渐显现效果需要一定时间；另一方面，对慢行交通还是缺乏足够的重视，慢行环境没有得到质的改善，越来越多的人更愿意选择小汽车方式出行，街道空间除交通以外的生活功能正在逐步萎缩，人车矛盾也越来越突出，这无疑对城市的转型发展和生活品质的提升是不利的。如果不加以引导，城市慢行环境存在进一步恶化的风险，而推动交通稳静化措施的落实将在一定程度上改善慢行出行环境。但是由于交通稳静化措施的减速、减量的功能降低了行车的舒适性和快速性，大范围、大力度地实施交通稳静化可能一时无法被接受，效果反而会适得其反。因此，一方面，我们需要逐渐转变理念，首先可以在一些居住区、学校附近、景观旅游区域选择一些容易被人接受的交通稳静化措施来进行实施，并在交通标志标识方面给予驾驶员以提醒，然后根据实施效果逐渐拓展交通稳静化措施的种类和实施范围；另一方面，应坚持"以人为本"的规划理念，在城市慢行交通规划、城市控制性详细规划中落实交通稳静化实施方案或者提出相关的规划指引，为交通稳静化措施的实施提供规划上的依据。交通稳静化也并不意味着完全排斥小汽车，交通稳静化的实施对象也是有所限制的，对于以交通性功能为主的道路上存在的人与车的冲突点还是需要通过时间或空间分离的方式来保障道路通畅和行人安全。

（2011）

英国城市交通安全之印象与启示

走进一直以来都是欧洲文化生活聚焦点的英国，可以感知到不同城市的文化特色与风貌，但各个城市的交通却是同样井然有序，令人印象深刻。英国的城市道路密集绵延，车流如梭，然而人均汽车拥有水平6倍于我国的英国，万车死亡率却仅是我国的十分之一。在汽车化潮流涌动的今天，我们正面临一场看不见硝烟的交通安全战争，而英国全方位的交通安全"武装"无疑为我们提供了一份有价值的"作战指南"。

1 安全导向的交通设计

（1）以人为本的道路设计

英国城市道路路幅较窄，多为一块板形式，三块板、四块板断面比较少见，车行道宽度仅为3米左右，远低于国内3.50米或3.75米，较窄的车道在一定程度上对车速进行了限制；对于交叉口，相反于国内"展宽"为主的处理方式，往往结合路内停车带进行"窄化"处理，以缩短行人过街距离，缘石转弯半径一般不超过10米，有效达到了降低车速的目的。在无信号控制的交叉口，即使交叉口再小，绝大多数也采用了小型环岛的形式，迫使车辆曲线行驶，降低车速，提高安全性。

（2）精细的交通稳静化设计

稳静化是英国道路交通安全设计中的重要手段，经常采用渠化岛、减速丘、织纹路面等一系列措施。尤具特色的是在大多数次干路、支路交叉口以及特殊地段的路段通过将人行横道抬高或者整个交叉口抬高等形式做成减速丘，车辆通过时如不提前减速便会受到猛烈颠簸，有效确保了行人安全。同时，人行过街横道与人行道处于同一个平面，实现了交叉口的无障碍设计。

（3）完善的交通语言系统

从城市道路、高速公路、一般公路到乡村公路，英国的道路交通语言系统给人留下了深刻的印象，即使只有两车道的乡村公路也具备完善的标线标志，甚至多次重复设置，其目的就是给交通参与者提供连续的警示，实现交通的有序和安全。无论是对行人还是驾车者，路面文字和图形、导流线、指路标志、信号灯系统等交通语言均简洁明了、易读易懂，有效引导交通参与者各行其道，互不干扰。

▲ 图4-64 牛津郡交叉口进口道窄化实例

▲ 图4-65 随处可见的交通稳静化设施

▲ 图 4-66　英国乡镇完善的道路标志标线　　　　　　　　　　　　　　　　▲ 图 4-67　伦敦街头"武装"起来的骑行者

2　严格的交通管理措施

（1）自行车安全管理

初到英国，看到城市大街上头戴安全头盔、身穿艳丽马甲"全副武装"的骑车人，就可以深深感知到英国人无处不在的交通安全意识。在英国，很少有专门的非机动车行驶车道，一般在机动车道外侧用黄线划出一条自行车行驶区，宽度差不多刚好通过一辆自行车。为了安全，交通部门要求骑自行车者必须做到以下两点方可上路：一是必须穿反光马甲。英国的冬天，下午不到4点天就黑了，一件能反射汽车灯光的马甲显得非常必要。如果骑车人因没有穿反光马甲而出交通意外，保险公司将不予赔偿。马甲由一层反光布制成，没有薄厚之分，只有尺码不同，无论春夏秋冬，穿在最外面即可。现在，越来越多的骑车人在双脚腕上也绑上了反光带，目的也是为了提醒夜行的车辆注意自己。二是上路前要检查车体是否齐全，尤其是车灯、车铃绝对不能少。夜晚，英国自行车蓝色的前灯和红色的后灯一明一灭，远远就能提醒汽车驾驶员加以注意。

（2）机动车安全管理

严格甚至"苛刻"的驾驶规范是交通安全的基本保障，在伦敦，驾照考试一次通过率仅有35%左右。英国交通警察的执法工作也以严格著称，闭路电视监控、电子监控装置、机动车号牌自动识别系统遍布各个城市和各级道路，超速行驶、酒后驾驶、闯红灯等严重违法行为都将记很高的罚分，严格的罚分制度矫正了驾驶人的不良驾驶行为和侥幸心理，驾驶人一旦违反交通法规，罚款之外其个人信用度也要相应降低。除了救护车、救火车和警车等执行特别任务的车辆之外，任何车辆都必须严格按照交通法规驾驶，违反规则者一律受到处罚，包括英国皇室成员。警察的严厉执法促使公民养成良好的交通习惯，从而大大抑制了各种交通状况的发生。

英国对旅行客车的管理也非常严格，驾驶员一天的工作时间绝对不能超过10小时，200公里以上的路程途中必须休息1次。为防止超速行驶和疲劳驾驶，英国大客车和大货车上均安装有行驶记录仪，记录车辆每天的行驶情况，包括行驶速度、每天和每周运行时间、休息时间等，警察随时检查。驾驶人的日常行驶记录由所属公司负责检查和教育、处理，由车辆和运营商服务局（VOSA）抽查公司的管理记录，一旦发现问题将进行处罚，甚至吊销公司运营许可证。同时，VOSA也会派出工作人员在路上进行抽检。

（3）施工期间安全管理

在道路施工过程中，必须在施工路段前数公里进行提示，告知施工情况和车道变化、限速值，均采用黄色标志牌，十分醒目。施工人员身着全反光工作服，全天候环境下的视认性很好。施工处由水泥隔离墩、反光锥筒完全封闭隔离，较大的施工工程往往会使用数千个隔离墩，以确保施工场地与正常车流完全隔离，正确引导车流，防止车流交错。

3 普及化的交通安全宣传

在英国，抢车抢路、闯红灯的情况十分少见，人们驾车十分友好，相互礼让。交通宣传活动对交通文明起着不可低估的作用。英国的道路安全教育对不同的人群采取不同的方法分别开展，以保证教育的针对性，提高培训的效果。对6岁以下的儿童主要进行乘车安全教育，宣传方法包括向家长发放宣传小册子，通过互联网站、电视广告、杂志等媒体刊登或播放提醒儿童注意乘车安全的内容；对7~10岁儿童，除进行乘车安全教育外，增加了行路安全和骑自行车安全的教育内容，宣传方法是通过电视广告、给家长发宣传小册子和通过互联网站、杂志等媒体用生动的图片宣传交通法律法规；对11~16岁儿童的教育，除以上内容外，增加了电影广告、海报和电台广告等内容；对成年人的交通安全教育重点是控制车速、酒后不开车、不疲劳驾驶、开车禁止使用手机、开车系安全带、摩托车骑行的安全等，宣传方法包括电视广告、电影广告、互联网站、海报和电台广告等。

4 几点启示

进入21世纪以来，我国交通事故死亡率呈现逐年下降的趋势，但是近10年因交通事故年均死亡人数仍然高达9万人左右，位居世界第一。2013年1月1日即将实行的新交规强化了对安全驾驶行为的规范力度，通过扣分等措施加大了相应违法成本，是我国对交通事故进行治理的一记重拳。在交通事故愈演愈烈的今天，我们的城市交通安全工作任重道远。英国的交通安全管理之严格难以尽数，有些措施我们也难以效仿，但是至少在某些方面看到了应该"重点"努力的方向。

（1）重设计。在交通设计中必须遵守安全第一的原则，必要时甚至可以牺牲通行效率以增加安全保障。比如，改变传统的主要以展宽交叉口提高机动车通行能力为主的设计方法，按照"行人 > 自行车 > 机动车"的安全优先原则做好交通设计的精细化。此外，应重视对道路设计因素引发交通安全事故的评估，如由于道路提示信息的缺失或者不够突出造成司机疏忽而酿成事故的应追究相应责任，以此作为交通设计改善的重要依据。

（2）重管理。完善交通安全管理措施。我国交通行为的参与主体有别于国外，组成更为复杂，行人与非机动车占有相当大的比例，机非混行、人车混行现象严重，因此必须加强对各类交通参与主体的管理，规范其交通参与行为，确保交通运行安全。通过强制车辆安装行车仪、设置电子信息监控等现代化的交通管理技术规范车辆的驾驶行为；通过交通动态诱导等高科技管理手段提高交通运行效率；通过机非隔离、机动车单行道、慢行专用道等交通管理措施减少各类交通流之间的干扰；同时严格交通执法工作，提高交通参与者对交通安全的重视程度。

（3）重教育。加强交通安全教育。对不同目标人群进行有重点的针对性教育，尤其是从小抓起，加强对儿童、青少年的交通安全普及教育；转变交通安全教育的形式，改变传统说教性质的宣传方式，通过互动游戏、影视广告等新方式来提高宣传的参与性和娱乐性，增强宣传的接受度，夯实交通安全点的社会环境基础。

（2012）

参考文献
References

1. 王卫，过秀成，孔哲，金璟. 美国城市交通规划发展与经验借鉴. 现代城市研究，2010（11）：69-74.

2. Alain Bertaud. The spatial organization of cities: Deliberate outcome or unforeseen consequence? [EB/OL]. http://alainbertaud.com/, 2003-03-13/2012-12-10.

3. TODD Litman. Evaluating Accessibility for the Transportation Planning [EB/OL]. http://www.vtpi.org, 2012-12-10/2013-03-15.

4. 张伟. 都市圈的概念、特征及其规划探讨[J]. 城市规划，2003，27（6）：47-50.

5. 吴子啸，宋维嘉，池利兵，潘俊卿. 出行时耗规律及启示[J]. 城市交通，2007，5（1）：20-24.

6. 高志刚，刘海洲，翟长旭. 都市圈轨道交通发展模式分析[J]. 重庆交通大学学报·社科版，2009，9（2）：28-30.

7. 顾新. 香港轨道交通规划与经营理念对深圳的启示[J]. 城市规划，2009，33（8）：87-91.

8. 甘勇华. 城市轨道交通枢纽综合开发模式研究[D]. 武汉：华中科技大学，2011.

9. 张琳薇. 大型综合交通枢纽区域开发及其主导产业选择研究[D]. 上海：上海交通大学，2013.

10. 袁锦富，丁志刚，刘剑，等. 高铁效应与城市规划[M]. 南京：江苏科学技术出版社，2016.

11. 张小辉，过秀成，杜小川，何明. 城际铁路客运枢纽旅客出行特征及接驳交通体系分析[J]. 现代城市研究，2015（06）：2-7.

12. 王昊，倪剑，殷广涛. 中国铁路客运枢纽发展回顾与展望[J]. 城市交通，2015，13（05）：15-23.

13. 方可，Samuel Zimmerman，王伟，等. 城市交通一体化走廊管理的理念与实践[J]. 城市交通. 2012，10（3）：8-22.

14. 刘金玲，张勇. 北京城铁13号线北段土地利用对客流影响的分析[J]. 城市交通，2004，2（2）：54-57.

15. 潘海啸，汤裼，吴锦瑜，等. 中国"低碳城市"的空间规划策略[J]. 城市规划学刊，2008（06）：57-64.

16. Robert Cervero. 平衡的交通和可持续发展的城镇化——通过制度、需求管理及土地使用措施增强机动性和可达性（戴彦欣译）国外城市规划，2005（3）：15-27.

17. 于文波，王竹，孟海宁. 中国的"单位制社区"vs美国的TOD社区[J]. 城市规划，2007，31（5）：57-60.

18. 高平，曹娟. 香港地铁发展模式探析及启示[J]. 综合运输，2010（3）：21-27.

19. 欧阳南江，陈中平，杨景胜. 香港轨道交通的经验及其启示[J]. 城市与区域规划研究，2011，4（1）：79-88.

20. 王霁虹，何帅领. 香港"地铁+物业"特许经营模式在实践中的法律问题[J]. 都市快轨交通，2007，20（4）：25-28.

21. 赵燕菁. 从计划到市场：城市微观道路战略用地模式的转变[J]. 城市规划，2002，26（10）：24-30.

22. 伍学进. 城市宜居性短街道与小街区公共空间研究[J]. 北京规划建设，2010（3）：89-91.

23. 姜洋，何东全，ZEGRAS Christopher. 城市街区形态对居民出行能耗的影响研究[J]. 城市交通，2011（4）：21-29.

24. 王轩轩，段进. 小地块密路网街区模式初探[J]. 南方建筑，2006（12）：53-56.

25. 蒋育红，何小洲，过秀成. 城市绿色交通规划评价指标体系[J]. 合肥工业大学学报，2008，31（9）：1399-1402.
26. 谭源. 城市本质的回归——兼论可渗透的城市街道布局[J]. 城市问题，2005（05）：28-32.
27. Auttapone Karndacharuk，等著；魏贺，等译. 城市环境中共享（街道）空间概念演变综述[J]. 城市交通，2015，13（3）：76-94.
28. 卓健. 历史文化街区保护中的交通安宁化[J]. 城市规划学刊，2014（4）：14-22.
29. 韩双. 慢行交通稳静化设计适应性研究[D]. 长沙：长沙理工大学，2012.
30. 孙章，何宗华，徐金祥. 城市轨道交通概论[M]. 北京：中国铁道出版社，2000.
31. 赵海宾. 跨座式单轨在北京的适用性初步研究[D]. 北京：北京交通大学，2014.
32. 郭锴，武农. 跨座式单轨交通的认识误区分析及发展展望[J]. 铁道标准设计，2016，60（03）：1-6.
33. 仲建华. 跨座式单轨交通在我国的应用和创新[J]. 都市快轨交通，2014，27（02）：1-5.
34. 吴子啸，丁明. 城市中心区拥堵收费评价方法研究[J]. 交通运输系统工程与信息，2007，7（6）：74-79.
35. Alain Bertaud. Metropolis: A Measure of the Spatial Organization of 7 Large Cities [EB/OL]. http://alainbertaud.com/, 2001-04-29/2012-12-10.
36. 何建中. 城市地区私人小汽车出行成本构成理论及其量化评估方法研究[D]. 北京：北京交通大学，2006.
37. Paul J. Tranter. Effective Speeds: Car Costs are Slowing Us Down [EB/OL]. www.greenhouse.gov.au/publications, 2004-04-25/2011-12-10.
38. 陆丹丹，张生瑞. 城市交通公平性分析及对策[J]. 交通科技与经济，2008，10（2）：103-105.
39. 过秀成，等. 高速铁路综合客运枢纽交通衔接设施配置指标研究[J]. 现代城市研究，2010，25（07）：20-24.
40. 张小辉，等. 大型高铁站单点集散向地区多点疏解组织体系转变分析[J]. 现代城市研究，2016（12）：127-132.
41. 韦胜，张小辉. 基于高铁余票的客流行为特征及其效应分析——以沪宁沿线高铁站点为例[J]. 城市规划，2015，39（07）：38-42.
42. 谢轶剑. CBD（中央商务区）交通规划研究[D]. 上海：同济大学，2008.
43. 王晶. 基于绿色换乘的高铁枢纽交通接驳规划理论研究[D]. 上海：同济大学，2011.
44. 郑德高，杜宝东. 寻求节点交通价值与城市功能价值的平衡——探讨国内外高铁车站与机场等交通枢纽地区发展的理论与实践[J]. 国际城市规划，2007，22（1）：72-76.
45. 段里仁，毛力增. 停车管理的基本理念与国际经验[J]. 综合运输，2012（2）：69-73.
46. Greory Pierce, Donald Shoup. Getting the Prices Right: An Evaluation of Pricing Parking by Demand in San Francisco [J]. Journal of the American Planning Association, 2013, 79（1）：67-81.
47. 张泉，黄富民，曹国华，等. 城市停车设施规划[M]. 北京：中国建筑工业出版社，2009.
48. 张泉，黄富民，王树盛，等. 低碳生态的城市交通规划应用方法与技术［M］. 北京: 中国建筑工业出版社, 2016.

49. 刘金, 李铭. 停车问题解决新思路研究——以江苏为例［C］//2015年中国城市交通规划年会暨第28次学术研讨会论文集. 北京: 中国城市规划学会, 2015: 158-162.

50. 李长波, 戴继锋, 王宇, 等. 城市停车产业化政策的核心问题及对策［J］. 城市交通, 2016, 14 (4): 09-12.

51. 吴涛, 晏克非. 停车需求管理的机理研究［J］. 城市规划, 2002, 26 (10): 85-88.

52. 陈峻, 张辉. 城市路内外停车设施车辆停放的差异性分析［J］. 城市规划, 2009 (8): 33-36.

53. 滕生强, 严海左, 天福. 上海市路内停车存在问题及其对策［J］. 上海建设科技, 2003 (04): 38-39.

54. 朱程遥, 邱培良. 中心城区机动车路内停车管理探析——以湖州市为例［J］. 公安学刊(浙江警察学院学报), 2013 (02): 88-92.

55. New York City Department of Transportation. Street Design Manual. New York: NYDOC, 2009 [EB/OL]. http://auto.sohu.com/20080307/n255587905.shtml.

56. 葛宏伟, 王炜, 陈学武, 等. 城市客运出租汽车经营管理模式研究［J］. 现代城市研究, 2005, 19 (10): 63-66.

57. 朱宗余. 半苜蓿叶形互通式立交的应用探讨［J］. 公路, 2007 (11): 118-120.

58. 赵明. PRT交通技术在城市中的应用研究及其对建筑形态的影响［D］. 北京: 北京工业大学, 2008.

59. Jean-Paul Rodrigue, Claude Comtois, Brian Slack. The Geography of Transport Systems. Abingdon: Routledge Press, 2006: 88-100.

60. 彼得·霍尔. 邹德慈, 陈熳莎, 李浩, 译. 城市和区域规划［M］. 北京: 中国建筑工业出版社, 2002: 65-68.

61. 罗伯特·瑟夫洛. 公交都市［M］. 宇恒可持续交通研究中心译. 北京: 中国建筑工业出版社, 2007: 114-131.

62. Authority L T. A World Class Land Transport System［J］. LTA, Singapore, 1996.

63. Authority L T. Land transport master plan 2008［J］. Department of Transport Publishing, Singapore, 2008.

64. Authority L T. Land Transport Master plan 2013［J］. Department of Transport Publishing, Singapore, 2013.

66. 严亚丹, 过秀成, 孔哲, 等. 新加坡城市综合公共交通系统［J］. 现代城市研究, 2012, 27 (4): 65-71.

67. 倪方钰, 段进军. 江苏城镇化空间结构转型研究［J］. 南京邮电大学学报(社会科学版), 2013, 15 (3): 7-13.

68. 沈德熙, 吴新纪, 张鉴, 曹国华. 高速公路与城市布局的关系——以江苏省为例［J］. 城市规划汇刊, 1998 (4): 33-41.

69. 邹献华. 城镇密集区骨架路网布局研究［J］. 市政技术, 2013, 31 (2): 20-23.

70. 李铭, 郑文含. 区域交通与城镇空间协调规划研究——以江苏省为例［J］. 城市规划, 2013, 37 (2): 19-26.

71. 王悦, 姜洋, Villadsen K S. 世界级城市街道重建策略研究: 以上海市黄浦区为例［J］. 城市交通, 2015, 13 (1): 34-45.

72. Dan Burden. Building Communities with Transportation. Transpertation Research Record (1773), 2001.

73. John PucheL Ralph Buehler. Why Canadians Cycle More

than Americans: A comparative Analysis of Bicycling Fiends and Policies. Transport Policy, 2006（13）: 265–279.

74. 廖明军，李克平，王凯英，等. 行人交通微观仿真研究综述［J］. 武汉理工大学学报，2010，34（1）: 180–183.

75. 赵光华. 行人仿真在奥运地铁站的应用研究［D］. 北京: 北京工业大学，2007.

76. 吕悦晶. 城市道路交叉口事故率分析与预测模型研究［D］. 哈尔滨: 哈尔滨工业大学，2005.

77. 李晓江. 当前城市交通政策若干思考. 城市交通，2011，9（1）: 7–11.

78. Abu Dhabi Urban Planning Council. Abu Dhabi Urban Street Design Manual. Abu Dhabi: UPC, 2010.

79. Los Angeles Department of Public Health. Model Design Manual for Living Streets. Los Angeles: LADHC, 2011.

80. 倪丹. 城市公建项目交通影响评价理论及应用研究［D］. 南京: 南京林业大学，2009.

81. 戴彦欣，孔令斌.《建设项目交通影响评价技术标准》简析［J］. 城市交通，2010，8（4）: 1–5.

82. 陈广艺. 美国城市建设项目交通影响评价编制指南及启示［J］. 规划师，2011，27（2）: 121–12.

83. 王伟曹，雪娟唐，伯明. 太阳热反射涂层在沥青路面中的应用［J］. 公路与汽运，2010（01）: 97–99.

84. 李源渊，城市道路温度场热分析与城市热岛效应研究［D］. 天津: 河北工业大学，2009.

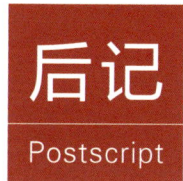

后记
Postscript

　　过去的 10 年见证了中国城市与交通面貌的巨变。今天，我们正努力由"交通大国"向"交通强国"迈进。作为时代的见证者，江苏省城市交通规划研究中心（江苏省城市规划设计研究院）既是幸运的，又是肩负责任的。本书是在《江苏城市规划》杂志"江苏城市综合交通专栏"近 10 年来的资料基础上整理、提升形成的，是江苏省城市交通规划研究中心集体智慧的结晶，书中的文章作者众多，在此对相关人员表示感谢！他们是：王树盛、王进坤、许炎、戴霄、吴才锐、孙伟、陈宗军、刘金、张小辉、陆苏刚、纪魁、姜军、孙华灿、刘光新、夏胜国、汪益纯、孙刚、何流、邓惠章、王昊、刘秋晨、曹雪柠、李子木、张宁、朱仁伟。同时，感谢东南大学出版社的相关工作人员，他们为本书的出版付出了很多心血和汗水，在此表示衷心的感谢！

江苏省城市交通规划研究中心

2018.7